LE NOUVEL ENTRAÎNEZ-VOUS

DALF C1/C2

250 activités

Richard LESCURE

Samuelle CHENARD

Anna MUBANGA BEYA

Vanessa BOURBON

Alain RAUSCH

Pauline VEY

CLE
INTERNATIONAL
www.cle-inter.com

Nos remerciements
à Elisa Chappey, responsable de fréquence FDLM, supplément sonore de la revue
Le Français dans le monde ;
à Nicolas Schmitt pour le document la parité ;
à Nathalie Thirschsprung.

Direction éditoriale : Michèle Grandmangin
Édition : Christine Ligonie
Maquette : Gildaz Mazurié
Mise en pages : Nicole Sicre et Lo Yenne
Couverture : Michel Munier

AVANT-PROPOS

Le nouveau dispositif du DELF et du DALF – Diplôme d'études en langue française – et Diplôme approfondi de langue française a été officiellement modifié en septembre 2005. Désormais, chacun des 6 niveaux du DELF ou du DALF correspond à un diplôme différent. On distingue ainsi l'ordre suivant pour le public adulte : DELF A1 – DELF A2 – DELF B1 – DELF B2 – DALF C1/C2 Ce manuel correspond aux derniers niveaux – les plus élevés – de la collection.

Ces mentions A1, A2, B1, B2, C1, C2 renvoient aux échelles du Cadre européen commun de référence pour les langues, ce qui indique que les nouveaux diplômes sont calibrés sur ces niveaux et tiennent compte de la démarche actionnelle préconisée par la division des politiques linguistiques du Conseil de l'Europe. Les épreuves proposées pour chacun des diplômes sont organisées sous forme de tâches à réaliser, telles que l'on pourrait avoir à les effectuer dans la vie courante. Les examens du DELF et du DALF sont offerts à tous ceux qui ont besoin d'une reconnaissance officielle de leur niveau en langue française.

Cet ouvrage présente des épreuves écrites et orales en réception et en production. Il correspond à un niveau d'enseignement – intensif ou extensif – allant de 700 à 1 200 heures (ou plus) de français, selon le contexte et le rythme d'enseignement. Les activités d'entraînement sont destinées à un public de grands adolescents ou d'adultes en situation d'apprentissage en groupe ou individuel. Elles présentent un équilibre entre l'activité de compréhension et celle de production à l'oral comme à l'écrit.

Les niveaux C1-C2 évaluent des connaissances et des compétences que possède normalement un « utilisateur expérimenté » et autonome. À ces niveaux de maîtrise du français, les personnes peuvent comprendre des textes relativement longs, elles doivent être à même de s'exprimer avec nuance à l'oral et à l'écrit, aussi bien dans des contextes personnels que professionnels ou académiques (dans le but par exemple d'effectuer un séjour professionnel, touristique ou des études supérieures dans un pays francophone). Les personnes relevant du niveau C2 doivent être capables de comprendre sans grand effort tout ce qu'elles peuvent lire ou entendre, de réagir avec un maximum d'efficacité dans les différentes situations d'utilisation du français.

Les objectifs de ce matériel sont les suivants :
– rappeler les orientations du DALF C1-C2 et préparer efficacement à ces diplômes dont les contenus sont strictement déterminés ;
– permettre à chacun de se mesurer aux difficultés et aux types d'épreuves, à son rythme, en lui faisant acquérir les connaissances et les compétences indispensables (en compréhension et en production) à partir de supports écrits et oraux complexes et semi-spécialisés de niveau élevé.

L'équipe qui a conçu cette préparation est composée de spécialistes de l'évaluation en français, et certains depuis l'origine en 1985, fortement impliqués dans le dispositif DELF-DALF et dans d'autres systèmes de certifications internationales (président de jury, auteurs de manuels, formateurs, responsable de centres d'enseignement du français…).

Ils se sont appuyés sur leurs expériences personnelles, sur les missions qu'ils ont effectuées en France et à l'étranger et ont intégré au plus près les indications et les orientations du Conseil de l'Europe présentées par le biais du Cadre européen commun de référence et les référentiels pour les langues, du ministère de l'Éducation nationale, de la Commission nationale et du Conseil d'orientation pédagogique du DELF et du DALF.

Ainsi, ce manuel présente-t-il toutes les garanties indispensables pour une préparation pleinement efficace.

Richard LESCURE
Responsable filière de didactique du FLE de l'université d'Angers
Président du jury académique du DALF
Membre du Conseil d'orientation pédagogique du DELF-DALF
et du groupe d'experts chargé de la rénovation des épreuves

SOMMAIRE

Deuxième partie niveau C2

Chapitre 1 : Compréhension et production orales

Activités de compréhension et de production de l'oral

Chapitre 2 : Compréhension et production écrites

Activités de compréhension et de production des écrits

DALF

Première partie

Niveau C1

COMPRÉHENSION ORALE

CHAPITRE 1
ACTIVITÉS DE COMPRÉHENSION ORALE

➤ Description des activités

Les activités vous permettront d'affiner votre compréhension globale et de détails de tout type de documents sonores et vous serez amenés à :

– compléter des questionnaires à choix multiples ;

– répondre à des questions vrai/faux, à des questions ouvertes ;

– justifier vos réponses en sélectionnant les informations dans un enregistrement ;

– retrouver l'ordre dans lequel des informations sont données, associer des thèmes à des enregistrements ;

– définir le type des documents, choisir parmi des comptes rendus ou des résumés celui qui correspond au document ;

– relever des informations chiffrées ou des statistiques, compléter des documents écrits à l'aide d'informations fournies dans l'enregistrement…

Elles vous permettront également de vous entraîner à identifier les intentions et les sentiments des interlocuteurs, les registres de langue, les accents régionaux et étrangers, à reconnaître les implicites dans le langage…

Les activités proposées sur les documents longs vous prépareront à la compréhension en vous invitant d'abord à repérer l'organisation générale du discours pour ensuite vous concentrer sur les informations de détails et la construction des différentes parties du discours.

Remarque

Certaines activités proposées dans ce chapitre peuvent être utilisées en vue de la préparation au DALF C1 aussi bien qu'au DALF C2, pour la partie correspondant à la compréhension et à la préparation au compte rendu. Ces activités seront signalées par la mention **C1/C2** .

Dans la première partie de ce chapitre, vous trouverez des documents tels que des extraits d'enregistrements radio ou télévisés, des flashs d'information, des annonces, des extraits de conversation entre locuteurs natifs, des enquêtes, des modes d'emploi et des instructions, des discussions, des débats, des entretiens, des exposés, des extraits de conférence, des documents publicitaires, des résultats de sondage, des statistiques…

Ces enregistrements portent sur des sujets de la vie courante ou abordent des domaines de spécialité.

Durée des enregistrements

Vous travaillerez sur des documents longs (en préparation à la deuxième partie de l'épreuve de compréhension orale) d'une durée variant de 2 à 8 minutes, tels que des exposés ou des interviews puis sur des documents sonores courts, comportant uniquement des extraits.

En quoi consiste l'épreuve de compréhension orale ?

La durée de l'épreuve : 40 minutes au total

Première partie : 30 à 35 minutes environ, pour écouter et répondre aux questions mais selon la durée du document, elle peut varier de quelques minutes.

Deuxième partie : environ 3 à 4 minutes au maximum (selon la durée des documents) pour écouter le document et répondre aux questions.

La première partie a pour objectif d'évaluer votre capacité à comprendre une intervention assez longue, plus ou moins structurée, sur un sujet complexe ou abstrait comportant une grande variété d'expressions idiomatiques. Vous pouvez également être évalué sur votre capacité à distinguer des registres de langue ou encore des accents.

Dans cette partie de l'épreuve, vous devrez répondre à des questions portant sur un document long, d'une durée de 7 à 8 minutes environ, comme un entretien ou une conférence que vous entendrez trois fois.

Vous entendrez une première fois l'enregistrement sans répondre aux questions pour en découvrir le contenu.

Vous devrez ensuite lire les questions avant de passer à la deuxième écoute, pendant laquelle vous pourrez prendre des notes en réponse aux questions. Une partie de la copie est laissée libre pour cette prise de notes. Vous pourrez alors compléter les réponses.

La deuxième partie de l'épreuve vise à évaluer votre capacité à identifier rapidement des situations de communication particulières, à comprendre des informations de détail, sur des sujets courants ou de spécialité, formulées dans un registre de langue standard ou non et parfois diffusées dans de mauvaises conditions.

Déroulement et durée

Vous procéderez de la manière suivante pour tous les documents :

1. Lecture des questions (20 à 50 secondes)
2. Écoute de l'enregistrement
3. Réponse aux questions (30 secondes à 1 minute).

Attention : Dans cette partie de l'épreuve, les documents ne sont entendus qu'une fois !

1. Activités de compréhension orale sur des documents courts

🕭 DOCUMENT SONORE N° **1**

activité 1 Écoutez les titres, classez-les en fonction des rubriques ci-dessous et relevez l'information.

rubrique	n° dans l'enregistrement et information
Politique internationale	....
Politique intérieure	....
Économie	....
Culture	....
Sport	....
Météo	....

🕭 DOCUMENT SONORE N° **2**

activité 2 Après avoir écouté l'enregistrement, complétez le tableau ci-dessous.

chaînes	type d'émission	titre de l'émission
TF1		
France 2		
France 3		
Arte		
Cinéma classique		

🕭 DOCUMENT SONORE N° **3**

activité 3 1. a. Écoutez l'enregistrement et identifiez les messages qui demandent une réponse immédiate et relevez la question posée.

....

....

....

....

b. Quels sont les messages qui correspondent à une annonce/information dans un lieu public ? Relevez leur numéro.

....

....

....

....

2. Quels sont les messages qui correspondent, dans une situation de communication directe, à des relations :

formelles	amicales/familiales

Relevez leur numéro.

---

activité 4

1. Écoutez de nouveau le document sonore n° 3 et identifiez les lieux dans lesquels certains de ces messages peuvent être entendus.

lieu où le message peut être entendu	n° du message
a. dans un aéroport	
b. dans la rue (haut-parleur)	
c. à la gare	
d. au supermarché	
e. standard téléphonique	
f. dans le métro	

2. Écoutez à nouveau le document sonore et retrouvez pour les 5 messages suivants les intentions de celui qui parle (en choisissant dans la liste ci-dessous).

Faire un reproche

Montrer son impatience

Montrer sa mauvaise humeur

Réclamer

Montrer son enthousiasme

Proposer

Demander un renseignement

Remercier

message n°	intention de celui qui parle
2	
3	
7	
8	
12	

🎧 DOCUMENT SONORE N° **4**

activité 5 Écoutez l'enregistrement et cochez la case correspondant à la bonne réponse.

1. Cette scène concerne :

    a. ❑ un jeune couple

    b. ❑ des collègues

    c. ❑ des parents et leurs enfants

2. Dans ce dialogue, on évoque un printemps :

    a. ❑ chaud et ensoleillé

    b. ❑ froid

    c. ❑ pluvieux

3. Ils évoquent :

    a. ❑ un projet de voyage

    b. ❑ des projets pour le week-end

    c. ❑ une sortie en mer

4. En définitive, ils vont :

    a. ❑ rester chez eux, aller au restaurant et au cinéma

    b. ❑ partir à la campagne

    c. ❑ aller au restaurant seulement

activité 6 **1.** Écoutez de nouveau le document sonore n° 4 et notez les expressions et les mots familiers qui ont, selon vous, le même sens que les mots et les expressions ci-dessous.

mots et expressions « neutres »	équivalents familiers du dialogue
une bonne idée	....
mauvais	....
beaucoup de	....
rester couché tard	....
si le temps s'améliore	....
faire une promenade	....

2. D'autres éléments, dans les différentes phrases, montrent qu'il s'agit d'un registre familier. Donnez les équivalents dans un registre neutre.

éléments de registre familier	équivalents « neutres »
t'entends ?	....
dommage	....
ça paraît mal parti	....
c'est vrai qu'y a plein de	....
on file à La Baule	....

🎵 DOCUMENT SONORE N° 5

activité 7 **Repérer la nature d'un message**

Vous allez entendre 8 enregistrements très courts. De quel type de document s'agit-il ? Cochez la case correspondante.

	publicité	instructions mode d'emploi	flash d'information	entretien interview	annonce publique	conversation
1						
2						
3						
4						
5						
6						
7						
8						

activité 8 Écoutez à nouveau le document sonore n° 5 et choisissez parmi les sujets proposés celui de l'enregistrement.

Document 1
  a. ❏ Les problèmes d'électricité dans l'appartement
  b. ❏ Un courrier arrivé pour Monsieur Bacar
  c. ❏ Une petite annonce pour les services d'un marabout

Document 2
  a. ❏ Les différences de climat en France
  b. ❏ Les problèmes sociaux des habitants de la région parisienne
  c. ❏ Les maladies dont souffrent les Français

Document 3
  a. ❏ Une recette de cocktail à base de vin rouge et de lait chaud
  b. ❏ Une méthode pour teindre les tissus en rouge
  c. ❏ Un moyen pour éliminer les taches de vin

Document 4
  a. ❏ Une foire commerciale consacrée à l'art du bain
  b. ❏ Un système pour lutter contre les pluies tropicales
  c. ❏ L'ouverture au public des salons du château de Versailles

Document 5
  a. ❏ Les raisons du choix des Français de vivre dans les grandes villes
  b. ❏ La vie dans les villages en France
  c. ❏ Les préférences des Français pour leur lieu de vie

Document 6
  a. ❏ La fin du remboursement de certains médicaments jugés inutiles
  b. ❏ Le prix exorbitant des médicaments contre la grippe
  c. ❏ Le nombre maximum de médicaments remboursés par patient

Document 7
- a. ❑ Le bonheur d'avoir gagné une médaille d'or en slalom géant
- b. ❑ L'espoir de se placer parmi les trois premiers dans une course de ski
- c. ❑ Les différentes couleurs de médaille en ski aux jeux Olympiques

Document 8
- a. ❑ Se former chez soi, pour un nouveau travail
- b. ❑ S'informer sur un voyage en République dominicaine
- c. ❑ Embaucher un(e) employé(e) à domicile

🎧 DOCUMENT SONORE N° 6

activité 9 **Lisez les questions. Vous répondrez ensuite, après avoir écouté une fois l'enregistrement.**

Document 1

1. L'information concerne un projet de livre sur :
- a. ❑ le monde agricole
- b. ❑ les monuments de la région

2. On souhaite obtenir des témoignages :
- a. ❑ d'historiens
- b. ❑ de personnes âgées

Document 2

1. Les rencontres de Liré :
- a. ❑ ont déjà eu lieu
- b. ❑ vont bientôt avoir lieu

2. Ces rencontres concernent des réflexions sur :
- a. ❑ la langue française
- b. ❑ la langue et la littérature

Document 3

1. L'annonce concerne un site Internet permettant de trouver :
- a. ❑ des stages conventionnés
- b. ❑ un emploi rémunéré

2. Les offres concernent des entreprises de :
- a. ❑ toute la France
- b. ❑ l'Ouest de la France

3. Le site a été créé :
- a. ❑ récemment
- b. ❑ il y a déjà pas mal de temps

🦻 DOCUMENT SONORE N° **7**

activité 10 Lisez les questions correspondant à chacun des documents, écoutez ensuite les enregistrements et répondez en cochant la bonne réponse.

Document 1

1. D'une année à l'autre le cinéma français :
    a. ❑ progresse
    b. ❑ régresse
    c. ❑ est stable

2. Le nombre donné correspond aux entrées :
    a. ❑ au 1er semestre
    b. ❑ au 1er trimestre
    c. ❑ au dernier trimestre

3. L'augmentation d'une année à l'autre est de :
    a. ❑ 15 %
    b. ❑ 25 %
    c. ❑ 75 %

Document 2

Dites si les affirmations suivantes sont vraies ou fausses.

affirmations	vrai	faux
a. L'enregistrement évoque les meilleures entrées en France.		
b. Quatre films sont évoqués dans le document.		
c. Au total *La Doublure* a fait plus d'un million huit cent mille entrées.		
d. *Jean-Philippe* est en troisième position.		
e. Les deux premiers films sont sortis depuis deux semaines.		
f. Aux États-Unis, *L'Âge de glace 2* n'a pas fait un bon score.		

🦻 DOCUMENT SONORE N° **8**

activité 11 Écoutez l'enregistrement et répondez en cochant la bonne réponse.

1. Les deux documents évoquent la vision des Français concernant :
    a. ❑ l'évolution de la famille
    b. ❑ la place des jeunes dans la société

2. Les deux sondages sont :
    a. ❑ très différents
    b. ❑ complémentaires

3. Les enquêtes ont été effectuées par :
    a. ❑ des organismes différents
    b. ❑ le même organisme

4. Les travaux ont été effectués :
    a. ❑ en même temps
    b. ❑ avec un décalage de 6 mois

5. Les deux documents évoquent :

    a. ❏ la question des familles monoparentales

    b. ❏ le maintien de la vie des enfants au foyer parental

activité 12   Lisez les questions, écoutez de nouveau l'enregistrement.

Document 1

1. Quelles sont les trois évolutions que les Français pensent possibles ?

    1. ....

    2. ....

    3. ....

2. Quels sont les pourcentages indiqués dans le sondage de l'AFOP ?

    1. ....

    2. ....

    3. ....

Document 2

1. Quels sont les aspects évoqués ?

    1. ....

    2. ....

    3. ....

2. Une majorité des Français pense que :

    a. les familles traditionnelles se maintiendront   oui ❏   non ❏

    b. les enfants resteront plus longtemps chez leurs parents   oui ❏   non ❏

🔊 **DOCUMENT SONORE N° 9**

activité 13   Écoutez 2 fois l'enregistrement et répondez aux questions par les mots et les expressions contenus dans le dialogue.

1. D'après Robert Larouge, que fait-on principalement sur Internet ?

....

2. Quel est selon lui le rôle principal de l'école ?

....

3. À quoi faudrait-il former les élèves ?

....

4. Que doit-on éviter de la part de l'élève ?

....

5. Quel doit donc être le rôle d'Internet à l'école ?

....

𝅘 DOCUMENT SONORE N° **10**

activité 14 Écoutez l'enregistrement et répondez aux questions.

1. Quand Nadine Jouis a-t-elle été nommée déléguée aux droits des femmes ?

....

2. Que souhaite-t-elle faire ?

....

3. Quelle est la part des femmes parmi les personnes travaillant à temps partiel ?

....

4. Le temps partiel correspond-il au vœu des femmes ?

....

5. De quoi a-t-elle peur pour le XXIe siècle ?

....

𝅘 DOCUMENT SONORE N° **11**

activité 15 **1.** Écoutez une première fois l'enregistrement et cochez la bonne réponse.

 a. Le professeur Lévrier est :
 ❏ cardiologue
 ❏ pneumologue

 b. Par rapport à une interdiction totale de fumer dans les lieux publics, elle vous paraît :
 ❏ très favorable
 ❏ plutôt modérée

 c. Pour prendre la décision d'interdiction elle pense qu'on a :
 ❏ encore un peu de temps
 ❏ plus de temps à perdre

 d. Dans son interview, Claire Lévrier vous paraît :
 ❏ franchement révoltée
 ❏ assez passive

2. Écoutez une seconde fois l'enregistrement et répondez aux questions.

 a. Que savait-on dans les années 1950 ?

....

 b. Que pense Claire Lévrier qu'il fallait attendre ?

....

 c. Pourquoi un acteur américain a-t-il touché de l'argent ?

....

 d. Que fait l'industrie du tabac ?

....

🎧 DOCUMENT SONORE N° **12**

activité 16 Écoutez l'enregistrement et indiquez si les affirmations sont vraies ou fausses.

affirmations	vrai	faux	on ne sait pas
a. L'étude s'est terminée en mai 2006.			
b. Les prix ont baissé dans tous les commerces.			
c. L'étude a été menée par le ministère des PME/PMI.			
d. L'enquête a porté sur 2 500 produits.			
e. Les baisses ont concerné les produits ménagers.			
f. Les prix de l'alimentation ont baissé de moins de 2 %.			

🎧 DOCUMENT SONORE N° **13**

activité 17 Écoutez les trois documents et choisissez le sujet traité par chacun, puis dites si les affirmations proposées sont vraies ou fausses.

Écoutez à nouveau les enregistrements pour relever les éléments qui permettent de justifier vos réponses.

Document 1

1. De quoi parle-t-on ?

  a. ❏ Du chômage et des problèmes de l'emploi en France

  b. ❏ Des habitudes de vacances des Français

  c. ❏ Des répercussions de la loi sur la réduction du temps de travail

2. Vrai ou faux ?

  a. On travaille moins aujourd'hui mais les dépenses en vacances sont plus élevées.

  ❏ vrai   ❏ faux

  Justification : ....

  b. La durée des vacances est moins longue aujourd'hui qu'auparavant.

  ❏ vrai   ❏ faux

  Justification : ....

Document 2

1. Le sujet abordé dans ce document concerne :

  a. ❏ Le rôle joué par l'homme dans la protection de la nature

  b. ❏ Les qualités naturelles dont disposent les forêts pour se protéger

  c. ❏ La destruction des forêts par la pollution atmosphérique

2. Vrai ou faux ?

  a. La forêt est en danger car elle ne dispose d'aucune protection contre la pollution.

  ❏ vrai   ❏ faux

  Justification : ....

  b. Le sol des forêts s'avère efficace pour filtrer l'eau.

  ❏ vrai   ❏ faux

  Justification : ....

  c. Les hommes surestiment généralement les capacités de la nature à se défendre seule.

  ❏ vrai   ❏ faux

  Justification : ....

Document 3

1. Dans ce document on parle :

    a. ❏ d'un quartier de Paris

    b. ❏ d'une ville étrangère

    c. ❏ des vacances des Français

2. Vrai ou faux ?

    a. Marrakech est le 21e arrondissement de la capitale française.

    ❏ vrai   ❏ faux

    Justification : ....

    b. Des milliers de Français vont vivre définitivement à Marrakech.

    ❏ vrai   ❏ faux

    Justification : ....

    c. Pour certains Français, il est important d'acheter une maison traditionnelle marocaine

    ❏ vrai   ❏ faux

    Justification : ....

🎧 DOCUMENT SONORE N° 14

activité 18

Vous allez entendre 3 enregistrements courts. Lisez les informations données dans le tableau et relevez lors de l'écoute, le numéro du document et inscrivez-le dans la colonne prévue à cet effet.

informations	enregistrement n°
a. Seuls les professeurs et les employés administratifs devront travailler ce jour-là.	
b. Les sommes perçues par les parents de famille nombreuse seront augmentées au 1er juillet de l'année en cours.	
c. Le montant de l'allocation augmentera cette année d'environ 40 %.	
d. Les plaignants seront entendus au tribunal en novembre.	
e. Le lundi de Pentecôte restera un jour férié pour les scolaires.	
f. Des membres du personnel enseignant et administratif se sont mis en grève.	
g. La durée du congé parental rémunéré ne pourra être supérieure à un an.	
h. La directrice de l'établissement est accusée d'avoir abusé de son autorité et d'avoir tourmenté ses employés.	
i. La date de la journée de solidarité avec les personnes âgées sera choisie directement par les directeurs d'école.	

🎧 DOCUMENT SONORE N° 15

activité 19

Écoutez l'enregistrement dans sa totalité puis répondez aux questions.

Si nécessaire, écoutez une deuxième fois le document en faisant une pause, pour compléter ou vérifier vos réponses.

Document 1

1. Il s'agit de :

    a. ❏ une annonce diffusée à la radio

    b. ❏ un bulletin d'information

    c. ❏ un message publicitaire

    d. ❏ une interview

2. Quel est le but de ce document ?

    a. ❏ faire la promotion du français en Europe

    b. ❏ faciliter la compréhension de l'information

    c. ❏ faire la promotion d'un journal

3. Quel message fait-on réellement passer dans ce document ?

    a. ❏ L'Europe s'est enfin choisie une langue unique : le français.

    b. ❏ La presse écrite fourmille d'informations dont la fiabilité est parfois douteuse.

    c. ❏ Les Français ne comprennent pas grand-chose aux questions européennes.

Document 2

1. Il s'agit d' :

    a. ❏ une annonce diffusée à la radio

    b. ❏ un bulletin d'information

    c. ❏ un message publicitaire

    d. ❏ une interview

2. Le but de ce message est de :

    a. ❏ mettre en garde les usagers contre les dangers de la fumée de cigarette

    b. ❏ informer les usagers des nouveaux services proposés par la SNCF

    c. ❏ prévenir les usagers de la SNCF qu'il est dorénavant interdit de fumer dans tous les trains

ᗕ DOCUMENT SONORE N° **16**

activité 20   **Lisez les questions ci-dessous puis écoutez les trois documents en faisant une courte pause pour répondre aux questions.**

Document 1

1. La femme qui s'exprime :

    a. ❏ demande conseil à son amie pour savoir quelle attitude adopter avec son mari.

    b. ❏ suggère que sa mère lui apporte des fleurs lors de sa prochaine visite.

    c. ❏ critique le manque d'attention de son époux envers elle.

2. Quel est son sentiment ? Elle est :

    a. ❏ satisfaite

    b. ❏ résignée

    c. ❏ en colère

Document 2

1. Dans cet extrait de conversation, la personne parle d'un film qui traite :

    a. ❏ du décalage qui existe entre la vie occidentale et la vie en Asie.

    b. ❏ des conditions de vie de personnes qui sont amenées à se déplacer sans cesse.

    c. ❏ des difficultés rencontrées avec les chiens par les citadins en Mongolie.

2. La cinéaste qui l'a réalisé n'en est pas à son coup d'essai.

    vrai ❏   faux ❏

    Justifiez en relevant l'expression entendue : ....

Document 3

1. Quelle question a été posée à ce jeune homme ?

    a. ❑ Tu devrais sortir un peu, au lieu de rester tout seul à travailler. Pourquoi tu ne viendrais pas au ciné avec nous demain ?

    b. ❑ Tu n'aurais pas un plan de la ville ? Je cherche où se trouve la place de la Victoire, j'ai rendez-vous avec un ami pour boire un verre.

    c. ❑ Tu n'aurais pas une idée de truc sympa à faire pour ce week-end ? Je suis un peu fauché en ce moment…

2. Quelles sont les deux suggestions faites par le jeune homme ?

    a. ....

    b. ....

3. Quels sont les arguments qu'il utilise ?

    a. ....

    b. ....

    c. ....

☞ DOCUMENT SONORE N° 17

activité 21

Lisez les trois petits textes ci-dessous. Repérez les informations semblables et les points de divergence. Écoutez ensuite le document et choisissez le texte qui lui correspond précisément.

Écoutez ensuite à nouveau pour vérifier chacune des idées exprimées dans l'enregistrement et la correspondance avec les éléments du texte choisi.

a. Le gouvernement et les patrons devraient avoir compris que ce n'est pas en discriminant les personnes d'origine étrangère qu'on arrivera à quelque chose. Même si tous ne veulent pas travailler, certains aimeraient bien s'en sortir et avoir les mêmes chances que les jeunes d'origine française. Il est urgent que l'on commence à privilégier les jeunes de banlieue.	**b.** Les pouvoirs publics devraient maintenant réaliser qu'un grand nombre de jeunes souhaitent réellement travailler et qu'il est impératif que tous soient évalués sur les mêmes critères. Le message que l'on fait passer est que, finalement, il n'y a toujours pas d'égalité des chances dans la société française. Ce n'est pas grâce au principe de discrimination positive que cela va changer.	**c.** Le gouvernement et les patrons viennent de prendre la décision de privilégier les jeunes de banlieue et de leur offrir les mêmes chances à tous face à la recherche d'un emploi. Ce principe de sélection correspond tout à fait au modèle de la société française et il est indiscutable qu'il permettra enfin d'avancer vers une solution au problème de la violence dans les banlieues.

☞ DOCUMENT SONORE N° 18

activité 22

Dans cette activité, vous n'entendrez qu'un seul document. Lisez d'abord les questions puis écoutez-le attentivement. Répondez ensuite aux questions.

1. Quelle est la situation ?

    a. ❑ Une déléguée syndicale interroge un salarié sur ses conditions de travail.

    b. ❑ On enquête auprès des locataires suite à des problèmes de tapage nocturne.

    c. ❑ Un monsieur se plaint des nuisances provoquées par les concerts organisés dans le voisinage.

2. D'après ce monsieur :
    a. ❏ Il arrive souvent qu'on ait à se plaindre de cette situation.
    b. ❏ Il n'y a jamais eu de problème de ce genre.
    c. ❏ Cela arrive ponctuellement mais ce n'est pas vraiment gênant.

3. Pour lui, la solution serait que :
    a. ❏ les gens manifestent leur mécontentement auprès des autorités.
    b. ❏ les gens fassent ce qu'ils veulent à condition de ne pas déranger les autres.
    c. ❏ les autres arrêtent de créer des problèmes.

4. Vis-à-vis du problème soulevé, l'homme manifeste :
    a. ❏ de l'indifférence   b. ❏ de l'exaspération   c. ❏ du soulagement

5. Quel est le registre de langue employé par ce monsieur ?
    a. ❏ soutenu   b. ❏ neutre   c. ❏ familier   d. ❏ argotique

🎧 DOCUMENT SONORE N° **19**

activité 23 Observez les questions suivantes et repérez les éléments à sélectionner dans le premier enregistrement. Passez à l'écoute puis complétez vos réponses.
Procédez de la même manière pour le document 2.

Document 1

1. Le spot publicitaire que vous avez entendu cherche à faire la promotion :
    a. ❏ d'un crédit à la consommation
    b. ❏ d'un nouveau magazine bon marché
    c. ❏ d'un établissement de vente au public

2. Quels sont les arguments avancés dans cette publicité ?
    a. ❏ un gain de temps
    b. ❏ des tarifs supérieurs de 40 %
    c. ❏ des articles intéressants
    d. ❏ des produits introuvables ailleurs
    e. ❏ des facilités de financement
    f. ❏ des prix nettement inférieurs aux prix habituels
    g. ❏ une perte considérable de temps

3. Que laisse penser l'expression « sans achat superflu » ?
    a. ❏ qu'ailleurs, on est tenté par des produits inutiles
    b. ❏ que les marchandises sont toutes d'excellente qualité
    c. ❏ que tous les services courants ne sont pas disponibles

Document 2

1. Quel est le lieu présenté dans ce document ? Relevez le mot utilisé.

....

2. Où est-il situé ?

....

3. Que peut-on y faire ?

....

4. À quel genre de personne ce lieu pourrait-il plaire ?

    a. ❏ À ceux qui aiment la lecture et les endroits originaux.

    b. ❏ À ceux qui sont passionnés de musique et de littérature.

    c. ❏ À ceux qui rechignent généralement à faire leur lessive.

5. Quel type d'ouvrages y trouve-t-on ? Classez ces items dans l'ordre où ils apparaissent dans l'enregistrement.

    a. des romans policiers ....

    b. des ouvrages en langues étrangères ....

    c. des romans à l'eau de rose ....

    d. des bandes dessinées ....

6. Quel est le sens des expressions suivantes :

« C'est plutôt galère » :

    a. ❏ C'est une corvée.

    b. ❏ C'est très compliqué.

    c. ❏ C'est épuisant.

« C'est des bouquins d'occase » :

    a. ❏ Ce sont des ouvrages importés.

    b. ❏ Ce sont des livres anciens et très rares.

    c. ❏ Ce sont des livres usagés.

☞ DOCUMENT SONORE N° **20**

activité 24

Lisez dans un premier temps les questions ci-dessous. Repérez les éléments à rechercher dans l'enregistrement. Passez à l'écoute, puis faites une pause pour répondre. S'il vous manque des éléments de réponse, écoutez à nouveau le document.

1. De quel type de document s'agit-il ?

    a. ❏ d'un message diffusé pour une campagne d'information

    b. ❏ d'un extrait d'une émission radiophonique

    c. ❏ d'une enquête auprès des consommateurs

2. On y aborde la question :

    a. ❏ de l'utilisation des armes à feu en France

    b. ❏ des réticences des Français face au changement

    c. ❏ des moyens envisagés pour réduire les dépenses de santé

3. Quel est le moyen choisi pour faire face au problème ?

....

....

4. Comment appelle-t-on ces produits ?

génésiques ❏   génériques ❏   gériatriques ❏

5. Quel est leur intérêt principal ?

....

....

6. Quelles ressemblances ou différences présentent-ils avec les produits de marque ?

....

....

7. Il convient de mettre en garde les consommateurs car le recours à ce type de produit dans le cas de traitement de longue durée est considéré comme dangereux.

vrai ❑   faux ❑   on ne sait pas ❑

Justifiez avec les informations entendues : ....

8. Complétez la phrase suivante.

Sur le plan de la qualité et de l'efficacité, il a été prouvé que ces produits sont : ....

....

....

🎧 DOCUMENT SONORE N° **21**

activité 25

1. Écoutez les quatre enregistrements, extraits d'un bulletin d'informations, et choisissez la rubrique sous laquelle on peut les classer. Relevez le numéro du document en face de la rubrique concernée.

    a. Emploi   ....   **d.** Politique   ....

    b. Sciences   ....   **e.** Culture   ....

    c. Économie   ....   **f.** Psychologie   ....

2. Procédez à une deuxième écoute et relevez les informations chiffrées qui sont données pour :

    a. Le pourcentage des ventes effectuées par les magasins très bon marché par rapport au total des ventes du secteur : ....

    b. La température relevée au centre du Soleil : ....

    c. La quantité d'arbres que l'on coupe quotidiennement pour produire des articles en papier tels que les mouchoirs : ....

    d. L'âge au-delà duquel on considère que l'agressivité n'est plus tout à fait normale : ....

    e. Le nombre d'ouverture de ce type de commerce par jour : ....

    f. La température à la surface du Soleil : ....

🎧 DOCUMENT SONORE N° **22**

activité 26

Lisez très attentivement les questions avant d'écouter les trois annonces. Choisissez ensuite les réponses qui conviennent.

1. L'annonce 1 concerne :

    a. ❑ la cérémonie de clôture des jeux Olympiques

    b. ❑ le lancement des jeux Olympiques d'hiver en Italie

    c. ❑ une grande course à pied qui a lieu en Grèce

2. L'annonce 2 est diffusée :

    a. ❏ dans un stade, avant le début d'un concert

    b. ❏ lors d'un grand rassemblement politique

    c. ❏ dans le cadre d'une rencontre sportive

3. De quel type de commerce parle-t-on dans l'annonce 3 ?

....

4. Choisissez les intentions exprimées dans ces annonces ? Cochez les cases correspondantes. Attention, il y a plus de propositions que de réponses.

	annonce 1	annonce 2	annonce 3
a. Faire découvrir un lieu d'un nouveau genre			
b. Informer du lieu de départ d'une course			
c. Faire la promotion d'un nouvel ouvrage			
d. Menacer les téléspectateurs			
e. Mettre en garde les supporters			
f. Faire part de l'imminence d'un événement			

5. Quel accent avez-vous reconnu dans les enregistrements ?

    ❏ l'accent du nord

    ❏ l'accent du midi

    ❏ l'accent alsacien

Dans quel enregistrement l'avez-vous entendu ? ....

activité 27 Lisez maintenant les questions suivantes. Écoutez ensuite à nouveau une à une les annonces du document sonore n° 22. Faites une pause après chacune d'entre elles et répondez aux questions portant sur les informations de détail.

Annonce 1

1. Sur quelle chaîne de télévision française pourra-t-on voir ce spectacle ? ....

2. Ce jour-là, plus de 2 milliards de spectateurs assisteront sur place à l'événement.

    ❏ vrai ❏ faux

    Justification : ....

3. La distance qui sépare la ville d'Olympie du stade Communale est de 13 300 km.

    ❏ vrai ❏ faux

    Justifiez votre réponse avec les informations entendues dans l'enregistrement :

    ....

Annonce 2

1. Quels sont les objets qu'il est interdit d'introduire dans le stade ?

....

....

....

2. Que risque-t-on en cas de non-respect des consignes de sécurité ?

    a. ❏ une expulsion immédiate

    b. ❏ un internement de longue durée

    c. ❏ une arrestation musclée

Annonce 3

1. Quel est le nom du lieu dont il est question ? ....

2. On peut (plusieurs réponses sont possibles) :

    a. ❏ y rencontrer l'âme sœur et dîner dans une ambiance intime.

    b. ❏ consulter librement et sans obligation d'achat, certains ouvrages.

    c. ❏ faire la sieste dans un cadre confortable et chaleureux.

    d. ❏ s'y procurer gratuitement des livres et des jeux de société.

    e. ❏ y disputer une partie de son jeu préféré tout en grignotant quelque chose.

3. Que signifie l'expression « manger sur le pouce » ?

    ❏ Manger avec les doigts

    ❏ Manger tout en faisant autre chose

    ❏ Manger rapidement et simplement

𝔇 DOCUMENT SONORE N° **23**

activité 28

Lisez les questions pour repérer les informations données et recherchées. Puis écoutez les enregistrements l'un après l'autre. Faites une pause et répondez aux questions. Si nécessaire écoutez une deuxième fois le document pour compléter vos réponses.

Lequel des trois documents ne fait pas état des résultats d'un sondage ?

    Document n° : ....

Document 1

1. Les informations présentées font référence à :

    a. ❏ La baisse des prix des produits de grandes marques comme Danone.

    b. ❏ L'augmentation des prix de la grande distribution sur la marque Reflets de nos régions et Carrefour.

    c. ❏ Le recul des prix des produits vendus en grandes surfaces sous diverses marques.

2. Dites quels types de produits sont concernés et à quoi correspondent les chiffres suivants. Relevez les termes employés dans l'enregistrement.

    2,47 % : ....

    1,80 % : ....

    1 % : ....

Document 2

1. L'enquête a porté sur :

    a. ❏ Les personnalités qui font l'objet des préférences des Européens.

    b. ❏ Les acteurs américains que les Européens souhaitent voir jouer plus souvent au cinéma.

    c. ❏ Les humoristes français préférés des ressortissants de l'Union européenne.

2. Complétez la phrase suivante avec les informations relevées dans le document :

D'après les résultats de l'enquête, la personne qui arrive en tête est .... et elle obtient un score de .... %

Document 3

1. Parmi ces questions, choisissez celle qui a vraisemblablement été posée aux personnes interrogées.

a. ❏ Parmi les personnalités pressenties pour les élections, laquelle préféreriez-vous voir se porter candidate ?

b. ❏ Lequel des candidats aimeriez-vous voir remporter les élections présidentielles de l'année prochaine ?

c. ❏ Selon vous, qui a le plus de chance d'emporter les suffrages des Français lors des élections de 2007 ?

2. Les chiffres sont actuellement plutôt favorables à :

❏ Nicolas Sarkozy

❏ Ségolène Royal

3. Quel est le score obtenu par chacun ?

Nicolas Sarkozy : ....

Ségolène Royal : ....

4. Qui a gagné 8 points de plus depuis décembre ?

❏ Nicolas Sarkozy

❏ Ségolène Royal

5. Quel est le nom de l'organisme qui a réalisé le sondage ? ....

👂 **DOCUMENT SONORE N° 24**

activité 29

Lisez d'abord l'ensemble des questions de l'activité.

Document 1

Lisez ce texte et repérez le type d'informations recherchées. Écoutez ensuite le document 1 une fois. Faites une courte pause et complétez le texte.

Le nombre de demandeurs d'emploi est passé à (1) ....
et le taux de chômage enregistré aujourd'hui n'est plus que de (2) ....
Depuis (4) .... mois, il n'a cessé de baisser et une diminution de (3) ....
du nombre de jeunes chômeurs a été constatée alors que sur la même période, les chômeurs de longue durée ont vu leur nombre rester (5) ....

Document 2

Relisez les questions avant de procéder à l'écoute.

– Dans quel pays concerné ce programme de réforme a-t-il été engagé ? ....

– Quel est le domaine dont il est question ? ....

– À quels aspects de la réforme correspondent ces informations chiffrées ?

• 16 ou 18 % : ....

• 1 heure supplémentaire : ....

• 67 ans : ....

– Quels sont les objectifs poursuivis par ce programme ?

....

– Quel devrait être le montant de l'économie ? : ....

Document 3

1. Remettez les opinions sur le mariage données ci-dessous dans l'ordre où elles apparaissent dans l'enregistrement.

.... **a.** Le mariage est la condition *sine qua non* au bonheur du couple.

.... **b.** Le mariage devient nécessaire lorsqu'on envisage de fonder une famille.

.... **c.** Le mariage constitue une sorte de promesse envers la personne que l'on épouse.

.... **d.** Il n'est pas impératif de se marier pour être heureux en couple.

2. Quel est le pourcentage de personnes qui adhèrent à chacune de ces opinions ?

a : ....   c : ....

b : ....   d : ....

3. Quelles autres expressions connaissez-vous pour exprimer l'idée de se marier ?

a. ❏ Se faire passer la bague au doigt

b. ❏ Se faire mettre le grappin dessus

c. ❏ Passer par la grande porte

d. ❏ Jouer avec le feu

e. ❏ Passer devant le monsieur le maire

🎧 DOCUMENT SONORE N° **25**

activité 30

1. Écoutez une première fois cet enregistrement, indiquez à quelle rubrique les six documents correspondent et relevez leur thème.

rubrique	n° du document
cinéma	
culture/expositions	
mode/vie quotidienne	
santé télévision	

2. Quel(s) mot(s) et/ou expression(s) vous a (ont) permis de classer les documents ?

a. ....   b. ....

c. ....   d. ....

e. ....   f. ....

activité 31

Lisez les questions, écoutez de nouveau l'enregistrement et répondez aux questions en cochant la bonne réponse.

Document 1

1. Claude Chabrol s'intéresse aux héros qui :

a. ❏ réussissent

b. ❏ représentent le bien

c. ❏ n'aiment pas le mal

d. ❏ sont à la limite entre le bien et le mal

2. Isabelle Huppert :
   a. ❏ a tourné 5 fois avec Claude Chabrol
   b. ❏ avait tourné 5 fois auparavant
   c. ❏ a fait 5 films au total
   d. ❏ vient de tourner avec Claude Chabrol pour la première fois

Document 2

1. Il s'agit d'une émission :
   a. ❏ de loisirs et de jeux
   b. ❏ culturelle
   c. ❏ d'analyse de l'information
   d. ❏ de prospective économique

2. Elle sera présentée :
   a. ❏ le samedi en fin d'après-midi
   b. ❏ samedi après-midi et dimanche soir
   c. ❏ dimanche soir seulement
   d. ❏ samedi soir et dimanche après-midi

Document 3

1. Eva Green :
   a. ❏ est la fille d'une actrice française
   b. ❏ est la mère d'une actrice française
   c. ❏ est la petite fille d'une actrice
   d. ❏ a une fille actrice

2. David Graig :
   a. ❏ est un habitué des rôles de James Bond
   b. ❏ a déjà joué des rôles d'espion
   c. ❏ ne souhaite plus jouer le rôle de James Bond
   d. ❏ sera James Bond pour la première fois

Document 4

1. La mélatonine était utilisée :
   a. ❏ contre la migraine
   b. ❏ contre les troubles du sommeil
   c. ❏ contre les douleurs dentaires
   d. ❏ pour des problèmes cardio-vasculaires

2. D'après le journal du médecin, ce médicament :
   a. ❏ est probablement inefficace
   b. ❏ est très certainement efficace
   c. ❏ est sans doute peu efficace
   d. ❏ peut être dangereux

Document 5

1. Le document porte sur :
   a. ❏ la fabrication des tee-shirts en usine
   b. ❏ l'importation de tee-shirts
   c. ❏ la possibilité de personnaliser les tee-shirts
   d. ❏ la vente des tee-shirts en grandes surfaces

2. Par rapport aux tee-shirts de marque, le prix de ces vêtements est :
   a. ❏ identique
   b. ❏ beaucoup plus cher
   c. ❏ un peu plus cher
   d. ❏ moins cher

Document 6

1. L'exposition présente :
   a. ❏ des tableaux de Picasso
   b. ❏ des photos de Dora Maar
   c. ❏ des œuvres des deux artistes
   d. ❏ seulement des collages et des photos

2. Entre Dora Maar et Picasso, leur relation :
   a. ❏ a duré 10 ans
   b. ❏ s'est prolongée pendant 18 ans
   c. ❏ s'est arrêtée en 1935
   d. ❏ a commencé en 1937

⏝ DOCUMENT SONORE N° **26**

| activité 32 | **1. Écoutez l'enregistrement une première fois et complétez le tableau en indiquant si les affirmations sont vraies ou fausses.**

affirmations	vrai	faux
a. Cet enregistrement porte sur les relations entre frères et sœurs.		
b. Le premier enfant est le plus jeune de la famille.		
c. Julie a eu des conseils de ses grandes sœurs.		
d. Benoît est très heureux d'être fils unique.		
e. La psychanalyse s'intéresse beaucoup aux relations entre frères et sœurs.		

2. Justifiez vos réponses avec les mots et les expressions relevés dans l'enregistrement.

....
....
....

activité 33 Lisez les questions ci-dessous et répondez après avoir écouté l'enregistrement une deuxième fois.

1. Qu'est-ce que Julie reçoit comme conseils de la part de ses sœurs ?

a. ....

b. ....

2. Quels sont les sentiments de Paul pour son frère ?

a. ....

b. ....

3. Qu'est-ce que Benoît aimerait faire avec un frère ou une sœur ?

a. ....

b. ....

 DOCUMENT SONORE N° **27**

activité 34 **1.** Écoutez une première fois l'enregistrement et dites si les affirmations ci-dessous sont vraies ou fausses.

affirmations	vrai	faux
a. C'est la première fois qu'une sonde spatiale parvient sur Mars.		
b. Julie Cagnard est spécialiste du système solaire.		
c. Les scientifiques voulaient vérifier la présence d'oxygène.		
d. On peut facilement repérer les bactéries.		
e. Il y avait de la glace dans le sol de la planète.		
f. Julie Cagnard pense que l'homme colonisera les planètes du système solaire.		

2. Justifiez vos réponses avec des mots et des expressions relevés dans le document sonore.

a. ....

b. ....

c. ....

d. ....

e. ....

f. ....

activité 35 Lisez les questions ci-dessous, puis répondez après avoir écouté une deuxième fois l'enregistrement.

1. Depuis combien de temps les scientifiques attendaient-ils de bonnes images de Mars ?

....

2. Qu'est-ce qui serait à l'origine des écoulements à la surface de la planète ?

....

3. Que sera-t-il possible de repérer avec des robots ?

....

4. Quel est l'avantage de l'homme sur le robot ?

....

🎧 **DOCUMENT SONORE N° 28**

activité 36 Écoutez une première fois l'enregistrement et cochez la bonne réponse.

1. Le choix de se déplacer pour aller vivre ailleurs est un phénomène :
❑ ancien
❑ plutôt récent

2. Face au phénomène évoqué, les pays en développement sont :
❑ des lieux de départ seulement
❑ des lieux de départ et d'accueil

3. Les personnes concernées par ce choix de vie représentent :
❑ 30 millions de personnes
❑ 130 millions de personnes

4. L'Afrique représente :
❑ 12 % des migrants vers le Nord
❑ 12 % de la population mondiale

5. Les mouvements de population Sud-Sud :
❑ ont persisté
❑ ont été stoppés

6. Il y a beaucoup de personnes concernées :
❑ en Indonésie
❑ dans toute l'Asie

activité 37 Écoutez de nouveau l'enregistrement et repérez les informations permettant de répondre à ces questions.

1. Quelles sont les principales causes de migrations ?
....
....
....

2. Les migrants constituent parfois une main-d'œuvre très qualifiée. Pouvez-vous indiquer différents métiers cités ?
....

🎧 **DOCUMENT SONORE N° 29**

activité 38 Écoutez deux fois l'enregistrement et répondez aux questions.

1. Quel est le nom donné aux grandes villes ?
....

2. Quelles sont les spécialités de Thérèse Griou ?
....
....

3. Quelle est l'origine de l'attachement au centre ville ?
....
....

4. Qu'ont tendance à faire les habitants et les institutions ?

....

....

5. La situation est-elle différente ailleurs ?

....

....

activité 39 | **Écoutez de nouveau l'enregistrement et complétez les phrases ci-dessous.**

1. On a pu .... une déconcentration.

2. Les institutions .... en ville.

3. Il y a un .... à la ville centre.

4. À New York, on crée des bureaux à la .... des ensembles urbains.

5. Il est possible que l'on .... encore à une poussée de la ville vers l'extérieur.

6. Marseille a perdu 100 000 habitants, ce qui a .... aux communes voisines.

7. Cela a conduit a .... de grandes agglomérations.

8. (Cela conduit à) faire en sorte de les .... dans un réseau en termes de transport, d'écoles…

2. Activités de compréhension orale sur des documents longs

Quelques indications générales pour les activités de cette partie

Dans l'épreuve de compréhension orale d'un document long, vous avez la possibilité de prendre des notes directement sur la copie d'examen. Vous pouvez procéder de la même façon pour les activités qui suivent et prendre des notes brèves sur une feuille de brouillon. Commencez toujours par lire les questions avant de passer à la première écoute, afin de repérer les informations recherchées et éventuellement d'anticiper les réponses.

DOCUMENT SONORE N° 30

activité 40 | **Écoutez l'enregistrement trois fois.**

Lisez très attentivement les questions avant de procéder à l'écoute du document sonore.

Écoutez ensuite une première fois l'enregistrement. Prenez des notes en l'écoutant. N'essayez pas de relever des phrases complètes, vous n'en aurez pas le temps. Ensuite, relisez vos notes et complétez vos réponses.

Pour la question 5, vous pouvez écouter une deuxième fois afin de relever les éléments de justification des réponses.

1. Il s'agit d'un extrait d'un(e) :
   ❏ conférence   ❏ bulletin d'informations   ❏ interview

2. On y aborde des questions :
   ❏ de politique   ❏ d'économie   ❏ de géographie   ❏ de finances

3. De quel pays est-il question ?

....

4. Quel est le sujet abordé ?

....

5. Dites si les affirmations sont vraies ou fausses et justifiez vos réponses en fonction des informations relevées dans le document.

a. Les Chinois manifestent depuis toujours un intérêt prononcé pour le vin.

❏ vrai   ❏ faux

Justification : ....

b. Des aides venant de partenaires étrangers permettent aux producteurs chinois de développer ce secteur.

❏ vrai   ❏ faux

Justification : ....

c. On consomme aujourd'hui autant de vin en moyenne en Chine que dans le reste du monde.

❏ vrai   ❏ faux

Justification : ....

d. Le nombre de buveurs réguliers de vin en Chine s'élève à 400 000 millions.

❏ vrai   ❏ faux

Justification : ....

6. Lisez attentivement les questions et écoutez à nouveau le document pour y trouver les informations chiffrées, correspondant aux questions qui suivent.

a. Quelle part occupe le vin dans la fabrication de boissons alcoolisées dans ce pays ?

....

b. Quelle est la surface qu'occupe aujourd'hui en Chine la culture de la vigne ?

....

c. Quel est le montant des investissements des spécialistes français pour le développement de la viticulture ?

....

7. Relevez les informations chiffrées correspondantes

a. Quantité de vin produite chaque année sur le sol chinois : ....

b. Part de marché détenue par les trois plus grands producteurs de vin : ....

c. Nombre de producteurs de vin recensés en Chine : ....

8. Retrouvez dans l'enregistrement les mots qui correspondent aux définitions suivantes et notez-les.

a. Personnes qui apprécient quelque chose :...

b. Boissons fortement alcoolisées : ....

c. Ensemble des pieds de vigne qui ont été plantés : ....

d. Personne dont le métier est de cultiver la vigne : ....

e. Personne qui a quitté son pays pour aller s'installer ailleurs : ....

9. À quoi correspondent ces unités de mesure ?

    a. 1 hectolitre correspond à :

    ❏ 10 litres

    ❏ 100 litres

    ❏ 1 000 litres

    b. 1 hectare correspond à :

    ❏ 100 mètres carrés

    ❏ 1 000 mètres carrés

    ❏ 10 000 mètres carrés

🎧 **DOCUMENT SONORE N° 31**

activité 41   Écoutez l'enregistrement et répondez aux questions.

1. Sur quoi porte cette interview ?

....

2. De combien de parties se compose cette interview ?

....

3. Pouvez-vous donner un titre à chacune d'entre elles ?

....

....

....

4. Quelle est la fonction de la personne interviewée ?

....

5. Quelle est désormais la priorité des Français ?

....

6. Qu'est-ce qui a diminué ?

....

7. Quelle est l'évolution de la conception des Français vis-à-vis des vacances ?

....

....

....

8. Que pensent les Français des voyages à l'étranger ?

    a. sur les types de voyages ....

    b. sur les durées de voyage ....

activité 42   Lisez les questions et répondez après avoir écouté de nouveau l'enregistrement.

1. Dites si les affirmations sont vraies ou fausses (et justifiez votre réponse).

    a. Plus des trois quarts des Français souhaitent passer plus de temps avec leurs proches.

    ❏ vrai   ❏ faux

    Justification : ....

b. Le contexte professionnel est plus propice.

❏ vrai   ❏ faux

Justification : ....

c. Les Français partent en voyage de plus en plus souvent.

❏ vrai   ❏ faux

Justification : ....

d. Un Français sur trois souhaite partir plus de 6 mois en voyage.

❏ vrai   ❏ faux

Justification : ....

e. Des activités telles que la marche, le bateau ou le vélo connaissent un nouvel essor.

❏ vrai   ❏ faux

Justification : ....

2. Retrouvez dans l'interview les équivalents de ces mots et de ces expressions.

a. Les ressortissants français : ....

b. Les Français sont plus individualistes : ....

c. Le cadre professionnel : ....

d. Des activités volontaires et désintéressées : ....

e. Une tendance nationale : ....

f. L'assistance aux autres : ....

g. Malgré la baisse : ....

h. Les obligations professionnelles : ....

🔊 DOCUMENT SONORE N° **32**

activité 43   Écoutez attentivement le document en une seule fois puis répondez aux questions suivantes.

1. À qui s'adresse cette personne ?

a. ❏ À la nouvelle clientèle d'un club de sport.

b. ❏ À tous les réfractaires à l'activité sportive.

c. ❏ Aux personnes désireuses de se remettre au sport.

2. Quelle est l'intention véhiculée par ce message ?

....

3. Quelles sont les personnes particulièrement concernées par les indications données ?

les enfants ❏   les femmes ❏   les personnes âgées ❏

4. Relevez les bénéfices procurés par l'activité sportive.

....

5. Quelle est l'alternative proposée aux cours collectifs de gymnastique ?

....

....

6. Relevez les suggestions faites pour :

    a. L'aménagement de l'espace

....

....

    b. La tenue vestimentaire à adopter

....

....

7. Pourquoi est-il déconseillé de porter des vêtements trop amples ?

....

....

8. Pour quelle raison est-il proposé de ne pas porter de chaussures de sport ?

....

....

9. Vrai ou faux ? Choisissez la réponse convenable et justifiez en relevant les informations données dans l'enregistrement.

    a. Pour éviter que les muscles ne soient trop douloureux après l'activité, il est important de boire en grande quantité.

    ❏ vrai   ❏ faux

Justification : ....

    b. Il est recommandé de limiter la durée des premières séances, afin de ne pas trop vous fatiguer.

    ❏ vrai   ❏ faux

Justification : ....

    c. Une pratique trop fréquente d'activités physiques peut être dangereuse pour les personnes les plus fragiles.

    ❏ vrai   ❏ faux

Justification : ....

10. D'après les indications données :

    a. ❏ Une visite médicale s'impose avant de se mettre au sport.

    b. ❏ Toute personne malade devrait se soigner avant de se lancer dans une activité sportive

    c. ❏ Il est imprudent de reprendre le sport après plus de 10 ans d'arrêt.

11. Si vous choisissez d'avoir recours aux services d'un entraîneur personnel (plusieurs réponses possibles) :

    a. ❏ Il élaborera un parcours d'exercices spécifiques en fonction de vos besoins.

    b. ❏ Il vous accordera un tarif préférentiel si vous êtes en groupe.

    c. ❏ Il pourra vous guider et vous corriger dans vos exercices.

    d. ❏ Il vous découragera de faire du sport une fois pour toutes.

🎧 DOCUMENT SONORE N° **33**

activité 44 Écoutez une première fois l'enregistrement et prenez en notes les éléments de réponses. Vous ferez ensuite une pause pour noter vos réponses à l'emplacement prévu.

Faites ensuite une deuxième écoute pour les compléter.

Enfin réécoutez l'ensemble une dernière fois pour vérifier et éventuellement corriger vos réponses.

1. Il s'agit d' :

    a. ❏ un exposé d'informations

    b. ❏ un interrogatoire

    c. ❏ une interview sur le terrain

2. Où la rencontre se passe-t-elle ?

....

3. Quel en est le sujet ?

....

....

4. En quoi consistent précisément les mesures envisagées ?

....

....

5. Qui concernent-elles ?

....

6. Le ton employé par les jeunes interrogés est :

    a. ❏ ironique

    b. ❏ agressif

    c. ❏ indifférent

7. À qui s'adresse le premier garçon interrogé ?

    a. ❏ au ministre de l'Intérieur

    b. ❏ au ministre de la Ville

    c. ❏ au ministre des Affaires sociales

8. D'après le journaliste, les personnes concernées semblent prendre le projet très au sérieux.

    ❏ vrai ❏ faux

    Justifiez en relevant les expressions employées dans le document : ....

....

9. Pour les jeunes interrogés, le principe envisagé est :

    a. ❏ totalement incompatible avec les modes de vie des jeunes de banlieue.

    b. ❏ tout à fait en phase avec les problèmes qu'ils rencontrent.

    c. ❏ déjà largement répandu dans des pays comme l'Irak.

10. Relevez dans le document les mots ou les expressions qui confirment ce sentiment :

....

....

11. Citez deux arguments utilisés par les jeunes pour manifester leur opposition :

....

....

12. Dans quel type de situation ces mesures s'appliquent-elles plus généralement ?

....

....

13. Que signifie le terme *état d'urgence* ?
   a. ❑ Situation dangereuse pour laquelle il est nécessaire d'intervenir le plus rapidement possible.
   b. ❑ Régime exceptionnel appliqué par la police en cas de troubles graves.
   c. ❑ Conséquences d'une crise sociale à laquelle un État n'a pas pu faire face.

♪ DOCUMENT SONORE N° **34**

activité 45

Écoutez d'abord l'enregistrement dans sa totalité, puis lisez les questions 1, 2 et 3 ci-dessous. Essayez d'y répondre et si nécessaire, écoutez à nouveau la première partie.

1. Dans quel cadre les personnes interrogées s'expriment-elles ?
   a. ❑ lors de l'interview d'une personnalité
   b. ❑ à l'occasion d'une discussion entre amis
   c. ❑ pour une enquête auprès de la population

2. Quel en est le sujet ? ....

3. À partir des informations contenues dans l'introduction, essayez de formuler la question qui a probablement été posée à ces personnes.

....

4. Dans l'introduction, quels sont les points de comparaison donnés pour présenter la situation des femmes ? Relevez en face des informations fournies, les aspects dont il est question.

De quoi s'agit-il ?	informations
....	soixantième anniversaire
....	2 fois plus élevé que chez les hommes
....	2 fois plus touchées que les hommes
....	1/3 sont occupés par des femmes
....	Inférieur de 25 %, pour un même emploi

activité 46 Lisez les questions suivantes, écoutez la suite de l'enregistrement et répondez.

1. Pour les personnes interrogées, quelle est la signification du mot « parité » ?
Complétez les phrases avec les informations entendues ou dites si l'affirmation est vraie ou fausse et justifiez avec les termes entendus.

a. La parité ce serait .... dans les entreprises ou le gouvernement.

b. Il faut absolument qu'autant de femmes que d'hommes soient recrutées dans une entreprise.
❑ vrai   ❑ faux
Justification : ....

c. Cela signifie que les femmes bénéficieraient .... que les hommes et qu'on reconnaîtrait qu'elles sont capables de .... dans tous les secteurs.

d. Au moment des élections, ce serait que ....
....

e. Cela veut dire qu'au sein du couple, toutes les tâches doivent être réalisées à deux, à proportion égale.
❑ vrai   ❑ faux
Justification : ....

f. Lorsqu'elles ont un diplôme identique à celui d'un homme, il serait juste qu'elles puissent bénéficier ....

2. En fonction des opinions exprimées, répondez aux questions.

a. Pourquoi ne serait-il pas vraiment judicieux de confier systématiquement les mêmes tâches aux femmes qu'aux hommes ?
....

b. Quelle est la qualité attribuée aux femmes par la dernière personne entendue ?
....

3. Donnez à votre tour une définition plus personnelle du mot « parité », en vous aidant des mots et des expressions utilisés dans l'enregistrement et les questions.
....
....

🎧 **DOCUMENT SONORE N° 35**

activité 47 Vous allez entendre une interview d'une durée d'environ 5 minutes. Les questions posées portent sur des éléments précis de ce document. Pour faciliter la compréhension du document, prenez le temps de lire très attentivement les questions afin de repérer les informations nécessaires pour répondre.

1. Quel est le moyen récemment choisi par le gouvernement pour limiter le nombre de personnes étrangères venant s'installer en France ?
....

2. Qui sont les personnes directement concernées par cette décision ?

....

3. Quelle proportion d'étrangers trouve-t-on dans l'enseignement supérieur en France ?

....

4. Quel est leur nombre total en France aujourd'hui ?

25 000 ❏   150 000 ❏   250 000 ❏   1 150 000 ❏

5. Par combien le nombre d'étudiants chinois à Clermont-Ferrand a-t-il été multiplié depuis 5 ans ?

....

6. Quel est le nom du responsable des relations internationales à l'université de Clermont-Ferrand ?

....

7. Les domaines d'études de l'université ne retiennent malheureusement pas l'attention des Chinois.

❏ vrai   ❏ faux

Justification : ....

8. Quelles sont les spécialités plébiscitées par ces étudiants ?

....
....
....
....

9. Quels sont les critères de sélection pour entrer dans cette université ?

....
....

10. D'après le vice-président de l'université, pour réussir leurs études en France :

a. ❏ Il n'est pas indispensable que les étudiants aient un très bon niveau en langue française.

b. ❏ Il est essentiel qu'ils possèdent de solides connaissances dans le domaine qui les intéresse.

11. Quel élément fourni pas les enseignants facilite l'obtention du visa pour un étudiant souhaitant venir en France ?

....

activité 48   Écoutez à nouveau le document sonore n° 35 et cochez dans la liste suivante les atouts que présentent la ville et l'université de Clermont-Ferrand. Relevez ensuite l'expression ou le terme utilisé qui leur correspond.

<u>Expression employée</u>

a. ❏ Animation étudiante permanente..

b. ❏ Qualité de l'accueil...

c. ❑ Ville très jeune et moderne ....

d. ❑ Commodité des transports en commun ....

e. ❑ Taille de la ville ....

f. ❑ Coût très peu élevé des études ....

g. ❑ Loyers modérés ....

h. ❑ Facilité d'accès à toutes les commodités ....

i. ❑ Proximité de Paris ....

j. ❑ Spécialités d'études proposées ....

k. ❑ Environnement naturel ....

l. ❑ Étudiants étrangers nombreux ....

🎧 DOCUMENT SONORE N° **36**

activité 49 Le document que vous allez entendre est un entretien d'une durée d'environ 5 minutes. Vous pourrez procéder à plusieurs écoutes afin de répondre à toutes les questions.

1. Dans quel cadre cette intervention a-t-elle lieu ?

❑ dans une émission de télévision

❑ lors d'une émission de radio

2. Relevez le terme qui justifie votre réponse : ....

3. Quel est le sujet abordé dans cette discussion ?

❑ l'augmentation des impôts pour tous

❑ les modifications apportées à la déclaration de revenus

❑ la suppression définitive du système de déclaration des revenus

4. Relevez ici les indications et/ ou les changements concernant :

l'ancienne déclaration	la nouvelle déclaration
....	....
....	....
....	....
....	....
....	....
....	....
....	....
....	....
....	....
....	....

5. D'après Philippe-Jean de La Tour, à quoi devra-t-on être particulièrement attentif au moment de remplir le document ?

a. ❑ à ne surtout pas déclarer les revenus complémentaires.

b. ❑ à bien compléter les rubriques état civil et adresse.

c. ❑ à ce que les informations contenues soient toutes exactes.

6. Selon lui, ces changements présentent des avantages surtout :

    a. ❏ pour les employés des services des impôts qui disposent ainsi de plus de temps.

    b. ❏ pour tous ceux qui doivent remplir une déclaration.

    c. ❏ pour les personnes déclarant aussi des revenus complémentaires.

7. Le ton du journaliste laisse entrevoir qu'il est :

    a. ❏ tout à fait convaincu de l'intérêt de ces nouveautés.

    b. ❏ très réservé sur l'intérêt général que cela représente.

    c. ❏ plutôt sceptique quant à l'intérêt pour les personnes soumises à l'impôt.

8. Relevez dans l'enregistrement les termes employés pour :

    a. La date limite de paiement : ....

    b. La personne qui paie l'impôt : ....

    c. L'imprimé envoyé aux personnes pour les informer du montant à payer :

    ....

    d. Payer la totalité de la somme due aux impôts :

    ....

♪ DOCUMENT SONORE N° 37

activité 50

C1/C2

Vous allez entendre un document long d'une durée de 5 minutes environ. Pour faciliter la compréhension et vous aider à anticiper le contenu, écoutez d'abord l'introduction et répondez aux questions suivantes.

1. D'après l'introduction, quelle est la nature du document ? Il s'agit de :

    a. ❏ une interview

    b. ❏ un témoignage

    c. ❏ un exposé

2. Quel est le nom de l'orateur ?

....

Il est médecin ❏   enseignant ❏   journaliste ❏

3. Notez le thème abordé sous la forme d'une affirmation puis reformulez en une question.

Thème

Affirmation : ....

Question : ....?

4. Sans écouter le document en totalité, notez maintenant en quelques mots ou phrases les idées qui, selon vous, peuvent être développées dans la suite du document. Vous pourrez vérifier vos hypothèses, après l'avoir écouté dans son intégralité et répondu à l'ensemble des questions de l'activité 52.

....

....

....

....

....

....

....

....

....

Maintenant, écoutez la totalité du document et répondez.

5. Quels sont les appareils dont il est question ?

....

....

....

....

....

6. Pour chacune des grandes parties de cette intervention, notez le sujet abordé, en vous appuyant sur les réponses données à la question 5 et les informations développées sur le sujet.

....

....

....

....

activité 51
C1/C2

Lisez les questions et repérez les éléments auxquels vous devez être particulièrement attentif lors de l'écoute. Écoutez à nouveau le document et répondez.

1. Remettez les informations suivantes dans l'ordre où elles apparaissent. Numérotez-les dans le bon ordre.

a. .... Il est vivement déconseillé de faire usage de l'oreillette dans le cas de cet appareil.

b. .... Les problèmes d'audition liés à une utilisation abusive du baladeur touchent environ un jeune sur quatre.

c. .... Prendre appui sur ses avant-bras permet d'intervenir plus commodément et de contrecarrer ces troubles.

d. .... Ce petit objet vendu avec l'appareil permet de limiter les contorsions et rend l'utilisation plus confortable.

e. .... Une gêne se manifeste dans un premier temps au niveau des mains pour gagner ensuite l'ensemble du bras.

f. .... Personne n'est en mesure pour le moment de confirmer que les portables occasionnent l'apparition de maladies telles que le cancer.

2. Vrai ou faux ? Choisissez la réponse exacte et justifiez avec les informations données. Écoutez le document une nouvelle fois pour y relever les éléments de justification nécessaires.

a. Les troubles liés à l'utilisation des ordinateurs touchent principalement le bas du corps.

❏ vrai ❏ faux

Justification : ....

b. Les personnes les plus exposées sont celles qui sont employées dans les administrations et les services.

❑ vrai   ❑ faux

Justification : ....

c. Dans le cas d'un emploi d'une durée supérieure à 35 minutes, l'utilisateur ne perçoit plus aucune sensation désagréable.

❑ vrai   ❑ faux

Justification : ....

d. La souffrance est telle qu'elle empêche, dans certains cas, de trouver le sommeil.

❑ vrai   ❑ faux

Justification : ....

e. Tous les chercheurs sont à présent d'accord sur les effets nocifs de l'utilisation des téléphones portables.

❑ vrai   ❑ faux

Justification : ....

f. Comme la douleur ressentie est extrêmement vive, les personnes concernées sont immédiatement alertées.

❑ vrai   ❑ faux

Justification : ....

g. Les avertissements donnés sur les risques de dégradation des qualités d'audition ont porté leurs fruits.

❑ vrai   ❑ faux

Justification : ....

activité 52

C1/C2

1. Quelles sont les recommandations faites pour limiter les inconvénients liés à l'utilisation de ces appareils ?
Relevez le nom de l'appareil concerné, les risques encourus et les symptômes, puis les recommandations faites pour chacun.

nom de l'appareil	risques et symptômes	recommandations
....	....	....
....	....	....
....	....	....
....	....	....
....	....	....
....	....	....

2. Choisissez parmi ces mots celui qui correspond au sens du mot relevé dans l'enregistrement.

a. inflammation   combustion ❑   inflation ❑   irritation ❑

b. fourmillement   éparpillement ❑   picotement ❑   agitation ❑

c. engourdissement   étourdissement ❑   endormissement ❑   paralysie ❑

d. contraction	raidissement ❏	contrainte ❏	relâchement ❏
e. consensus	réconciliation ❏	conséquence ❏	accord ❏
f. malentendance	surdité ❏	incompréhension ❏	méprise ❏
g. anodin	austère ❏	anonyme ❏	inoffensif ❏
h. de rigueur	rigoureux ❏	nécessaire ❏	pénible ❏
i. préconiser	préférer ❏	déconseiller ❏	recommander ❏
j. suspecter	sustenter ❏	soupçonner ❏	accuser ❏

⟩ DOCUMENT SONORE N° 38

activité 53

C1/C2

1. Vous allez entendre un document long d'une durée de 8 minutes environ. Écoutez d'abord la première partie, puis faites une pause. Répondez alors aux questions suivantes. Cette première étape est importante car elle vous permettra de repérer le thème et d'anticiper sur le contenu et l'organisation de ce discours.

a. Ce document est :

❏ un exposé

❏ un entretien

❏ une conférence

b. Quelle est la profession dont il est plus particulièrement question ?

....

c. Pour quel type de bureau ou de société ces personnes travaillent-elles ?

....

....

d. En quoi consiste leur mission ?

❏ Licencier des employés des entreprises et préparer leur reconversion professionnelle.

❏ Recherche et embaucher de personnes qualifiées pour les entreprises.

❏ Assurer la formation des employés au sein des grandes entreprise.

e. Relevez brièvement ci-dessous les points mentionnés dans l'introduction qui pourront être développés dans la suite du document.

....

....

....

....

f. Qui est l'intervenant que vous allez entendre ? À quel titre s'exprime-t-il ?

....

2. Repérage du plan du document et de l'organisation interne de chaque partie. Lisez très attentivement les questions et les éléments de réponse proposés ci-après, puis écoutez la suite du document. Sélectionnez les informations nécessaires pour répondre.

a. Combien de questions différentes sont posées ? ....

b. Sur quoi portent-elles ? Cochez les sujets correspondant précisément aux questions posées.

❏ Types de personnes plus particulièrement recherchées actuellement.

❏ Critères sur lesquels le label « NF service conseil » est attribué.

❏ Secteurs d'activité concernés aujourd'hui par ces pratiques.

❏ Résultats obtenus par la profession pour l'année écoulée.

❏ Relation entre l'âge des employés et leurs compétences professionnelles.

❏ Profil professionnel requis pour effectuer ce métier.

❏ Perspectives certaines de développement de ces cabinets pour les années à venir.

❏ Lien entre la raréfaction des personnes qualifiées et les demandes des entreprises.

❏ Intérêt que présente le travail de ces professionnels pour les entreprises.

❏ Démarche réalisée par les cabinets pour obtenir la certification.

❏ Difficultés auxquelles devront faire face les sociétés chargées du recrutement.

❏ Raisons du développement de l'activité dans un secteur tel que la métallurgie.

c. Relevez à présent ces sujets dans l'ordre où ils apparaissent dans les questions du journaliste. Numérotez-les dans l'ordre.

....
....
....
....
....
....
....
....

activité 54

C1/C2

Répondez à ces questions pour approfondir la compréhension du document. Prenez le temps de bien lire les questions, puis écoutez l'enregistrement en une seule fois, tout en complétant vos réponses.

Vous pouvez probablement déjà répondre à certaines questions en vous appuyant sur les informations repérées dans l'activité 53.

Conseil

Commencez par écouter le document en une seule fois, comme vous le ferez lors de l'examen.

Vous pouvez faire une pause après chaque partie et répondre aux questions en plusieurs étapes.

1. D'après l'intervenant, l'année 2005 a été :

décevante ❏   bénéfique ❏   désastreuse ❏

2. Quel est le nombre de cabinets référencés aujourd'hui en France ?

....

3. Quel est le nom de l'association chargée d'attribuer les certifications ?

....

4. Quelle est actuellement la proportion de salariés recrutés par leur biais ?

....

5. Peut-on dire que ce champ d'activité est en pleine expansion ?

oui ❏   non ❏

Relevez trois éléments qui justifient votre réponse.

....

....

....

6. Les personnes sélectionnées sont le plus souvent au chômage et sans qualification.

vrai ❏   faux ❏

Justifiez votre réponse en relevant les mots ou les expressions entendus dans l'enregistrement.

....

....

7. Relevez trois des éléments qui précisent le profil des personnes généralement sélectionnées.

....

....

....

8. Pour quelles raisons en arrive-t-on aujourd'hui à faire appel à ces sociétés de recrutement pour embaucher des ouvriers qualifiés ?

....

....

9. Quels sont les domaines pour lesquels les demandes ont été plus fortes en :

2004 : ....

2005 : ....

10. Quelle conséquence aura l'arrivée à l'âge de la retraite de la génération des personnes nées tout de suite après la Seconde Guerre mondiale ?

....

....

11. Comment pourra-t-on alors combler les postes laissés vacants ?

....

....

12. Dans la dernière partie de l'entretien, relevez au moins trois des aspects sur lesquels les cabinets de recrutement sont évalués pour l'obtention du label de qualité NF ?

....

....

13. Que signifie le sigle NF ?

Normes financières ❏   Normes formations ❏   Normes françaises ❏

14. À quoi correspond le sigle AFNOR ?

    a. ❑ Agence financière de notation et régulation

    b. ❑ Association française de normalisation

    c. ❑ Assurance française nationale d'organisation

Lorsque vous avez répondu aux questions, écoutez une dernière fois le document en entier pour vérifier vos réponses et s'il le faut, pour les corriger ou les compléter. Vous aurez alors à ce stade écouté le document 3 fois complètement.

activité 55   Pour cette activité, vous n'avez pas besoin de réécouter le document.
Choisissez et cochez parmi les propositions celles qui correspondent au sens des expressions utilisées dans l'entretien, soulignées dans ces extraits de phrases.

1. Une société qui <u>délègue</u> ses fonctions de recrutement…

    ❑ disperse

    ❑ confie

    ❑ abandonne

2. Un métier <u>en plein essor</u> :

    ❑ qui permet des gains financiers importants

    ❑ qui connaît un développement rapide

    ❑ où les risques sont considérables

3. … chargés de trouver <u>les perles rares</u> :

    ❑ les personnes les plus compétentes

    ❑ les employés spécialisés en bijouterie

    ❑ les moyens les plus efficaces de répondre aux attentes

4. Ils connaissent <u>une période de regain</u> :

    ❑ des difficultés économiques particulièrement sévère

    ❑ un moment d'hésitation face à la situation économique

    ❑ une recrudescence de l'activité économique

5. Ils ne sont pas prêts de <u>fermer boutique</u> :

    ❑ de mettre la clef sous la porte

    ❑ de clore le chapitre

    ❑ de rendre les armes

6. Nous recrutons <u>de plus en plus pointu</u> :

    ❑ en évitant les pertes de temps

    ❑ selon des méthodes très modernes

    ❑ à un degré très élevé de spécialisation

7. Cette tendance <u>quelque peu insolite</u> :

    ❑ étrange

    ❑ exubérante

    ❑ illégale

8. Ils concernent tout d'abord l'<u>éthique de la profession</u> :

❏ les règles morales du métier

❏ les principes de recrutement

❏ le respect des engagements pris

9. Les cabinets <u>les plus cotés</u> perdraient toute crédibilité :

❏ reconnus comme les plus compétents

❏ désireux de développer leur clientèle

❏ pratiquant les tarifs les plus élevés

10. Quel est le nom de l'organisme chargé d'évaluer les services proposés dans ces cabinets ? Dans l'enregistrement vous n'entendez que le sigle.

....

🎧 DOCUMENT SONORE N° **39**

activité 56

Vous allez entendre un extrait d'une discussion d'une durée d'environ 4 minutes.

> **Quelques termes pour vous aider dans la compréhension**
> **CNE :** Contrat national d'embauche. Type de contrat de travail utilisé en France depuis juillet 2005.
> **CPE :** Contrat première embauche : proposé au début de l'année 2006 et rejeté massivement par les Français. Retiré en avril de la même année.
> **Prud'homme :** tribunal composé en nombre égal de représentants des salariés et des employeurs qui a pour mission de régler les conflits individuels du travail.

1. Écoutez entièrement le document puis complétez les rubriques suivantes.

a. Sujet de la discussion : ....

b. Cadre dans lequel elle se déroule : ....

c. Nombre de personnes différentes entendues : ....

d. Le registre de langue employé dans la discussion est :

argotique ❏ familier ❏ standard ❏ soutenu ❏

e. Sur quel ton se déroule cette discussion ?

indifférent ❏ modéré ❏ passionné ❏

f. D'après vous, quelles sont les occupations ou la situation professionnelle de ces personnes ?

....

g. D'après la discussion, les personnes concernées par le contrat sont :

les femmes ❏ les personnes d'âge mûr ❏ les jeunes ❏

2. Après avoir lu les questions suivantes, écoutez à nouveau le document et sélectionnez les éléments de réponse que vous y entendez.

a. Pour ce jeune homme, le nouveau contrat lui permettra :

❏ d'attendre quelques années avant de recruter un apprenti

❏ de recruter immédiatement un jeune employé

❏ de gagner rapidement plus d'argent

b. En cas de renvoi d'un employé pendant la période d'essai, que doit faire l'employeur ?

❏ Il doit le prévenir longtemps à l'avance.

❏ Il est contraint de lui verser une indemnité.

❏ Il a l'obligation de lui trouver un autre emploi.

c. À quels risques s'expose un employeur en cas de licenciement abusif ?

....

d. Que signifie « CDD » ? Complétez la réponse.

Contrat à ....

e. Complétez la phrase.

La durée de la période d'essai liée à ce contrat est de .... ans.

f. Par qui est financée la formation dont peut bénéficier l'employé durant cette période ?

....

g. Pour ces jeunes, quelles sont les caractéristiques d'un « vrai » travail ? Relevez les termes entendus dans l'enregistrement.

....

....

....

....

h. De quel type de menace parle la jeune fille ?

....

i. D'après ce que dit le jeune homme à la fin de la discussion, ce contrat pourra être à l'avenir :

amélioré ❏   supprimé ❏   remplacé ❏   généralisé ❏

j. Parmi les éléments suivants quels sont ceux donnés comme arguments en faveur de ce type de contrat ?

❏ Il autorise le licenciement non justifié d'un employé.

❏ Il offre la possibilité de recruter plus rapidement.

❏ Il permet à l'employé de travailler plus longtemps qu'un contrat à durée déterminée.

❏ Il représente un avantage par rapport à un stage non rémunéré.

❏ Il permet d'avoir une première expérience professionnelle.

❏ Il ouvre le droit à la formation.

❏ Il oblige le patron à garder l'employé au moins deux ans.

❏ Il assure à l'employé le droit de recevoir une indemnité s'il est renvoyé de son travail.

k. Quelles sont les principales critiques formulées sur ce contrat ?

....

....

....

....

....

....

Écoutez le document une troisième fois afin de vérifier l'ensemble de vos réponses et le cas échéant de les compléter ou les corriger.

activité 57 Voici quelques phrases et expressions relevées dans le document. En connaissez-vous la signification ? Choisissez parmi les propositions faites celles qui ont le même sens.

1. Il s'avère qu'il est incompétent.
   - **a.** ❏ On découvre que l'apprenti est incapable de faire le travail.
   - **b.** ❏ On sait à l'avance que l'apprenti est incompétent.
   - **c.** ❏ L'apprenti omet de prévenir qu'il n'est pas qualifié pour le travail.

2. Tu ne vois vraiment pas parce que…
   - **a.** ❏ Tu n'en as pas besoin.
   - **b.** ❏ Tu es mal placé pour savoir.
   - **c.** ❏ Tu ne comprends pas.

3. Je te parle pragmatique…
   - **a.** ❏ Je te parle de l'éthique professionnelle…
   - **b.** ❏ Sur le plan des aspects pratiques…
   - **c.** ❏ D'un point de vue théorique…

4. Mettons que je sois employé…
   - **a.** ❏ Proposons que je sois employé…
   - **b.** ❏ Supposons que je sois employé…
   - **c.** ❏ À condition que je sois employé…

5. Tu vires le mec.
   - **a.** ❏ Tu renvoies la personne.
   - **b.** ❏ Tu recrutes quelqu'un.
   - **c.** ❏ Tu indemnises un employé.

6. Essaie d'aller prendre un emprunt.
   - **a.** ❏ Essaie de souscrire un emprunt.
   - **b.** ❏ Essaie d'engager un emprunt.
   - **c.** ❏ Essaie de te procurer un emprunt.

7. Il faudra plusieurs années pour le roder.
   - **a.** ❏ Il faudra du temps pour le faire accepter par tous.
   - **b.** ❏ Plusieurs années seront nécessaires pour le mettre au point.
   - **c.** ❏ Une longue période s'écoulera avant qu'il ne soit retiré.

8. Un travail qui te pose.
   - **a.** ❏ Un emploi dans lequel on ne peut espérer aucune promotion.
   - **b.** ❏ Un emploi que l'on ne va pas conserver.
   - **c.** ❏ Un emploi qui permet d'avoir une situation stable.

9. On les exploite en tant que stagiaires.
   - **a.** ❏ Les patrons préfèrent recruter des jeunes stagiaires motivés.
   - **b.** ❏ Les stagiaires sont toujours indemnisés lorsqu'ils sont embauchés.
   - **c.** ❏ On fait travailler beaucoup les stagiaires à très bas salaires.

10. Ça peut <u>couler mon entreprise</u>.

    a. ❏ Cela peut aider considérablement l'entreprise.

    b. ❏ L'entreprise peut être menée à la faillite.

    c. ❏ Les risques pour l'entreprise sont minimes.

11. Ça peut <u>prendre un temps fou</u>.

    a. ❏ L'affaire sera rapidement résolue.

    b. ❏ On ne sait pas quand cela se terminera.

    c. ❏ Le processus peut durer très longtemps.

12. <u>C'est la politique du moins pire</u>.

    a. ❏ C'est le minimum de ce qui est acceptable.

    b. ❏ C'est la pire des solutions envisagées.

    c. ❏ C'est la meilleure façon de faire.

◗ DOCUMENT SONORE N° 40

activité 58

Vous allez entendre un extrait d'une conférence. Écoutez attentivement l'enregistrement en totalité et en une seule fois puis répondez aux questions de compréhension globale ci-dessous.

1. Quel est le thème de la conférence ?

....

2. Quel est le titre qui conviendrait le mieux à cet extrait de conférence ?

    a. ❏ Diversité linguistique et enseignement des langues en Europe

    b. ❏ Les politiques européennes en matière de langue

    c. ❏ L'avenir de l'enseignement des langues en Europe

Repérage du plan de la conférence

3. Combien de grandes parties différentes distinguez-vous dans ce document ? Numérotez-les et relevez pour chacune un mot ou une phrase clé qui en donnera le sens global.

....

....

....

4. Relevez ensuite les différentes idées développées dans chacune de ces parties. Notez une expression ou un mot-clé pour chacune.

....

....

....

....

....

5. Les propositions et les décisions actuelles dans l'enseignement des langues relèvent :

    a. ❏ de la division des politiques linguistiques

    b. ❏ du Conseil de l'Europe et de l'Union européenne

    c. ❏ de la politique française en matière d'enseignement des langues

6. Quel est le principal problème que pose dans l'Union européenne la multiplicité des langues ?

    a. ❑ L'exportation des produits européens

    b. ❑ L'unité politique

    c. ❑ Le nombre de combinaisons de traductions

activité 59   Repérage d'informations

1. Combien existe-t-il de langues en Europe ?

....

....

2. Combien de langues sont parlées par au moins un million de personnes en Europe ?

....

....

3. Quels sont les éléments qui définissent la situation des langues en Europe aujourd'hui ?

    a. ....

    b. ....

    c. ....

    d. ....

    e. ....

    f. ....

4. Quels sont les domaines dans lesquels le français avait, autrefois, une place très importante ?

    a. ....

    b. ....

    c. ....

5. Quelles sont les perspectives du Conseil de l'Europe en matière d'enseignement des langues ?

    a. ....

    b. ....

    c. ....

6. Quel est l'objectif visé par l'Union européenne en ce qui concerne la maîtrise des langues ?

....

....

....

7. En Europe, avec 9 langues officielles utilisées dans les institutions, combien y avait-il de combinaisons pour traduire tous les éléments dans les diverses langues ?

    12 ❑   62 ❑   72 ❑

8. Quel a souvent été l'effet de l'enseignement précoce des langues dans le choix de langues proposé à l'école ?

....

....

9. Quels sont les moyens proposés pour améliorer la situation de l'enseignement des langues ?

a. ....

b. ....

c. ....

d. ....

10. Que dit Fernand Braudel à propos de l'avenir ?

....

....

....

activité 60   Remettez les dix phrases suivantes dans l'ordre où les informations qu'elles contiennent apparaissent dans la conférence.

	ordre de la conférence
a. Dans l'Union européenne, on doit maintenant prendre en compte les aspects culturels.	
b. Les langues ne sont pas que des simples outils permettant de transmettre des informations.	
c. Pour le choix des langues, il est préférable de persuader les gens plutôt que de les contraindre.	
d. Les langues permettent un développement de la citoyenneté européenne.	
e. Il est nécessaire de mettre en place, assez rapidement des programmes pertinents d'enseignement.	
f. Dans l'histoire, il y a eu beaucoup d'échanges linguistiques et culturels.	
g. On pense souvent que, dans certains pays, il y a seule langue pratiquée.	
h. Les travaux du Conseil de l'Europe ont inspiré les pratiques pédagogiques de nombreux pays.	
i. Une quarantaine de langues sont parlées par au moins un million de personnes.	
j. Si on laisse faire, on renforce les positions dominantes.	

ÉPREUVES TYPES

25 POINTS

🔊 **DOCUMENT SONORE N° 41**

➤ Activité 61

Vous allez entendre deux fois un enregistrement sonore de 7 minutes environ.
Vous aurez tout d'abord 3 minutes pour lire les questions.
Puis vous écouterez une première fois l'enregistrement
Vous aurez ensuite 3 minutes pour commencer à répondre aux questions.
Vous écouterez une deuxième fois l'enregistrement.
Vous aurez encore 5 minutes pour compléter vos réponses.

1. Sur quel aspect de la vie des Parisiens cette enquête porte-t-elle ? *0.5 point*

....

2. Selon vous, quelles questions ont été posées à ces personnes ? *1 point*

....

....

3. D'après la première personne interrogée : *1 point*
    a. ❏ Il est indispensable d'avoir un salaire élevé pour pouvoir s'offrir des loisirs à Paris.
    b. ❏ Il est possible avec des moyens limités de sortir et de s'amuser.
    c. ❏ Il est devenu très difficile de vivre agréablement avec de faibles revenus.

Relevez l'expression qui justifie votre réponse :

....

4. Combien ce jeune homme dépense-t-il chaque mois pour se distraire ? *0, 5 point*

....

5. Par quel moyen dit-il se tenir informé des sorties et des événements gratuits ? *0, 5 point*
    a. ❏ Par le biais d'amis et en consultant les annonces dans la presse.
    b. ❏ En étant attentif et par le biais de prospectus distribués dans certains lieux publics.
    c. ❏ Grâce à Internet et aux offres promotionnelles qu'on peut y trouver.

6. Relevez le terme employé pour désigner les petits restaurants simples et peu coûteux. *1 point*

....

7. Les places de théâtre sont devenues très bon marché et la plupart des Parisiens y vont fréquemment. *1 point*
    ❏ vrai ❏ faux
Justification : ....

8. Qu'est-ce qui semble incompréhensible pour la deuxième personne qui témoigne ?
1 point

....
....
....

9. Relevez l'expression employée pour dire que ce couple dispose de revenus suffisants pour sortir fréquemment. *1 point*

....
....

10. À quelle fréquence vont-ils au théâtre ? *0, 5 point*

....

11. Relevez les noms des lieux où ces personnes sortent pour écouter de la musique et danser. *1,5 point*

....
....
....
....

12. Quels sont les tarifs mentionnés pour les sorties ? *0, 5 point*
au théâtre : ....
au cinéma : ....

13. Cochez la bonne réponse. *0, 5 point*
   a. ❏ Ils jugent les films diffusés dans les salles de leur quartier sans intérêt.
   b. ❏ Ils choisissent généralement d'aller voir des films dans d'autres quartiers de la capitale.
   c. ❏ Ils fréquentent de préférence les salles de cinéma situées à proximité de leur domicile.

14. L'homme paraît être très attentif aux sommes dépensées pour aller au cinéma. *1 point*
oui ❏   non ❏
Justification : ....

15. Donnez le montant du budget mensuel moyen par personne consacré aux sorties dans ce couple. *0, 5 point*

....

16. Cochez la bonne réponse. *0, 5 point*
   a. ❏ Cette femme préfère sortir le soir avec ses amies dans des lieux à la mode où les rencontres sont possibles.
   b. ❏ Elle apprécie les loisirs plus paisibles et privilégie les visites culturelles et artistiques.
   c. ❏ Elle ne sort presque jamais en raison de son manque d'intérêt pour les spectacles.

17. Citez trois quartiers de Paris dans lesquels elle aime se promener. *0, 5 point*

....

....

18. Pour quel type de manifestations se rend-elle au centre Beaubourg ? *0, 5 point*

....

19. Citez deux raisons qui l'amènent à fréquenter ce centre. *0, 5 point*

....

....

20. Elle est très dépensière en matière de spectacles et de sorties. *1 point*
   ❏ vrai   ❏ faux
   Justification : ....

🎧 DOCUMENT SONORE N° 42

➤ Activité 62

Vous allez entendre une seule fois plusieurs extraits radiophoniques.
Pour chacun des extraits :
Vous aurez entre 20 et 50 secondes pour lire les questions.
Puis vous écouterez l'enregistrement
Vous aurez ensuite entre 30 secondes et 1 minute pour répondre aux questions.

Document 1
1. Les résultats du sondage indiquent qu'un nombre significatif de Français sont : *1 point*
   a. ❏ soupçonneux quant à la qualité des produits bio
   b. ❏ plutôt favorables aux produits biologiques
   c. ❏ complètement indifférents à ce genre de produits

2. Une partie des personnes est encore réticente à leur utilisation car elles les trouvent :
1 point
   a. ❏ de bonne qualité et conditionnés de manière séduisante
   b. ❏ bien trop onéreux et plutôt mal présentés
   c. ❏ peu attirants et de qualité médiocre

Document 2
3. Ce document fait référence : *1 point*
   a. ❏ aux possibilités d'expatriation offertes aux personnes arrivant sur le marché du travail.
   b. ❏ au sort des entreprises chinoises ayant choisi d'embaucher des jeunes Français.
   c. ❏ au nombre de jeunes diplômés en difficultés pour trouver un emploi durable.

Document 3
4. Le document parle : *1 point*
   a. ❏ de l'interdiction de certains sports publicitaires à la télévision.
   b. ❏ du développement de la fabrication de faux dans tous les domaines.
   c. ❏ de la tendance à la reprise du commerce des produits de luxe.

5. Par quel moyen les autorités envisagent-elles de contrer le problème ? *1 point*

    a. ❏ En engageant une action médiatique de sensibilisation

    b. ❏ En arrêtant les personnes impliquées dans la diffusion de ces articles.

    c. ❏ En imposant de nouvelles façons de faire la promotion des produits.

Document 4

6. De quoi est-il question dans cette interview ? *1 point*

    a. ❏ D'une thérapie permettant de soigner les troubles psychologiques chez l'enfant.

    b. ❏ D'un moyen efficace pour rassurer les Français face à l'insécurité.

    c. ❏ De mesures envisagées afin de repérer très tôt les futurs délinquants.

Voix 1

7. Selon cette personne : *1 point*

    a. ❏ l'évolution d'un enfant n'est absolument pas prédictible à partir de son comportement.

    b. ❏ les enfants de cet âge sont le plus souvent très dociles et peu capricieux.

    c. ❏ tous les futurs criminels devraient être détectés dès l'enfance.

8. Quelle est sa position par rapport au projet ? *1 point*

    a. ❏ très défavorable

    b. ❏ plutôt réservée

    c. ❏ tout à fait favorable

Voix 2

9. Selon cette personne : *1 point*

    a. ❏ les délinquants sont les seuls responsables des problèmes de société.

    b. ❏ les enfants sont trop souvent laissés à l'abandon.

    c. ❏ les problèmes les plus urgents se trouvent ailleurs.

10. Cette personne considère que ce projet est : *1 point*

    a. ❏ intolérable

    b. ❏ infaisable

    c. ❏ indispensable

COMPRÉHENSION ÉCRITE

CHAPITRE 2
ACTIVITÉS DE COMPRÉHENSION DES ÉCRITS

➤ *Description des activités*

Les activités proposées pour le travail de la compréhension des écrits sont organisées en quatre parties plus une.
1. Définition et reconnaissance de différents types de textes
2. Repérage et hiérarchisation des idées
3. Analyse en vue d'une reformulation
4. Analyse et entraînement au commentaire ou à une prise de position
5. Pour aller vers l'épreuve de compréhension niveau C1 – techniques croisées

Vous y trouverez différents types de documents : éditorial, article de fond, texte de vulgarisation scientifique, écrit professionnel académique, essai littéraire, texte autobiographique, extrait de roman…
Dans l'ensemble, ils appartiennent principalement aux domaines **public, professionnel et éducatif.**

Afin de développer votre capacité à **comprendre ces différents types d'écrits**, nous vous proposons un certain nombre d'activités. Vous vous entraînerez à :
– reconnaître les différents types de textes (journalistiques et autres…) d'après leurs caractéristiques générales ;
– observer la forme, la typographie des textes proposés pour saisir leur organisation et définir les fonctions de différentes parties ;
– repérer les sources afin de les identifier ;
– analyser leur organisation interne (dégager les mots clés, identifier les idées principales et secondaires, repérer les arguments utilisés, saisir les conclusions) afin d'identifier avec précision la position de l'auteur sur un sujet donné ;
– reformuler des passages précis ;
– exprimer votre opinion personnelle sur une idée précise et l'argumenter.

➤ *Démarche*

Pour réussir la partie Compréhension des écrits, vous travaillerez à développer votre capacité de lecture active dans le but de :
– **comprendre le document globalement**, c'est-à-dire pouvoir l'identifier et en saisir les informations principales ;
– **comprendre des détails de son contenu**, c'est-à-dire être capable de dégager des éléments précis (arguments et contenus implicites) qui complètent les informations principales ;

– **utiliser ce que vous avez compris** afin de :
- transmettre des idées présentées en les reformulant,
- commenter le contenu du document,
- prendre position et tirer vos propres conclusions.

➤ *En quoi consiste l'épreuve de compréhension écrite ?*

Cette partie de l'examen est composée d'une épreuve durant laquelle il s'agira de lire un document et de répondre au questionnaire proposé.

Ce dernier est divisé en plusieurs parties.

La première porte sur l'ensemble du texte et vérifie la compréhension des idées principales et de la finalité du document.

Les questions suivantes renvoient à des passages précis et vérifient la compréhension des idées secondaires et de différents arguments utilisés par l'auteur. Il peut vous être demandé de les reformuler, les commenter ou de prendre position par rapport à un passage choisi.

1. Définition et reconnaissance de types de textes

Définir un type de texte

activité 63 Mettez en relation les différents types de textes avec leur définition.

types de texte	définitions
1. Analyse	a. Œuvre d'imagination en prose, assez longue qui présente et fait vivre dans un milieu des personnages donnés comme réels, nous fait connaître leur psychologie, leur destin, leurs aventures.
2. Biographie	b. Texte littéraire très libre traitant d'un sujet qu'il n'épuise pas ou réunissant des textes divers publiés auparavant, sur un même thème.
3. Critique	c. Discours écrit par lequel on accuse quelqu'un en énumérant ses fautes et ses torts.
4. Chronique	d. Texte qui rassemble les éléments de connaissance concernant un sujet donné en un ensemble cohérent.
5. Éditorial	e. Ensemble d'extraits d'articles qui donne un aperçu des différentes opinions sur l'actualité.
6. Entretien	f. Texte qui décompose les éléments constitutifs d'un sujet, afin d'en saisir les rapports et d'en donner un schéma d'ensemble.
7. Essai	g. Texte qui analyse et porte un jugement sur un phénomène social, sur un ouvrage ou sur une œuvre d'art.
8. Mémoire	h. Texte qui émane de la direction d'un journal ou d'une revue, et qui reflète une orientation générale concernant un sujet d'actualité ou la tendance de fond du numéro. Il est souvent écrit par le directeur d'édition ou le rédacteur en chef.
9. Plaidoyer	i. Texte qui porte sur un domaine particulier ou prend position par rapport à un sujet d'actualité. Fortement marqué par le style et la sensibilité de l'auteur, il présente une vision personnelle du sujet traité.
10. Préface	j. Écrit destiné à exposer et à soutenir une thèse auprès d'une instance académique.
11. Reportage	k. Texte en forme de dialogue.
12. Réquisitoire	l. Texte qui a pour objet l'histoire d'une vie.
13. Revue de presse	m. Texte placé en tête d'un livre et qui sert à le présenter au lecteur.
14. Roman	n. Texte défendant une idée, une personne ou une institution.
15. Synthèse	o. Texte dans lequel on relate de manière vivante ce qui a été vu et/ou entendu.

1	2	3	4	5	6	7	8	9	10	11	12	13	14	15

activité 64 Parmi les types de textes cités plus haut, lesquels sont pratiqués dans le domaine du journalisme ?

....

....

....

Reconnaître les différents types de textes

1. Associez les extraits présentés ci-après aux types de textes de la grille.

2. Justifiez votre association en citant des éléments du texte ou en l'expliquant.

types de texte	extrait	justification
1. Chronique		
2. Éditorial		
3. Entretien		
4. Mémoire		
5. Préface		
6. Roman		

Extrait A

MODE D'EMPLOI

Vous pouvez agiter ce livre avant de vous en servir
Mais ne vous agitez pas trop en vous en servant !

Ce recueil associe théorie et pratique en raison de leur interprétation réciproque : certaines hypothèses ont orienté ma pratique et celle-ci a fait naître en moi de nouvelles suppositions. Il est donc le fruit d'une interaction productive entre expérience et réflexion…

Cet ouvrage est le reflet d'une pensée et d'une pratique pédagogique en évolution et qui sont loin, j'espère, d'avoir atteint leur maturité complète. Il est fait pour inciter à la réflexion, à la critique, au mouvement pédagogique. Il garde cependant un caractère d'ébauche, car il aborde une entreprise impossible à réaliser : celle de transcrire un vécu en continuel développement.

Telle l'image d'un kaléidoscope, chacun donnera son sens et son interprétation à ces lignes en fonction de ses attentes, de sa sensibilité et de son évolution.
[….]

Extrait B

A près une révolution d'une année autour du soleil tennis, la planète terre repasse par Paris, où le climat, encore frais, promet pourtant plus que jamais. Enfin de la nouveauté ! Avec un petit jeune venu du Sud-Ouest qui disperse, ventile aux quatre coins du court, façon puzzle. Il s'appelle Richard Gasquet. Et pour les néophytes qui ne l'on pas vu battre Federer, numéro 1 mondial incontestable, sur la terre du nouveau prince de Monaco, surveillez-le. Il frappe ses revers plus vite que son ombre, possède un toucher de balle de génie, une science de jeu encyclopédique, et tout ça, à seulement 19 ans…

Après avoir été le meilleur dans toutes les catégories de jeunes, donc champion du monde junior, forcément, les « spécialistes » lui présidaient une montée directe vers le firmament. Sans passer par la case apprentissage chez les pros. Comme toujours, les mêmes spécialistes se trompent et il a mis un peu de temps à stabiliser sa tête au niveau de son talent tennistique. Et à répondreaux énormes attentes suscitées par son talent précoce. À tel point que nos amis experts s'étaient tournés, dépités, vers un autre jeune prometteur, Gaël Monfils, sorte de clone de Noah version XXIe siècle, aussi zen certes, mais moins baba. Deux espoirs pour le prix d'un !

Du coup, on en oublierait presque Amélie Mouresno, que tout le monde voyait gagner l'an dernier, avant qu'elle ne se ramasse. Victime de la mode ? Non, de sa tête, à l'envers dès qu'elle joue à Paris. Mais cette année, le bon docteur Noah (encore lui) l'a emmené chez lui à la campagne, pour la marabouter un peu. Histoire de faire chuter la pression. Et le pauvre Grosjean dans tout ça ? Empêtré dans ses problèmes, il a bien du mal à gagner. Le mental encore une fois. Alors, grâce aux jeunes, un vainqueur français à Roland-Garros, c'est pour cette année ?

Dominique Artus

À NOUS PARIS 30, boulevard Vital-Bouhot 92521 Neuilly-sur-Seine Cedex • E-mail : anousparis@anousparis.com • Tél. : 01 55 24 + numéro de poste • Standard : 01 55 24 47 00 • Fax : 01 55 24 47 01 • Président : Gérard Unger • Directeur de la publication, directeur général : Michel Lallement (4711) • Directeur délégué : Gérard Pègues (4700) • Directrice déléguée : Dorothée Caulier (4706) • Attachée de direction : Sarah Hacquebart (4711) • RÉDACTION : Directeur d'édition en charge des rédactions : Dominique Artus (4724) • Rédactrice en chef adjointe : Carine Chenaux (4725) • Chef de rubrique : Murielle Bachelier (4718) • Assistante de la rédaction : Emmanuelle Perret (4724) • Ont collaboré à ce numéro : Camille Barral, Jérôme Berger, Baptiste Briand (Relaxnews), Romane Ernesto, Luc Girerd, Victor Guibert, Alex Hervé, Myriem Hajoui, Clothilde Hanoteau, Vincent Jundt, Fanny Landrieu, François Lemané, Emilie Leonie (Relaxnews), Fabien Menguy, Yan Rodriguez, Edouard Rostand, Charlotte Roudaut, Patrick de Sinety, Morgan Talhouët, Mélanie Taravant, Daphné Tesson, Philippe Toinard • Direction artistique : Agence Samouraï • 1er maquettiste : Laurence Philippot (4729) • Rédactrice-graphiste : Marie-Anne Pirez (4732) • 1re secrétaire de rédaction : Bénédicte Nansot (4733) • Secrétaire de rédaction : Franck Bolluyt (4727) • Photographie-iconographie : Chef photo : Souäd Mechta (4731) • Assistante : Marie-Françoise Vibert (4728) • PUBLICITÉ : Directrice commerciale et marketing : Carine Barrel (4700) • Directeurs de clientèle : Paule Valérie Bacchieri Van Berleere (4707), Caroline Falque (4708), Eric Miossec (4710), Catherine Nivelet (4709) • Chef de pub cinéma, spectacles : Sophie Normandin (4717) • Chargée du partenariat et de la promotion : Fanny Givry (4716). Partenariat@anousparis.com en collaboration avec AEC • Adresse siège social : A Nous Paris, S.A.S. au capital de 40 000 euros • Coordination éditoriale : Verbe • Régie annonces classées : Manchette-Publicité : 01 40 10 52 01 • Petites annonces Comareg : 0825 024 825 • Carnet d'adresses : Développement Media : 01 44 77 81 26 • Impression : Rouiarta Printing, Belgique. Tél. : 00 32 51 266 111 • Photogravure : Marc Beutelstetter (4720), assisté de Dominique Rideau • Diffusion : Mediapost SA • Journal gratuit. Membre de Diffusion Contrôle, bureau de la presse gratuite d'information.

OJD PRESSE GRATUITE 2004

Extrait C

Aimé Césaire

« Ma poésie est née de mon action »

Longtemps député et maire de Fort-de-France, l'auteur de *Cahier d'un retour au pays natal* ne sépare pas son action politique de son engagement littéraire. Il nous a reçus chez lui en février.

[…] En 1945, j'arrive à l'Assemblée nationale, je vois un petit homme noir à grosses lunettes, il tombe dans mes bras : « *Alors, Césaire ! tu es député de la Martinique, moi du Sénégal…* » J'ai continué de le voir pendant tout son séjour parisien, ainsi que Léon Gontran Damas, le Guyanais, ou Michel Leiris. Nous parlions à l'infini des Antilles, de l'Afrique et de la « négritude ».

Le mot « nègre » était insultant.

Mais ce n'est pas nous qui l'avions inventé. Un jour, je traverse une rue de Paris, pas loin de la place d'Italie. Un type passe en voiture : « *Eh, petit nègre !* » C'était un Français. Alors je lui dis : « *Le petit nègre t'emmerde !* » Le lendemain, je propose à Senghor de rédiger ensemble avec Damas un journal : *L'Étudiant noir*. Léopold : « *Je supprimerais ça, on devrait l'appeler Les Étudiants nègres. Tu as compris ? Ça nous est lancé comme une insulte. Eh bien ! je la ramasse, et je fais face.* » Voici comment est née la « négritude », en réponse à une provocation.

Dans quelles circonstances avez-vous rédigé votre *Cahier d'un retour au pays natal* ?

Regardez cette photo. Petar Guberina ! Un soir de 1935, je rentre à la Cité universitaire. […]

Extrait D

Une histoire qui montre combien le monde est petit et combien Dieu est grand. Et tortueux dans ses desseins. Et farceur aussi.

Quand elle commence, cette histoire, il y a déjà un chat.

Mais il n'est pas sur mon ventre et il ne ronronne pas. Loin de là. Ce n'est pas un gouttière. C'est un chat d'Asie chic, huppé, hautain.

Il y a ce chat et des petites filles.

Et c'est le matin du jour qui pourrait être le plus beau jour de ma vie. Pensez : c'est aujourd'hui que j'étrenne ma nouvelle demeure, mon loft. Le grand loft de grand photographe dont j'ai tant rêvé.

Je l'étrenne. Mais c'est encore le chantier. Si le studio est laqué de frais, brillant comme un sou neuf, l'escalier qui y conduit a encore des marches branlantes et pas de rampes et il faut contourner des montagnes de gravats et il y a du plâtre pas sec un peu partout et la porte qui donne sur la rue a un heurtoir de cuivre étincelant mais pas encore de serrure. Reste aussi à finir de cloisonner et de peindre la partie living-bed-room-kitchen qui fera de mon loft quelque chose comme un palais des Mille et Une Nuits. Reste à transformer le sous-sol, les caves sordides, humides, les caves aux murs effondrés en laboratoire modèle.

Mais mon studio est en parfait état de marche.

Et quel studio ! Cent bons mètres carrés avec un plafond assez haut pour y photographier même des girafes grandes pour des girafes.

Et pas n'importe où.

Là où je suis né, là où j'ai été écolier et premier communiant. Dans le douzième arrondissement de Paris, dans ce quartier où j'ai été un enfant, un adolescent pauvre, malheureux, pas content, et que j'ai quitté le plus vite que j'ai pu et que je n'ai jamais cessé de regretter. Oui, à Montparnasse, à Pereire, dans le seizième, à Saint-Cloud, à Neuilly, dans des appartements toujours plus cossus, plus smarts, je me suis toujours senti comme en exil. […]

Extrait E

C'EST COMME ÇA

Désormais astreint à davantage fréquenter les festivals de BD que les festivals de cinéma, je n'ai pas pu, comme prévu, me rendre à Cannes. Ah, dire que les effluves de jasmin, le soir, aux abords de l'hôtel Martinez, avant de partir en décapotable pour une fastueuse réception dans une villa sur les hauteurs de la ville, dire que cela ne m'a pas manqué, ce serait mentir. Heureusement, je n'ai pas pour autant été privé de fête puisque *Fluide glacial* célébrait ses 30 ans et toutes ses dents, et pour l'étourdissante nouba, où tout le gratin du dessin était convié, cette teuf restera mémorable.

Mai 2005.

Extrait F

[…]

Au fil des temps, les images des populations allogènes peintes, dessinées, mises en scène, photographiées, stylisées, disent comment le monde doit se replier sur lui-même, se redoubler, se réfléchir ou s'enchaîner pour que les choses puissent se ressembler. Elles disent les chemins de la similitude et par où ils passent. Le « savoir » des similitudes exotiques excelle à faire émerger l'organisation des représentations des corps de l'homme Noir : tantôt corps « indigène[1] », anonyme et dangereux, sauvage, cannibale, tantôt homme-enfant, naïf, « souriant banania », perfection plastique musculaire puissante et virile, et menaçant celle de l'Occident, tantôt enchaîné, alors sans visage, dos courbé, peau scarifiée, corps fouetté, misérable, malade, objets de compassion, « oncle Tom ». Si les représentations de l'homme noir tracent, d'un côté, une vision utilitariste et fonctionnaliste, de l'autre, elles mettent en image un corps exotique qui remplace le voyage, « l'expédition », mais porte ses couleurs idéologiques. D'où le problème des relations que ces images entretiennent non seulement avec la réalité mais avec la fiction et le symbole : comment s'articulent-elles avec les discours sociaux et savants de l'époque à laquelle elles sont produites ?

Le souci de maîtriser les corps indigènes ne va pas sans souci de « civiliser », dominer, d'enclore le corps de l'autre dans la mesure où il est, d'abord, une force de travail. Ce désir de maîtrise s'entrecroise au désir de la rentabilité à proprement parler d'illustrations exotiques, harmonieuses, artistiques, tirant des figures lisibles d'une absence totale d'individuation[2].[...]

---

1. Rappelons que dans le roman du XIXe siècle (voire au XXe), comme dans le vocabulaire enfantin, l'indigène, c'est le Sauvage, l'Autre, jamais soi-même.

2. Archétype du genre, la première de couverture du tome 2 de *Régisseur du rhum*, de R. Confiant aux éditions « Pocket » (2000), qui représente un « Nègre » en grande forme et « propre sur lui », tenant une brassée de cannes. Assise à côté de lui, (ce qui est strictement impossible pour qui a déjà vu un champ de cannes pendant la récolte) une « Négresse » en grands atours tient dans ses mains un ananas, qu'on suppose devoir être le goûter du travailleur ! Les deux personnages se détachent sur fond de cannes non coupées, mêlées de cocotiers. Il n'y a bien sûr jamais de cocotiers dans un champ de cannes, encore moins que de pommiers dans un champ de maïs métropolitain. Le titre du tableau : « Sucre, bois, ananas », conservé au défunt musée des Arts d'Afrique et d'Océanie, évacue complètement les individus « représentés ». On est bien loin du traditionnel « portrait de M. X par Y », classique obligé de l'Europe. Le producteur est tout entier aliéné dans sa production.

Activité 66 — **Sauriez-vous reconnaître les sources de ces six extraits ? Complétez la grille.**

Liste des sources

a. Remo Forlani, *Quand les petites filles s'appelaient Sarah*, éditions Ramsey/RTL Édition, Folio, 1987.

b. Chronique d'Albert Algoud, *À Nous Paris*, hebdomadaire gratuit diffusé dans le métro parisien, semaine du 23 au 29 mai 2005.

c. Samuelle Chenard, « *Phénoménologie du corps dans le roman antillais à travers des œuvres de P. Chamoiseau, R. Confiant, G. Pineau et S. Schwarz-Bart* », mémoire de DEA de Lettres modernes (option Littérature et civilisation françaises), préparé sous la direction de Dominique Combe, professeur à l'université de Paris III – Sorbonne nouvelle – UFR de Littérature et linguistique françaises et latines, année universitaire 2000-2001.

d. Bernard Dufeu, *Sur les chemins d'une pédagogie de l'être. Une approche psychodramaturgique de l'apprentissage des langues*, éditions Psychodramaturgie, imprimé en Allemagne en juin 1992.

e. Propos recueillis par Francis Marmande, Spécial Salon du livre, *Le Monde*, vendredi 17 mars 2006.

f. Éditorial, *À Nous Paris*, hebdomadaire gratuit diffusé dans le métro parisien, semaine du 23 au 29 mai 2005.

types de texte	source
1. Chronique	
2. Éditorial	
3. Entretien	
4. Mémoire	
5. Préface	
6. Roman	

2. Repérage et hiérarchisation des idées

Repérer les implicites

DOCUMENT N° **1**

C'EST COMME ÇA
ALBERT ALGOUD

Désormais astreint à davantage fréquenter les festivals de BD que les festivals de cinéma, je n'ai pas pu, comme prévu, me rendre à Cannes. Ah, dire que les effluves de jasmin, le soir, aux abords de l'hôtel Martinez, avant de partir en décapotable pour une fastueuse réception dans une villa sur les hauteurs de la ville, dire que cela ne m'a pas manqué, ce serait mentir. Heureusement, je n'ai pas pour autant été privé de fête puisque Fluide glacial célébrait ses 30 ans et toutes ses dents, et pour l'étourdissante nouba, où tout le gratin du dessin était convié, cette teuf restera mémorable.

Sensible aux parfums les plus subtils, j'ai aussi été comblé en allant me promener à Bagatelle, sublime jardin de l'ouest parisien. Au détour d'une allée de la roseraie en pleine explosion printanière, une affolante fragrance fit frissonner ma narine. Me penchant sur le rosier d'où émanait le parfum, je découvris le nom de la belle. « Cannes Festival », indiquait la plaque émaillée piquée dans l'humus. Cette errance florale m'avait ramené en imagination sur la Croisette. Et quelle émotion en lisant la date de naissance : 1956 ! Quel(le) quinquagénaire n'envierait pas cette fraîcheur pleine de promesse. Ni lifting, ni collagène, juste un coup d'arrosoir régulier, une coupe annuelle griffée Nicolas le Jardinier, et hop, c'est la renaissance. « Mignonne », lançai-je à ma compagne qui s'attardait à admirer des iris somptueux, « allons voir plus loin. » À deux pas, ne voyez pas malice dans le rapprochement, s'épanouissait la rose « Catherine Deneuve ». Au parterre d'à côté – surprise ! –, la « Louis de Funès » m'a souri de ses réjouissants pétales. En descendant les marches du belvédère d'où le regard embrasse tout ce féerique jardin, j'ai entendu l'appel du paon : « Léon, Léon ! » À Cannes, il faut jouer des coudes ou recourir à un périscope pour espérer admirer les somptueuses robes arborées par des actrices parées comme des princesses. À Bagatelle, j'en ai pris plein les yeux sans bousculade. Le paon, qui est un gallinacé de la famille des dindes – comme certaines comédiennes – aime à se pavaner. N'en déplaise aux misogynes, c'est le mâle qui déploie en éventail les plumes de sa queue tachetée d'ocelles merveilleuses. Avec mon visiophone, j'ai filmé tout ça, et l'ai envoyé aussi sec, via le Net, à mes amis coincés au Festival.

La réponse n'a pas tardé, par SMS : « Albert, T1RO. »

---

activité 67 La chronique d'Albert Algoud, publiée dans *À Nous Paris*, évoque la promenade de l'auteur en compagnie d'une femme dans la roseraie du jardin de Bagatelle. Lisez cette chronique et dites si le journaliste établit une relation entre cette promenade et le Festival de Cannes ou l'anniversaire de la revue *Fluide glacial*. Retrouvez le passage du texte qui l'explicite.

....
....
....
....
....
....
....

activité 68 Repérez tous les points communs entre les deux endroits et/ou événements.

....

....

....

activité 69 Relevez les éléments du texte qui opposent ces deux événements.

....

....

....

activité 70 La chronique d'Albert Algoud contient un passage qui renvoie le lecteur à sa connaissance de la littérature française. Retrouvez-le.

....

....

....

Repérer et hiérarchiser les idées

DOCUMENT N° **2**

[le début du livre]

1   Tout être humain est le résultat d'un père et d'une mère. On peut ne pas les reconnaître, ne pas les aimer, on peut douter d'eux. Mais ils sont là, avec leur visage, leurs attitudes, leurs manières et leurs manies, leurs illusions, leurs espoirs, la forme de leurs mains et de leurs doigts de pied, la couleur de leurs yeux et de leurs cheveux, leur façon de parler, leurs pensées,
5 probablement l'âge de leur mort, tout cela est passé en nous.

    J'ai longtemps rêvé que ma mère était noire. Je m'étais inventé une histoire, un passé, pour fuir la réalité à mon retour d'Afrique, dans ce pays, dans cette ville où je ne connaissais personne, où j'étais devenu étranger. Puis j'ai découvert, lorsque mon père, à l'âge de la retraite, est revenu vivre avec nous en France, que c'était lui l'Africain. Cela a été difficile à
10 admettre. Il m'a fallu retourner en arrière, recommencer, essayer de comprendre. En souvenir de cela, j'ai écrit ce petit livre.

[les dernières pages]

    C'est à l'Afrique que je veux revenir sans cesse, à ma mémoire d'enfant. À la source de mes sentiments et de mes déterminations. Le monde change, c'est vrai, et celui qui est debout là-
15 bas au milieu de la plaine d'herbes hautes, dans le souffle chaud qui apporte les odeurs de la savane, le bruit aigu de la forêt, sentant sur ses lèvres l'humidité du ciel et des nuages, celui-là est si loin de moi qu'aucune histoire, aucun voyage ne me permettra de le rejoindre.

    Pourtant, parfois, je marche dans les rues d'une ville, au hasard, et tout d'un coup, en passant devant une porte au bas d'un immeuble en construction, je respire l'odeur froide du
20 ciment qui vient d'être coulé, et je suis dans la case de passage d'Abakaliki*, j'entre dans le cube ombreux de ma chambre et je vois derrière la porte le grand lézard bleu que notre chatte a étranglé et qu'elle m'a apporté en signe de bienvenue. Ou bien, au moment où je m'y attends le moins, je suis envahi par le parfum de la terre mouillée de notre jardin à Ogoja*, quand la mousson roule sur le toit de la maison et fait zébrer les ruisseaux couleur de sang sur la terre
25 craquelée. J'entends même, par-dessus la vibration des autos embouteillées dans une avenue, la musique douce et froissante de la rivière d'Aiya.

    J'entends les voix des enfants qui crient, ils m'appellent, ils sont devant la haie, à l'entrée du jardin, ils ont apporté leurs cailloux et leurs vertèbres de mouton, pour jouer, pour m'emmener à la chasse aux couleuvres. L'après-midi, après la leçon de calcul avec ma mère, je vais

30 m'installer sur le ciment de la varangue, devant le four du ciel blanc pour faire des dieux d'argile et les cuire au soleil. Je me souviens de chacun d'eux, de leurs noms, de leurs bras levés, de leurs masques. Alasi, le dieu du tonnerre, Ngu, Eke-Ifite la déesse mère, Agwu le malicieux. Mais ils sont plus nombreux encore, chaque jour j'invente un nom nouveau, ils sont mes *chis*, mes esprits qui me protègent et vont intercéder pour moi auprès de Dieu.

35 Je vais regarder la fièvre monter dans le ciel du crépuscule, les éclairs courir en silence entre les écailles grises des nuages auréolés de feu. Quand la nuit sera noire, j'écouterai les pas du tonnerre, de proche en proche, l'onde qui fait vaciller mon hamac et souffle sur la flamme de ma lampe. J'écouterai la voix de ma mère qui compte les secondes qui nous séparent de l'impact de la foudre et qui calcule la distance à raison de trois cent trente-trois mètres par

40 seconde. Enfin le vent de la pluie, très froid, qui avance dans toute sa puissance sur la cime des arbres, j'entends chaque branche gémir et craquer, l'air se remplit de la poussière que soulève l'eau en frappant la terre.

Tout cela est si loin, si proche. Une simple paroi fine comme un miroir sépare le monde d'aujourd'hui et le monde d'hier. Je ne parle pas de nostalgie. Cette peine délictueuse ne m'a

45 jamais causé aucun plaisir. Je parle de substance, de sensations, de la part la plus logique de ma vie.

Quelque chose m'a été donné, quelque chose m'a été repris. Ce qui est définitivement absent de mon enfance : avoir eu un père, avoir grandi auprès de lui dans la douceur du foyer familial. Je sais que cela m'a manqué, sans regret, sans illusion extraordinaire. Quand un

50 homme regarde jour après jour changer la lumière sur le visage de la femme qu'il aime, qu'il guette chaque éclat furtif dans le regard de son enfant. Tout cela qu'aucun portrait, aucune photo ne pourra jamais saisir.

Mais je me souviens de tout ce que j'ai reçu quand je suis arrivé pour la première fois en Afrique : une liberté si intense que cela me brûlait, m'enivrait, que j'en jouissais jusqu'à la

55 douleur.

Je ne veux pas parler d'exotisme : les enfants sont absolument étrangers à ce vice. Non parce qu'ils voient à travers les êtres et les choses, mais justement parce qu'ils ne voient qu'eux : un arbre, un creux de terre, une colonne de fourmis charpentières, une bande de gosses turbulents à la recherche d'un jeu, un vieillard aux yeux troubles tendant une main déchar-

60 née, une rue dans un village africain un jour de marché, c'étaient toutes les rues de tous les villages, tous les vieillards, tous les enfants, tous les arbres et toutes les fourmis. Ce trésor est toujours vivant au fond de moi, il ne peut pas être extirpé. Beaucoup plus que de simples souvenirs, il est fait de certitudes.

Si je n'avais pas eu cette connaissance charnelle de l'Afrique, si je n'avais pas reçu cet héri-

65 tage de ma vie avant ma naissance, que serais-je devenu ?

Aujourd'hui j'existe, je voyage, j'ai à mon tour fondé une famille, je me suis enraciné dans d'autres lieux. Pourtant, à chaque instant, comme une subsistance éthéreuse qui circule entre les parois de réel, je suis transpercé par le temps d'autrefois, à Ogoja. Par bouffées cela me submerge et m'étourdit. Non pas seulement cette mémoire d'enfant, extraordinairement précise

70 pour toutes les sensations, les odeurs, les goûts, l'impression de relief ou de vide, le sentiment de la durée.

C'est en l'écrivant que je le comprends, maintenant. Cette mémoire n'est pas seulement la mienne. Elle est aussi la mémoire du temps qui a précédé ma naissance, lorsque mon père et ma mère marchaient ensemble sur les routes du haut pays, dans les royaumes de l'ouest du

75 Cameroun. La mémoire des espérances et des angoisses de mon père, sa solitude, sa détresse à Ogoja. La mémoire des instants de bonheur, lorsque mon père et ma mère sont unis par l'amour qu'ils croient éternel. Alors ils allaient dans la liberté des chemins, et les noms de lieux sont entrés en moi comme des noms de famille, Bali, Nkom, Bamenda, Banso, Nkongsamba, Revi, Kwaja. Et les noms de pays, Mbembé, Kaka, Nsungli, Bum, Fungom. Les hauts plateaux où

80 avance lentement le troupeau de bêtes à cornes de lune à accrocher les nuages, entre Lassim et Ngonzin.

Peut-être qu'en fin de compte mon rêve ancien ne me trompait pas. Si mon père était devenu l'Africain, par la force de sa destinée, moi, je puis penser à ma mère africaine, celle qui m'a embrassé et nourri à l'instant où j'ai été conçu, à l'instant où je suis né.

Décembre 2003 – janvier 2004
J.M.G. Le Clézio, *L'Africain*, Mercure de France, Folio, 2004.

*Abakaliki et Ogoja se trouvent au Nigéria, il s'agit des lieux où avait séjourné Le Clézio, environ à l'âge de huit ans.

activité 71 Le document 2 présente une forte coloration autobiographique. Lisez-le et choisissez parmi les thèmes cités celui qui constitue le sujet principal de cet extrait.

    a. ❏ Les mémoires d'enfance

    b. ❏ L'image du père

    c. ❏ La réflexion autour de la question d'identité

activité 72 **1.** Quelle partie de l'extrait vous a permis de définir le sujet principal ? Indiquez les lignes correspondantes.

....

2. Recherchez dans la partie sélectionnée des termes et/ou des passages clés qui confirment votre choix.

....

....

....

activité 73 **1.** À quel autre passage de l'extrait renvoie le dernier paragraphe (l. 81 à 83) ?

....

2. Que signifie pour Le Clézio le terme de « mère africaine » (l. 82) ?

....

....

activité 74 **1.** Parmi les souvenirs évoqués dans le document 2, on retrouve des souvenirs :

    a. ❏ de moments

    b. ❏ de lieux

    c. ❏ de personnes

    d. ❏ d'objets

    e. ❏ d'activités

2. Citez les souvenirs de sentiments évoqués dans l'extrait.

....

....

....

3. Classez ces souvenirs de sensations selon les catégories proposées dans la grille.

    a. le bruit d'une pluie de mousson sur le toit

    b. la mousson qui fait zébrer les ruisseaux couleur de sang sur la terre craquelée

    c. la sensation de l'humidité du ciel et des nuages sur les lèvres

    d. le parfum de la terre mouillée

    e. le souffle chaud qui apporte les odeurs de la savane

    f. le bruit aigu de la forêt

    g. la musique douce et froissante de la rivière d'Aija

    h. le vent de la pluie, très froid, qui avance dans toute sa puissance sur la cime des arbres

    i. l'impression de relief et de vide

sensations	souvenirs évoqués
olfactives	
visuelles	
tactiles et visuelles	
tactiles et olfactives	
gustatives et tactiles	
auditives	

4. Comment pourrait-on classer tous les souvenirs présents dans l'extrait ?

....

....

5. Retrouvez dans le texte la phrase où Le Clézio résume l'importance de ces souvenirs.

....

....

3. Analyse d'un texte en vue d'une reformulation

DOCUMENT N° 3

CNRS>Presse>Thema>Physiquement vôtre/4ᵉ trimestre 2004>Matières et objets

La colle dans tous ses états
Historique des matières adhésives

L'homme de Néandertal avait déjà inventé la colle ! Il fabriquait des adhésifs à base de brai de bouleau[1], matériau qui a continué à être exploité jusqu'à nos jours !
C'est ce que révèle l'analyse physico-chimique de résidus d'agrégats conservés sur des sites archéologiques. L'analyse des résultats de chromatographie et de spectrométrie de masse effectuée par Martine Regert (Laboratoire du Centre de recherche et de restauration des musées de France) et les travaux de Michel Barquins (Laboratoire de physique et mécanique des milieux hétérogènes) permettent de retracer la vie des adhésifs au cours des siècles.

© D. R. Depuis les découvertes de notre ancêtre éloigné, les substances naturelles utilisées dans la production des colles se sont diversifiées, en particulier à partir des âges des métaux, grâce à une meilleure maîtrise des arts du feu. On utilise alors les résines de conifère (Europe) et de pistachier (pourtour méditerranéen). Au Néolithique, la cire d'abeilles recouvre l'intérieur des céramiques pour les rendre imperméables aux liquides ; puis elle est utilisée, mélangée au bitume, à la poix et à de la résine de pistachier, pour calfater les bateaux phéniciens et assyriens et, dès la plus Haute Antiquité, pour réaliser des sceaux qui fermaient symboliquement les plis et portaient la marque du poinçon indiquant l'identité de l'expéditeur.

Quant au bitume, dont la plus ancienne utilisation connue remonte à plus de 35 000 ans, au Paléolithique moyen en Syrie, il a été largement exploité dans le monde méditerranéen. C'est lui qui, depuis 3 350 ans, maintient en place les barrettes de lapis-lazuli et autres pierres précieuses sur le masque de Toutankhamon. Les résines de conifères et la gomme arabique ont servi à maintenir les pigments colorés des sarcophages, pigments qui ornent aussi les papyrus. Pour les manuscrits sur parchemin, puis sur papier, du Moyen Âge et du début de la Renaissance, les pigments sont liés entre eux à l'aide de blanc et de jaune d'œuf et de miel. Le latex (et sa forme coagulée, le caoutchouc), à la base de nombreuses colles modernes, était déjà utilisé, il y a 3 000 ans par les Olmèques[2], pour imperméabiliser les toiles tissées.

Deux découvertes marquent un tournant : l'Écossais Charles Macintosh trouve en 1823 le solvant idéal du caoutchouc, le naphta[3] ; l'Américain Charles Goodyear découvre en 1840 la vulcanisation par le soufre. Enfin, la seconde moitié du XIXᵉ siècle voit l'extraction de nouvelles matières naturelles et la synthèse de produits innovants.

Aujourd'hui, les colles naturelles plus ou moins transformées sont toujours utilisées, notamment dans les pays nordiques[4]. Ailleurs, elles sont combinées ou remplacées par des adhésifs synthétiques. Par le jeu des mélanges et des additifs des milliers de formulations naissent chaque jour. La colle a encore un bel avenir devant elle…

1. Obtenu par chauffage d'écorce de bouleau. Le brai de bouleau a été utilisé en Europe pendant tout le Néolithique.

2. Peuple d'Amérique centrale.
3. Sorte d'huile de houille qui a permis l'extension majeure de l'industrie du caoutchouc.
4. En Finlande, la technique de fabrication du brai de bouleau se transmet de génération en génération lors de fêtes traditionnelles.

http://www2.cnrs.fr/presse/thema/319.htm

activité 75 En regardant l'image globale du document 3, dites s'il s'agit plutôt :

a. ❏ d'une chronique historique parue dans une revue scientifique

b. ❏ d'un article paru sur le site d'un magazine scientifique

c. ❏ d'un compte rendu paru sur un webzine

activité 76 En regardant le titre et le chapeau de cet article, dites s'il est plutôt destiné :

a. ❏ au grand public

b. ❏ aux physiciens

c. ❏ aux amateurs de vulgarisation scientifique

activité 77 Lisez le titre et le sous-titre du document. Pouvez-vous prédire le thème traité ?

....

....

activité 78 Repérez chaque partie visible du texte et dites quelle est sa fonction dans l'organisation d'ensemble.

....

....

....

....

....

....

....

activité 79 **1. Associez les périodes de l'Histoire aux dates correspondantes.**

Périodes : les âges des métaux, la Renaissance, le Paléolithique, le Moyen Âge.

dates	périodes
de – 80 000 à – 50 000	l'homme de Néandertal
de – 50 000 à – 11 000	....
de – 11 000 à – 3 000	le Néolithique
de – 5 500 à – 3 000	....
de – 3 000 à 447	l'Antiquité
du Ve au XVe siècle	....
de la seconde moitié du XVe à la fin du XVIe siècle	....

2. La plus Haute Antiquité désigne :

   a. ❏ le début de l'Antiquité

   b. ❏ le milieu

   c. ❏ la fin de cette période

3. Le Paléolithique moyen désigne :

   a. ❏ le début

   b. ❏ le milieu

   c. ❏ la fin de la période

activité 80 Relevez dans le document les termes en relation avec la « colle » ou sa fabrication.

....

....

....

....

activité 81 Résumez chacun des quatre paragraphes de ce texte.

Paragraphe 1 : ....

....

Paragraphe 2 : ....

....

Paragraphe 3 : ....

....

Paragraphe 4 : ....

....

DOCUMENT N° 4

Le Monde 2006   **SPÉCIAL SALON DU LIVRE 2006**
Vendredi 17 mars 2006

▌AFRIQUE
SUBSAHARIENNE

Une nouvelle génération de romanciers africains
Dépasser
la négritude ─────────────

   « *Littérature de l'anomie et de la déviance, de la subversion, de la destruction et de la décomposition... expression des complexes, des traumatismes, des refoulements... image d'une contre-société, d'une contre-culture...* lieux et non-lieux des turbulences dont le passage à l'univers littéraire s'effectue par des ruptures, des dissociations, des collisions, des explosions... l'écriture est une décharge électrique* » : il y a cinq ans, le professeur congolais

Georges Ngal, s'interrogeant sur les « *nouvelles conditions d'émergence d'une pensée africaine* », décrivait ainsi le nouveau discours littéraire (*L'Errance*, L'Harmattan, 1999).

L'essentiel de l'esprit du temps ainsi caractérisé, et singulièrement celui de la nouvelle génération des intellectuels et écrivains de l'Afrique noire, que pouvons-nous ajouter pour cerner plus spécifiquement les romanciers actuels ? Constatons d'abord que cette nouvelle génération est en rupture affirmée avec celles qui l'ont précédée, et qui avaient vécu, en gros, sur les principes énoncés par le mouvement de la négritude.

Avec ce mouvement, fondateur de la littérature négro-africaine, Césaire, Senghor et leurs compagnons avaient ouvert un nouveau champ littéraire qui rompait, lui aussi, en son temps, avec toute la littérature hexagonale. Les points d'ancrage de ces rebelles étaient, culturellement, la civilisation africaine et ses succédanés créoles ; et, socialement, la dénonciation du racisme, de l'oppression coloniale et de l'esclavage. La prise de conscience de cette histoire différente et d'un statut existentiel inacceptable fut donc à l'origine de cette rupture et de cette innovation. La revue *Présence africaine*, créée en 1947 par Alioune Diop, joua immédiatement le rôle d'instance de légitimation, indépendante d'un milieu littéraire parisien dont elle se marginalisa durant quarante ans. D'autres instances apparurent ensuite – les revues *Abbia* au Cameroun et *Éthiopiques* au Sénégal en particulier –, et avec elles une deuxième génération d'écrivains comme Mongo Beti, Cheikh Hamidou Kane, Massa Makan Diabate, Alioum Fantouré, Valentin Y. Mudimbe, Ahmadou Kourouma.

La troisième génération fut illustrée par Tierno Monenembo, Wiliam Sassine, Ken Bugul, Jean Baptiste Dongala, Pius Ngashama, Boubacar Boris Diop, Sony Labou Tansi, Sylvain Bemba, Felix Tchikaya, Henri Lopes. On leur doit d'avoir répercuté dans leurs romans les angoisses suscitées par la détérioration de la situation politique et économique en Afrique.

Allégories tragiques

Les écrivains de la quatrième génération se positionnèrent de façons diverses face aux événements qui bouleversent et menacent leurs sociétés d'origine. Un courant majeur s'est d'ores et déjà imposé sur le plan international : il met en scène les pouvoirs et les déboires africains sous forme d'allégories tragiques ou dérisoires, dont les acteurs se débattent dans un univers chaotique sans issue. C'est le champ ouvert par Monenembo, Sassine, Labou Tansi et Boris Diop et où s'inscrivent de jeunes auteurs déjà notoires : Tanella Boni, Kossi Effui, Oumar Kante, Kousi Lamko, Véronique Tadjo et le Malgache Jean-Luc Raharimanana…

Un deuxième champ fut créé essentiellement par les écrivains noirs exilés ou installés en France. Parmi eux le groupe plus restreint, qu'on désigne comme « le pré carré » *(sic)*. Très médiatisés, car au cœur de l'institution littéraire métropolitaine, ils n'en sont pas moins talentueux. Citons Alain Mabanckou, Abdourahman A. Waberi, Sami Tchak, Florent Couao-Zotti, Patrice Nganang, Khadi Hane, Fatou Diome… Cette littérature issue de l'émigration est un peu comme l'arbre qui cache la forêt. En effet, sur le sol même du continent noir, se poursuit une abondante production, où romans et nouvelles du terroir décrivent surtout les populations locales et leur mal de vivre. Mais aussi leurs joies, leurs espoirs, leurs combats quotidiens.

Ainsi Abdoulaye Kane, Aminata Sow Fall, Aboubakri Lam au Sénégal, Pabe Mongo et Eugène Ebode au Camerounn Fatou Keïta et Amadou Kone en Côte d'Ivoire, Tidjani Serpos et Jean Pliya au Bénin, Zamenga et Lomomba Emongo au Congo RDC, Monique Ilboudo et Sayouba Traoré au Bourkina, creusent un sillon profond, fertile et déjà exploité depuis Abdoulaye Sadji jusqu'à Olympe Bhély Quenum. Cependant que s'accroît spectaculairement la participation féminine avec Angèle Rawiri, Philomène Bassek, Justine Mintsa, Léonore Miano, Sylvia Kandé, Sokhna Benga, Mariam Barry, Nafi Dia.

On ne peut clore ce trop rapide panorama sans signaler, dans les trois catégories de cette nouvelle génération, les expériences de transformation de la langue française. Ainsi par exemple, les romans créolisés de Raphaël Confiant et Patrick Chamoiseau ou encore, en Afrique, ceux d'Ahmadou Kourouma.

LILYAN KESTELOOT
Professeur à l'Institut fondamental d'Afrique noire – Cheikh Anta Diop de Dakar.

---

activité 82

Observez le document 4, et particulièrement ce qui entoure le texte. Puis, faites vos premières hypothèses de lecture pour l'identifier.

1. Quel événement a donné lieu à cet article ?

    a. ❏ une publication récente

    b. ❏ une conférence de presse

    c. ❏ un salon du livre

2. Dans quelle partie du journal se trouve cet article ?

....

....

3. Le sujet abordé par cet article concerne-t-il :
   a. ❏ un conflit culturel en Afrique ?
   b. ❏ un genre littéraire ?
   c. ❏ la littérature africaine ?

Dites pourquoi ?

....

....

4. Relisez les titres de cet article. Dites, en une phrase, quelles sont vos hypothèses quant aux thèmes qui peuvent y être traités.

....

....

activité 83

1. Lisez les deux premiers paragraphes du texte. En quoi rappellent et confirment-ils les thèmes signalés dans les titres ? Relevez des expressions qui le justifient et complétez le tableau.

« Une nouvelle génération de romanciers africains »	« Afrique subsaharienne »	« Dépasser la négritude »
....	....	....
....	....	....
....	....	....
....	....	....
....	....	....
....	....	....
....	....	....
....	....	....
....	....	....
....	....	....

2. Qu'est-ce qui caractérise cette nouvelle génération d'écrivains ?

....

....

....

....

activité 84

1. Lisez le texte en entier. Résumez en une phrase le sujet de cet article.

....

....

2. Quelles sont les grandes parties qui composent ce texte ?

....

....

....

....

Activité 85

Donnez un titre à chaque paragraphe de l'article. Relevez les éléments les plus importants de chacun d'entre eux. Remplissez le tableau suivant :

	titre	éléments importants
1er paragraphe		
2e paragraphe		
3e paragraphe		
4e paragraphe		
5e paragraphe		
6e paragraphe		
7e paragraphe		
8e paragraphe		

Activité 86

En quelle langue écrivent tous ces écrivains mentionnés ? Dites pourquoi.
Pour cela, relevez dans le texte des expressions ou des indices qui révèlent cette langue.
Puis rédigez un texte pour expliquer les raisons de votre réponse à la question. Donnez des exemples extraits de l'article.

....

....

....

....

....

....

....

....

....

activité 87

1. L'auteur, Lylian Kesteloot, évoque deux grands mouvements distincts d'écrivains. Résumez en une phrase la conception de l'œuvre et du monde que défend chacun de ces mouvements.

mouvement évoqué	conception de l'œuvre et du monde
La négritude	
La nouvelle génération de romanciers africains	

2. Quelle phrase du 6e paragraphe révèle que les écrivains exilés en France, bien que connus et lus, sont minoritaires en nombre par rapport aux écrivains vivant en Afrique ou ailleurs ?

....

....

3. L'auteur cite dans cet article un nombre très important de noms d'écrivains. À votre avis pourquoi ?

....

....

....

....

4. Quels sont ceux d'entre eux que vous connaissiez avant la lecture de l'article ?

....

....

....

....

4. Analyse et entraînement au commentaire ou à une prise de position
DOCUMENT N° 5

Et le féminisme ?

1   MARGUERITE YOURCENAR – Je suis contre le particularisme de pays, de religion, d'espèce. Ne comptez pas sur moi pour faire du particularisme de sexe. Je crois qu'une bonne femme vaut un homme bon, qu'une femme intelligente vaut un homme intelligent. C'est une vérité simple. S'il s'agit de lutter pour que les femmes, à mérite égal, reçoivent le même salaire qu'un homme, je participe à cette lutte, s'il s'agit

5   de défendre leur liberté à utiliser la contraception, je soutiens activement plusieurs organisations de ce genre, s'il s'agit même d'avortement, au cas où la femme ou l'homme concernés n'auraient pas pu ou pas su prendre leur mesure à temps, je suis pour l'avortement, et j'appartiens à plusieurs sociétés qui

➡

aident les femmes en pareil cas, bien que personnellement l'avortement me paraisse toujours un acte très grave. [...] Quand il s'agit de l'éducation, ou d'instruction, je suis bien entendu pour l'égalité des sexes ;
10 cela va de soi. S'il s'agit de droits politiques, non seulement de vote, mais de participation au gouvernement, je suis également plus que d'accord, quoique je doute que les femmes puissent, non plus que les hommes, améliorer grand-chose à la détestable situation politique de notre temps, à moins que les uns et les autres et leurs méthodes d'action ne soient profondément changés.

D'autre part, j'ai des fortes objections au féminisme tel qu'il se présente aujourd'hui. La plupart du
15 temps, il est agressif, et ce n'est pas par l'agression qu'on parvient durablement à quelque chose. Ensuite, et ceci sans doute vous paraîtra paradoxal, il est conformiste, du point de vue de l'établissement social, en ce sens que la femme semble aspirer à la liberté et au bonheur du bureaucrate qui part chaque matin, une serviette sous le bras, ou de l'ouvrier qui pointe dans une usine. Cet *homo sapiens* des sociétés bureaucratiques et technocratiques est l'idéal qu'elle semble vouloir imiter sans voir les
20 frustrations et les dangers qu'il comporte, parce qu'en cela, pareille aux hommes, elle pense en termes de profit immédiat et de « succès » individuel. Je crois que l'important, pour la femme, est de participer le plus possible à toutes les causes utiles, et d'imposer cette participation par sa compétence. Même en plein XIXᵉ siècle, les autorités anglaises se sont montrées brutales et grossières envers Florence Nightingale*, à l'hôpital de Scutari : elles n'ont pas pu se passer d'elle. Tout gain obtenu par la femme
25 dans la cause des droits civiques, de l'urbanisme, de l'environnement, de la protection de l'animal, de l'enfant, et des minorités humaines, toute victoire contre la guerre, contre la monstrueuse exploitation de la science en faveur de l'avidité et de la violence, est celle de la femme, sinon du féminisme, et ce sera celle du féminisme par surcroît. Je crois même [que] la femme peut être plus à même de se charger de ce rôle que l'homme, à cause de son contact journalier avec les réalités de la vie, que l'homme ignore plus
30 souvent qu'elle.

Je trouve aussi regrettable de voir la femme jouer sur les deux tableaux, de voir, par exemple, des revues, pour se conformer à la mode (car les opinions sont aussi des modes) qui publient des articles féministes supposés incendiaires, tout en offrant à leurs lectrices, qui les feuillettent distraitement chez le coiffeur, le même nombre de photographies de jolies filles, ou plutôt de filles qui seraient jolies si
35 elles n'incarnaient trop évidemment des modèles publicitaires ; la curieuse psychologie commerciale de notre temps impose ces expressions boudeuses, prétendument séduisantes, aguicheuses ou sensuelles, à moins qu'elles ne frôlent même l'érotisme de la demi-nudité, si l'occasion s'en présente.

Que les féministes acceptent ce peuple de femmes-objets m'étonne. Je m'étonne aussi qu'elles continuent de se livrer de façon grégaire à la mode, comme si la mode se confondait avec l'élégance, et
40 que des millions d'entre elles acceptent, dans une inconscience complète, le supplice de tous ces animaux martyrisés pour essayer sur eux des produits cosmétiques, quand ils n'agonisent pas dans des pièges, ou assommés sur la glace, pour assurer à ces mêmes femmes des parures sanglantes. Qu'elles les acquièrent avec de l'argent librement gagné par elles dans une « carrière » ou offert par un mari ou un amant ne change rien au problème. Aux États-Unis, je crois que le jour où la femme aura
45 réussi à interdire qu'un portrait de jolie fille qui fume d'un petit air de défi pousse le lecteur de magazines à s'acheter des cigarettes que trois lignes presque invisibles au bas de la page déclarent nocives et cancérigènes, la cause des femmes aura fait un grand pas.
Enfin les femmes qui disent « les hommes » et les hommes qui disent « les femmes », généralement pour s'en plaindre dans un groupe comme dans l'autre, m'inspirent un immense ennui, comme tous ceux qui
50 ânonnent toutes les formules conventionnelles. Il y a des vertus spécifiquement « féminines » que les féministes font mine de dédaigner, ce qui ne signifie pas d'ailleurs qu'elles aient été jamais l'apanage de toutes les femmes : la douceur, la bonté, la finesse, la délicatesse, vertus si importantes qu'un homme qui n'en posséderait pas au moins une petite part serait une brute et non un homme. Il y a des vertus dites « masculines », ce qui ne signifie pas plus que tous les hommes les possèdent : le courage, l'endurance,
55 l'énergie physique, la maîtrise de soi, et la femme qui n'en détient pas au moins une partie n'est qu'un chiffon, pour ne pas dire une chiffe. J'aimerais que ces vertus complémentaires servent également au bien de tous. Mais supprimer les différences qui existent entre les sexes, si variables et si fluides que ces différences sociales et psychologiques puissent être, me paraît déplorable, comme tout ce qui pousse le genre humain, de notre temps, vers une morne uniformité.

Marguerite Yourcenar, *Les yeux ouverts. Entretiens avec Matthieu Galey,*
éditions du Centurion, 1980

*Florence Nightingale (1820-1910), pionnière du métier d'infirmière. Elle se rebella contre les conventions de son temps, son destin de femme au foyer et choisit le métier d'infirmière, alors dévalorisé. Son succès le plus marquant fut sa participation à la guerre de Crimée. Le 21 octobre 1854, F. Nightingale et un bataillon de 38 infirmières furent envoyées en Crimée, à Scutari (Uskudar) où elles reformèrent et nettoyèrent l'hôpital militaire contre la réaction des médecins et officiers et firent chuter le taux de mortalité de 40 % à 2 %. Après le retour en Angleterre, en 1857, F. Nightingale consacra le reste de sa vie à promouvoir son métier.

activité 88   Quelle est globalement la position de Marguerite Yourcenar face au féminisme ? Rédigez votre réponse en, au maximum, deux phrases. Quelle partie du texte présente cette position ?

....

....

activité 89   **1.** L'écrivain reproche au féminisme du début des années 1980 d'être conformiste (l. 15 et suivantes). Comment le comprenez-vous ?

....

....

2. Avec le recul de plus de vingt ans, quel est votre point de vue à ce sujet ? Rédigez un court texte qui explique votre position.

....

....

....

....

activité 90   **1.** Reformulez ce passage :

L. 24 à 28 : « Tout gain obtenu par la femme dans la cause des droits civiques, de l'urbanisme, de l'environnement, de la protection de l'animal, de l'enfant, et des minorités humaines, toute victoire contre la guerre, contre la monstrueuse exploitation de la science en faveur de l'avidité et de la violence, est celle de la femme, sinon du féminisme, et ce sera celle du féminisme par surcroît. »

....

....

2. Commentez cette idée en quelques phrases et présentez votre point de vue.

....

....

....

....

activité 91   **1.** Commentez le constat de Marguerite Yourcenar selon lequel le féminisme du début des années 1980 « joue sur les deux tableaux ».

....

....

....

2. À votre avis, cette idée est-elle encore actuelle ou totalement dépassée à notre époque ? En quelques phrases, donnez votre point de vue concernant ce sujet.

....

....

....

....

activité 92

1. Lisez les trois propositions de reformulation du dernier paragraphe de l'entretien (l. 48 à 59). Laquelle d'entre elles paraît conforme au texte original ? Pourquoi ?

Reformulation 1

Généraliser est une attitude bien partagée. Le jugement qu'on porte sur les femmes et les hommes n'y échappe pas. Il n'en est pas pour autant ennuyeux ou faux. Les hommes ont une part de féminité : douceur, bonté, finesse, délicatesse. Sans ces traits, ils seraient des êtres brutaux. Les femmes ont aussi des traits de la masculinité. Sans courage et maîtrise de soi, et endurance, pas de personnalité. Ces qualités sont complémentaires. Il faut condamner ceux qui encouragent l'uniformité des sexes.

Reformulation 2

Marguerite Yourcenar a bien raison de vouloir que les hommes restent des hommes et les femmes des femmes. Un peu de féminité chez un homme, c'est bien. Mais pas trop. Un peu de qualités masculines chez les femmes, c'est bien aussi, mais il n'en faut pas trop. Les féministes ont tort de vouloir que tout le monde soit pareil : cela ferait un monde bien ennuyeux, et pourtant, c'est ce qui arrive trop souvent dans notre monde moderne. Il faut savoir raison garder, quand même !

Reformulation 3

Les généralisations sur les femmes et les hommes sont des âneries. Les individus, quel que soit leur sexe, sont porteurs d'un mélange de qualités féminines et masculines. Des femmes dotées uniquement de qualités féminines seraient lamentables, des hommes dépourvus de qualités féminines seraient des brutes. Mais vouloir que l'homme et la femme soient identiques est très regrettable, comme toute pensée visant à gommer les différences.

....
....
....
....

2. Quel est votre point de vue à ce sujet ?
....
....
....
....
....
....
....
....
....
....

5. Pour aller vers l'épreuve de compréhension niveau C1 – techniques croisées

DOCUMENT N° **6**

« Le droit d'auteur est-il une parenthèse dans l'histoire ? »

ROGER CHARTIER L'historien du livre rappelle la naissance au XVIIIᵉ siècle de la propriété littéraire et artistique. Deux siècles plus tard, les technologies numériques et Internet facilitent la reproduction, mais aussi la transformation des œuvres, au point que la notion même d'auteur tend à s'effacer. Une réflexion juridique et intellectuelle s'impose.

1   Concernant le droit d'auteur, la première véritable législation en France est la législation révolutionnaire de 1791, reprise en 1793. C'est un compromis qui traduit la préhistoire de la propriété littéraire. Avec, d'un côté, un certain nombre de philosophes du 18ᵉ siècle qui considèrent que la propriété d'un individu sur les œuvres est illégitime, voire scandaleuse : qui pourrait prétendre s'approprier des idées qui sont utiles au progrès de

5   l'humanité ? C'était la position de Condorcet[1].

Et, de l'autre, les efforts de longue durée d'écrivains comme Diderot, ou de dramaturges comme Beaumarchais, pour faire reconnaître le principe de la propriété première, originelle des auteurs sur leurs œuvres. Ce qui devait entraîner que quiconque se portait acquéreur de l'œuvre jouissait d'un même droit de propriété, mais devait la rétribuer à un juste prix.

10   La législation révolutionnaire reconnaît la propriété des auteurs et de leurs ayants droit, mais elle limite la durée de celle-ci de façon qu'une fois tombée dans le domaine public l'œuvre puisse être publiée par qui le veut. Nous sommes restés sur ce compromis, avec une durée de protection variable, qui, au cours des XIXᵉ et XXᵉ siècles, a eu tendance à s'allonger de dix ans en 1793 à soixante-dix ans aujourd'hui.

La possibilité de vivre de sa plume marque une grande rupture puisque, pendant longtemps, la cession d'une

15   œuvre à un libraire éditeur n'était pas rétribuée par de l'argent. Au XVIᵉ siècle, par exemple, l'auteur recevait quelques exemplaires du livre, qu'il pouvait offrir en dédicace à des patrons susceptibles de lui accorder des gratifications, des pensions, des emplois : une rémunération indirecte, en somme. François Iᵉʳ et Louis XIV fonderont le système des pensions royales sur cette idée.

Même au XVIIIᵉ siècle, les rétributions monétaires restent très faibles. D'où deux stratégies : celle de Diderot,

20   qui multiplie les travaux en collaboration, comme l'*Encyclopédie*, ou celle de Rousseau, qui, on le voit dans le cas de *Nouvelle Héloïse*, vend trois fois la même œuvre à trois éditeurs différents en ajoutant une préface, ou en se tournant vers l'étranger. Or la juste rétribution suppose que le libraire soit assuré de son bénéfice. C'est pourquoi les débats se sont concentrés sur les régimes de publication, la défense des privilèges de librairie. Et, paradoxalement, dans ces discussions, ce sont surtout les libraires et les imprimeurs qui se trouvent impliqués.

25   Cela amène à dire que le fait qu'au nom des auteurs les débats actuels opposent des intérêts divergents – majors du disque, industriels des télécommunications, consommateurs – n'est donc pas nouveau. Pour donner un exemple, quittons un peu la France. En Angleterre, la propriété des manuscrits appartenait aux libraires et imprimeurs de Londres, qui, depuis 1557, disposaient seuls d'un droit de publication. Une fois qu'ils avaient acquis un manuscrit, ils en étaient propriétaires, comme d'une maison ou d'un champ. Ils pouvaient

30   le vendre, le diviser, le donner en héritage… Les auteurs n'avaient pas leur mot à dire.

En 1709, la monarchie anglaise a décidé de limiter la durée du copyright à quatorze ans et de permettre de garder pour eux le copyright. Les libraires de Londres ont donc mobilisé des stratégies de défense, dont l'une a été d'inventer l'auteur moderne : en effet, si eux-mêmes disposaient d'un droit perpétuel, expliquaient-ils, c'était au nom du droit imprescriptible mais transmissible de l'auteur qui leur avait cédé un manuscrit. L'auteur

35   n'est donc qu'un instrument stratégique dans le combat des libraires londoniens contre la législation royale, une législation soutenue par ceux qui en tiraient profit : les libraires écossais et irlandais.

Ainsi, on peut constater qu'entre les internautes, qui revendiquent le libre accès au bien culturel, et les créateurs, qui défendent leur génie propre et la viabilité d'une industrie, on retrouve encore une fois des débats familiers. L'idée d'une gratuité d'accès à la culture a été portée par tout un courant des Lumières, avec, au pre-

40   mier rang, Condorcet comme nous l'avons dit. Mais cette préoccupation est présente même chez ceux qui veulent fonder la propriété littéraire.

Le raisonnement de Fichte[2], en Allemagne, est remarquable. Il dit qu'un livre a une double nature : matérielle – l'objet – et spirituelle. Mais le contenu spirituel ? Il y a des idées qui appartiennent à tout le monde, mais il y a aussi la forme, cette manière d'énoncer des idées, d'exprimer des sentiments propres à l'auteur. Ce dernier

45   élément, selon lui, le seul qui justifie la propriété littéraire.

Sachant qu'à l'heure actuelle le débat se focalise sur la musique, voyons comment un autre art a nourri le débat sur la propriété intellectuelle. Prenons l'exemple du théâtre qui a pesé de façon essentielle. Quand ➡

50 | Beaumarchais, lors de la polémique qui l'oppose aux Comédiens-Français, crée la Société des auteurs dramatiques, il réussit pour la première fois à faire établir que l'œuvre n'est pas vendue une fois pour toutes, qu'elle peut entraîner une rémunération à chaque représentation, avec un pourcentage sur la recette.
C'est paradoxal puisque l'écriture théâtrale n'existe que parce qu'elle devient une représentation qui implique de nombreux concours. Ainsi, la forme la plus « collaborative » de l'écriture va être le fondement de l'appropriation la plus singulière de la propriété littéraire, sous la forme de la proportionnalité des droits. Elle va peu à peu s'imposer pour tous les écrits.

55 | À l'heure où doit commencer, à l'Assemblée nationale, la discussion sur le projet de loi intitulé « Droit d'auteur et droits voisins dans la société de l'information », destinée à protéger le droit d'auteur, menacé par l'avènement d'Internet, plusieurs éléments suscitent des interrogations.
Tout d'abord, force est de constater que la situation actuelle lance un défi de type technique aux catégories esthétiques ou juridiques qui, à partir du XVIIIᵉ siècle, sont le fondement de la propriété littéraire et du droit d'auteur.

60 | Ce fondement suppose, en effet, une identité perpétuée de l'œuvre, qu'elle ait été publiée dans une édition, ou dans une autre, à dix exemplaires ou à mille, qu'elle ait circulé par l'écrit ou par la parole. Pourquoi ? Parce que si l'œuvre est l'expression du langage, du style de son auteur, ou, dans le vocabulaire de Diderot, « ses propres pensées, les sentiments de son cœur », il en est le premier propriétaire. Son droit dépend de cette essence de l'œuvre, rapportée à cette manière irrémédiablement singulière qu'a un individu d'utiliser des idées

65 | communes, d'employer un langage partagé.
Or le texte électronique est un texte ouvert, malléable, polyphonique. Il est toujours l'objet possible d'une transformation. Se dissout donc ce qui permettait de reconnaître l'œuvre comme œuvre, donc d'en revendiquer la propriété. Apparaît ainsi la question fondamentale : comment reconnaître l'identité perpétuée d'une œuvre dans un support technique qui ne donne ni frontières ni identités stables au texte ?

70 | Ensuite, se pose le problème de la reproduction gratuite ou payante de la musique ou des textes, autrement dit la question plus classique de la contrefaçon. Il focalise l'attention car il concerne beaucoup de monde. Mais il est second par rapport à la mobilité électronique des œuvres, qui efface le principe même de leur possible propriété par leurs auteurs.
Avec l'invention de l'imprimerie se sont établis des contrats entre les auteurs au XVIᵉ – le mot pouvait désigner

75 | un traducteur, un commentateur, un éditeur – et les libraires-imprimeurs. Mais cela n'impliquait pas que soit reconnue explicitement la propriété de l'auteur sur son œuvre. Plutôt une sorte de récompense. Ces contrats ont toutefois créé un monde nouveau, à l'intérieur duquel s'imposera progressivement l'idée d'une propriété originelle de l'auteur, ce qui permettra à certains écrivains de vivre de leur plume – ou du moins de l'espérer. Tout cela au terme d'une longue évolution.

80 | Aujourd'hui, le monde de la technologie électronique fait que la position d'auteur peut être immédiatement inscrite dans la position de lecteur. Sur un même écran, on reçoit un texte et on compose le sien. L'œuvre n'est plus fermée ni fixée : Roméo peut épouser Juliette, et y survivre. Il y a une proximité entre lire et écrire, écouter de la musique et la produire, qui est rendue infiniment plus forte qu'auparavant. Nous sommes donc face à une innovation technologique qui bouleverse cette sédimentation historique, laquelle a conduit à la défini-

85 | tion esthétique et juridique des œuvres.
C'est pourquoi la question se pose : le droit d'auteur est-il une parenthèse dans l'histoire ? Peut-on entrer dans un monde de circulation des œuvres situé à distance radicale de tous les critères esthétiques et juridiques qui ont gouverné la constitution de la propriété artistique ou littéraire ? Ou, techniquement et intellectuellement, ces critères restent-ils considérés comme légitimes, et il faut alors faire un effort pour qu'ils puissent s'appli-

90 | quer à une technologie qui leur est rétive ?
C'est la grande question, à la fois juridique (qu'est-ce qu'une œuvre ?) et culturelle (qu'est-ce qu'un auteur ou un créateur ?). Je me garderai d'y apporter une réponse : chaque fois que les historiens ont fait un pronostic sur l'avenir, ils se sont lourdement trompés.

D'après les propos recueillis par NATHANIEL HERZBERG, *Le Monde*,
Dimanche 18 – Lundi 19 décembre 2005.

1. Marie Jean Antoine Nicolas de Caritat, marquis de Condorcet (1743-1794), philosophe, mathématicien et politologue.
2. Johann Gottlieb Fichte (1762-1814), philosophe allemand.

activité 93

1. Quel est le sujet de cet article ?

....

....

2. Quelle est la finalité du document ?

....

....

3. Quelle est la source des informations présentées ?

....

....

....

....

activité 94 Le document 6 est composé de trois parties principales. Trouvez un titre pour chacune d'entre elles.

partie du texte	titre
première partie : l. 1 à 36	
deuxième partie : l. 37 à 54	
troisième partie : l. 55 à 93	

activité 95 À partir des quatres premiers paragraphes de l'article (l. 1 à 17), rédigez un court texte qui présente les principales étapes de l'évolution du droit à la propriété littéraire en France, entre le XVIe et le XXe siècle.

....

....

....

....

activité 96 L'auteur de l'article utilise plusieurs procédés d'argumentation. Cherchez-en dans le texte en vous laissant guider. Trouvez :

a. Une phrase du texte où l'on emprunte les termes d'un écrivain pour montrer que l'auteur est le premier propriétaire de son œuvre.

....

....

b. Un énoncé de l'auteur de l'article servant à poser une problématique générale, ou un problème intermédiaire.

....

....

c. Un énoncé où l'on interpelle le lecteur pour rappeler une idée qui a déjà été énoncée à propos de l'accès gratuit à la culture.

....

....

....

d. Comment, dans la conclusion, l'auteur de l'article résume et pointe brièvement deux idées distinctes qui permettent de replacer la question du droit d'auteur, à la fois, sur le plan juridique et sur le plan culturel.

....

....

e. Un ou deux énoncés du texte où l'auteur annonce qu'il va illustrer une idée en donnant un exemple.

....

....

activité 97   Relisez la dernière partie de l'article (l. 80 à 93).
1. Reformulez le paragraphe suivant : l. 79 à 84.
2. Choisissez l'une des questions posées par l'auteur dans le paragraphe suivant (l. 86 à 93) et prenez position à ce sujet.

ÉPREUVES TYPES

SUJET 1

MULTIMEDIA _ **La famille High-Tech**

■ Domotique
C'est arrivé demain

Emmanuel Ducanda Kerhoz est un homme qui aime les nouvelles technologies. Alors il en a fait profiter sa famille. Tout chez lui, comme dans sa voiture, fonctionne déjà avec ce qui se fait de plus futuriste. D'ailleurs, notre guide n'en est pas encore revenu…

1   **C'est une famille normale.** Il y a papa, maman et leur bambin de 6 ans. Les Ducanda Kerhoz habitent Viroflay, aux portes de Paris… mais la normalité s'arrête là. Ils vivent aussi sur une autre planète. Complètement high-tech. C'est Emmanuel, le père, qui vient nous chercher à la gare. Il nous invite à monter dans sa voiture, une Scénic. Banal ? Non. Avant de nous installer, nous remarquons deux
5   écrans fixés sur les appuie-tête des sièges avant. « *Ils servent aux passagers arrière qui regardent des films ou qui jouent pendant les trajets* », dit Emmanuel, amusé par notre air admiratif. À peine sommes-nous installés qu'un écran se déploie. Il sort de l'autoradio, se dresse à la verticale au-dessus du lecteur de CD et de DVD. « *C'est la navigation assistée. Si on ne l'utilise pas, le passager de droite regarde aussi des films, ou bien il joue, lui aussi* », précise Emmanuel, tandis qu'une voix féminine
10   d'aéroport indique qu'il est temps de tourner légèrement à gauche puis de prendre la première à droite. Nous regardons défiler la carte routière sur laquelle un curseur indique la position de la voiture. Il est précédé d'une flèche, sorte de poisson pilote qui nous dirige. Devant la grille de la maison d'Emmanuel et de sa femme Frédérique, la voix d'aéroport devient ferme : « *Destination atteinte, guidage terminé.* » Claquements de portières, quelques pas dans un jardin équipé de détecteurs de pré-
15   sence et de capteurs de luminosité. « *Dans quelques heures, l'éclairage de nuit se mettra en route* », annonce Emmanuel en s'arrêtant devant la porte d'entrée de la maison. « *Ici, il n'y a aucune clef. On ouvre les portes par empreintes digitales ou par codes* », déclare le propriétaire des lieux, un ancien de Microsoft, qui a construit sa demeure il y a huit ans dans une perspective entièrement domotique. Inutile de préciser qu'il n'y a pas de poignée à la porte, elle s'ouvre toute seule, comme toutes les autres
20   de la maison. Mais, pour éviter qu'elle cogne quelqu'un qui serait juste derrière, un petit radar stoppe l'ouverture s'il repère une présence à l'intérieur. Comme celle de Thomas par exemple, le fils de la maison. Chez les Ducanda Kerhoz, pas d'interrupteurs non plus. « *On allume les lumières par télécommande… On les programme aussi* », précise Emmanuel. Ce qui fait dire à Thomas, émerveillé, que chez ses copains, « *on appuie sur un bouton et hop ! ça s'allume* ». On s'apercevra en descendant
25   à la cave, remplie d'électronique, que les lumières se mettent en marche à notre passage.

Ordinateurs et consoles en pagaille

Maintenant, nous sommes à l'entrée de la salle de séjour. Partout des enceintes. Ici, une console de jeux Xbox (il y en a une par étage), là, un ordinateur portable (il y en a une dizaine dans la maison)
30   et, en face du canapé, un grand écran plasma Sync Nec de 1,50 mètre de diagonale. « *C'est n'est pas vraiment une télévision. Cet écran sert à tout, comme voir qui sonne à la porte ou qui est dans le jardin, par exemple* », dit Emmanuel en nous proposant de nous asseoir. L'écran est divisé en une kyrielle d'images fixes qui sont autant de programmes proposés et démarrent par télécommande : films, variétés, CNN, d'autres chaînes d'information, jeux, musiques pop, rock, soul, rap, radio, etc. À côté
35   de l'écran, un boîtier rectangulaire laqué noir. C'est un Media Node, fabriqué par la société eMagium, créée par le maître de maison. Une sorte d'énorme disque dur connecté à l'écran et raccordé au réseau familial, lui-même relié à Internet. Il contient tout ce qui peut être numérisé dans une maison : photos, films en super-8, anciennes cassettes VHS, dossiers de tous ordres, archives. Il lit bien sûr les CD et les DVD, il remplace également tout type de décodeur, Canal+ ou autre. Dans toutes les autres pièces, des
40   mini Node, reliés entre eux par ondes radio wi-fi. Ils communiquent avec les ordinateurs, et donc avec le réseau privé et Internet, pour rapatrier les données stockées sur les disques durs ou celles du Web :

45 la météo par exemple, qui s'affiche alors sur l'écran du salon. « *Les Node contrôlent aussi toutes les caméras de la maison* », déclare Emmanuel. Nous levons la tête et… oui, il y a bien une petite caméra qui nous guette, comme dans toutes les autres pièces. Que fait Thomas, au fait ? Emmanuel saisit un écran portatif placé à côté du canapé, un Smart Display. Sur la partie supérieure de l'écran, un plan d'architecte de la maison. Muni d'un stylet, Emmanuel pointe la chambre de Thomas et, sur la partie inférieure, nous voyons l'enfant jouer avec sa baby-sitter. Ils sont assis par terre, adossés au lit. Ils se concentrent sur quelque chose que nous ne voyons pas, on les entend parler. C'est étrange, on se croi-
50 rait dans la série télévisée « le Prisonnier ». Nous n'avons pas le temps de faire part de notre réflexion à Emmanuel, que de son stylet il pointe le garage, commun à quatre autres maisons. « *Tiens, il y a quelqu'un dedans*, s'étonne-t-il. *Ah oui, c'est le voisin…* » Ce dernier sait qu'une petite caméra explore le garage en permanence. Le voisinage ne voit aucune objection à cette présence : au contraire elle les rassure.

Mais revenons au système Media Node hypersécurisé. Il ne délivre ses programmes que si on lui a
55 montré patte blanche… autrement dit, il doit reconnaître l'empreinte digitale de ses propriétaires. Il sait si c'est Thomas qui vient d'appliquer son index ou bien s'il s'agit de son père, de sa mère ou de la baby-sitter. Quand un invité souhaite regarder un film, il doit se faire paramétrer. Non content de reconnaître celui qui l'actionne, le système connaît ses goûts. À Emmanuel, il propose en priorité du jazz, les chaînes d'information anglo-saxonnes et des films policiers. Pour Frédérique, ce sera de la
60 musique new-age et des films d'action. Et Thomas a droit à des jeux ou à des dessins animés. Mieux, Emmanuel n'aura pas besoin d'acheter le dernier CD de Norah Jones, car un service contractuel, passé avec eMagium, garantit la transmission de son nouveau CD, via Internet, dès sa sortie. Idem pour les films, les jeux ou les dessins animés.

Une maison sous bonne garde

65 Que pense Thomas de ce monde de science-fiction ? Il nous regarde, étonné par la question à laquelle il a du mal à répondre. Thomas est né dans ce monde communicant, il n'en connaît pas d'autre. Il dit : « *Papa voit tout* », en parlant des caméras. Nulle crainte dans son ton, de l'euphorie plutôt. « *Ça le rassure de savoir qu'on peut surveiller sa chambre la nuit, au cas où rôderait un fantôme. Et à l'ado-lescence, il coupera la caméra pour être tranquille* », dit son père. À 6 mois, Thomas recevait son pre-
70 mier ordinateur, « *un Unika* ». À 3 ans, il a eu son premier Sony avec lecteur DVD. Aujourd'hui, il pia-note sur un Toshiba. Depuis belle lurette, il regarde des films en version originale anglaise. « *J'adore "Shrek" et "Toy Story" !* », s'exclame-t-il. L'enfant, qui est au CP depuis septembre, est déjà bilingue… Thomas est sans doute le seul enfant qui a appris à distinguer sa droite de sa gauche en voiture, devant la carte routière radioguidée qui défilait sur l'écran. Cette voiture est d'ailleurs très éton-
75 nante. Avant les départs en vacances, elle se synchronise, via le réseau wi-fi, avec les contenus des Node choisis par la famille. Les CD, DVD ou logiciels familiaux y sont accessibles. Thomas peut regar-der ses films préférés ou continuer une partie de jeu vidéo.

Le bonheur est dans le PC

80 Que dit Frédérique de sa maison intelligente ? Elle n'était pas technophile avant de rencontrer Emmanuel, elle ne l'est toujours pas, mais elle apprécie tous les systèmes que crée son mari. Frédérique ne regrette qu'une seule chose, qu'il y ait encore des fils qui traînent par-ci, par-là dans la maison. Manque-t-il quelque chose à cette famille high-tech ? Tout le monde se regarde. Non, visi-blement il ne manque rien. Même pas un téléphone portable pour Thomas qui n'en souhaite pas (encore). Soudain, son visage s'éclaire : plutôt que de nous parler de ce qui lui manque, il veut nous
85 parler d'un objet extraordinaire, qu'il a découvert à l'école. « *J'ai déjà quatre stylos*, déclare-t-il tout excité. « *Un noir, un bleu, un rouge, un vert !* » Non, décidément, il ne manque plus rien au bonheur high-tech de la famille Ducanda Kerhoz.

COLETTE MAINGUI, *Le Nouvel Observateur Multimédia*, 18-24 novembre 2004.

Répondez aux questions en cochant la ou les bonne(s) réponse(s), ou en écrivant l'infor-mation demandée (dans ce cas, formulez votre réponse avec vos propres mots ; ne repre-nez pas de phrases entières du document, sauf si cela vous est précisé dans la consigne. Attention : les questions de la rubrique A portent sur la totalité du texte, les questions des rubriques B, C et D uniquement sur la partie du texte indiquée.

A. Questions sur l'ensemble du texte

➤ Activité 98

1. Quelle est la finalité de cet article ?

    a. ❑ Présenter les avantages et les inconvénients liés aux nouvelles technologies.

    b. ❑ Convaincre le grand public de l'efficacité des nouvelles technologies.

    c. ❑ Présenter une vision d'un quotidien high-tech à partir de l'exemple de la famille Ducanda Kerhoz.

    d. ❑ Faire l'inventaire des applications des nouvelles technologies à la vie quotidienne d'un Français moyen.

2. Cet article évoque l'idée d'une maison construite « dans une perspective domotique ». Donnez en deux phrases (sans reprendre les mots du texte) la définition de ce concept.

....

....

....

3. Quelles sont les réactions de la journaliste face à cet environnement domotique ?

....

....

....

....

....

....

4. Que sait-on des activités professionnelles d'Emmanuel ?

....

....

....

B. Première partie du texte (l. 1 à 25)

➤ Activité 99

Pour chaque partie, choisissez la (ou les) réponse(s) exacte(s).

1. Selon l'auteur du texte, la famille Ducanda Kerhoz vit « sur une autre planète » car :

    a. ❑ elle est complètement déconnectée de la réalité ;

    b. ❑ Emmanuel a des revenus très élevés ;

    c. ❑ cette famille utilise les nouvelles technologies beaucoup plus que la moyenne des Français ;

    d. ❑ Emmanuel a conçu une maison presque entièrement informatisée.

2. Dans la voiture d'Emmanuel :

    a. le système de guidage automatique fonctionne sur un support :

    ❑ son   ❑ image   ❑ les deux à la fois

    b. le conducteur est obligé de l'utiliser.

    ❑ vrai   ❑ faux

3. Utilise-t-on des détecteurs de présence à l'intérieur de la maison décrite dans l'article ? Citez le passage qui confirme votre réponse.

oui ❑   non ❑

Justification : *[indiquez le numéro de la(des) ligne(s) et citez le(s) passage(s) correspondant]*

....

....

....

C. Deuxième partie du texte (l. 26 à 63)

➤ Activité 100

1. Cochez la bonne réponse.

Le système Media Node :	oui	non	Le texte ne le précise pas
a. permet à la famille d'être en permanence connectée à Internet.			
b. a été conçu pour espionner le voisinage.			
c. fonctionne comme une banque de données concernant tous les objets et les appareils qui se trouvent dans la maison.			
d. permet de voir ce qui se passe dans les différentes pièces ainsi qu'à l'extérieur de la maison.			
e. détecte immédiatement les préférences de ses utilisateurs.			
f. peut assurer l'acheminement des nouveautés musicales ou cinématographiques correspondant aux goûts de différents membres de la famille.			
g. centralise l'utilisation de toutes les données enregistrées.			
h. est programmé pour une durée limitée.			

2. Le système Media Node ne fonctionne que quand il a identifié son utilisateur.
❑ vrai   ❑ faux

3. Quel est le sens du sous-titre « Ordinateurs et consoles en pagaille » ?
   a. ❑ La maison en contient un nombre important, mais tout fonctionne de manière ordonnée.
   b. ❑ Ils sont disposés de façon complètement anarchique, ce qui ne facilite pas leur utilisation.

D. Troisième partie du texte (l. 64 à 85)

➤ Activité 101

Comment Thomas et Frédérique se sentent-ils dans cet « univers numérisé » ?

....

....

....

....

....

SUJET 2

Êtes-vous tous des écrivains ?

L'écriture appartient à tous

Selon ce spécialiste du journal intime, tout le monde peut écrire. Pour autant, la pratique de l'écriture ne fait pas de chacun un écrivain.
Universitaire réputé pour ses travaux sur le journal intime, auteur d'un livre qui fit date, _Le pacte autobiographique_[1], Philippe Lejeune analyse les motifs qui conduisent à écrire et les modalités actuelles de diffusion d'un manuscrit.

1   Sommes-nous tous des écrivains ? Sommes-nous tous des peintres, des sculpteurs ? À une telle question tout le monde répondrait immédiatement non. Sommes-nous tous des romanciers ? Là aussi la réponse serait négative, car il s'agit encore de maîtriser une technique. En revanche, si l'on part du principe qu'en matière d'écriture quasiment tout le monde maîtrise l'outil, la réponse à la question devient
5   plus délicate. Il est des usages minimaux de l'écriture largement partagés. La correspondance, par exemple, qui est l'occasion de se poser la question : « Comment toucher mon destinataire ? » Ou le journal intime, qui sert à guider sa vie ainsi qu'à lui donner une forme. Et qui n'a eu son moment de poésie ? La pratique de l'écriture, comme celle du sport, est une pratique de masse. Beaucoup de gens entretiennent avec le langage le même genre de comportement quotidien qu'avec leur corps et s'adon-
10   nent à des modes d'écriture à mi-chemin entre la vie ordinaire et la composition littéraire. Alors, même si nous ne sommes pas tous des champions du 110 mètres haies, l'écriture, oui, est à tous, elle appartient à tous.

Dès lors, nous pouvons tous tenter notre chance, entrer dans ce mouvement qui consiste à vouloir donner ses écritures aux autres. En sachant que s'il n'est pas besoin d'autorisation pour écrire, en revan-
15   che, pour être publié, choisi, légitimé, il en faut une... Envoyer un manuscrit aux éditeurs, c'est reconnaître la légitimité de leur puissance légitimante. Seulement, ils ne peuvent pas publier tout le monde. Être publié n'est pas un droit et les places sont rares. Alors, c'est la lutte pour la vie. La publication d'un manuscrit signifie que d'autres ne seront pas publiés. C'est un jeu cruel... Mais non dénué de justesse. L'éditeur prend des risques, engage des capitaux, il lui est donc justifié de signifier des refus. Le bon édi-
20   teur est celui qui choisit ce qui lui plaît en même temps que ce qui va plaire à son public. Sa marge de manœuvre est faible, il lui arrive de se tromper.

Répondre à la question : « Qu'est-ce que la littérature ? » est-il compliqué ? C'est la question, très légitime, que se pose un éditeur, et c'est en parallèle cette autre question : « Le plaisir que j'ai pris à lire ce texte est-il communicable à combien de personnes ? » Ou, pour dire les choses autrement : « Ai-je
25   intérêt à vendre ce texte ? » Souvent le mot « littérature » se trouve mêlé de manière hasardeuse à ces spéculations sur la « publicabilité » des textes. Cette notion, chargée d'histoire, a varié de manière vertigineuse au cours des siècles. La littérature, au sens large, c'est tout ce qui s'écrit et qui se publie sans but pratique. Depuis Mallarmé, cela désigne de manière restrictive ce qui est art dans le domaine du langage. De fait, c'est un mot qui sert souvent à exclure. Ce que l'éditeur choisit est littérature, ce qu'il
30   refuse ne l'est pas. Moi, j'aurais tendance à penser, comme Dubuffet, que l'art ne vient pas toujours coucher dans les lits préparés pour lui.

Il semble pourtant convenu que l'éditeur va chercher la littérature là où elle est... Mais où est-elle ? Nous sommes des êtres d'habitude. Aujourd'hui, hors du roman point de salut. La poésie est considérée comme invendable et l'autobiographie apparentée au document. Et le jeu des formes littéraires tend
35   à se fossiliser. Il est difficile de changer les formes acquises alors même que la vitalité éditoriale repose sur une tension sans cesse renouvelée entre académisme et avant-garde. J'avoue donc ne pas bien savoir ce qu'est la littérature. Le monde de l'édition et de la critique semble plein de personnes qui savent ce qu'elle est. Mais il ne suffit pas de voir son manuscrit publié pour être considéré comme écrivain... Faudrait-il encore être lu, publier un deuxième ouvrage... La machine à trier continue au-delà de l'ac-

40 | ceptation d'un manuscrit. S'il est amer d'être refusé, il est amer aussi d'être publié et de ne pas être lu. Car face au refus d'un manuscrit, on peut toujours dire : « Ils ont tort, ils n'ont rien compris. » Alors qu'une fois le livre publié, l'épreuve de réalité est là, et il faut affronter un jugement public qui met en péril. Car, si personne ne lit le livre publié, l'éditeur est en droit de remettre en cause l'existence du texte suivant.

45 | En ce sens, un support comme Internet offre une seconde chance. L'avantage pour les auteurs, c'est qu'il suffit de créer un site pour exister. Être édité n'est pas un droit. En revanche, nous avons la chance de vivre dans un pays démocratique où s'éditer est un droit. On peut faire imprimer son livre et le dif-fuser soi-même. Internet est une variante de l'autoédition. Mais on n'échappe pas au problème de savoir comment trouver des lecteurs. Même si la concurrence est plus ouverte, moins dramatique, créer un 50 | site, c'est faire la queue à l'entrée d'un grand magasin. Il faut être référencé par des moteurs de recher-che efficaces. Il faut appartenir à des « cercles ». Ceci dit, il faut se demander si les gens sont véritable-ment soucieux d'être lus par 10 000 personnes. En offrant la possibilité de personnaliser le rapport aux lecteurs, Internet ne joue pas sur la quantité mais sur la qualité et la réalité d'un lecteur qui n'est plus anonyme. Les auteurs en tirent vraisemblablement une grande satisfaction. Une autre particularité est 55 | de pouvoir publier incognito. Dans le cas du journal intime, c'est un élément appréciable.

La seule chose qui manque dans ce système, c'est le coup de tampon : aucun éditeur n'est là pour dire : « Formidable, vous êtes un grand écrivain ! » Peut-être qu'un échange réel avec des lecteurs vaut-il mieux que le coup de tampon négatif d'un éditeur ? Peut-être que la communication importe-t-elle autant que la validation ou la sanction ? Et puis, est-il nécessaire d'être « grand » ?

60 | Nous proposons une alternative au refus éditorial. L'APA[2], que nous avons créée en 1992, reçoit, lit et conserve tous les manuscrits autobiographiques qui lui sont envoyés… Nous sommes un recours en ce sens que nous offrons un autre système pour des textes qui ne sont pas arrivés au bon endroit. La grande majorité des auteurs qui s'adressent à nous n'a pas de prétention littéraire. Ils n'écriront qu'un texte. Ils ne cherchent pas à l'éditer, mais à le faire recevoir. Ce qu'ils désirent, c'est que quelqu'un ouvre 65 | avec respect ces pages qui contiennent leur vie. Nous ne nous mêlons pas d'aventure éditoriale, nous ne sommes pas là pour ça.

Nos archives sont vivantes et ouvertes. Nos groupes de lecture, une quarantaine de personnes, rédi-gent un compte rendu de chaque texte déposé. Ces comptes rendus sont réunis dans les volumes publiés du Garde-mémoire, avec des index qui permettent de trouver rapidement des récits sur un thème pré-70 | cis, une époque, un lieu… Bien sûr, nous pensons à la postérité et aux historiens de demain. Ce sera pour eux un matériau fabuleux. À travers ces textes, c'est une véritable fresque de la vie au XXe siècle qui se constitue. Je crois à la relativité de la littérature, à sa variabilité aussi. Écrire un livre, c'est exer-cer sa puissance sur soi et sur le monde, le publier représente un accomplissement personnel, le dépo-ser à l'APA, la possibilité de satisfaire le désir, très vif chez les diaristes, de durer après la mort.

D'après les propos recueillis par Catherine Argand,
entretien de Philippe Lejeune, *Lire*, février 2000.

1. *Le pacte autobiographique*, **Philippe Lejeune,** Le Seuil, 2000.

2. L'APA : Association pour l'autobiographie, La Grenette, 10, rue Amédée-Bonnet, 01500 Ambérieu-en-Bugey. Tél. 04 74 38 37 31.

Répondez aux questions en cochant la ou les bonne(s) réponse(s), ou en écrivant l'in-formation demandée (dans ce cas, formulez votre réponse avec vos propres mots ; ne reprenez pas de phrases entières du document, sauf si cela vous est précisé dans la consi-gne. Attention : les questions de la rubrique A portent sur la totalité du texte, les ques-tions des rubriques B, C et D uniquement sur la partie du texte indiquée.

A. Questions sur l'ensemble du texte

➤ Activité 102

1. Quelle est la nature de ce document ? Quelle en est la source ?

....

....

2. Quelles propositions correspondent à la(aux) finalité(s) de ce texte. Cochez les réponses exactes.

Propositions de finalités du document	correspond	ne correspond pas
a. Présenter au public le contenu d'un livre.		
b. S'interroger sur la définition du métier d'écrivain et sur celle d'un texte littéraire.		
c. Réfléchir aux enjeux de différents modes de publication d'un texte.		
d. Encourager les écrivains à abandonner le mode de publication classique au profit d'Internet.		
e. Faire connaître l'APA : son rôle et son mode de fonctionnement.		
f. Dresser un inventaire de types de textes susceptibles d'être publiés actuellement par un éditeur et sur Internet.		

3. Pour quelles raisons Philippe Lejeune est-il considéré comme « autorité » apte à mener une réflexion sur le sujet présenté dans ce texte ?

....

....

B. Première partie du texte (l. 1 à 21)

➤ Activité 103

1. Selon Philippe Lejeune, est-il aussi aisé de cerner ce que signifie « être écrivain » que de définir le métier de peintre, de sculpteur ou de romancier ?

oui ❏   non ❏

2. Pourquoi ?

....

....

C. Deuxième partie du texte (l. 22 à 44)

➤ Activité 104

Philippe Lejeune pense qu'il est nécessaire d'observer attentivement ce que les éditeurs publient car le résultat de leur travail permet de définir avec précision ce que l'on peut considérer comme texte littéraire et ce qui n'en fait pas partie.

1. Justifiez votre réponse en indiquant le passage correspondant et en l'expliquant en quelques phrases avec vos propres mots.

❏ vrai   ❏ faux

Justification

Le passage correspondant :

....

....

Votre interprétation :

....

....

....

....

2. À notre époque, parmi les textes que l'on publie, y a-t-il une grande variété de genres ? Justifiez votre réponse en indiquant le passage correspondant.

oui ❏   non ❏

Justification :

....

....

3. Quel est, selon Philippe Lejeune, le rôle de l'éditeur ? Justifiez votre réponse en citant le passage correspondant.

    a. ❏ Publier ce que le public a l'habitude de lire.

    b. ❏ Suivre les goûts des lecteurs et en même temps présenter des tendances nouvelles.

    c. ❏ Être toujours à la pointe de l'innovation.

    d. ❏ Donner à l'auteur un avis sur son manuscrit.

Justification :

....

....

4. Quelle est la condition ultime pour être qualifié d'écrivain aussi bien par son éditeur que par ses lecteurs ?

....

....

D. Troisième partie du texte (l. 45 à 74)

➤ Activité 105

1. Selon Philippe Lejeune, quelles sont les possibilités offertes aux auteurs dans le cas d'une publication sur Internet ?

....

....

....

....

2. Quelles en sont les difficultés ?

....

....

3. Qu'apprend-on sur le statut, l'objectif et le fonctionnement de l'APA ?

....

....

....

....

....

....

PRODUCTION ÉCRITE

CHAPITRE 3
ACTIVITÉS DE RÉDACTION DES ÉCRITS

À l'examen, vous aurez le choix entre deux domaines : **Lettres et sciences humaines** ou **Sciences**.

Pour vous y préparer, vous serez confronté(e), dans ce chapitre, à des textes et des sujets de réflexion appartenant aux domaines de la littérature et de la critique littéraire, de la sociologie, de la philosophie ou bien à des textes et des sujets de société contemporaine : industrie, technologies de pointe, environnement, physique, biologie et médecine.

Ces textes sont tirrés de livres, journaux quotidiens, revues et sites Internet.

Les documents qui vous sont proposés sont des dossiers, composés en général de deux textes concernant le même sujet, d'une extension de deux pages, soit de 1 000 à 1 500 mots.

➤ *En quoi consiste l'épreuve de production écrite ?*

Durée de l'épreuve : 2 h 30 au total

L'épreuve se déroule en deux temps.

1. **Une synthèse** à partir de plusieurs documents écrits d'une longueur totale d'environ 1 000 mots.

Ce qui compte c'est, au départ, d'identifier les documents, d'en dégager les idées essentielles, de les regrouper et les classer en fonction d'un thème commun. Il s'agira par la suite de les présenter sous forme d'un texte unique, suivi et cohérent. Vous suivrez un ordre d'idées qui vous est propre, en évitant surtout de mettre deux résumés bout à bout. Vous présenterez le thème identifié dans vos propres mots, sans introduire d'informations complémentaires, ni de commentaires personnels car votre texte doit garder un caractère objectif. Vous pourrez bien entendu réutiliser les « mots clés » des documents, mais non des phrases ou des passages entiers. À la fin, vous indiquerez le nombre de mots utilisés dans votre synthèse. Le nombre de mots exigés est 220, avec une marge tolérée de + ou − 10 %. La règle de décompte des mots est la suivante : est considéré comme mot tout ensemble de signes placés entre deux espaces (exemples : c'est-à-dire : 1 mot ; un bon sujet : 3 mots ; je ne l'ai pas vu depuis avant-hier : 7 mots).

2. **Un essai argumenté** sur un sujet en relation avec les documents servant de base à la synthèse.

Ce qui compte c'est, d'abord, de bien lire le sujet de votre essai pour en extraire un maximum d'informations : la nature exacte du texte à produire, les éléments concernant le thème (toujours en relation ou en prolongement de celui de la synthèse) et son contenu. Il vous faudra ensuite organiser vos idées et vos arguments, imaginer leur progression, afin de les présenter sous forme d'un texte fluide et cohérent, ayant un début et une fin et écrit dans un style approprié. En dernier lieu, vous veillerez à le mettre en forme, suivant la situation proposée, et à lui attribuer un titre. La longueur de l'essai argumenté exigé au niveau C1 est d'environ 250 mots. La marge tolérée et la règle de décompte des mots sont les mêmes que pour la synthèse.

➤ *Les activités*

Les activités de ce chapitre sont organisées en deux parties principales :

1. Synthèse
2. Essai argumenté

➤ *Pour la synthèse*

Placé(e) dans un contexte professionnel ou académique, vous serez amené(e) à rédiger une synthèse à partir de deux textes relativement courts, en faisant ressortir ce qui est essentiel, de manière claire et détaillée, et en l'organisant sous une forme pertinente et structurée, sans donner votre point de vue personnel.

Les activités placées dans cette partie du chapitre vous aideront à :

– expliciter le processus de rédaction ;
– identifier les documents ;
– analyser des textes en vue d'une reformulation et d'une note synthétique ;
– vous entraîner à la rédaction de la synthèse.

➤ *Pour l'essai argumenté*

Vous avez à démontrer que vous êtes capable de produire un texte (analyse, chronique, rapport, essai universitaire, article de presse ou en ligne) dans lequel vous formulez un sujet, structurez votre point de vue, tirez une conclusion de manière claire et dans un style nuancé et approprié au destinataire.

Les activités proposées vous aideront à :

– identifier la forme exacte et le contenu de l'essai à produire ;
– analyser des textes dans le but d'expliciter l'organisation interne d'un essai argumenté ;
– articuler les idées et les arguments ;
– vous entraîner à l'écriture de l'essai et à mettre en forme votre rédaction.

1. Synthèse
Expliciter le processus de rédaction

Activité 106

1. Retrouvez, dans la liste proposée, les opérations utiles à la rédaction d'une synthèse.

a. ❏ Dégager les idées et les informations essentielles de chaque document.

b. ❏ Ne pas oublier d'introduire des commentaires personnels.

c. ❏ Vérifier la longueur de votre texte par rapport aux indications données dans la consigne (la marge acceptable est d'environ + ou – 10 %).

d. ❏ Regrouper et classer les différents éléments en fonction du thème commun à tous les documents.

e. ❏ Donner son avis sur la(les) problématique(s) dégagée(s).

f. ❏ Identifier la problématique commune aux documents proposés.

g. ❏ Présenter les idées et les informations dégagées, avec ses propres mots, sous forme d'un nouveau texte suivi et cohérent.

h. ❏ Donner un titre au nouveau texte.

i. ❏ Présenter toutes les problématiques dégagées des documents sources, sous forme d'un nouveau texte.

j. ❏ En introduction, présenter brièvement la problématique générale et en conclusion, tirer les conséquences de la problématique développée avec vos propres mots, mais de manière objective.

k. ❏ Identifier chaque document, comprendre son message et son organisation logique.

2. Dans quel ordre vous faudrait-il les accomplir pour bien organiser le travail de rédaction ?

....

....

....

....

Domaine : Sciences (physique)

Document 1

LINTERN@UTE ⁞ Magazine

Février 2006

POURQUOI ...

... la colle colle ?

Une fissure apparaît, puis deux, puis plusieurs morceaux se détachent... Quelques unions électroniques vont être nécessaires pour réparer tout cela.

➡

Un vase par exemple, c'est « solide » grâce aux forces qui lient les molécules entre elles. Ces liaisons peuvent se rompre, si on applique une trop grande force sur l'objet : si on le laisse tomber, par exemple.

Quand de nombreuses liaisons sont cassées, une fissure apparaît, puis deux, puis plusieurs morceaux se détachent. C'est brisé. L'espace est devenu si grand entre les molécules, que même si l'on applique les deux morceaux l'un contre l'autre, la distance reste trop importante : impossible de recréer les liaisons cassées. On ne peut donc plus faire tenir ensemble les morceaux. La colle, elle, le peut. Elle reconstitue artificiellement les liaisons rompues.

Tout se passe à l'échelle atomique. Les atomes sont entourés de plusieurs couches d'électrons. Quand la dernière est pleine, les atomes sont stables.

Les colles dites « époxy » attaquent chimiquement la surface à coller. Cela permet aux atomes du matériau (le métal par exemple) et à ceux de la colle de se partager certains de leurs électrons pour remplir leur dernière couche. Cette liaison chimique, appelée covalente, est particulièrement solide.

Autre type de liaison, la liaison ionique. Elle s'établit quand deux atomes de charge électrique opposée s'attirent. La colle blanche, pour faire tenir deux feuilles de papier entre elles, utilise ce type de liaison. Même chose pour les colles à carton et à bois.

Pour que les électrons se rencontrent, il faut bien sûr étaler la colle. La première qualité de la colle est de bien s'infiltrer partout et sans emprisonner de bulles d'air. Elle pénètre par capillarité dans les pores et les aspérités des matériaux. Elle forme alors des sortes de tentacules qui, dès que la colle aura durci, maintiendront les deux pièces à coller.

Pour obtenir la meilleure résistance possible à l'arrachement, il faut que la colle, en s'infiltrant partout, augmente la surface réelle de contact entre les deux éléments voués à l'union. Une bonne répartition de la colle peut permettre de doubler cette surface !

Reste la dernière étape pour accrocher les deux parties : solidifier la colle. Pour les colles à solvant, le principe collant est dilué dans de l'eau ou de l'alcool, qui rend la colle liquide. Quand on applique la colle, le solvant s'évapore (avec l'odeur) et la colle durcit. Il existe aussi les colles dites thermofusibles. Dures à l'origine, on les chauffe pour qu'elles deviennent liquides. En refroidissant, elles retrouvent leur solidité.

Pour être efficaces, les colles utilisées doivent être formées des mêmes molécules que celles des polymères à joindre. Autrement dit, il n'existe pas de colle universelle.

Mais alors pourquoi la superglu colle autant de matières ? La molécule, le cyanoacrylate, qui la compose, possède la particularité de créer des liaisons avec les molécules d'eau. Or, celles-ci sont présentes à peu près partout, même sur vos doigts…

Sophie Fleury, L'Internaute

Document 2

EUROPA>Commission européenne>Recherche>RDT info

RDT *info*   MAGAZINE DE LA RECHERCHE EUROPÉENNE

N° 41 - Mai 2004

PORTRAIT – de Gennes ou le mouvement perpétuel

**« L'une des difficultés des choix scientifiques est de viser des choses mûres mais pas blettes »,
aime dire Pierre-Gilles de Gennes. À 72 ans, ce prix Nobel de physique, professeur au Collège de
France, s'intéresse aujourd'hui aux neurones de la mémoire et à certains aspects du cancer.
Avant cela, il avait voyagé à travers les supraconducteurs, les cristaux liquides, les polymères,
les phénomènes de mouillage et d'adhésion. Rencontre avec un chercheur atypique.**

Curieux de tout, doté d'un esprit de synthèse peu commun et d'une aversion profonde pour la routine,
Pierre-Gilles de Gennes a commencé, dès l'enfance, par emprunter un chemin de traverse. « Pour des raisons de santé, je n'ai pas été à l'école primaire. Mon institutrice était ma mère, qui avait une connaissance
merveilleuse de l'histoire et de la littérature et qui m'apprenait l'anglais en lisant *Trois hommes dans un
bateau* de Jérome K. Jérome. Cela ne devait pas être une mauvaise initiation, mais je perdais beaucoup du
point de vue de la vie en groupe… »

Depuis lors, de Gennes, guère rendu introverti par ses quelques années d'éducation en solo, s'est bien rat-
trapé. À ses yeux de chercheur, l'équipe est essentielle. Une équipe multidisciplinaire, impliquée dans un
travail collectif, dont le chef d'orchestre n'est pas un « chef » mais un sensibilisateur. Sa priorité : mettre
ensemble des expérimentateurs et des théoriciens. « Dans les pays latins, on a tendance à considérer que
la théorie pilote le monde. Je ne le crois pas du tout. Le contact avec le réel est important. C'est ensuite seulement, après réflexion, que l'on tente d'expliquer. »

Aujourd'hui, au Collège de France, son bureau se niche à deux encablures de différents laboratoires où travaillent des physiciens, des chimistes, des biologistes. PGdG apprécie « cette maison » où il a débarqué en
1971 lorsqu'on lui a offert la chaire de Physique de la matière condensée. « C'est un endroit où l'on peut
imaginer des cours dans une liberté totale, en sachant que ce travail est très exigeant. Il s'agit, chaque
année, de présenter un sujet réellement nouveau, non pas en se contentant de décrire l'état des connaissances, mais en y apportant sa propre pierre. »

Le public de ce prestigieux Collège ? « Henri Bergson, le philosophe, et André Chastel, conservateur du
musée du Louvre, parlaient devant des dames élégantes. D'autres personnalités rassemblent des auditoires
unis par un domaine de recherche ou un engagement politique. Tout dépend du sujet. Vous ne savez jamais
si vous intéresserez des chercheurs confirmés ou des jeunes, ou encore tels ou tels spécialistes. J'ai, par
exemple, donné un cours sur les phénomènes de nucléation devant un auditoire où se mêlaient des gens
passionnés par la haute atmosphère et d'autres par la métallurgie… Ce contact avec un public changeant
et bigarré est particulièrement intéressant. »

Des neutrons à la supraconductivité

Flash back. Pierre-Gilles de Gennes a 23 ans et sort de l'École normale supérieure, une agrégation de physique en poche. Il est remarqué par un responsable du Commissariat de l'énergie atomique de Saclay. « Une
limousine est venue me chercher, j'ai vu des bâtiments neufs, des accélérateurs, des piles atomiques… J'ai
été ébloui alors que, bien souvent, la recherche la plus active ne se déroule pas dans les espaces les plus
somptueux. J'ai signé un contrat d'ingénieur et j'ai beaucoup sympathisé avec les expérimentateurs –
c'était le début de l'utilisation des neutrons –, avec qui je me sentais comme un poisson dans l'eau. »

PGdG reste deux ans au CEA où il travaille sur la diffusion des neutrons par les milieux magnétiques. Après
un doctorat en sciences, il s'en va à Berkeley où il se retrouve sous la houlette de Charles Kittel, un des maîtres de la physique des solides (« On avait l'impression de ne pas faire grand-chose, on était souvent à la
piscine, mais finalement on travaillait intensément »). Survint ensuite la guerre d'Algérie. 27 mois sous les
drapeaux, dont une partie à des travaux de recherche (« J'ai appris à me plonger dans des sujets très différents de mes intérêts de départ, que je n'aurais jamais étudiés sans cela, dont certains concernaient la
marine et d'autres le nucléaire »).

Revenu à la vie civile, PGdG reprend une carrière qui ne cessera de se dérouler au grand galop. Nommé maître de conférence à la nouvelle faculté d'Orsay, il y enseigne la mécanique quantique au début des années soixante. Mais le voilà bien vite fasciné par un sujet qui vient de bouleverser la physique : la compréhension théorique de la supraconductivité, ce phénomène identifié par Kammerlingh Onnes un demi-siècle auparavant, resté depuis sans explication. « Nous avons créé un groupe expérimental et nous avons persuadé une autre équipe de former une unité de recherche théorique et de s'y fédérer. Tout cela se faisait dans un style très collégial. La majorité des articles étaient publiés, sans nom d'auteur, sous la signature du *Groupe Supraconductivité d'Orsay*. On ne définissait pas un sujet de thèse pour chacun, mais tout notre pool d'expérimentateurs travaillait sur une recherche que l'on découpait ensuite, pour les besoins, en différents travaux. Cela nous donnait une capacité d'intervention très utile. »

Cristaux liquides et polymères rampants

Après quatre ans, fin de ce chapitre. Les nouvelles avancées – connaissances et applications – de la supraconductivité à basse température ont atteint un seuil. Les chercheurs d'Orsay et leur pilote de Gennes changent de cap. Direction cristaux liquides. La dynamique expérimentale se remet en place et sept équipes de la faculté (optique, résonance nucléaire, étude des défauts, chimie, rayons X, hydrodynamique, ainsi que des théoriciens) décident de partager leurs savoirs spécifiques au sein d'un *Groupe cristaux liquides*. « Ces recherches ont contribué à des avancées importantes vers les écrans à cristaux liquides, dont ceux qui seront développés quelques années plus tard par la société Thomson. Mais, grosse erreur, nous avons omis de nous préoccuper de telles retombées en termes d'applications. À l'époque, la recherche n'avait pas de problème de financement et nous ne souciions guère de prendre des brevets… »

La page tournée, PGdG s'investit dans les polymères. Dans le cadre de synergies entre le Collège de France, qu'il vient d'intégrer, et des chercheurs de Saclay et de Strasbourg (*Groupe Strasacol*), il forme une équipe qui s'intéresse tout particulièrement aux polymères fondus. « Ces chaînes polymériques font songer à un méli-mélo de spaghettis. Nous avons voulu comprendre comment se font et se défont ces enchevêtrements auxquels j'ai donné le nom de *reptation*, en pensant à un serpent se faufilant parmi d'autres. Nos travaux ont apporté un éclairage sur la mécanique rhéologique des polymères, c'est-à-dire sur la plasticité et l'élasticité de leurs réponses à des contraintes, par exemple le filage des textiles synthétiques. »

Pour de Gennes, l'univers du « plastique » représente un mariage exemplaire entre la physique et la chimie, ces sciences qui « devraient être traitées comme des sœurs jumelles ». Un mariage qu'il concrétise, en 1976, lorsqu'on lui demande de diriger un institut qui les rassemble, *l'École supérieure de physique et de chimie industrielle* de Paris (ESPCI), où sont formés des ingénieurs de recherche.

De l'utilité du Nobel

Pour ses étudiants, le nouveau patron veut du concret. Pendant des années, il bataille pour un *aggiornamento* et une ouverture des formations vers des domaines d'avant-garde. L'argument décisif lui viendra de l'aura de son Nobel de Physique, en 1991. Ce prix lui fut décerné pour les méthodes et les études « des phénomènes d'ordre dans des systèmes simples qui pouvaient être généralisées à des formes plus complexes de la matière, en particulier aux cristaux liquides et aux polymères ».

Important, tout de même, ce Nobel… « Mineur… » Et de balayer la récompense d'un geste de dénégation – humour ou coquetterie – en ranimant la flamme de son éternel cigarillo. « L'important, c'est qu'on m'a finalement écouté. Nous avons ainsi pu créer un enseignement en biologie et, plus récemment, un mastère de bio-ingénierie qui regroupe des gens s'occupant de neurologie, d'optique et d'acoustique. Il a fallu deux Nobel, celui de George Charpak et le mien, pour y arriver… »

Aujourd'hui, Pierre-Gilles de Gennes a quitté l'ESPCI – mais pas la recherche. Il est conseiller du président de l'Institut Curie (qui regroupe un hôpital et un institut de recherche sur le cancer) et travaille intensément, depuis quelques mois, sur les problèmes de mémoire. « Le cerveau, on n'y comprend pas grand-chose et c'est le plus grand problème scientifique de notre époque… Je m'y suis intéressé à travers ma fille, qui a fait une thèse en neurobiologie. Certains penseront que je saute d'un sujet à l'autre. D'autres passent vingt ans sur un même problème. Ces deux types d'esprit sont nécessaires. »

Est-il un domaine dans lequel Pierre-Gilles de Gennes se revendiquerait comme expert ? « Vous savez, les experts sont souvent comme les militaires. Ils sont experts de la dernière guerre mais pas de la prochaine… »

<u>TOP</u>

http://europa.eu.int/comm/recherche/rtdinfo/41/article_934_fr.html

Identifier les documents

ctivité 107 Lisez les deux documents et remplissez cette grille.

	document 1	document 2
a. nom de publication		
b. type de publication		
c. rubrique		
d. auteur du texte		
e. sujet du texte		

Analyser les textes en vue d'une reformulation et d'une note synthétique
Relisez le document 1.

ctivité 108 Faites la liste des différents procédés pour réparer un objet cassé.

....

....

ctivité 109 Quelles sont les étapes du processus de reconstitution de liaisons rompues ?
N'utilisez aucun verbe. Nommez chaque phase du processus en vous servant de
substantifs.

....

....

....

....

....

ctivité 110 Faites un plan de ce texte et donnez un titre à chaque partie.

....

....

....

....

Relisez le document 2.

activité 111 Repérez les passages entre guillemets. Quelles relations peuvent-ils entretenir avec le reste du texte ?

....

....

activité 112 Pierre-Gilles de Gennes fait l'objet d'un article biographique. Quelle en est la raison ?

    a. ❑ L'obtention du prix Nobel de physique en 1991

    b. ❑ Une publication récente

    c. ❑ Un parcours scientifique atypique

Mettez les documents 1 et 2 en parallèle.

activité 113 En quoi les documents 1 et 2 sont-ils complémentaires ?

....

....

....

....

....

....

activité 114

> **Situation**
>
> Vous êtes rédacteur et vous êtes chargé(e) par le magazine *Europa* d'informer sur la colle le producteur d'une chaîne télévisée par une courte note synthétique. Vous disposez des documents 1 et 2.

Quel document servira de base à votre travail ? Quel passage de quel texte apportera un complément d'information ?

....

....

....

....

activité 115 Rédigez la note synthétique destinée au producteur de chaîne télévisée.
(environ 220 mots)

....

....

....

....

....

....

....

....

S'entraîner à la rédaction de synthèse
Domaine : Sciences (biologie, médecine)
Document 3

LINTERN@UTE ✳ Magazine

Février 2006

L'Internaute > Science > Biologie > Comment > Fonctionne l'anesthésie ?

☐ COMMENT

… Fonctionne l'anesthésie ?

Il faut vous extraire une dent. Heureusement, votre dentiste possède un produit miracle qui « endort » la zone douloureuse. Quand le système nerveux est bloqué, l'arrachage n'est plus qu'une formalité.

En cas de rage de dent, le dentiste, avant d'opérer, vous fait une petite piqûre : il utilise en général un anesthésique local. Un quoi ?

Inhibition locale

Un anesthésique, c'est une substance qui prive de sensibilité en inhibant, temporairement, la propagation des signaux le long des nerfs. Il bloque ainsi la transmission nerveuse à un endroit précis et pour certaine durée. La sensation de douleur n'arrive pas jusqu'au cerveau : vous ne sentez rien ! L'anesthésie (artificielle) est donc utilisée pour permettre des gestes douloureux. Normalement, les produits anesthésiques n'inhibent que les nerfs sensitifs, mais comme ceux-ci sont proches des nerfs moteurs, ils sont aussi susceptibles de vous paralyser momentanément la mâchoire.

Autre type d'anesthésie, les anesthésies loco régionales, comme la péridurale. Elles permettent une inhibition de sensitivité, et donc de douleur, sur une plus grande surface puisque l'injection se fait au niveau de la moelle épinière. Le malade ne sent rien mais reste conscient. Seule une partie de son corps est insensible.

La générale : un cocktail de 3 substances

En cas de lourde intervention chirurgicale, un anesthésique local ne suffit plus. Il faut une anesthésie générale, c'est-à-dire avec endormissement artificiel. Pour cela, on injecte des hypnotiques, qui provoquent une perte de conscience : le sommeil artificiel. Mais ce n'est pas tout. Car lors de cet endormissement seul, il n'y a pas suppression de douleur mais simplement « non-conscience » de cette dernière pendant le sommeil forcé. La suppression de douleur se fait donc par ajout de morphiniques. Et enfin, on donne généralement aussi des curares qui bloquent les mouvements musculaires réflexes.

Si vous craignez les piqûres, pas de problème, l'endormissement peut également se faire grâce à un gaz. Dans tous les cas, avec ce cocktail de 3 types de substances, en moins de 1 minute, vous « dormez ». D'un sommeil un peu particulier, certes. Par exemple, vous ne pouvez pas respirer seul : un tuyau s'en charge pour vous.

Craintes liées au réveil

Et si vous vous réveilliez pendant la durée de l'opération ? Impossible : on vous surveille étroitement, prêt à vous faire respirer le fameux gaz hypnotique au moindre signe de réveil afin de vous maintenir endormi.

Et le réveil ? Peu à peu, les produits anesthésiques sont dégradés par votre organisme, vous émergez. Avec un peu de chance, si l'opération est de faible ampleur et ne nécessite pas de gestes trop importants, vous pourrez même rentrer chez vous dans la journée !

Merci à Grégoire Coutant, et à l'équipe d'infirmiers.com

☐ Sophie Fleury, L'Internaute

Magazine Science

Document 4

Espace patient de l'Anesthésie Loco Régionale : la consultation

L'ANESTHÉSIE LOCO RÉGIONALE

L'Anesthésie Loco Régionale est l'anesthésie d'une partie déterminée du corps (les jambes, le bras…)
Elle est pratiquée par un médecin-anesthésiste qui injecte un anesthésique local à proximité des nerfs qui innervent la zone à opérer, pour rendre cette partie du corps insensible à la douleur. Les anesthésiques bloquent de façon transitoire et réversible les fibres nerveuses qui constituent les nerfs. L'ALR endort ainsi une zone beaucoup plus étendue qu'une anesthésie locale. L'ALR se pratique à différents niveaux du système nerveux central et/ou périphérique en fonction du territoire concerné et de l'indication qui peut être soit chirurgicale, soit à visée antalgique comme l'accouchement ou le traitement de la douleur. Ces gestes exigent de la précision de la part de l'anesthésiste, et une bonne coopération du patient. Comme l'Anesthésie Générale, l'ALR est pratiquée par un médecin-anesthésiste spécialement formé à la réalisation de ces techniques.

L'Anesthésie Générale

C'est l'anesthésie où le patient est complètement endormi. Un médecin anesthésiste lui administre des anesthésiques à travers une perfusion (goutte à goutte à travers une tubulaire), qui le rendent inconscient, insensible à la douleur. L'Anesthésie Générale est donc un état de perte de conscience, un état réversible bien sûr, maîtrisé par le médecin-anesthésiste. Ce médecin, avec l'aide d'un personnel qualifié, l'infirmier(e) anesthésiste et d'appareils de surveillance, veille au bon déroulement de l'anesthésie durant la chirurgie. Ils veillent sur le patient pendant qu'il dort en contrôlant sa respiration, sa pression artérielle, son état d'hydratation et la température de son corps. Ils s'assurent que le patient dort profondément.

L'Anesthésie locale

L'Anesthésie Locale n'agit que sur une très petite partie du corps. Elle ressemble beaucoup à l'ALR car on utilise les mêmes médicaments appelés anesthésiques locaux. C'est une forme d'anesthésie qui est volontiers réservée à des petites interventions chirurgicales. Il en existe plusieurs types. D'abord l'anesthésie par infiltration, essentiellement utilisée pour opérer des lésions peu étendues et peu profondes, dite de petite chirurgie. La solution d'anesthésique local est injectée directement dans la zone chirurgicale, par exemple pour suturer une plaie superficielle. En général, la présence d'un médecin-anesthésiste n'est pas requise. Il y a ensuite, l'anesthésie de contact des muqueuses qui permet, sans douleur ni réflexe, la réalisation de gestes délicats au niveau des muqueuses de la bouche, de la gorge et du nez, du sexe… L'anesthésique local est, dans ce cas, soit pulvérisé soit appliqué sous forme de gel. Il existe enfin, l'anesthésie de contact de la peau qui assure une analgésie sans piqûre préalable pour les actes de chirurgie cutanée superficielle et toutes les ponctions. L'anesthésique local se présente alors sous forme de crème (crème EMLA) appliquée en couche épaisse 1 heure environ avant le geste à réaliser. Elle est souvent utilisée chez les enfants.

Les avantages de l'Anesthésie Loco Régionale pour le patient

Pour de nombreuses personnes, le fait de perdre conscience ou de perdre le contrôle est quelque chose d'angoissant. Elles ont peur de ne pas se réveiller. De plus, bien qu'étant une technique bien éprouvée et très sûre, l'anesthésie

Le médecin-anesthésiste
C'est un médecin qui a suivi une spécialisation en anesthésie et en réanimation (pendant 4 ans en France, soit au total, 10 années d'études)

Les anesthésiques
Les anesthésiques sont extrêmement puissants et précis, ils ont des effets importants sur les fonctions vitales du patient, ils doivent donc être administrés en tenant compte de ses propres réactions physiologiques qui peuvent être sensiblement différentes selon les personnes.

générale est associée à plusieurs effets secondaires : les nausées, les troubles de la mémoire, les maux de gorge. Ces effets sont légers et ont une durée habituelle de moins de 48 heures. L'ALR n'a généralement pas ces effets secondaires. Il faut noter toutefois une période de sensibilité au niveau du site de l'injection qui peut durer quelques jours. Elle est souvent proposée aux patients âgés, ou aux patients souffrant de problèmes cardiaques ou respiratoires et pour la chirurgie périphérique comme la chirurgie des membres. Pour les autres patients, ceux qui sont en bonne santé, c'est un choix fait par le malade avec son médecin-anesthésiste.

Toutefois, certaines personnes préfèrent l'anesthésie générale, car elles sont anxieuses. Elles ont peur d'entendre ou de voir pendant l'opération, ou ont peur de la piqûre. Chez certains patients très angoissés, l'anesthésie générale est souvent préférable parce que l'ALR demande une certaine collaboration de la part des malades. C'est pourquoi cette forme d'anesthésie n'est que rarement pratiquée chez les enfants sans anesthésie générale au préalable.

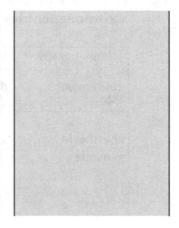

**Le choix de la technique d'anesthésie
est fait par le médecin-anesthésiste en accord avec le patient.**

D'après : http://www.alrf.fr/patients_2001/site/b_alr.htm

Remarque : alrf.fr = anesthésie loco régionale francophone, site de l'association qui a pour but de promouvoir l'ALR

Activité 116 **Lisez les documents pour compléter la grille.**

	document 3	document 4
a. nom de publication		
b. rubrique		
c. auteur du texte		
d. sujet du texte		

Activité 117 **Quels sont les éléments clé de ces deux documents ?**

....

....

....

....

....

activité 118 Faites la liste des informations concernant les indications et les procédures qui accompagnent les différents types d'anesthésies et remplissez la grille.

Informations ➔ concernant ↓	Informations fournies seulement par le **document 3**	Informations **communes** aux deux textes	Informations fournies seulement par le **document 4**
anesthésie générale			
anesthésie locale			
anesthésie loco régionale			

activité 119 Relevez les avantages et les inconvénients de l'ALR.

....
....
....
....

activité 120

Situation

Vous travaillez dans un grand hôpital en France. Rédacteur en chef du journal interne s'adressant aux patients, vous avez décidé de préparer un article sur l'anesthésie. Les documents 3 et 4 vous servent de sources d'information.

Dans quel ordre présenterez-vous les différentes informations concernant l'anesthésie ? Préparez le plan de votre article.

....
....

Activité 121 Rédigez votre article synthétique. N'oubliez pas de proposer un titre. (environ 220 mots)

....

....

....

....

....

Domaine : Lettres et sciences humaines
Document 5

Métamorphose d'un prisonnier

Ancien condamné à mort aujourd'hui historien, Philippe Maurice décrypte sa plongée dans l'enfer carcéral duquel il est sorti après vingt-trois ans de détention.

Longtemps après ses premiers pas d'homme libre, en novembre 1999, placé pour une période probatoire de quatre mois en semi-liberté, Philippe Maurice a refusé les interviews. Puis, progressivement, les a acceptées. Longtemps encore après, il a refusé de livrer son image, abandonnant ceux qui, sur papier, souhaitaient illustrer par photos leurs propos aux dessins, voire à de rares clichés, vu de dos.

À l'avoir longuement rencontré, on comprenait que l'ancien condamné à mort, dont la vie n'avait tenu qu'au fil ténu de la victoire de la gauche en 1981, agissait certes par souci légitime de ne point faire de vagues qui auraient pu nuire à sa fragile situation, mais aussi par pudeur naturelle et parce que la société, truffée de contingences médiatiques étrangères à ses yeux, l'avait longtemps placé hors du temps.

Condamné en 1980 à la peine capitale pour avoir tué un policier alors qu'il se trouvait en cavale, Philippe Maurice, devenu historien, spécialiste du Moyen Âge à force d'études exemplaires en prison, a longtemps été un homme mort, *« psychiquement mort »*, écrit-il : pour avoir sombré sans prendre garde dans une criminalité suicidaire à vingt ans, pour avoir entendu, de sa cellule, les préparatifs de la guillotine, pour avoir connu la parenthèse lourde et infinie de la peine finalement infligée, la réclusion à perpétuité. On le voit aujourd'hui dans les magazines, on l'entend à la radio, il répond à visage ouvert à la télévision. Philippe Maurice renaît pleinement à la vie.

Dans *L'Étranger*, Albert Camus fait dire à Meursault : *« Personne ne sait ce que sont les soirs en prison. »* Il faut ainsi, sur ce terrain, autant que faire se peut, laisser parler ceux qui savent, ont vécu dans leur âme et leur chair l'épreuve de l'enfermement. Philippe Maurice livre son témoignage au Cherche-Midi éditeur qui, l'an passé, publia celui du médecin-chef de la Santé(*), Véronique Vasseur. Un choix juste et cohérent, à la suite du livre-événement. Avec la précision de l'universitaire qu'il est devenu, l'ancien prisonnier décrit donc ce que fut sa descente aux enfers, vers l'irréparable, descente amorcée, comme souvent pour tout délinquant, sur le ferment d'un profond sentiment d'injustice.

Âme rebelle et révoltée

Mais l'historien dit surtout la haine, cette « douloureuse rage qui broie les entrailles et fait geindre », entretenue des années durant par l'arbitraire d'un système carcéral archaïque et kafkaïen. Ancien habitué des quartiers de haute sécurité (QHS), supprimés en 1981, il décrit, avec détails, l'univers insensé des brimades, des humiliations et des provocations, surtout au début des années 1980. Hargne dégradante, avilissante, des « matons », d'autant plus attisée par le condamné-symbole de l'abolition que l'un d'eux fut victime à Fresnes, blessé par balles, juste avant la possible exécution, d'une spectaculaire tentative d'évasion.

Il serait vain, cependant, de chercher dans les écrits de Philippe Maurice la moindre expression haineuse, qui cèlerait le relent de ses souvenirs bien vivants. L'homme est bien sûr un révolté dans l'âme, et, explique-t-il, seuls les révoltés ont pouvoir d'échapper à la condition carcérale. Mais son propos a la froideur de celui du scientifique décortiquant son objet d'étude, les mécanismes de la haine, qu'un jour, pour lui-même, il décida, une fois pour toutes, de « désarmer » : « *La haine me détruisait progressivement et je compris que je devais la repousser et l'extraire de mon cœur.* »

De cette vision et de ces réflexions, lucides, dépassionnées, l'auteur tire, au fil de l'ouvrage, des conclusions qui mériteraient, pour être débattues, d'avoir l'oreille de la société qui, hier, le condamna et l'enferma. On s'étonnera peut-être que son livre consacre proportionnellement autant de place à ces premières années de détention et qu'une trentaine de pages, seulement, glissent en conclusion sur les dix ou douze dernières années – celles ouvertes sur l'extérieur et un profond travail intérieur – qui firent de lui un médiéviste apprécié et reconnu. Philippe Maurice a travaillé des centaines d'heures en compagnie des humbles du Gévaudan médiéval, écrivant sa thèse [1], opposant aux contraintes du temps carcéral, subi, la plénitude de ses recherches sur un temps historique, choisi.

Il y a dans ce travail de mémoire, ciblé, comme un évident exutoire, qu'il réussit à ne point laisser emporter dans l'intumescence d'une quelconque vengeance : « *La société doit combattre ce qu'il y a de primitif en l'homme et la vengeance est un désir primitif.* » On y trouvera l'expression constante d'un amour profond envers sa mère, qui fut toujours à ses côtés, et pour son frère, Jean-Jacques, qui, en juin 1997, à nouveau incarcéré, désespéré, se suicida. Et ce mot pour les victimes, et leur famille, pour qui, dit-il, « *les excuses sont dérisoires et offensantes. Le silence seul* [semblant] *acceptable* ».

Hier adepte, pour survivre, du « *non-espoir* », Philippe Maurice retrouve aujourd'hui le goût des projets. Sa philosophie, dans la vie, écrit-il plusieurs fois, l'a mené à s'interroger sur la justesse des choix. Les siens lui ont permis, après une violente déstructuration, de se restructurer. Dans l'exemplarité.

Le Monde des Livres - Jean-Michel Dumay
vendredi 23 mars 2001 (*)

(1) *La Famille en Gévaudan au XVᵉ siècle*, Publication de la Sorbonne, avant-propos de Robert Badinter (1998).

* Santé : le nom d'une prison située à Paris, dans le 14ᵉ arrondissement

Document 6

Coût de grâce

Condamné à mort et gracié, Philippe Maurice passe vingt-trois ans en prison… pendant lesquels il prépare sa thèse d'histoire, qu'il obtient avec les « félicitations du jury ». Libre aujourd'hui, il livre dans *De la haine à la vie* (Le Cherche-Midi) un témoignage impressionnant.

1   VOILÀ enfin quelqu'un qui a des raisons objectives de se féliciter de l'arrivée de François Mitterrand au pouvoir. Dès le 11 mai 1981 – il avait été condamné à mort le 28 octobre 1980 – Philippe Maurice reçoit la visite de Robert Badinter[1] : « *Il me confirma ce qu'il m'avait dit auparavant, alors qu'il participait à ma défense. François Mitterrand me gracierait dès*
5   *qu'il prendrait effectivement les rênes du pays (…). Sur mon visage se dessinait un sourire niais. À chaque fois que je m'en rendais compte, je tentais de le faire disparaître, mais il revenait de façon incontrôlable.* »

Mais un condamné à mort gracié… est-il automatiquement condamné à « la perpétuité » ?

Maurice relève ce blanc surréaliste dans les règlements : « *La peine de mort n'est pas*
10   *assortie d'une peine de sûreté ! Un cadre de l'administration pénitentiaire m'expliqua un jour que, même si je n'avais pas de peine de sûreté, nul n'admettrait qu'un ancien condamné à mort n'en ait pas. Le regret que je n'aie pas été exécuté subsistait. À défaut d'une exécution, il fallait tordre le cou à la loi pour m'infliger la peine la plus longue possible, sans recours.* » Une peine de sûreté[2] de dix-huit ans fut alors décidée…

15 Pour bénéficier de la liberté conditionnelle, le prisonnier doit obtenir une nouvelle grâce du président de la République : elle lui est accordée avant le départ de Mitterrand de l'Élysée. Mais Chirac arrive et Philippe Maurice reste toujours incarcéré. Que s'est-il passé ? Tout simplement, Édouard Balladur, Premier ministre de l'époque, n'a pas donné sa signature qui aurait rendu « exécutoire » cette décision présidentielle. Oubli ? Ou choix
20 délibéré ? A-t-il vraiment été admis par certains qu'un condamné à mort pouvait être réhabilité ?

Philippe Maurice est assommé par cette nouvelle : « *Je cherchais quelle action je pouvais mener. Or, le problème était bien là, le système ne laissait que les actions violentes, mouvements symboliques, auxquelles j'avais renoncé. Je dus donc tenir, ne pas me suicider et*
25 *continuer à travailler.* » Et ce ne sera que le 8 mars 2000 que Philippe Maurice sortira de prison, soit cinq ans de plus pour une signature en moins !

Maurice n'a évidemment pas toujours été un enfant de chœur ! Il raconte fort bien comment il est arrivé à ce moment où « *tout culbute en quelques secondes* », instant qui est, selon lui, « *le fruit d'une longue rupture* ». Il y a eu son frère un peu voyou, un ami un peu
30 braqueur, et un environnement de banlieue qui n'est en rien facile. Un jour, à la suite d'une poursuite, il se retrouve avec Serge, son pote, dans une impasse. Bagarre confuse. Des coups de feu. « *De mon côté*, écrit Philippe Maurice, *ébloui par les phares de la 104*[3] *doublés de ceux de la voiture pie*[4], *entendant cet ordre – Tirez, tirez les gars, ils sont armés – j'aperçus une silhouette en uniforme survenant sur la droite de la 104, à ma gauche donc.*
35 *Était-ce elle qui tirait ou quelqu'un d'autre ? Était-ce sur moi que l'on tirait ? J'ouvris le feu et je tuai, sans le vouloir, par peur, pour la seule fois de ma vie.* » Serge son ami fut tué… et deux policiers abattus. L'un par Serge, l'autre par Philippe Maurice. Il avait 20 ans à l'époque.

Puis la prison. Le procès. Et ce travail de bénédictin… déchiffrer plus de quarante mille
40 pages en latin —pour aboutir aux 1 800 pages d'une thèse sur « La famille au Gévaudan au XVe siècle ». Philippe Maurice raconte l'enfer avec beaucoup de sérénité : les humiliations morbides, le temps qui devient du brouillard et ce quotidien qui aurait même fait peur à Kafka.

« De la haine à la vie » : un témoignage nécessaire pour comprendre. Tout simplement.

Le Canard enchaîné - André Rollin
mercredi 14 mars 2001

(1) Robert Badinter : Professeur de Droit, avocat, essayiste et homme politique français da la gauche modérée, principalement connu pour son combat contre la peine de mort, peine qu'il a fait abolir en France le 30 sept 1981 en tant que Ministre de la Justice.
(2) Une peine de sûreté : période durant laquelle le prisonnier ne pourra pas bénéficier de libération anticipée.
(3) La 104 : modèle de voiture de marque Peugeot, utilisée par les services de police à l'époque.
(4) Une voiture pie : voiture de la police, à carrosserie blanche et noire (n'existe plus aujourd'hui).

activité 122

1. Lisez les deux articles et remplissez le tableau

	document 5	document 6
a. nom de publication		
b. type de publication		Journal satirique (paraît tous les mercredis et existe depuis plus de 90 ans)
c. auteur		
d. objectif de l'article		
e. raison de la publication		

2. Relevez, dans le document 6, tous les passages qui traduisent le caractère satirique de la publication source.

....

....

....

....

activité 123

Relevez tous <u>les éléments concernant la vie de Philippe Maurice</u> évoqués dans le document 5. Remettez-les dans l'ordre chronologique et remplissez la colonne de gauche de la grille. Puis, mettez en parallèle les éléments du document 6 qui permettent de compléter la biographie de l'écrivain.

document 5	document 6

ctivité 124 Suivez la même démarche (voir activité 123) pour organiser les informations concernant le livre intitulé *De la haine à la vie*.

document 5	document 6

ctivité 125

Situation

Vous travaillez comme rédacteur pour Le Cherche-Midi éditeur. En vous basant sur les deux articles, rédigez une note synthétique présentant le livre intitulé *De la haine à la vie* et son auteur, destinée à paraître dans le catalogue en ligne de cet éditeur.

En fonction de la situation proposée :

1. Sélectionnez les éléments que vous évoquerez dans votre texte.

	document 5	document 6
Informations concernant l'auteur		
Informations concernant le livre publié		

2. Dans quel ordre présenterez-vous les deux catégories d'information ?

    a. ❏ D'abord les informations concernant le livre, puis celles qui sont en relation avec la vie de l'auteur.

    b. ❏ On présentera, en premier, l'écrivain, et ensuite, on fournira quelques éléments au sujet du livre publié.

activité 126   Rédigez la note synthétique à faire paraître dans le catalogue en ligne de *Le Cherche-Midi éditeur.* (environ 220 mots)

2- Essai argumenté
Identifier la forme et le contenu du texte à produire

Activité 127 Quelle forme exacte devra prendre votre texte ? Quelles indications vous donne-t-on concernant son contenu ? Lisez les quatre situations et remplissez le tableau.

Situation 1

Lecteur (lectrice) assidu(e) d'un magazine français, vous décidez de proposer un article pour sa rubrique intitulée « *Voyager : pour quoi faire ?* » afin d'y exposer votre conception du voyage. Vous argumenterez votre point de vue et l'illustrerez en présentant des destinations concrètes correspondant à vos aspirations ainsi que celles qui se trouvent à l'opposé de vos attentes. N'oubliez pas de vous présenter.

Situation 2

« *Le premier mérite d'un tableau est d'être une fête pour l'œil* » Eugène Delacroix.
Étudiant d'une filière universitaire littéraire ou artistique, vous devez rédiger un court essai pour réagir à cette citation en la situant dans la perspective de la création contemporaine. Rédigez votre texte en prenant position par rapport à la citation, en donnant votre propre définition de la création artistique contemporaine et en apportant des exemples pour appuyer votre argumentation.

Situation 3

Après avoir effectué l'audit d'une entreprise (identité à définir), vous rédigez un court rapport à l'attention du président directeur général. Vous présentez la situation dans laquelle se trouve actuellement la société, en mettant en évidence ses atouts et ses faiblesses. Vous y faites également part de vos recommandations et/ou des mesures à prendre dans le but d'assurer sa pérennité à moyen et à long terme.

Situation 4

Vous êtes correspondant du journal *Le Monde* dans votre pays d'origine. Vous écrivez un article pour informer et donner votre avis sur les causes défendues par les écologistes de votre pays. Vous expliquez quelles sont, selon vous, les limites de leurs positions et de leurs actions, notamment quand elles entrent en conflit avec d'autres intérêts.

situation	Il s'agit de rédiger :	Dans ce texte, je dois :
1.		
2.		
3.		
4.		

Analyser des textes dans le but d'expliciter l'organisation interne d'un essai argumenté

activité 128

Situation

En stage auprès d'un grand quotidien français, vous aidez le journaliste chargé de rédiger l'éditorial pour le prochain numéro. Composez le texte de l'article, à partir des éléments fournis par votre collègue. Il sera intitulé « *Égalité des sexes* ».

A.

En France, un projet de loi, voté le 23 février et qui a été soumis au Conseil constitutionnel, prévoit d'imposer un quota de 20 % de femmes dans les conseils d'administration. Pour l'heure, la proportion au sein des entreprises de CAC 40 n'est que de 6 %. Seuls deux groupes, Publicis et Pernod Ricard, dépassent actuellement les 20 %. La France est lanterne rouge dans le monde politique puisqu'on ne compte que 12 % de femmes à l'Assemblée. La loi sur la parité n'est pas respectée, les partis préférant payer les amendes. Un appel de femmes des grands partis a été lancé pour imposer « *une Assemblée paritaire en 2007* ». En Grande-Bretagne, depuis la loi imposant l'égalité des salaires, il y a trente ans, l'écart des salaires a été ramené de 30 % à 17 %. Pour vaincre les réticences qui subsistent, le gouvernement a promis un nouveau texte de loi.

B.

Reste que les obstacles essentiels demeurent le comportement des hommes et leurs promesses non tenues.

C.

En Espagne, José Luis Zapatero a imposé la parité au sein de son gouvernement et le premier projet de loi qu'il a présenté dès sa nomination avait concerné la lutte contre les violences conjugales, fortes dans son pays. Il s'attaque aujourd'hui à un autre sujet : l'écart des salaires entre femmes et hommes qui est encore de 30 % dans la Péninsule, parmi les plus hauts d'Europe. Le gouvernement a adopté un projet de loi sur l'égalité des sexes, vendredi 3 mars, qui obligera chaque entreprise de plus de 250 salariés à négocier avec les syndicats un plan d'égalité hommes-femmes qui sera intégré dans la convention collective. Le gouvernement prévoit des amendes allant jusqu'à 90 000 euros en cas de discrimination. Si les résultats de ces initiatives sont jugés insuffisants dans quatre ans, le gouvernement annonce qu'il passera à « *des modifications légales plus exigeantes* ».

D.

La discrimination entre femmes et hommes est encore si forte dans la vie politique, la vie civile ou la vie au travail qu'il faut saluer les différentes initiatives prises récemment en Espagne, en Grande-Bretagne ou en France pour tenter de la réduire. Même si elles ne parviennent qu'à des évolutions lentes, ces politiques volontaristes ont des résultats.

E.

La lutte pour l'égalité butte parfois sur le comportement des femmes elles-mêmes. Selon un rapport remis à Tony Blair, les jeunes filles ont de meilleurs résultats scolaires, mais continuent de choisir des professions « traditionnellement féminines », moins bien payées. Elles évitent les formations scientifiques et techniques. La maternité les pousse vers des emplois à temps partiel, souvent en dessous de leurs capacités. L'écart de salaire se creuse aussi lorsqu'elles interrompent leur carrière pour avoir et élever des enfants. Le rapport recommande de combattre ces stéréotypes et de convaincre les femmes d'un changement culturel.

1.	2.	3.	4.	5.

ctivité 129 Relisez le premier et le dernier paragraphe de l'éditorial. Quelles sont leurs fonctions respectives ? En fonction de leur contenu, comment pourrait-on définir les relations qu'ils entretiennent avec le reste du texte ?

....

....

....

....

....

ctivité 130 Voici les principales étapes, nécessaires pour développer la réflexion sur un sujet de manière organisée. Dans quel ordre devraient-elles apparaître dans un essai rédigé en français ?

Étapes

    a. Illustrer sa position par un (des) exemple(s) / argumenter

    b. Exprimer sa propre position / argumenter

    c. Conclure (et, si possible, ouvrir sur une nouvelle problématique)

    d. Formuler une thèse et une antithèse / argumenter

    e. Poser un problème

....

....

Avant de lire le document 7, consultez le corrigé de l'activité 126.

Document 7

	1	**C**omment en suis-je venu à mener cette existence ? Comment ai-je échoué en prison ? Comment ai-je été condamné à mort ? Ces questions peuvent paraître saugrenues. La vie d'un homme, son destin, diront certains, sont souvent le fruit du hasard. Bien des gens, rencontrés dans mon existence, ont tenté de me convaincre du contraire, voire de m'expliquer, plus modestement, qu'à leurs yeux le déroulement d'une vie s'effectuait sous le contrôle et la responsabilité de chaque individu. Chacun serait entièrement responsable de ce qu'il fait, des conséquences de ses actes et de leur issue. Il n'y aurait pas de destin, pas de hasard, pas de circonstances échappant à la volonté qui puissent expliquer qu'un homme vive une existence dont il ne serait pas entièrement responsable. À l'opposé, d'autres m'ont affirmé croire au destin, à la fatalité ou à la chance.
	5	
	10	Je me positionne entre ces deux extrêmes, étant convaincu que l'homme doit s'efforcer de faire des choix de vie, après quoi il doit se battre pour les défendre, pour les concrétiser et pour faire qu'ils ne restent pas à l'état de rêves inassouvis ou d'envies contemplatives. Cependant, force est de constater que tout le monde ne peut pas être responsable à chaque instant du jour et de la nuit, chacun se laisse fatalement aller, par lassitude, besoin de décompresser et, dans ces moments-là, le destin apparaît, sous une forme ou sous une autre il s'impose, il frappe redoutablement ou comble magnanimement. De plus, même lorsque nous tentons de contrôler intégralement notre vie, nous efforçant de nous montrer responsables, sans offrir la moindre seconde de défaillance, nous nous heurtons aux autres, aux impondérables, à notre ignorance et à bien d'autres facteurs.
	15	
	20	

25	C'est ainsi que l'existence bascule parfois et précipite un homme dans une sente totalement inattendue ou même opposée à celle qu'il aurait suivie s'il avait réfléchi, s'il avait maîtrisé l'ensemble des paramètres qui conditionnent son avenir, s'il avait perçu l'issue vers laquelle il s'orientait. Il arrive que tout culbute en quelques secondes, un bref espace de temps qui bouleverse tout. Je pense à un garçon, rencontré en prison, qui aimait sans doute sa femme et l'avait surprise au lit avec un autre. Il était légère-
30	ment « stone », il prit un couteau et il poignarda les deux amants. Trois vies furent bri- sées, deux définitivement rompues, dramatiquement anéanties, et la sienne anéantie en un long calvaire. S'il avait pu réfléchir, s'il avait un peu mieux disposé de ses capa- cités mentales, il aurait pu virer les deux indélicats du lit et de l'appartement ou mieux éclater de rire et encore plus cyniquement ou spirituellement leur servir le café au lit avant de partir définitivement en se disant que la vie lui apporterait autre chose. Non,
35	pris par surprise, il eut un réflexe terrible, irréparable et définitif.
	Cet exemple montre que la vie ne bascule pas seulement soudainement, bien sûr tout s'écroule dans ce court instant, mais le moment où tout s'effondre est générale- ment le fruit d'une longue rupture. Dans ce cas précis, ce garçon abusait des stupé- fiants. Il avait adopté un mode de vie qui, un jour ou l'autre, risquait de le placer dans
40	cette situation ou dans une autre moins pénible. Il y avait donc un certain temps déjà qu'il descendait vers l'abîme, qu'il marchait vers la souffrance et qu'il baignait même dedans.
	Quand un homme entre-t-il en rupture avec lui-même ? Quand sa vie explose-t- elle ? Est-ce au moment où un acte devient irréparable ? Est-ce avant, lorsqu'il s'avance
45	inexorablement vers la catastrophe ? La réponse est impossible à apporter. Ce garçon évoqué quelques lignes plus haut, aurait pu continuer à recourir aux stupéfiants sans être confronté au spectacle de sa femme adultère, il aurait pu un jour trouver son équi- libre ailleurs que dans la drogue et ne pas atteindre le seuil de rupture. Il lui aura donc fallu dériver, lentement, longuement, jusqu'au jour où un fait extérieur les aura préci-
50	pités dans un gouffre sans fin, lui, sa femme et l'amant de celle-ci.
	Quand donc ma vie a-t-elle chaviré ? Je me suis souvent posé cette question sans jamais parvenir à y répondre. La réponse est d'autant plus difficile à avancer que la mémoire se révèle parfois défaillante.

Philippe Maurice
De la haine à la vie,
Gallimard, coll FOLIO DOCUMENTS,
Le Cherche-Midi éditeur, 2001

activité 131 Repérez, dans le texte, le sujet de la réflexion développée par Philippe Maurice, ainsi que sa conclusion, puis reformulez-les.

	votre formulation	passages du texte à l'appui
Sujet de la réflexion		Lignes : ....
Conclusion		Lignes : ....

activité 132 Pour construire son argumentation, l'auteur du texte :

    a. ❏ va du général au particulier.

    b. ❏ opère le mouvement inverse.

    c. ❏ construit sa réflexion en boucle.

Justifiez votre réponse :

....

....

....

....

....

tivité 133 Serait-il possible de retrouver dans le document 7 les étapes d'un essai, évoquées dans l'activité 130 ? Y a-t-il des différences par rapport au modèle général ? Inscrivez vos propositions à côté du texte, dans la colonne de gauche, et soulignez les passages auxquels elles correspondent.

tivité 134 Observez l'exemple introduit pour illustrer la position de l'auteur sur le sujet. Sous quelle forme se présente-t-il ? Quelle forme linguistique sert ce type de présentation ?

....

....

Articuler les idées et les arguments

tivité 135 **1.** Retrouvez, dans les passages où l'auteur avance ses arguments, les éléments qui servent à articuler son raisonnement.

....

....

....

....

....

2. Indiquez un passage où Philippe Maurice illustre une idée à laquelle il n'adhère pas. Indiquez les lignes correspondantes. Quelle forme linguistique utilisée traduit la position de l'auteur ?

....

....

3. À quel endroit, l'auteur présente-t-il une situation fictive lui permettant de renforcer l'idée que l'homme est incapable de maîtriser parfaitement chaque instant de son existence ? Quelle construction utilise l'écrivain pour traduire le caractère fictif des événements décrits ?

....

....

....

tivité 136 Proposez un titre qui conviendrait au texte de Philippe Maurice.

....

....

activité 137 À partir des éléments proposés, reconstituez un essai intitulé *La peine de mort a-t-elle des raisons d'être ?*

A.

On peut se demander si la peine de mort a vraiment une raison d'être. En réalité, elle possède avant tout une valeur symbolique aux yeux des hommes. Elle leur permet de se protéger psychologiquement du meurtre et de la violence, cette violence qu'ils portent souvent en eux-mêmes. Toutefois, elle ne permet pas de combattre en profondeur les causes de la violence.

B.

Une étude réalisée aux États-Unis pendant les années 1960 a montré que la suppression de la peine capitale, dans certains États, n'a entraîné aucune augmentation de la criminalité. Cette étude a pourtant été faite dans un contexte de grande insécurité. Il semblerait alors qu'il n'y ai pas de lien certain entre cette pratique et la diminution de la criminalité.

C.

Pour ma part, je pense que la peine de mort doit tout simplement disparaître. Aucune raison ne permet d'en justifier l'existence à mes yeux. J'aimerais donc qu'elle soit abolie dans le monde entier.

D.

Les arguments pour ou contre la peine de mort ne manquent pas. Certains affirment qu'elle possède une valeur d'exemplarité. Appliquée en bonne conscience, elle permettrait de freiner l'instinct criminel de l'homme. Elle le dissuaderait de commettre des meurtres ou d'autres crimes d'extrême gravité.

E.

Dans cette perspective, il conviendrait de réfléchir aux conditions institutionnelles qui permettraient sa suppression dans les faits.

F.

Mon avis personnel est plus nuancé. Je suis opposé à la peine capitale que je considère comme obsolète, indigne de nos sociétés modernes. Aucun homme, même s'il porte la robe d'un juge, n'a le droit de tuer un autre homme. La peine de mort est tout simplement le déguisement de l'esprit de vengeance. Pourtant, je suis persuadé que le meurtre ne peut être admis dans aucune société. Il doit donc être puni par la justice, encore faudrait-il déterminer comment, car la peine capitale, selon moi n'est pas la justice.

G.

Faut-il abolir la peine de mort ? Une société peut-elle décider de la vie d'un homme, même au nom de la justice ? Et de quelles valeurs s'inspirerait réellement cette décision ?

H.

D'autres, en revanche, avancent que son application n'est pas dissuasive. Rien, par conséquent, ne légitimerait son existence à notre époque et il serait temps de la faire disparaître.

1.	2.	3.	4.	5.	6.	7.	8.

S'entraîner à l'écriture d'un essai argumenté et mettre en forme sa rédaction

Activité 138 Développez une réflexion sur le sujet proposé, sous forme d'un article à faire paraître dans une revue de science-fiction. (environ 250 mots)

Titre	**Et si l'intelligence artificielle devenait vraiment réalité ?**
Chapeau	**Des équipes pluridisciplinaires d'informaticiens, de psychologues et de neurobiologistes ont réalisé de fantastiques avancées dans le domaine de l'intelligence artificielle. Deux directions de recherche sont prêtes à porter leurs fruits : le premier ordinateur pensant sera bientôt au point, et il sera également possible de connecter directement l'ordinateur au cerveau humain…**
Poser un problème	....
Formuler : Une thèse / argumenter	....
Une antithèse / argumenter	....
Exprimer sa propre position / argumenter	....
Illustrer sa position par un(des) exemple(s) / argumenter	....
Conclure (et, si possible, ouvrir sur une nouvelle problématique)	....

activité 139 Étudiant en médecine, vous rédigez un court article de vulgarisation à faire paraître sur le site Internet : http://www.doctissimo.fr (environ 250 mots)

Remarque : *Pour ce sujet, vous pouvez vous inspirez des documents 3 et 4.*

Titre	**La lutte contre la douleur est-elle l'enjeu de la médecine de demain ?**
Chapeau	....
Poser un problème	....
Formuler : Une thèse / argumenter	....
Une antithèse / argumenter	....
Exprimer sa propre position / argumenter	....
Illustrer sa position par un(des) exemple(s) / argumenter	....
Conclure (et, si possible, ouvrir sur une nouvelle problématique)	....

:tivité 140 Étudiant d'une filière universitaire artistique, vous rédigez un essai argumenté sur le sujet proposé. Présentez vos idées et vos arguments de manière organisée, proposez un titre pour votre texte. (environ 250 mots)

SUJET

Et si on arrivait à enregistrer les pensées, les émotions et les rêves sur un support numérique ? Quels nouveaux produits culturels verraient le jour ? Quelles conséquences cela aurait-il sur le mode de vie et le mode de pensée ?

Vos nom et prénom

....

rendu le ....

activité 141 Un magazine français prépare un dossier consacré à la notion de « liberté » et fait un appel à témoin, auquel vous avez décidé de répondre. Vous rédigez un court article dont le titre est « Où s'arrête la liberté de l'homme ? », et le sous-titre, « Les lois constituent-elles une protection ou une entrave à nos libertés ? »

Voilà une proposition pour vous aider à organiser votre essai :
a. vous introduisez le sujet de votre réflexion ;
b. vous présentez au moins deux avis différents (opposés et/ou complémentaires...) concernant les limites à ne pas franchir ;
c. vous donnez votre définition de la loi et de la liberté, fondée sur votre expérience d'acteur social, de citoyen... ;
d. vous proposez une conclusion qui constitue, à la fois, l'aboutissement de votre réflexion personnelle et l'ouverture sur un nouveau sujet de réflexion en prolongement.

Pensez également à son articulation et à sa mise en forme définitive.

Où s'arrête la liberté de l'homme ?

....
....
....
....
....
....
....
....
....
....
....
....
....
....
....
....
....
....
....

témoignage de ....

tivité 142 Une revue française de sociologie publie une chronique thématique consacrée aux modèles familiaux et à leur évolution à travers le monde. Intéressé(e) par le sujet, vous écrivez un article dans le but de présenter la situation dans un pays de votre choix. (environ 250 mots)

Dans un premier temps, vous ferez un « état des lieux » concernant le modèle de famille fondée sur le mariage, vous présenterez d'autres modèles familiaux en vigueur, s'il y a lieu, ainsi que les tendances de leur évolution dans le pays choisi. Puis, vous prendrez position sur le sujet pour, enfin, répondre à la question posée dans l'intitulé de votre article.

Le mariage est-il une institution dépassée ?

Le cas de .... (nom du pays)

....
....
....
....
....
....
....
....
....
....
....
....
....
....
....
....
....
....
....
....
....
....
....
....
....
....
....
....

ÉPREUVES TYPES

SUJET 1
Partie 1 : synthèse de documents

Vous ferez une <u>synthèse</u> des documents proposés, en 220 mots environ (fourchette acceptable : de 200 à 240 mots). Pour cela, vous dégagerez les idées et les informations essentielles qu'ils contiennent, vous les regrouperez et les classerez en fonction du thème commun à tous les documents, et vous les présenterez avec vos propres mots, sous forme d'un nouveau texte suivi et cohérent. Vous pourrez donner un titre à votre synthèse.

Attention :
• vous devez rédiger un texte unique en suivant un ordre qui vous est propre, et en évitant si possible de mettre deux résumés bout à bout ;
• vous ne devez pas introduire d'autres idées ou informations que celles qui se trouvent dans les documents, ni faire de commentaires personnels ;
• vous pouvez bien entendu réutiliser les « mots clés » des documents, mais non des phrases ou des passages entiers.

Texte 1

LINTERN@UTE ※ Magazine

Novembre 2006

<u>L'Internaute</u> > <u>**Savoir**</u> > Environnement > Comment... fonctionne un téléphone portable ?

☐ **SAVOIR**

Comment...   fonctionne un téléphone portable ?

Rompre avec le fil, et tenir dans une poche : les deux défis technologiques du téléphone portable cellulaire.

Couper le cordon

L'alternative au téléphone filaire fait usage des ondes hertziennes (ou électromagnétiques) qui se déplacent à la vitesse de la lumière (300 000 km/s). Lorsqu'un appel est émis, la voix est convertie en un signal numérique. Cette suite de 0 et de 1 est ensuite « gravée » sur un signal analogique : des ondes porteuses. Elles sont captées par l'antenne la plus proche.

De l'émetteur de l'appel (un téléphone portable) à son destinataire
(ici, un téléphone fixe), le signal contenant la voix voyage successivement
par les ondes hertziennes et par des réseaux câblés

Celle-ci transmet le signal à une station de base qui l'envoie alors à une centrale, par ligne téléphonique conventionnelle ou par faisceaux hertziens. De là sont acheminées les conversations vers le téléphone du destinataire, selon le processus inverse, par voie filaire ou hertzienne suivant qu'il s'agisse d'un appel vers un téléphone fixe ou vers un portable. Le signal numérique est de nouveau transformé en signal analogique sonore dans l'appareil du récepteur.

Rétrécir

Dès 1956, les premiers téléphones fonctionnant sur ce principe sont mis en service. Cependant, l'énergie nécessaire pour émettre un signal est importante, et l'utilisation des piles ne suffit pas. De plus, les antennes de ces « portables » mesurent plus d'un mètre! Bref, ces prototypes sont réservés aux véhicules.

Entre 1989 et 2001, la taille des portables a été divisée par 4.

Devant ce marché naissant, les firmes électroniques réduisent la taille des composants : batteries miniatures, antennes compactes et microprocesseurs. Toutes les technologies nécessaires au fonctionnement des portables se modernisent au rythme du développement des réseaux. Aujourd'hui, ils tiennent dans un paquet de cigarettes.

Embouteillage sur le réseau

Il reste un hic. Le spectre électromagnétique est déjà très encombré par la télévision, la radio, la CB, les bandes de fréquence utilisées par la police et l'armée. Résultat : la fréquence utilisable par les portables actuels est coincée dans d'étroites plages. L'une d'elle s'étend de 890 à 915 MHz. Or, un appel utilise 200 MHz. Autrement dit, dans cette bande de 25 MHz, on ne devrait pouvoir passer que 125 appels simultanément.

Le problème est résolu par le fractionnement du réseau en cellules (d'où le terme parfois utilisé de téléphone « cellulaire »). Le territoire français est ainsi divisé en 40 000 parcelles. Chacune comporte des antennes qui assurent la liaison avec les téléphones mobiles situés à l'intérieur. De plus, chacune possède son propre sous-ensemble de fréquences, et n'a aucune fréquence commune avec les cellules mitoyennes. Pas de risque d'interférences, donc.

Or, chaque cellule peut traiter simultanément quelques dizaines d'appel. La densité de population dans les villes a donc obligé les opérateurs à diminuer la taille des cellules : de plusieurs kilomètres de diamètre en rase campagne, elles n'atteignent pas 500 mètres à Paris.

Vers une nouvelle génération

Pourtant, cela ne suffit plus. Avec plus de 40 millions de portables, le réseau français est saturé. Pour remédier à cet embouteillage, de nouvelles bandes de fréquence ont été libérées. Dans ce réseau, chaque cellule comporte un seul canal de 5 MHz. L'avantage ? Si un seul téléphone se trouve dans la cellule, il s'arroge ces 5 MHz et bénéficie d'un plus haut débit de connexion. Pratique pour échanger des vidéos! C'est le réseau 3G, associé à une génération naissante de portables prête à remplacer la précédente, vieille d'à peine 10 ans.

Sophie FLEURY, L'Internaute

Magazine Savoir

http://www.linternaute.com

PRODUCTION ÉCRITE

Texte 2

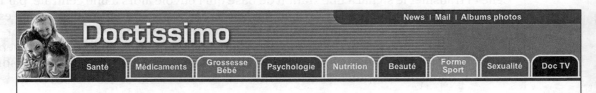

Votre santé au quotidien

Le téléphone portable est-il dangereux pour la santé ?

Maux de tête, troubles auditifs, picotements de la peau, clignements oculaires, pertes de mémoire, troubles de la concentration, bourdonnements d'oreilles… Les études contradictoires se multiplient pour démontrer les dangers des téléphones portables.

Parmi les risques liés à l'utilisation de la technologie des ondes radio, deux semble-raient avoir une incidence directe sur notre cerveau. Les effets thermiques sont les plus palpables. En effet, l'utilisation continue d'un mobile pendant 20 minutes fait augmen-ter la température des tissus en contact de 1° Celsius. C'est alors que le cortex, la partie la plus sensible du cerveau se trouvant à proximité de l'oreille, absorbe cette fluc-tuation thermique. Second danger : l'émission par l'antenne d'ondes ultracourtes de très hautes fréquences émises au niveau de l'antenne qui sont absorbées pour moitié par la tête de l'utilisateur.

D'après de nombreux spécialistes, il est possible, à terme, que l'ADN cellulaire soit lésé, ce qui provoquerait des tumeurs cancéreuses.

Les kits mains libres (systèmes de plus en plus répandu d'oreillette permettant de téléphoner tout en conduisant) mis récemment sur le marché font l'objet d'études aux conclusions contradictoires : augmentation de 30 % des radiations absorbées par le cerveau selon une enquête britannique, réduction jusqu'à vingt fois des ondes électro-magnétiques transmises vers le cerveau d'après une récente étude israélienne. Suivant l'étude menée par *Which*, le magazine de l'Association britannique des consommateurs affirme que les kits mains libres pourraient augmenter la transmission des ondes au cerveau. En effet, les chercheurs ont établi que le fil qui va du téléphone à l'oreille agirait comme une antenne véhiculant trois fois plus de radiations au cerveau de l'utilisateur qu'un portable utilisé classiquement

Au contraire, répond l'étude menée par les Israéliens : l'éloignement de l'oreille dû au fil du kit mains libres réduirait jusqu'à 20 fois le niveau des ondes électromagnétiques transmises vers le cerveau.

Le débat reste donc entier. Comme l'écrit l'Académie de médecine, « S'il reste de nombreuses incertitudes sur les effets biologiques possibles des radiations électroma-gnétiques utilisées dans la téléphonie portable, il importe de bien distinguer l'incerti-tude du risque ». L'abus du téléphone mobile semble donc à proscrire en attendant des enquêtes plus concordantes sur le sujet.

http://www.doctissimo.fr/html/psychologie/psychologie.htm

activité 143   Rédigez votre synthèse.

Partie 2 : Essai argumenté

tivité 144 Ayant lu les commentaires que soulève l'utilisation des téléphones portables, vous écrirez à *Linternaute.com* (magazine en ligne) pour donner votre avis sur la question. Vous exposez les idées concernant l'évolution possible de la situation, vous donnez votre point de vue et expliquez les précautions et les mesures qui, selon vous, pourraient être prises dès à présent. N'oubliez pas de trouver un titre pour votre article en ligne. (environ 250 mots)

SUJET 2
Partie 1 : synthèse de documents

Vous ferez une <u>synthèse</u> des documents proposés, en 220 mots environ (fourchette acceptable : de 200 à 240 mots). Pour cela, vous dégagerez les idées et les informations essentielles qu'ils contiennent, vous les regrouperez et les classerez en fonction du thème commun à tous les documents, et vous les présenterez avec vos propres mots, sous forme d'un nouveau texte suivi et cohérent. Vous pourrez donner un titre à votre synthèse.

Attention :
• vous devez rédiger un texte unique en suivant un ordre qui vous est propre, et en évitant si possible de mettre deux résumés bout à bout ;
• vous ne devez pas introduire d'autres idées ou informations que celles qui se trouvent dans les documents, ni faire de commentaires personnels ;
• vous pouvez bien entendu réutiliser les « mots clés » des documents, mais non des phrases ou des passages entiers.

Texte 1

LINTERN@UTE ⁑ Magazine

Décembre 2005

L'Internaute > Science
> Technologie > Comment > La fabrication du parfum

■ **SCIENCE**

Comment fabrique-t-on un parfum ?

Boisée, fleurie, fruitée, ambrée… Nous sommes capables de reconnaître plus de 10 000 odeurs différentes. Naturelles ou artificielles, comment sont-elles produites ?

On distingue deux procédés de fabrication du parfum : la distillation et l'extraction.

La distillation
Elle consiste à extraire le parfum par vapeur d'eau dans un alambic. L'alambic est une cuve en acier surmontée d'un tuyau en serpentin dans laquelle on place les végétaux et 5 à 10 fois leur volume d'eau. La cuve est chauffée et mise sous pression, pour que la vapeur entraîne l'odeur du produit. En traversant le serpentin et en refroidissant, la vapeur se condense et l'on obtient de l'huile essentielle.

L'extraction

Une autre méthode consiste à faire infuser les matières végétales dans un mélange de solvant et d'eau, à 60°C environ. Cette méthode était autrefois pratiquée avec de l'huile. Aujourd'hui, on utilise des solvants volatils, comme l'éthanol, le méthanol, le benzène ou le dioxyde de carbone. Après évaporation, on obtient une sorte de cire, la « concrète ». En la mélangeant à de l'alcool, chauffée puis refroidie, la partie huileuse de la concrète est éliminée pour obtenir de « l'absolue ».

Chaque solvant est sélectif pour un type de plante. Le CO_2 est utilisé pour extraire les substances peu odorantes, par exemple les écorces, les graines ou les épices. Sous pression et à une température inférieure à 40°C, le CO_2 devient liquide : on y plonge alors les végétaux, qui n'ont ainsi pas besoin d'être chauffés inutilement. Une fois évaporé, il ne reste aucune trace de solvant.

La vidéo
La fabrication d'un parfum

Les huiles essentielles constituent pour la plupart les notes de tête, tandis que l'absolue est utilisée en note de fond.

Les parfums de synthèse

Comme dans le textile, où les nouvelles matières comme le lycra ou le polyester ont permis de créer des vêtements aux propriétés diverses, la parfumerie tire aujourd'hui partie des progrès de la chimie.

Les molécules de synthèse n'ont pas complètement remplacé les matières premières naturelles, mais elles viennent compléter la gamme de fragrances à disposition du parfumeur. L'odeur de synthèse est parfois même plus fidèle, comme dans le cas de la rose.

De plus, certaines matières premières sont particulièrement difficiles à trouver (des fleurs qui ne poussent que quelques semaines par an, par exemple). Grâce à la synthèse, on peut obtenir un parfum stable et en grande quantité.

Pour autant, ce n'est pas forcément moins coûteux : certains mélanges nécessitent une suite d'opérations complexes et longues : chloration, distillation, cyclisation, hydrogénation, estérification… Plus il y a d'étapes et plus le produit coûtera cher.

> **À savoir**
>
> La **note de tête** est la senteur chimiquement volatile, que l'on sent immédiatement après avoir vaporisé le parfum. Elle a souvent une forte odeur d'alcool.
>
> La **note de cœur**, qui se diffuse entre la 2e et la 3e heure, est souvent celle qui définit le parfum.
>
> Le **note de fond**, la plus diffusive et la plus tenace, est celle qui persiste plusieurs heures sur la peau.

50 à 90 % de la composition d'un parfum est constituée par des molécules de synthèse. Le n° 5 de Chanel est par exemple un mélange d'absolue d'ylang-ylang et d'aldéhydes. Aujourd'hui, certains appareils sont capables de « sentir » un bouquet, d'analyser chaque odeur et de les recréer artificiellement. On peut même inventer des odeurs, ou obtenir un produit qui sent le vin, la truffe, ou la tomate !

LE SAVIEZ-VOUS ?

Pour extraire 1 kg d'huile essentielle, il faut 200 kg de lavande, 1 000 kg de fleur et 3 tonnes de pétales de roses !

L'odeur de muguet est impossible à extraire : on est obligé de recourir au parfum de synthèse pour la recréer. Au contraire, on n'arrive pas à reproduire chimiquement l'odeur du patchouli.

Le parfum « First », de Van Cleef & Arpels contient 160 substance différentes, alors que « Jardin sur le Nil », de Hermès, n'en contient que 20.

On connaît aujourd'hui pas moins de 200 constituants du jasmin.

Le musk est présent dans 35 % des parfums. Autrefois extrait des cerfs mâles, il est aujourd'hui en grande majorité fabriqué artificiellement.

Les parfumeurs travaillent avec plus de 400 ingrédients naturels et 3000 molécules de synthèse.

En savoir plus

» Sur le journal des femmes : Initiez-vous au monde des parfums

» osmoz.fr : l'encyclo du parfum

Céline Deluzarche, L'Internaute / Science - Technologie

Magazine Science

http://www.linternaute.com

Texte 2

Création de Parfum
l'état de l'**art**

osMoz : ÉTAT DE L'ART

Métier : Parfumeur

C'est lui qui travaille dans les coulisses du parfum pour le bonheur de notre odorat. Lui, qui réalise pour les plus grandes marques les succès d'aujourd'hui et de demain. Qui est-il réellement ?

Le parfumeur aujourd'hui

* * * * * * * * *
NOTES
* * * * * * * * * *

(*) Il est intéressant de constater que parfum et musique, d'une part et parfum et cuisine d'autre part ont des univers distincts mais un vocabulaire lié. L'univers musical : note, accord, partition, gamme, tonalité, ode... L'univers culinaire : aromatique, gourmand, cocktail, velouté, fondant, pétillant, nectar ainsi que les expressions relatives aux matières elles-mêmes : balsamique, épicé ...

C'est à la fois un artiste et un ingénieur de l'odeur. En ce sens, l'écriture d'un parfum, travail mystérieux pour le grand public, oscille entre une recette de grand cuisinier et une partition de musicien. (* voir encadré à gauche) Pour chacun de ces trois métiers, sont présents le souci d'innover, le besoin d'exprimer une créativité vitale, tout en sachant que les partitions créées devront plaire pour exister. Le parfumeur se doit donc d'être à la fois créatif mais aussi visionnaire et pragmatique. Car le parfum est à la fois l'expression d'un art et un bien de consommation ; deux conditions qui doivent être réunies par les marques pour qu'un lancement de parfum soit un succès.

Pour ceci, le parfumeur dispose d'une **palette d'essences** très large de plus de 3000 odeurs, composée de produits naturels et synthétiques. Un grand nombre de matériaux qu'il a appris à maîtriser, à choisir, à reconnaître et à marier entre eux. De très nombreux essais de création sont nécessaires afin d'obtenir le parfum que l'on pourra finalement acheter en parfumerie. Il y a d'abord l'orientation de la fragrance. Pour simplifier, on commencera par le genre de questions suivantes :

S'agira t-il d'un boisé, d'un floral, d'un oriental ? Est-ce que ce sera un produit féminin, masculin, un parfum tout à la fois pour femmes et pour hommes ? Quels sont les autres parfums que la marque a déjà lancés ? Quelle approche du client la marque a-t-elle envisagée ? Etc.

C'est à partir de là que tout l'art créatif du parfumeur intervient. À titre de comparaison, on imagine sans peine une recette de cuisine improvisée : nombre d'éléments, quantités, ordre de manipulation : les surprises risquent d'être nombreuses. Ainsi le parfumeur est assisté et conseillé dans ses choix. De même, il retravaillera séparément la plupart du temps les notes de tête, de cœur et de fond du parfum. Afin d'assurer à celui-ci l'harmonie, la fraîcheur, la rémanence et/ou la volupté escomptée.

Secrets de parfumeurs

Avant de se lancer dans la réalisation d'une création parfumée, le parfumeur possède bien entendu des techniques et des secrets qu'il a acquis au cours de son expérience. Il sait par exemple reproduire fidèlement le parfum d'une fleur dont on ne peut extraire une essence naturelle, comme le lilas par exemple. Par ailleurs, de même que les peintres créent leurs mélanges personnels de couleurs avant de réaliser un tableau, les parfumeurs ont comme base créative des accords.

Des alliances harmonieuses de différentes matières premières qui permettent de créer par exemple des accords fougère (notes aromatiques, lavandées, boisées, mousse, coumarine…) ou ambre (vanille, baumes, labdanum, fève tonka…) qui sont des classiques de la parfumerie. Mais chaque parfumeur possède également des « secrets de fabrication ». Chez **Guerlain**, on retrouve quasiment en filigrane dans chaque création la guerlinade (un accord de notes vanillées, poudrées, fève tonka…). De même, les grands parfumeurs tels Alberto Morillas, Jean Claude Ellena, Christine Nagel ou Annick Ménardo possèdent leur signature, une façon qui leur est propre de créer, de ressentir les matières premières, de les choisir ou de les combiner entre elles. Une expérience créative délicate, personnelle, chargée d'émotions et d'histoires vécues…

http://www.osmoz.fr/statique/Etatdelart/FR/parfumeur.htm
http://www.osmoz.fr

activité 145   Rédigez la synthèse de ces textes.

Partie 2 : Essai argumenté

activité 146   **Vous écrivez à une revue de mode (masculine ou féminine) pour exposer votre vision de la mode et exprimer votre point de vue sur le sujet proposé. Vous appuierez votre argumentation en donnant des exemples venant de vos expériences et de votre environnement. Donnez un titre à votre article. (environ 250 mots)**

SUJET

La mode, expression de soi ou tyrannie venue de l'extérieur ? Telle est la question que, ce mois-ci, nous posons à toutes celles et à tous ceux pour qui s'habiller est un plaisir, une activité comme une autre, ou une corvée, ou n'a pas d'importance.

PRODUCTION ORALE

CHAPITRE 4
ACTIVITÉS D'EXPRESSION ORALE

Vous aurez le choix entre deux domaines : Lettres et sciences humaines et Sciences. Vous serez confronté à des textes littéraires, de sociologie, de psychologie, de droit ou bien à des textes sur l'industrie, le climat, les technologies de pointe, l'environnement et la médecine, liés à des préoccupations sociétales récentes.

Ces textes sont issus de journaux quotidiens, de revues et de sites internet.

Les documents qui vous sont proposés sont des dossiers d'un à quatre textes ayant une relation entre eux, et d'une extension de deux pages en général.

➤ *En quoi consiste l'épreuve de production orale ?*

Après une préparation de 60 minutes, l'épreuve dure environ 30 minutes et se déroule en deux temps.

1. Un exposé

Ce qui compte, c'est le thème. Relisez avec attention ces indications : « Les documents sont une *source documentaire* pour votre exposé (ainsi, vous aurez obligatoirement quelque chose à dire…). Vous devez pouvoir en exploiter le contenu en y puisant des pistes de réflexion, des informations et des exemples, mais vous devez également introduire des commentaires, des idées et des exemples qui vous soient propres afin de construire une véritable *réflexion personnelle* (vous pouvez donc compléter, élargir le thème proposé). En aucun cas, vous ne devez vous limiter à un simple compte rendu de documents. »

2. Un débat

Le jury vous posera des questions en relation avec votre exposé.

➤ *Les activités proposées dans ce chapitre*

Le questionnaire

En général, il vous est proposé un questionnaire ou un guide de lecture qui vous permettra de ne pas laisser de côté des éléments importants. Ce qui compte, ce n'est pas de chercher à tout prix une réponse correcte à des questions mais plutôt de se demander ce que cache cette question, ce sur quoi elle attire l'attention.

Pour préparer l'exposé

On attend de vous un travail organisé. Vous trouverez dans le manuel des suggestions. Tout d'abord, faites attention aux titres et aux éventuels sous-titres : ce sont des points de repère. Vous devez être capable de sélectionner les éléments les plus importants (selon vous), et d'en faire une synthèse, c'est-à-dire de regrouper d'un côté ce qui se ressemble, et de l'autre, ce qui diffère. Il vous faudra introduire l'exposé, dégager un thème, analyser les textes de façon pertinente (le questionnaire vous aura en principe aidé). Ensuite, une réflexion en relation avec le thème intégrera des éléments personnels (votre exposé doit aussi dire quelque chose sur vous ; ne vous réfugiez pas dans l'anonymat et n'hésitez pas à dire « je »). Faites une présentation claire et organisée (D'abord…, ensuite…, plus particulièrement…, enfin). Vous aboutirez à une conclusion appropriée, pas trop généralisante.

Pour préparer le débat

On attend de vous une argumentation dans le débat. Vous trouverez dans ce chapitre des suggestions pour vous familiariser à la pratique du débat.

Un entraînement systématique consiste à chercher tous les arguments qu'on peut opposer à un argument donné…

Il faudra vous préparer à défendre avec aisance votre position (il s'agit d'un jeu de rôles…) mais en choisissant des arguments pertinents, et aussi en recentrant et/ou en élargissant le débat (l'examinateur peut vous entraîner sur une piste qui n'est pas la vôtre…). Cherchez à tout moment à capter l'attention de l'auditeur, par le regard, par d'éventuels silences provoqués et par la pertinence de vos arguments.

➤ *Comment allez-vous être évalué ?*

Vous serez donc évalué sur votre capacité à analyser et utiliser les documents et les informations fournis pour les intégrer dans une réflexion personnelle sur le sujet.

Vous serez noté sur la qualité de votre présentation et l'utilisation des informations données, et sur vos capacités à expliciter, défendre et illustrer votre point de vue, à élargir la discussion ou encore à la relancer, dans le débat mené avec votre examinateur.

Néanmoins, dans ce débat, vous n'êtes pas dépendant des questions de l'examinateur mais vous êtes invité, au contraire, à réagir, vous défendre, voire contredire votre interlocuteur. Vous devrez aussi faire preuve d'une bonne maîtrise du lexique (variété des mots, choix des mots justes), de la morphosyntaxe (correction grammaticale) et d'une bonne maîtrise phonologique (intonation et prononciation claires et naturelles). Ces éléments entrent dans l'évaluation de votre prestation.

Pour tous les exposés : à partir des documents proposés, vous préparerez un exposé et vous le présenterez au jury. Votre exposé présentera une réflexion ordonnée sur ce sujet. Il comportera une introduction et une conclusion et mettra en évidence quelques points importants [2 ou 3 maximum].

Attention ! Les documents sont une source documentaire pour votre exposé. Vous devez pouvoir en exploiter le contenu en y puisant des pistes de réflexion, des informations et des exemples, mais vous devez également introduire des commentaires, des idées et des exemples qui vous soient propres afin de construire une véritable réflexion personnelle.

En aucun cas vous ne devez vous limiter à un simple compte rendu des documents.

Entretien : Le jury vous posera ensuite quelques questions et s'entretiendra avec vous à propos du contenu de votre exposé.

1. Domaine : Lettres et sciences humaines

EXPOSÉ 1

Croyances et traditions populaires et réalité des faits
Texte 1

Superstitions

Au Moyen Âge, on racontait que le jour de la Saint-Valentin, des signes prédisaient l'avenir sentimental des jeunes filles…

Voir certains animaux était interprété en bien ou en mal par rapport au mariage :

– un écureuil annonçait à une femme qu'elle épouserait un avare qui s'emparerait de toute sa fortune ;

– un chardonneret promettait le mariage avec un homme fortuné ;

– un vol de cygnes annonçait un mariage heureux et paisible ;

– un rouge-gorge prédisait le mariage avec un homme portant l'uniforme (marin…) ;

– une chauve-souris : un joueur de base-ball (!).

On raconte aussi que ce jour-là, le premier nom d'homme qu'une femme lit dans les journaux, entend à la radio ou à la télévision est le nom de l'homme qu'elle épousera.

Texte 2

Traditions

Le Valentin

Au Moyen Âge, on appelait « Valentin » le cavalier qu'une jeune fille choisissait pour sortir, le premier dimanche du Carême : c'était la fête des « Brandons ». Le Valentin devait offrir des présents à sa compagne, puis ils « brandonnaient » autour de la vigne, un brin de paille enflammé enroulé autour d'un bâton, afin que la récolte soit meilleure que celle des années précédentes… Le brandon est un rameau de bruyère qu'on utilisait pour embraser les friches. La fête des Brandons existe encore dans certaines régions, pendant laquelle les jeunes s'embrassent avec l'arrivée du printemps, et s'embrasent…

En Lorraine, le 14 février, les jeunes hommes dressaient une liste de galants et inscrivaient devant chaque nom, sans consulter la jeune fille, le nom d'une fiancée éventuelle. Cette coutume, la « Saudée », devait durer un an ! Le Valentin offrait des cadeaux à sa bien-aimée, le plus souvent des cartes illustrées. Une loterie de bouteilles de vin venait réchauffer l'atmosphère de cette fête populaire.

La Valentine

Au Moyen Âge, après la mort de saint Valentin au IIIe siècle, la Valentine, message d'amitié, apparaît. Cette coutume du message amoureux gagna l'Angleterre au XIVe siècle. Dans les pays anglo-saxons, le mot « Valentine » est synonyme de *sweetheart* (amoureux). Au XVe siècle, Charles d'Orléans, après 25 années de captivité en Angleterre suite à la défaite d'Azincourt en 1415, ramena cette tradition en France : le jour de la Saint-Valentin, le fiancé devait envoyer à sa bien-aimée un message plein d'amour et de tendresse, une « Valentine ».

Cette coutume fut même instituée à la Cour de France.

C'est seulement en 1496 que saint Valentin devint officiellement le patron des amoureux.

Au XVIIIe siècle, des Valentines décorées de cœurs et de Cupidons apparurent dans toute l'Europe. Au XIXe siècle, les Valentines étaient la façon la plus romantique de déclarer son amour. Les premières Valentines imprimées avec des poèmes apparaissent.

Les Valentines de l'époque victorienne étaient très sophistiquées : illustrées à la plume, ornées de dentelle, de soie ou de satin, décorées de fleurs séchées, parfumées… Vers 1850, les Valentines furent importées en Amérique et connurent également un très vif succès. À la fin du XIXe siècle, les premières Valentines fabriquées industriellement apparaissent en Angleterre, en Allemagne et aux États-Unis. Aujourd'hui, plus d'un milliard de cartes postales sont échangées pour la Saint-Valentin chaque année dans le monde. Avec Internet sont apparues les cartes virtuelles, que vous pouvez envoyer gratuitement et surtout rapidement ! La Saint-Valentin est aussi devenue l'occasion d'offrir des fleurs, des chocolats, des bijoux, de dîner au restaurant ou d'aller au cinéma en amoureux… En Autriche – à Sankt Valentin – des défilés animent les rues le 14 février. En Allemagne, on fête un autre Valentin, saint Valentin de Rhétie, du Ve siècle. Il est représenté dans les églises comme le protecteur des enfants épileptiques. En Angleterre, on s'échange des cœurs symboliques en carton. Parmi les illustrations favorites de cartes postales, le couple Roméo et Juliette a toujours autant de succès.

Texte 3

L'homme est amoureux mais pas très romantique...

De fait, ces hommes qui aiment tant parler de leurs sentiments ne sont pas prêts pour autant à en faire une démonstration artistique : jamais de films romantiques vus à deux pour la moitié d'entre eux (50 %), jamais de poèmes ou de mots doux pour les deux tiers d'entre eux (64 %) et surtout, pas de sérénade ou de refrains chantonnés au creux de l'oreille pour près de neuf interviewés sur dix (86 %).

Quant à l'incontournable et irrésistible rituel du cadeau lingerie, les pratiques masculines ne sont pas à la hauteur de sa réputation : du rite, on passe au mythe ; seulement 12 % des hommes en offrent souvent à leur compagne.

Assez lucides sur leur comportement (mesdames, sachez-le : l'homme se reconnaît le plus souvent familier de l'attention dite « occasionnelle »), les hommes réservent toute une série de petites attentions à des moments hors du quotidien : ainsi, ils sont presque trois-quarts à faire de temps en temps un petit cadeau à leur compagne pour lui montrer qu'ils pensent à elles (71 %). De la même façon, près des deux tiers offrent des fleurs, réalisent le fantasme de leur partenaire, l'emmènent faire une balade romantique ou l'invitent au restaurant à l'occasion (respectivement 63 %, 63 %, 62 %, 62 % des hommes ayant une relation suivie déclarent le faire « de temps en temps »).

Les plus attentionnés de l'échantillon, sont aussi les moins sollicités par la vie familiale et les plus « neufs » dans la relation : les moins de 25 ans, et en particulier les 19-24 ans, plus émancipés des contraintes parentales ou financières que leurs cadets.

« Saint-Valentin : Le crapaud charmant ; l'homme est amoureux mais pas très romantique… » paru le 6 février 2006 sur notre site www.ipsos.fr

Activité 147 **Cochez la case qui vous convient. Un peu (+), beaucoup (++) et pas du tout (–).**

	+	++	–
1. Quelle valeur attribuez-vous aux superstitions évoquées dans le texte 1 ?	❏	❏	❏
2. La tradition du Valentin est-elle très importante ?	❏	❏	❏
3. Et celle de la Valentine ? Est-elle implantée depuis longtemps ?	❏	❏	❏
4. Y a-t-il beaucoup de sentimentalité dans le texte 3 ?	❏	❏	❏
5. Est-il important, pour vous, de maintenir les traditions populaires ?	❏	❏	❏

Activité 148 **Pour préparer votre exposé.**

  a. L'introduction : posez une problématique en mettant les deux premiers textes en relation avec le troisième (par exemple, les traditions sont-elles toujours là ?)

  b. Textes 1 et 2 : n'oubliez pas de formuler votre avis (par exemple, la cérémonie lorraine du 14 février).

  c. Les pratiques actuelles (texte 3) : n'oubliez pas de formuler votre avis (par exemple, on est plus attentionné quand on est jeune).

  d. La conclusion : un constat (par exemple, les pratiques actuelles sont loin de la tradition populaire) et une ouverture (par exemple, ces fêtes ont-elles un avenir ?).

activité 149 Pour préparer la discussion.

On peut envisager des thèmes de discussion tels que :

– Ne va-t-on pas vers une multiplication des « fêtes », des « journées » ?

– Ne s'agit-il pas tout simplement d'une affaire commerciale ?

– À quelles occasions, autres que la Saint-Valentin, peut-on déclarer son amour ?

EXPOSÉ 2

Place et avenir des biocarburants

Texte 1

■ Carburants : *en vert et contre tous*

Depuis près de deux siècles, ils pompent, ils pompent, les terriens, pour récupérer le pétrole de leur sous-sol. Toujours plus, pour faire face aux besoins de leur croissance : 70 millions de barils par jour en 1990, 85 aujourd'hui… Rien ne les arrêtera, sauf une pénurie. Car, selon les prévisions de l'Union européenne, les besoins énergétiques mondiaux devraient augmenter de 1, 8 % chaque année, jusqu'en 2030. L'or noir constituant 30 % de l'énergie primaire utilisée, sa production mondiale devrait donc atteindre 120 millions de barils quotidiens en 2030. De quoi affoler plus d'un spécialiste. Regroupés au sein de l'Aspo (Association for the Study of Peak Oil), certains géologues prédisent un déclin de son extraction entre 2006 et 2015. Pétroliers en tête, les plus optimistes repoussent l'échéance à 2025 ou 2030 : « Grâce aux effets conjugués de nouvelles découvertes, d'extensions et d'additions des réserves mondiales », argumentait Patrick Haas, le PDG de BP France, lors de l'université d'été 2005 du Medef. Tous s'accordent cependant pour prédire un épuisement des stocks à l'horizon 2050. […] Aux épineux problèmes de dépendance des pays non producteurs, s'ajoutent déjà ceux du réchauffement climatique : en termes de pollution générée, le pétrole figure en seconde place, derrière le charbon. Et les émissions de CO_2 devraient doubler entre 1990 et 2030. L'heure des énergies de substitution a-t-elle enfin sonné ?

■ Or vert contre or noir

En petite partie seulement. Moyennant parfois quelques surcoûts, une palette de solutions fiables existe déjà pour le secteur industriel et domestique : utilisation du soleil, du vent, du bois… Mais pour les transports, qui s'arrogent 25 % de la production mondiale de l'énergie et dépendent à 98 % de l'offre pétrolière, les choses s'annoncent plus compliquées.

[…] Les questions de fiabilité et de sécurité du stockage cantonnent, pour le moment, avions et bateaux au diesel et au fioul. Reste le transport routier. Parmi les carburants verts les plus connus sur le marché, figurent le gaz naturel véhicule (GNV) et le gaz de pétrole liquéfié (GPL), mélange de propane et de butane en provenance des champs de gaz ou des raffineries de pétrole. En 2003, sur un parc mondial de quelque 900 millions de véhicules, 3,6 millions roulaient au GNV et près de 10 millions au GPL. Tous deux permettent de diversifier les sources d'approvisionnement et affichent un bilan environnemental globalement meilleur que l'essence ou le diesel. Mais ils présentent l'inconvénient de nécessiter un réseau de distribution dédié – impossible de s'approvisionner sur l'autoroute… – et un équipement spécifique du véhicule, entraînant un surcoût à l'achat. […] Leur développement risque cependant de rester limité ou réservé aux ➡

flottes collectives captives : bus, bennes à ordures, véhicules utilitaires…

■ **Des retards à l'allumage**
Obtenus à partir de matières organiques, les biocarburants ne souffrent pas de ce type de freins : ils se mélangent à l'essence ou au diesel « ordinaires » et n'exigent ni circuits de commercialisation ni moteurs spécifiques, à des taux inférieurs à 5 %. Deux grandes filières s'organisent d'ailleurs déjà, celles du bioéthanol et du biodiesel (ou EMHV). Destiné aux moteurs à essence, le bioéthanol s'obtient à partir du sucre de canne, de la betterave ou des céréales (blé, maïs). Le biodiesel, lui, s'élabore à partir de plantes oléagineuses, comme le colza, le tournesol, le soja ou la palme. À plus ou moins forte proportion, ces deux produits entrent déjà dans la composition des carburants distribués à la pompe.

Texte 2

Un train peut en cacher un autre

À la SNCF aussi, les chercheurs dépensent beaucoup d'énergie pour améliorer les performances écologiques des véhicules… Car si l'électricité assure 77 % de la traction des trains, le reste provient du gazole. Parmi les pistes explorées pour économiser l'énergie : la transformation de l'énergie du train, dans les descentes, en électricité que l'on renvoie dans la caténaire, ou qu'on peut stocker et réutiliser plus tard – au démarrage, par exemple – ou pour chauffer et éclairer les rames. « À partir d'une locomotive test, nous étudions aussi les possibilités offertes par les nouvelles batteries au lithium-ion ou par les super-condensateurs. Un troisième système s'annonce prometteur : les volants d'inertie qui se mettent à tourner dans les descentes et peuvent ensuite restituer de l'énergie, une fois lancés », explique Louis-Marie Cléon, directeur adjoint à l'innovation et à la recherche de la SNCF. Ses services ont également développé un moteur au gaz et travaillent à la fabrication de piles à combustibles, alimentées par de l'hydrogène sous pression et de l'oxygène de l'air. Des tests sont prévus pour la fin 2006.

Texte 3

Ça gaze pour les bus lillois

Dans la Communauté urbaine de Lille (CUDL), jusqu'à l'année dernière, une partie des bus carburait grâce à des boues d'eaux usées ou, plus précisément, au biogaz issu de leur traitement. Chaque jour, la station d'épuration de la métropole produit quelque 15 000 m³ de biogaz, dont 3000 m³ ne peuvent être utilisés, en circuit fermé, pour son alimentation en électricité. Plutôt que de les gaspiller, la structure intercommunale a donc décidé de valoriser cette source d'énergie locale indéfiniment renouvelable, sous forme de carburant vert.

[…] Une unité d'épuration du biogaz a été mise en service, en juin 1995, produisant 50 à 55 m³ de méthane par heure. Pour un coût voisin des prix des carburants classiques à la pompe, une dizaine de bus bénéficiaient de ce carburant. Fin 2004, cette petite unité pilote a dû fermer ses portes, mais pour être remplacée par une nouvelle unité de traitement, industrielle, cette fois. À terme, une centaine de bus devraient rouler ainsi au biogaz sur le territoire de la CUDL.

« Carburants : en vert et contre tous », *Magazine TGV*, décembre-janvier 2006.

activité 150   **Lisez les textes et répondez aux questions.**

1. Quelle a été l'augmentation de la production des barils de pétrole entre 1990 et 2005 ?

....

2. Quelle devrait être la production de barils en 2030 ?

....

3. a. À quelle date pourrait avoir lieu l'épuisement des stocks de pétrole ?

....

b. Est-ce que tout le monde est d'accord ?

....

4. Quelles énergies de substitution peut-on prévoir ?

....

5. a. Quelle est l'énergie la plus utilisée par la SNCF ?

....

b. Quelles pistes envisage-t-elle pour économiser l'énergie ?

....

6. Quelle est l'énergie de substitution envisagée à Lille ?

....

activité 151   **Pour préparer votre exposé.**

    a. L'introduction : poser une problématique en mettant le premier texte – qui traite de l'inquiétude devant la raréfaction des besoins énergétiques – en relation avec le deuxième et le troisième – qui traitent des efforts d'économie d'énergie entrepris par des sociétés de transports en commun.

    b. On pourra parler d'abord de la place actuelle des différentes énergies (pétrole, mais aussi énergie nucléaire, énergie éolienne, etc.). On prendra des exemples dans les textes 2 et 3.

    c. On pourra parler ensuite de la place à venir des nouveaux carburants (GNV, GPL, biocarburants). On prendra des exemples dans les textes 2 et 3.

    d. La conclusion : un constat (par exemple, le changement est inéluctable) et une ouverture (par exemple, en se référant à l'actualité, et aux efforts des uns et des autres pour économiser l'énergie).

    N'hésitez pas à citer des chiffres !

activité 152   **Pour préparer la discussion.**

On peut envisager des thèmes de discussion tels que :

    – Faut-il s'inquiéter, et accélérer les processus d'économie ? Ou au contraire, ne pas s'affoler (les réserves sont encore importantes…) ?

    – Quelle incidence sur l'avenir (climat, maladies) peuvent avoir les émissions polluantes ?

    – Un thème polémique : les grandes compagnies pétrolières ne sont-elles pas un obstacle au développement d'énergies alternatives ?

EXPOSÉ 3

Les banlieues

Texte 1

Scènes de la vie de banlieue

« Ici les gens mettent beaucoup d'espoir dans la réussite scolaire de leurs enfants », constate Nabil. Responsable du service enfance-jeunesse au centre social intercommunal de Clichy-Montfermeil, il exerce au pied des cités du Plateau et de la cité des Bosquets. Deux lieux qui ont l'honneur des médias quand ils flambent. Pourtant Nabil évoque plutôt l'envie des habitants de vivre comme les autres, l'aspiration des plus jeunes à devenir, eux aussi, des consommateurs, les parents qui sont prêts à faire des heures de transport pour des boulots durs et mal payés à l'aéroport de Roissy ou ailleurs. Là où les journalistes portent un regard misérabiliste, il voit une vie de village, la richesse, la diversité, un quartier populaire.

Ici, ce sont les HLM qui s'en sortent le mieux mais ils ne représentent qu'un tiers du parc des logements. Les cités gérées par le privé sont souvent laissées à l'abandon par des marchands de sommeil. Le secteur associatif est florissant, mais la baisse globale des subventions a obligé certaines associations à diminuer ou à cesser leur activité, surtout celles qui faisaient de l'aide aux devoirs ou de l'alphabétisation. Résultat, Nabil fait le plein avec 60 écoliers chaque jour à l'accompagnement scolaire et il est obligé de refuser du monde. Pendant les vacances, une centaine d'enfants viennent au centre de loisirs. Pour les sorties, la coopération avec le Secours populaire est florissante. Cela va de soi avec une population dont la moitié a moins de 25 ans. La petite équipe d'une dizaine de bénévoles du SPF emmenée par une énergique Ginette veut toujours en faire plus : « Nous avons envoyé des enfants au cirque à Noël, à la Journée des oubliés, nous travaillons avec des bourses solidarité-vacances, nous aidons des parents à payer les participations pour aller en classe de mer ou de neige... »

Dans le local, quelques cartons de combinaisons de ski attendent d'être prêtées. Logé au milieu des cités, dans les tribunes du stade Henri Barbusse, le comité du SPF s'indigne plus de la pauvreté quotidienne que de la violence. « Quand des personnes ont un revenu égal à zéro, on ne peut pas leur dire de revenir le mois prochain pour avoir une aide alimentaire », lance Ginette. Bien souvent, la participation modique demandée aux familles et qui tourne autour d'un euro s'avère trop élevée. « Avec des loyers qui vont jusqu'à 800 euros pour des trois pièces, sans compter les charges, les gens passent tous leurs revenus dans le logement et n'ont plus rien pour nourrir les gosses », constate une autre bénévole. Ginette se souvient aussi d'une jeune Haïtienne venue s'habiller de la tête aux pieds au vestiaire pour se présenter à son nouveau travail à Roissy. Après la médiatisation des émeutes, Nabil, lui, s'inquiète du regard des spectateurs de médias : « Au lieu de présenter la détresse quotidienne, on a vu des quartiers dangereux. J'ai peur que les gens ne soient plus en mesure de regarder le contexte social et de faire leur propre analyse. »

Texte 2

À Marseille, dans les quartiers Nord, le SPF est en première ligne

C'est un quartier de 5 000 âmes, accroché sur les hauteurs de Marseille. Comme dans beaucoup de cités, les bâtiments sont tristounets et les façades couvertes de paraboles. Les jeunes, eux, tuent le temps en faisant pétarader un scooter. À la Savine, on croise même une caravane renversée sur le toit, les quatre fers en l'air. Stigmate oublié du vent de fronde qui a soufflé en novembre sur les banlieues françaises ? « Non, juste le mistral », expliquent, amusés, des habitants. C'est une question que l'on se pose ici : pourquoi la cité phocéenne, et ses fameux quartiers Nord, est-elle restée à l'écart de la contagion nationale ? « La magie du chant des cigales au petit matin », ironise l'un. La « fierté de notre identité », renchérit un jeune, casquette à l'envers : qu'on soit du centre ou des quartiers Nord, c'est toujours Marseille. » « De toute façon, c'est une ville rebelle. On ne fait rien comme les autres », sourit Foued, 19 ans, occupé dans le studio d'enregistrement de l'association B-Vice, qui propose aussi des cours de hip-hop, un atelier photo et un espace multimédia. « Dommage que depuis deux ans, nous devions nous passer de cinq emplois aidés, sucrés par le gouvernement. Forcément, on est moins disponible pour les jeunes », déplore Ali, 31 ans, le président de B-Vice. Comme lui, Josette Degliame, responsable de l'antenne du SPF à la Savine, croit beaucoup au rôle joué par la myriade d'associations de quartiers. « Ce tissu très dense, c'est une sorte de rempart contre l'exclusion et la violence. Elles permettent de conserver du lien social, chacune dans son rôle. »

À la Savine, c'est le SPF qui, comme souvent, se retrouve sur le front de l'urgence. La chaleur humaine qui y palpite compense l'exiguïté des lieux et ces volets qui restent clos depuis le cambriolage de cet automne. Tous les lundis après-midi, le local accueille les familles les plus démunies. En charge de la distribution, Ghislaine, dite « Gizou », plonge ses mains dans les placards et le congélateur qui borde son bureau. Parfois, la détresse est telle qu'il faut aussi aller piocher dans la réserve de vêtements ou de couvertures. Habituée des lieux, Djamila est descendue du 9e étage, avec son mari Joseph et Sandra, sa fille de dix ans. Depuis plusieurs années, sa famille, surendettée, ne s'en sort plus. « Il nous reste 70 euros par semaine pour vivre. Tendre la main, c'est humiliant, mais je n'ai pas le choix. Sans le SPF ou les Restos du cœur, je ne sais pas comment on ferait. » En plus de vingt ans de bénévolat, Josette a vu le fossé, entre ceux qui vivent bien et les autres, se creuser inexorablement. « Cette période, c'est la pire. Avec la frénésie d'achats entre Noël et les soldes, c'est encore plus criant. Aux beaux jours, c'est plus simple : riche ou pauvre, la mer ne coûte rien, si ce n'est le bus. »

Convergence, janvier 2006, p. 17-18.

activité 153 | **Prenez des notes à partir des deux textes, en les répartissant dans ces rubriques :**
– plaintes et reproches : ....
....
– difficultés : ....
....
– raisons d'espérer : ....
....

activité 154 | **Pour préparer votre exposé.**
    a. L'introduction : on peut partir de l'idée que les banlieues n'ont généralement pas une bonne réputation. La problématique pourrait s'organiser autour de cette question : Comment essayer de dépasser cette image ?
    b. On peut traiter d'abord de l'aspect négatif des banlieues…
    c. … mais aussi de l'aspect positif.
    d. La conclusion : on peut avoir une conclusion négative (par exemple, le fossé se creuse entre les riches et les pauvres) ou une conclusion positive (par exemple, l'entraide, la solidarité).
Il est peut-être préférable de terminer sur une note optimiste…

activité 155 | **Pour préparer la discussion.**
– Quelles sont, selon vous, les causes des problèmes dans les banlieues ?
– Peut-on faire quelque chose pour améliorer la vie dans les banlieues ? Si vous répondez non, dites pourquoi. Si vous répondez oui, dites ce qu'on peut faire…

EXPOSÉ 4

Les précautions à prendre contre la grippe aviaire et leur influence sur un secteur économique

Texte 1

Vigilance au lac de Grand-Lieu

Le plus grand lac de plaine de France est un passage obligé pour les oiseaux migrateurs, d'où un risque très sérieux.

Le lac de Grand-Lieu, au sud de Nantes, c'est une réserve ornithologique de 3 000 hectares. Alors que la crise de grippe aviaire menace l'Europe, les contrôles ont été renforcés sur le lac. Les fréquences de prélèvements sur les oiseaux ont été augmentées pour dépister tous risques d'apparition du virus H5 N1 de la grippe aviaire.

Des contrôles renforcés

Toutefois, selon les spécialistes, la période la plus à risque est la fin de l'hiver et le printemps prochain, au moment du retour des oiseaux migrateurs d'Afrique de l'Ouest. Dans une cage posée sur le lac, plusieurs foulques se débattent. Le piège a été tendu par Christophe Sorin, un technicien de la fédération de chasse de Loire-Atlantique.

Les oiseaux ramenés à terre pour être examinés sont maniés avec précaution avant d'être relâchés.

Une jeune femelle milouin, une espèce de canard plongeur, en a fait l'expérience mercredi.

« Pour ne pas la stresser, on lui met la tête dans le noir », explique le technicien qui, équipé de gants, lui mesure pattes et ailes, avant de la peser et de lui baguer son bec du numéro 45.

Travaillant main dans la main avec Alain Caizergues, ingénieur-chercheur de l'Office national de la chasse et de la faune sauvage (ONCFS), Christophe Sorin détache ensuite une plume du ventre qui fera l'objet d'analyses ADN et isotopiques.

Les deux hommes prélèvent enfin, à l'aide d'un bâtonnet, des matières fécales dans l'anus. Ce prélèvement sera envoyé à l'Institut départemental d'analyse et de conseils (Idac) à Nantes avant de partir pour un laboratoire de l'Association française de sécurité sanitaire (AFSSA).

Contrairement aux idées reçues, la migration des oiseaux ne se fait pas uniquement dans le sens nord-sud, explique Alain Caizergues. « Les oiseaux qui arrivent ici viennent pour près de 10 % de l'est de l'Oural et en très faible quantité aussi de Turquie. Nous soupçonnons en effet des déplacements est-ouest, les oiseaux étant attirés par la douceur atlantique », note l'ingénieur, responsable du programme national de suivi des migrations des canards plongeurs à l'ONCFS.

« Au moins 90 000 canards et oies transitent chaque hiver par le lac », selon Alain Caizergues, pour qui la période la plus à risque de propagation du virus de la grippe aviaire sera fin février, avec le retour des oiseaux migrateurs d'Afrique de l'Ouest.

Texte 2

L'industrie du poulet à la peine

La consommation de volaille a chuté de 25 % en moyenne en France. Les abattoirs trinquent.
Du coup, des mesures de chômage partiel ne sont pas exclues. Chez Tilly-Sabco, qui appartient au groupe Unicopa à Guerlesquin dans le Finistère, on suit les courbes de vente tous les jours.

Les intérimaires les premiers touchés

La consommation de volaille est en baisse depuis une semaine. Les salariés de l'agroalimentaire commencent à s'inquiéter pour leurs emplois. Ceux d'Unicopa par exemple : le site de Guerlesquin dans le Finistère, qui produit du poulet congelé pour l'export, est moins touché que celui de Languidic dans le Morbihan, qui lui traite le poulet frais que boude le consommateur.

« À Guerlesquin, pas d'incidence aujourd'hui. On continue à abattre nos poulets tous les jours, affirme Danièle Mévet, secrétaire du comité d'entreprise d'Unicopa à Guerlesquin. Par contre, au niveau de la grippe aviaire, ça se fait ressentir sur le poulet frais. Donc on leur a annoncé une baisse de production à Languidic. » Pour pallier cette baisse, un transfert de tâches a été mis en place entre les deux sites. Si l'emploi fixe n'est pas encore menacé, il y a déjà beaucoup moins d'intérimaires que le mois dernier. « On a peur que notre découpe entière parte sur Languidic, craint Nadine Le Guen, déléguée syndicale CGT sur le site de Guerlesquin. Alors adieu aux emplois intérimaires. »

La baisse des commandes frappe également le groupe Doux. Là aussi, une solution mise en place est la congélation de produits d'abord destinés au frais. Si la chute de la consommation se poursuit, la situation de l'emploi deviendra délicate d'ici trois à quatre semaines.

Texte 3

Décembre 2005 : bonne consommation pour les fêtes

Le niveau des ventes pour ces fêtes est à peine inférieur à celui de l'année dernière. La crise de la consommation de volaille pour cause de crainte de grippe aviaire a bien existé. Mais elle s'est limitée aux premiers effets dus à la pression médiatique sur le sujet, la crise des banlieues ayant fait passer le poulet, celui qui se mange, au second plan.

Du coup cette fin d'année aura bien été célébrée autour de plats de dinde, chapon, canards et autres volailles. Pour autant, quatre départements voient toujours leurs élevages confinés. Pour les éleveurs concernés, la situation est toujours tendue, notamment à cause des stocks qui peuvent perturber les marchés.

Texte 4

13 janvier : confinement renforcé

Dans l'Ouest, seuls le Morbihan et la Sarthe échappent pour l'instant aux mesures de confinement des volailles.

Le Maine-et-Loire, la Mayenne, la Vendée, la Loire-Atlantique, le Finistère, les Côtes d'Armor et l'Ille-et-Vilaine font partie des 58 départements considérés comme « zones à risque ».

Les départements concernés renferment des milieux humides, des lacs, des étangs où peuvent se poser des oiseaux migrateurs. Dorénavant, dans ces 58 départements, les volailles devront en principe rester dans des bâtiments fermés ou au minimum manger et boire à l'intérieur.

Les foires et les expositions sont toujours suspendues sauf dérogation. Quant aux chasseurs, ils devront eux aussi continuer à se passer d'appelants, ces canards élevés pour attirer leurs congénères sauvages. En fait, des précautions pour rassurer encore !

« Pour l'instant, nous avons fait plus 1500 contrôles sanitaires sur des oiseaux et sur des élevages et nous n'avons naturellement détecté en France aucun cas », rappelle quand même Dominique Bussereau, le ministre de l'Agriculture. Par ailleurs, concernant un éventuel virus issu d'une mutation de l'homme à l'homme et qui pourrait, selon un laboratoire londonien, avoir infecté l'un des malades décédés en Turquie, rien n'est avéré.

« Il va falloir analyser à l'avenir quel va être l'impact clinique et épidémiologique et est-ce qu'il va y avoir un impact !, tempère Ana-Maria Burguière, microbiologiste à l'institut Pasteur. On continue à voir toujours des cas sporadiques et avec une transmission animale/homme. »

Si la grippe continue à se rapprocher de l'Europe, l'ensemble des mesures de prévention pourrait de nouveau être renforcé !

Activité 156

1. Cochez la phrase qui, à votre avis, résume le mieux chaque texte.

Texte 1

❑ **a.** Contrairement aux idées reçues, la migration des oiseaux ne se fait pas uniquement dans le sens nord-sud.

❑ **b.** Le plus grand lac de plaine de France est un passage obligé pour les oiseaux migrateurs, d'où un risque très sérieux.

❑ **c.** Au moins 90 000 canards et oies transitent chaque hiver par le lac.

Texte 2

❑ **a.** La consommation de volaille a chuté de 25 % en moyenne en France ; les abattoirs souffrent et les intérimaires sont les premiers touchés.

❑ **b.** Unicopa suit les courbes de vente tous les jours.

❑ **c.** Le site de Guerlesquin produit des poulets congelés pour l'export.

Texte 3

❑ **a.** La situation est tendue à cause des stocks.

❑ **b.** La crise de la consommation de volaille s'est limitée aux effets dus à la pression médiatique.

❑ **c.** Le niveau des ventes de volaille pour les fêtes est à peine inférieur à celui de l'année dernière.

Texte 4

❑ **a.** 58 départements sont considérés comme des zones à risques.

❑ **b.** Dans l'Ouest, seuls les départements du Morbihan et de la Sarthe échappent pour l'instant au confinement des volailles.

❑ **c.** Il va falloir analyser à l'avenir quel va être l'impact clinique et épidémiologique, s'il doit y avoir un impact.

2. Quels sont les deux textes qui évoquent les problèmes économiques ?

....

....

activité 157 | **Pour préparer votre exposé.**

a. L'introduction : la problématique peut être constituée par la mise en relation des problèmes écologiques et sanitaires avec les problèmes économiques. Autrement dit : la grippe aviaire a-t-elle / va-t-elle avoir un impact sur l'économie ?

b. Une partie de l'exposé se référera aux risques sanitaires.

c. L'autre partie de l'exposé se référera aux problèmes économiques.

d. La conclusion : on soulignera que le problème économique, au moment de la publication de ces textes, n'est pas encore complètement catastrophique…

activité 158 | **Pour préparer la discussion.**

– Avez-vous en mémoire d'autres épizooties de ce type ? (par exemple, la maladie de Creutzfeldt –Jacob – dite maladie de la « vache folle », en 1985-1986)

– Quelles autres incidences, autres qu'économiques, peut avoir la grippe aviaire (en particulier sur la santé publique) ?

– Les risques d'épidémie en général : pourquoi ? Comment ?

– Quelle est à votre avis, dans ce cas ou dans d'autres, la valeur du principe de précaution ?

EXPOSÉ 5

Le racisme dans le football

Texte 1

Contre le racisme dans le football

Zoro signe son ras-le-bol

Les joueurs de football à la peau noire continuent d'être pris à parti dans certains stades européens. Marc André Zoro, défenseur ivoirien du FC Messina, n'a pu contenir son exaspération face aux injures racistes dont il a été victime, ce dimanche, lors d'une rencontre à domicile contre les Milanais de l'Inter. La Fédération internationale de football est alertée, une fois de plus.

Le racisme gagne du terrain dans le football européen. Les joueurs à la peau noire sont très régulièrement les cibles de manifestations racistes de la part de supporters. Ce dimanche, l'Ivoirien Marc André Zoro Kpolo, continuellement harcelé dans les

➡

divers stades italiens, a tiré l'alarme sur le terrain. À la 66e minute du match qui oppose les clubs de première division FC Messina Peloro et l'Inter de Milan, le défenseur de 21 ans signifie à l'un des arbitres son agacement devant les injures à caractère raciste qui fusent depuis le début de la rencontre. Excédé, le joueur prend la balle dans les mains et menace d'arrêter la rencontre. « J'ai dit à l'arbitre de faire quelque chose, de leur dire d'arrêter. Comme ils continuaient de plus belle, j'ai pris le ballon pour leur faire comprendre », a expliqué Marc André Zoro, contacté par Afrik. Soutenu par les joueurs des deux équipes alors qu'il ne retenait plus ses larmes, le jeune Ivoirien décide finalement de reprendre la partie. « Je suis un joueur professionnel, mes co-équipiers et les adversaires de l'Inter qui menaient au score n'y étaient pour rien, il fallait continuer le match. D'autant plus que mon club aurait pu être pénalisé. »

Partout en Europe, le racisme dans les stades de football est monnaie courante. Les Britanniques ont réussi à réprimer la hargne de leurs Hooligans, mais l'Espagne, l'Allemagne, l'Italie ou encore la France semblent ne pas pouvoir gérer la montée de l'intolérance dans les stades. Dans l'Hexagone, le public du Paris Saint-Germain (PSG) est réputé le plus raciste. L'attaquant guinéen Amara Simba doit certainement se souvenir encore des banderoles « Simba la Banane » déployées, dans les années 1980, par les fans de son club. Les supporters du club de la capitale sont scindés en deux. Ainsi, dans le Parc des Princes, stade de l'équipe, la tribune « Boulogne » est interdite aux non-blancs, celle d'« Auteuil » est réservée aux supporters d'origine étrangère… et aux Juifs. Cette ségrégation, tacitement installée, est connue de tous, y compris des joueurs noirs qui évoluent dans le club.

Source : www.afrik.com

Texte 2

FOOTBALL ET RACISME : ça continue

Ne croyez pas que Paolo Di Canio ait le monopole du racisme dans le football, ou bien que le public de la Lazio de Rome soit le seul à compter des éléments xénophobes dans leurs rangs.

À l'occasion du match des 32e de finale de la Coupe de France opposant le Stade Rennais à Corte, en Corse, les joueurs rennais ont reçu un accueil très spécial. Voici les propos du Brésilien Adailton, visiblement très choqué par le public corse : « Le public a offensé les joueurs mais sur le terrain, c'était également pareil. Moi j'ai vu 2 ou 3 joueurs prononcer des insultes racistes.

Tout le monde est choqué, les dirigeants également. Ce n'est pas un comportement acceptable. Pendant la rencontre, je n'ai pas trop eu le temps de penser à tout ça mais après le match j'étais vraiment malheureux. Les hommes ne doivent pas oublier l'histoire et refaire les mêmes erreurs. Il faut avancer vers l'avant et dans le même sens. »

« Je crois que c'est le moment le plus difficile de ma carrière. je n'ai jamais vu cela de toute ma vie. (…) J'avais déjà vu du racisme à la télévision mais je ne l'avais jamais vécu de cette manière. C'est honteux, je n'oublierai jamais mais il faut avancer et penser au championnat. »

À noter que cette rencontre, qui aurait dû être une fête, s'est déroulée à Ajaccio. La Corse est parfois montrée du doigt à cause de quelques imbéciles.

La réputation de l'île de Beauté souffre malheureusement de ces maux, au même titre que d'autres départements français. Souvenez-vous de la douleur de Pascal Chimbonda, parti depuis s'exiler en Angleterre afin d'oublier les insultes du public bastiais…

Afin d'effacer cette triste réputation, les footballeurs,

supposés représentants de certaines valeurs d'intégration et de mélange, doivent montrer l'exemple.

La rédaction de Foot Mercato tient à soutenir le Stade Rennais dans sa douleur, victime de la bêtise humaine. La tolérance dans les stades de l'Hexagone passe par un rejet des idées racistes.

La campagne contre le racisme initiée par Thierry Henry l'an dernier doit continuer : le public ne doit pas tolérer la moindre insulte raciste et le moindre propos injurieux qui s'échappe des tribunes. C'est l'affaire de chacun d'entre nous.

Mardi 10 janvier 2006, par Laurent Picard, source : www.footmercato.net

Texte 3

L'UEFA* soutient de toutes ses forces un plan d'action comprenant dix mesures visant à combattre le fléau du racisme dans le football.

1. Émettre une déclaration statuant que le club ne tolérera pas le racisme et indiquant les mesures qui seront prises à l'encontre de tous ceux qui scandent des slogans racistes. Cette déclaration devra figurer systématiquement dans le programme officiel et être affichée visiblement dans le stade.

2. Faire des annonces publiques interdisant les slogans racistes.

3. Stipuler aux abonnés qu'ils ne peuvent participer à des actes d'abus racistes.

4. Mettre en place des dispositions pour lutter contre la vente de tout document raciste à l'intérieur et à l'extérieur des stades.

5. Prendre des mesures disciplinaires à l'encontre de joueurs qui profèrent des insultes racistes.

6. Contacter les autres clubs pour s'assurer qu'ils comprennent la politique du club en matière de racisme.

7. Encourager la mise en place d'une politique commune entre les agents de sécurité du stade et la police.

8. Effacer les graffitis de nature raciste qui défigurent les stades.

9. Adopter une politique d'emploi et d'offre de services non discriminatoire.

10. Travailler en collaboration avec d'autres groupes et agences comme les syndicats de joueurs, les supporteurs, les écoles, les associations bénévoles, les clubs de jeunesse, les sponsors, les autorités locales, les commerces locaux et la police, afin de développer des programmes proactifs destinés à mettre fin au racisme et à la discrimination et d'informer le public sur ce fléau.

* UEFA : Union européenne de football association.

Source : http ://fr.farenet.org /

ctivité 159

1. a. Racisme dans le football italien :

– qui sont les auteurs ?

....

....

– qui est la victime principale ?

....

....

b. Racisme dans le football français :

– qui sont les auteurs ?

....

....

– qui sont les victimes ?

....

....

c. Autres pays où il y a du racisme dans les stades :

....

....

2. L'UEFA propose dix mesures pour lutter contre le racisme dans le football.

Pour chaque mesure de l'UEFA, donnez votre avis. Notez les mesures proposées de 1 (peu importante) à 5 (très importante), et les mesures faciles à mettre en œuvre de 1 (peu facile) à 5 (très facile).

	mesure importante	mesure facile à mettre en œuvre
mesure 1	1 – 2 – 3 – 4 – 5	1 – 2 – 3 – 4 – 5
mesure 2	1 – 2 – 3 – 4 – 5	1 – 2 – 3 – 4 – 5
mesure 3	1 – 2 – 3 – 4 – 5	1 – 2 – 3 – 4 – 5
mesure 4	1 – 2 – 3 – 4 – 5	1 – 2 – 3 – 4 – 5
mesure 5	1 – 2 – 3 – 4 – 5	1 – 2 – 3 – 4 – 5
mesure 6	1 – 2 – 3 – 4 – 5	1 – 2 – 3 – 4 – 5
mesure 7	1 – 2 – 3 – 4 – 5	1 – 2 – 3 – 4 – 5
mesure 8	1 – 2 – 3 – 4 – 5	1 – 2 – 3 – 4 – 5
mesure 9	1 – 2 – 3 – 4 – 5	1 – 2 – 3 – 4 – 5
mesure 10	1 – 2 – 3 – 4 – 5	1 – 2 – 3 – 4 – 5

ctivité 160

Pour préparer votre exposé.

a. L'introduction : on peut partir de l'idée que les footballeurs sont « supposés représentants de certaines valeurs d'intégration et de mélange. » Comme il semble que cette supposition est fausse, la problématique pourrait s'organiser autour de cette question : comment peut-on « combattre le fléau du racisme dans le football » ?

b. On peut traiter d'abord de la présence effective du racisme dans le football (exemples dans les textes 1 et 2), en élargissant ce cas particulier au racisme dans la société en général.

c. On s'intéressera ensuite au plan d'action de l'UEFA (texte 3), en relevant les limites et les difficultés d'application d'un tel plan.

d. La conclusion : on peut avoir une conclusion négative (par exemple, le racisme est en train de se développer de façon inquiétante ; l'augmentation des actes de racisme en témoigne) ou une conclusion positive (par exemple, il faut continuer à croire aux valeurs d'intégration du sport).

activité 161

Pour préparer la discussion.

a. Le plan de l'UEFA est-il réaliste ?

b. Peut-on se limiter au racisme <u>dans le football</u> ?

c. Le football est-il un miroir (grossissant) de la société ?

d. Peut-on encore parler de sport, quand on observe les sommes d'argent en jeu ?

EXPOSÉ 6

L'utilisation du vélo en ville et de sa cohabitation avec les autres usagers

Texte 1

TÉMOIGNAGE : « Aujourd'hui, je choisis le vélo »

En ville, je choisis le vélo. Pour 500 m ou 3 km, c'est le moyen le plus rapide. Et aussi dans bien des cas jusqu'à 5 ou 6 km, surtout quand il n'y a pas de place de parking libre, et pas toujours de bus proche. Le vélo, c'est toujours le moyen le moins cher, quelques euros par mois. Certains vont à vélo prendre le tram, le bus ou le train, pour aller plus loin. Mon médecin me dit qu'en plus ça me donne une santé de fer en l'utilisant tous les jours. Et pour la protection de notre environnement, je sais que c'est nécessaire et j'ai un peu plus bonne conscience, surtout que c'est sur ces courtes distances que la voiture pollue le plus. Mes 10 km par jour toute l'année, c'est 700 kg de CO_2 en moins par an !

Comment on se met au vélo ? Nous avons presque tous un vélo, sinon les grandes villes et bien d'autres ont maintenant une vélostation : c'est un service qui prête avec des tarifs avantageux (c'est parfois même gratuit), qui entretient ou garde mon vélo, qui donne des conseils. Certains prêts sont même couplés avec le ticket de transport en commun. Et puis quelques veinards ont la chance d'avoir aussi la possibilité d'emprunter un vélo à un point de dépôt et de le rendre à un autre. C'est avec ce type de services qu'on peut progressivement laisser sa voiture au garage. Mais où je roule ? Bon, c'est la question habituelle. J'ai mes habitudes, je ne prends pas de risques, et les aménagements commencent à venir. Surtout, nous sommes de plus en plus à rouler à vélo, et les voitures se disciplinent. Quelques pistes, des couloirs de bus autorisés, une bonne « zone 30 », des contresens vélo pour éviter les grandes artères, et tout va bien. Essayez, et vos arguments vont changer.

Au collège et au lycée, les jeunes ont des parkings à vélo, les pistes commencent à venir jusqu'aux abords. Au travail, venir à vélo devient respectable. Les mairies, les administrations et les entreprises installent des parkings, et de quoi se changer quand il pleut. Soyons honnêtes, ce n'est pas la majorité des cas, mais ça change. On vient même nous demander notre avis dans des « PDE », les fameux Plans de Déplacement des Entreprises, y compris dans les administrations.

Votre voisin s'est fait voler son vélo ? Ça arrive, mais moins qu'on ne le dit. Prenez donc deux bonnes précautions : d'abord un solide antivol, mis là où il faut ; ensuite, 25 villes proposent déjà de marquer votre vélo, avec un « Bicycode, », ce numéro gravé et personnel qui seul permet de vous prévenir dès que votre vélo est trouvé.

Voilà pourquoi j'ai choisi le vélo.

http://fubicy.org/argumentaire

Texte 2

••• Amende amère •••

Boulevard Saint-Germain. Je vais virer sur ma droite, le corps incliné, dans un beau mouvement courbe qui n'est pas sans rappeler le vol de l'aigle. Le feu est rouge, mais c'est à peine si je le note, ce signal écarlate n'est qu'une plaisanterie pour le cycliste qui tourne à droite et longe le trottoir sans danger. Et là un policier. Il lève le bras à mon intention. Tiens ? On se connaît ? À tout hasard je lui renvoie son amical bonjour. Et c'est par une interrogation faussement naïve dont les représentants de la force publique ont le secret qu'il me cueille au passage. « De quelle couleur il était le feu, là ? »

J'écarquille les yeux, mi-amusé, mi-consterné (pour lui). Ce gars n'est quand même pas là, au milieu de la route, pour faire passer des tests de dépistage aux daltoniens ? ! « Rouge ! » répondis-je avec une impatience polie, comme on donne l'heure à un passant. Avant de reprendre mon chemin, sourire aimable aux lèvres qui signifie : « C'est tout ce que je peux faire pour vous ? Bonne journée ! » Mais l'autre m'enjoint de quitter la chaussée et le terrain de la bonhomie pour rejoindre le trottoir et celui de la légalité.

Quand il sort son carnet rose, je réprime avec difficulté quelques facéties de feuilletons américains du style « Vous devez impérativement me lire mes droits » ou « Je sais que j'ai droit à un coup de fil ». Avant de réaliser que le gardien de la paix (!) me verbalise bel et bien. Et quand il me tend le doigt sur la casquette, le carton rose où est notifiée ma « non-observation du signal lumineux », les bras m'en tombent. Amende de 400 F à 5 000 F[1]. Avec convocation devant le tribunal de police.

Jusqu'à présent les cyclistes bénéficiaient d'une espèce d'impunité. C'était même assez drôle de voir les policiers tourner le dos, faire mine de ne pas nous voir rouler sur les trottoirs ou remonter les sens interdits, mus par un sentiment d'indulgence paternelle, le mépris du grand chasseur pour le petit gibier, ou alors, espérais-je, la gratitude secrète de savoir que nous œuvrions secrètement dans le même sens, eux et nous : le désengorgement de la ville, une sécurité publique accrue et la lutte contre la pollution. Nous étions un peu comme ils disent, collègues. Qui n'a pas prévenu ce gars que je faisais partie de la Maison ?

---

1. Soit de 60 € à 750 € environ.

Didier Tronchet, *Petit traité de vélosophie (Le monde vu de ma selle)*, Plon, 2000.

Texte 3

 # Bordeaux, vélos et couloirs à autobus : apprenons à nous entendre

Fin décembre 2001, Vélo-Cité obtenait l'ouverture aux cyclistes de tous les couloirs à autobus de Bordeaux. L'arrêté municipal était clair sur les motifs : « Considérant que la sécurité des cyclistes peut être mieux assurée dans un couloir réservé aux transports en commun que s'ils sont intégrés à la circulation générale... » Cette décision ne faisait que légaliser une pratique illicite, mais courante. D'autres villes ont précédé ou suivi Bordeaux et nous ne saurions trop pousser les retardataires à faire le siège de leur municipalité pour obtenir ce progrès qui ne coûte à peu près rien et rapporte gros. Il suffit de panonceaux « vélos autorisés » sous les panneaux « bus », et, comme à Bordeaux, d'ajouter le pictogramme vélo à côté de la mention « bus » peinte au sol.

Quand le couloir fait entre 4 et 4,50 m, pas de problème, mais quand il est étroit (3 m), il faut cohabiter, car il n'est pas toujours possible de les élargir, la voirie étant ce qu'elle est. Et cette cohabitation devient parfois conflictuelle, voire dangereuse, entre cyclistes et conducteurs de bus. Commence alors l'éternelle querelle : c'est pas moi, c'est l'autre, dont il faut sortir.

Il y a des chauffeurs de bus irascibles et mal lunés. À leur décharge, constatons qu'ils font un métier stressant, qu'ils ont un horaire à respecter, autant que faire se peut, et qu'ils ont la loi du nombre pour eux (des dizaines de passagers impatients d'arriver au but).

Il y a aussi des cyclistes pas très futés, adeptes du « j'y suis, j'y reste », qui ne se sentent pas gênés de s'engager dans le couloir, juste devant l'autobus (j'ai le droit), qui n'ont pas l'intelligence de se serrer à droite au premier carrefour venu pour se laisser doubler (y a pas de raison), quitte à perdre une poignée de secondes, ou de sortir du couloir.

Pourtant, commencer la journée en faisant un petit signe au bus qui suit, je me serre à droite et je ralentis pour te laisser passer, ou je dégage à gauche, c'est se mettre de bonne humeur pour quelque temps, surtout quand le chauffeur répond par un autre petit signe en passant (c'est du vécu – fréquent – de l'auteur).

Tout ceci, diront certains, c'est bien joli, mais c'est faire la morale aux cyclistes, mais quid des chauffeurs de bus ? Tout simplement parce que Vélocité s'adresse aux cyclistes, pas aux conducteurs ! Tirons donc les premiers, Messieurs les cyclistes. En donnant l'exemple de la courtoisie, nous pouvons au moins contribuer à éviter la propagation d'un réel ras-le-bol dans les dépôts. Quant aux passagers d'un autobus roulant à 15 km/h sur 500 m derrière un cycliste fatigué, mieux vaut leur parler d'autre chose que de vélo urbain (mais pour le savoir il faut parfois quitter sa selle pour prendre l'autobus). Partageons la rue dans le respect des autres, c'est la solution de l'avenir.

Michel Baillard, « Vélo-Cité Bordeaux »,
Dossier consultable sur http://fubicy.org

Activité 162

1. Voici une liste d'arguments à propos de l'utilisation du vélo en ville.
Dans quel texte sont-ils ? (plusieurs réponses possibles). Cochez les cases qui conviennent.

	Texte 1	Texte 2	Texte 3
a. Le vélo est le moyen le plus rapide pour se déplacer.			
b. Le vélo, c'est le moyen de transport le moins cher.			
c. Le vélo c'est bon pour la santé.			
d. Le vélo protège l'environnement.			
e. On peut souvent louer un vélo à un tarif avantageux.			
f. On peut rouler sur des pistes cyclables.			
g. On peut rouler dans des couloirs de bus.			
h. On peut rouler à contresens dans certaines rues.			
i. On peut faire graver son vélo pour lutter contre le vol.			
j. On bénéficie d'une sorte d'impunité auprès des policiers.			
k. Certains policiers sont peu compréhensifs.			
l. Il y a parfois des querelles entre usagers.			
m. Certains cyclistes se comportent mal.			
n. Les cyclistes doivent montrer l'exemple.			

2. Notez brièvement les traits d'humour présents dans le texte 2.

....

....

Activité 163

Pour préparer votre exposé.

a. L'introduction : poser une problématique en mettant le premier texte – qui est en fait un argumentaire détaillé – en relation avec le deuxième et le troisième – qui traitent de cas particuliers. On peut aussi poser la problématique à partir du deuxième texte, humoristique, pour revenir ensuite à des arguments rationnels.

b. On peut commencer par l'exposé des antagonismes entre les cyclistes et les autres usagers : automobilistes, et essentiellement ici, cyclistes et chauffeurs de bus. On parlera aussi de l'éventuelle relation conflictuelle entre cyclistes et policiers.

c. On continuera en développant les avantages du vélo, en insistant sur l'exemple proposé par le texte 3 et les progrès de la cohabitation entre les cyclistes et les autres usagers (on enrichira l'exposé d'exemples personnels, le cas échéant).

d. La conclusion : les trois textes sont favorables au vélo, comme solution de l'avenir. On peut donc se poser la question : mais est-ce la seule ? Et ouvrir un débat sur les autres moyens de transport en ville (dont, par exemple, les transports en commun.)

Activité 164

Pour préparer la discussion.

On peut envisager des thèmes de discussion tels que :

– Avantages et inconvénients du vélo et de la voiture.

– Avantages et inconvénients du vélo et des autres deux-roues motorisés (cyclomoteur, scooter, moto).

– Relations avec les piétons, les joggers, les pratiquants du roller, etc.

2. Domaine : Sciences

EXPOSÉ 7

L'innovation technologique française en matière de transports : un paradoxe ?

Document 1

A380 : le géant européen des airs

L'A380 est le dernier né des avions d'Airbus. Mis en service en 2006, il sera le plus gros avion commercial au monde. Ce quadriréacteur à deux ponts a une envergure de 80 m, une longueur de 73 m et une hauteur de 24 m. Ce long-courrier peut franchir des distances allant jusqu'à 15 000 km sans escale avec 555 passagers.

Ce *nec plus ultra* des gros-porteurs établit de nouveaux standards de confort passagers, de rentabilité et de respect de l'environnement.

Capable de transporter 35 % de passagers de plus que son concurrent le plus proche, le Boeing 747-400, et avec une surface plancher nettement supérieure, il offre des prestations luxueuses : escaliers majestueux, bibliothèque, casino, garderie, galerie marchande, salle de gymnastique, sièges avec plus d'espace pour étendre les jambes… De plus, chaque place est équipée d'une connexion téléphonique multimédia à large bande au sol qui permet de surfer sur Internet et de recevoir des chaînes de TV.

Bénéficiant des technologies les plus avancées de cette décennie, l'A380 est l'appareil le plus économique en termes de consommation de carburant et le plus respectueux de l'environnement jamais produit. L'usage sans précédent de composites et autres matériaux légers a permis de réduire sa masse et par voie de conséquence, sa consommation en carburant – inférieure de 12 % à celle de son concurrent – contribuant à minimiser l'impact des gaz d'échappement sur l'atmosphère. Équipé de réacteurs de nouvelle génération, l'A380 est en plus deux fois moins bruyant que son concurrent.

Pour cet avion, Airbus a coopéré avec une soixantaine de grands aéroports, afin de garantir la compatibilité de l'appareil avec les infrastructures aéroportuaires. L'A380 peut utiliser les pistes existantes et ses temps de rotation sont comparables à ceux des autres gros-porteurs actuellement en service.

Les analystes estiment que le trafic aérien va tripler d'ici vingt ans. L'A380 fournit donc la solution la plus responsable sur le plan socio-économique pour faire face à l'encombrement du trafic et des aéroports. Fort de sa capacité passagers supérieure, celui-ci contribuera à limiter l'encombrement de l'espace aérien en transportant davantage de passagers sans augmenter le nombre de mouvements d'appareils. Au cours des deux prochaines décennies, il faudra aussi compter avec l'émergence de nouveaux marchés, porteurs d'une demande en appareils de grande capacité, surtout en Inde et en Chine.

L'enjeu financier de l'A380 est considérable : Airbus et ses actionnaires, l'Européen EADS (80 %) et le Britannique BAE Systems (20 %), y ont déjà investi plus de 10 milliards d'euros.

Mais l'A380 remporte déjà un remarquable succès : avec 149 commandes (au 20 janvier 2005), Airbus est en passe de gagner le pari d'atteindre les 250 commandes. Il envisage même de livrer plus de 1000 appareils sur les 20 prochaines années et a, dans ses prévisions, prévu de capter 50 % de ce marché. Pour le moment, Boeing n'a pas lancé de concurrent sérieux en riposte à l'A380, et Airbus se trouve en situation de quasi-monopole.

Février 2005

Document 2

La Logan ||||

la voiture à bas prix à la conquête des pays émergents

À l'heure où les constructeurs automobiles cherchent à monter en gamme et à proposer de plus en plus d'options et de technologie, Renault a fait le pari inverse en misant sur un concept dépouillé : la Logan, dévoilée le 2 juin 2004, est une voiture à 5 000 euros !

Absent des marchés américains et japonais, limité dans sa croissance en Europe, Renault rêvait depuis longtemps de partir à l'assaut des pays émergents. On estime en effet que les deux tiers de la croissance du marché automobile dans les années à venir proviendront des pays émergents. Conscient de l'enjeu, Renault a donc décidé de lancer la fabrication de cette voiture à bas prix en Roumanie, dans l'usine Dacia, où les coûts de production sont imbattables.

L'idée est avant tout de séduire les acheteurs des pays à pouvoir d'achat réduit. Pour 5 000 euros, inutile d'espérer disposer de direction assistée et de vitres électriques. Fabriquée sur une base de Clio rallongée mais de 4,26 mètres de long, dotée d'un grand coffre de 510 litres, la Logan est une solide berline familiale aux lignes sans grande originalité. Côté sécurité, c'est le minimum syndical : seulement 2 airbags contre 8 en Europe de l'Ouest. En revanche, grâce à une garde au sol surélevée, elle est adaptée aux routes défoncées. Enfin, d'une technologie simple, elle est facilement réparable par des garagistes locaux.

Pour Renault, c'était un pari audacieux car il était fondamental de ne pas donner l'impression au client qu'il s'agissait d'une voiture au rabais. Et même dans les rangs de Renault, l'affaire n'était pas gagnée : l'ingénierie de Renault méprisait cette « voiture du pauvre », peu valorisante sur le plan technologique et émettait de sérieuses réserves sur les capacités de Dacia à relever le défi. D'autant plus que la barre avait été placée très haut : vendre 700 000 unités de cette voiture par an dans le monde entier.

Mais les chiffres sont là : la Logan est devenue en novembre 2004 la voiture la plus vendue de Roumanie. Et aujourd'hui, elle est rentable.

La Logan est donc appelée à avoir une vocation mondiale. Depuis son lancement, elle est déjà assemblée en Russie, au Maroc et en Colombie. Elle sera également produite en Iran à partir de 2006 puis en Inde et au Brésil. Il est à noter qu'en fonction des pays, des options peuvent être ajoutées, faisant grimper l'addition (addition qui sera d'ailleurs fonction des coûts de production locaux).

Fallait-il la vendre en Europe de l'Ouest ? La question a longtemps fait débat chez Renault. Le constructeur était partagé entre le risque de dégrader son image de marque en commercialisant une voiture bas de gamme et la tentation de reconquérir une clientèle occidentale qui n'a plus les moyens de se payer un véhicule neuf.

Et pourtant ! Depuis août 2005, 5 000 Logan à 7 500 euros l'unité ont envahi la France, avant de partir à la conquête de l'Europe de l'Ouest.

Avril 2005

Activité 165 **Pour sélectionner et comparer les idées des textes sources.**

1. Résumez en une phrase ce qu'est l'A380.

....

....

2. Résumez en une phrase ce qu'est la Logan.

....

....

3. Relevez tous les termes qui témoignent de la démesure du projet de l'A380.

....

....

4. Relevez tous les termes qui soulignent le côté dépouillé de la Logan.

....

....

5. Cochez les bons synonymes de ces mots et de ces expressions.

    a. Long-courrier

    ❏ transportant du courrier   ❏ effectuant de longs trajets

    b. Berline

    ❏ voiture à 5 portes   ❏ voiture à 3 portes

    c. *Nec plus ultra*

    ❏ ce qu'il y a de mieux   ❏ ce qu'il y a de plus cher

    d. Au rabais

    ❏ au-dessus du prix habituel   ❏ au-dessous du prix

    e. Pays émergent

    ❏ pays en voie de développement   ❏ pays en guerre

    f. Placer la barre très haut

    ❏ poser un défi impossible à relever   ❏ exiger beaucoup

6. Faites des réponses courtes aux questions suivantes.

    a. En quoi ces deux projets sont-ils des « paris audacieux » ?

....

....

    b. Comment Airbus et Renault espèrent-ils supplanter leurs concurrents ?

....

....

    c. En quoi l'A380 et la Logan répondent-ils parfaitement à la demande du marché ?

....

....

    d. Quelles sont les prévisions faites par Airbus et Renault pour l'avenir de ces projets ?

....

....

activité 166

1. Pour dégager une réflexion personnelle en intégrant des arguments personnels et tirés du dossier, aidez-vous de ces questions.

    a. Ces deux documents soulignent un paradoxe dans le développement des projets de transports français. Expliquez en quoi consiste ce paradoxe.

....

....

b. Pourtant, bien que paradoxaux, ces deux projets ont le même but. Lequel ?

....

....

2. Ces textes cherchent avant tout à promouvoir ces deux projets. Mais imaginez quels sont les risques encourus par les deux projets et quels sont les arguments qu'un concurrent pourrait leur opposer.

Activité 167 **Pour préparer le débat, discutez cette citation :**

> « Nous nous sommes aventurés sur des terres où personne n'était allé avant nous. L'avenir nous dira si nous étions des fous ou des génies », Jürgen Thomas, directeur de la division des gros-porteurs chez Airbus.

Ayez soin de choisir des arguments pertinents pour défendre votre point de vue et répondre aux contre-arguments du jury.

EXPOSÉ 8

Les Français et l'environnement
Document 1

> ### *Les pratiques environnementales s'installent de plus en plus dans la vie quotidienne des Français*
>
> Le tri des déchets est bien installé, tandis que de nouvelles pratiques se développent.
>
> 3 ménages sur 4 affirment trier régulièrement leurs déchets. Le tri du verre (77 %) est entré dans les mœurs depuis longtemps. Il est peu à peu rejoint par celui des piles usagées (73 %, contre 24 % en 1998), du papier (71 % contre 36 %) et du plastique (71 % contre 20 %).
>
> L'arrêt systématique de la veille de la télévision (69 %) ou l'apport d'un sac pour faire ses courses (63 %) sont assez répandus, ainsi que l'attention à sa consommation d'électricité (84 %) et d'eau (77 %) et la prise en compte de la consommation d'énergie lors de l'achat d'un appareil électroménager (59 %).
>
> En revanche, peu de ménages déclarent acheter des produits issus de l'agriculture biologique (21 %) ou des ampoules basse consommation (15 %), probablement parce qu'ils coûtent plus cher à l'achat. Faire attention à la quantité de déchets qu'implique l'achat d'un bien est égale-ment peu répandu (17 %). Ces pratiques concernent surtout les ménages les plus impliqués, ceux qui déclarent au moins 10 pratiques environnementales sur 14 (34 % des Français).
>
> En moyenne, les ménages déclarent effectuer 8 pratiques parmi les 14 sélectionnées. 77 % d'entre eux en déclarent 7 et plus. Dans l'ensemble, l'adoption de comportements favorables à l'environnement est liée à une certaine aisance sociale : elle émerge davantage au sein de ménages propriétaires, vivant en couple, dans lesquels la personne de référence, âgée de plus de 30 ans, est diplômée.
>
> L'adoption de pratiques environnementales est liée aussi à la taille de l'agglomération de résidence. Elle est facilitée dans les petites unités urbaines. Elle est moins fréquente dans les grandes agglomérations, particulièrement celle de Paris.
>
> *Mars 2006*

Document 2

La chimie verte a de l'avenir

Depuis plus de trente ans, Antoine Gaset, chercheur au laboratoire de chimie agro-industrielle de l'Institut national de la recherche agronomique, l'INRA, milite pour développer la « chimie verte » ou la fabrication de produits industriels non alimentaires à partir des produits agricoles. « La chimie verte, c'est la chimie propre. Une chimie qui ne nuit ni à l'environnement, ni à la santé de l'homme. »

Imaginez le potentiel de tous les produits issus de l'agriculture qui peuvent être destinés à l'industrie ! « Prenons le tournesol. On en tire de l'huile dont on va faire toutes sortes de lubrifiants. Avec le tourteau, on va faire des agro-matériaux pour la construction. La tige fournira aussi toutes sortes de matériaux, comme des cales dont on se sert pour emballer des objets fragiles.

Enfin, avec le capitule, on produira des parfums… En plus, tous ces produits ne posent aucun problème en fin de vie : ils se dégradent naturellement, peuvent être compostés et retournent à la terre où ils apportent de la matière organique. Et ils pourraient progressivement se substituer aux produits issus de la transformation de l'énergie fossile comme le pétrole. De surcroît, leur fabrication met en œuvre des technologies non polluantes. Il y a donc là un potentiel économique formidable ainsi qu'un gisement considérable d'emplois. »

Pour l'instant, ce secteur d'activités est modeste, mais il va exploser dans les cinq ans. Plusieurs pays européens, comme l'Allemagne, ont déjà pris de l'avance dans ce domaine.

Septembre 2005

Document 3

BIOCARBURANTS :
la France met les gaz

Actuellement, les biocarburants représentent 1 % de la consommation totale de carburant en France. Cette part devrait être portée à 5,75 % dès 2008. C'est ce qu'a annoncé le premier ministre, Dominique de Villepin, mardi 12 septembre 2005, au Salon de l'Agriculture. D'après le gouvernement, cette mesure permettra aux industriels d'investir 1 milliard d'euros pour la construction de 10 nouvelles usines de biocarburants.

Pour l'instant, seules quelques usines produisent (et en petite quantité) les biocarburants : les biodiesels, obtenus par réaction du méthanol sur les huiles végétales comme le colza, le tournesol, le soja, la palme ; et les bioéthanols, obtenus par fermentation du sucre extrait de la betterave, du blé, du maïs ou de la canne à sucre.

Avec la construction de ces nouvelles usines, la France devrait ainsi atteindre l'objectif de 5,75 % d'incorporation des biocarburants dans les carburants en 2008, de 7 % en 2010 et de 10 % en 2015. En 2008, la production de biocarburants va donc tripler par rapport à 2006 et se traduira par une économie de 4 à 7 millions de tonnes en équivalent CO_2.

Cette mesure réjouit les professionnels. « C'est très encourageant. Cela montre que le gouvernement a pris à bras-le-corps le problème des biocarburants. Il nous donne une visibilité jusqu'en 2015, ce qui est assez rare », s'est félicité Philippe Pinta, président de l'Association générale des producteurs de blé.

De plus, l'État appuie l'essor des biocarburants en exonérant ces produits d'une partie de la taxe intérieure de consommation, de sorte que les pétroliers ne répercutent pas sur les consommateurs le surcoût des biocarburants.

Septembre 2005

Document 4

Automobile polluante... automobiliste payeur

Nelly Olin, ministre de l'Écologie, a dévoilé hier l'ensemble des mesures écologiques qui vont être prises contre les voitures polluantes.

Tout d'abord, elle a annoncé la mise en place d'un dispositif de « malus » pour les voitures les plus polluantes. La raison de cette taxe ? Le pétrole est cher et le climat se réchauffe ! Ainsi, à partir du 1er janvier 2006, les acheteurs de voitures neuves très polluantes (plus de 200 grammes de CO_2 par kilomètre) acquitteront une taxe supplémentaire sur la carte grise. À titre d'exemple, la carte grise coûtera 12 euros de plus pour une Espace IV 2.2dCi et 380 euros de plus pour un 4X4 Cayenne. De même, les véhicules d'occasion qui ont été pour la première fois immatriculés après juillet 2004 seront surtaxés à la revente. Cette mesure drainera 18 millions d'euros, affectés à l'Agence de l'environnement et de la maîtrise d'énergie.

Le gouvernement mise également sur des mesures incitatives telles que les crédits d'impôt, portés à 2 000 euros pour l'achat de voitures propres (hybrides, GPL).

Enfin, le gouvernement entend rétablir l'aide aux transports collectifs de province, supprimée depuis 2 ans : bus et tramway en site propre vont bénéficier de 100 millions d'euros. La recherche sur les véhicules propres bénéficiera aussi de 100 millions d'euros en 5 ans, avec l'objectif de créer une voiture familiale émettant moins de 100 grammes de CO_2 par km.

Septembre 2005

tivité 168 Pour extraire les informations importantes des documents, concentrez-vous tout d'abord sur les titres puis analysez chaque document.

1. Expliquez les titres des quatre documents.

....

....

2. Document 1

   a. Repérez les chiffres. Que disent-ils des habitudes des Français en ce qui concerne l'environnement ?

....

....

   b. Est-ce une large part de la population qui effectue ces pratiques ? Citez une phrase du texte.

....

....

   c. Quelle partie de la population française a le plus de comportements environnementaux ?

....

....

Document 2

a. Expliquez en une phrase ce qu'est la « chimie verte ».

....

....

b. Énumérez tous les produits que l'on peut tirer du tournesol.

....

....

c. Exposez tous les avantages de la chimie verte.

....

....

Document 3

a. Expliquez ce que sont les biocarburants. Donnez des exemples.

....

....

b. Quelles mesures concrètes veut prendre le gouvernement pour augmenter le nombre de biocarburants en France ?

....

....

Document 4

a. Quelles sont les mesures prises par le gouvernement pour limiter le nombre d'achat de voitures polluantes ?

....

....

b. Dans quels domaines le gouvernement français compte-t-il investir ?

....

....

activité 169

1. Pour préparer l'exposé, sachez puiser dans les sources documentaires et aussi apporter vos réflexions personnelles. Complétez ces phrases.

a. Le fait que ce soient les Français les plus aisés socialement qui aient le plus de pratiques environnementales n'est pas surprenant puisque ....

b. Le secteur d'activités de la « chimie verte » peut exploser dans 5 ans à condition que
....

c. La part des biocarburants dans les carburants augmentera fortement dans les prochaines années si ....

d. Les mesures répressives pour réduire le nombre de voitures polluantes sont une solution mais ....

e. En résumé, ce qui freine actuellement le développement de toutes ces pratiques environnementales est ....

2. Construisez votre exposé en prenant en compte vos réponses à ces questions.

a. Les mesures prises par le gouvernement français en matière de protection de l'environnement vont-elles réellement changer la donne actuelle ? Ne relèvent-elles pas de l'utopie ou de l'effet d'annonce ?

b. Les agriculteurs peuvent-ils vraiment gagner la guerre contre les magnats du pétrole ?

c. Que pensez-vous des sommes extraordinaires dépensées par le gouvernement pour le respect de l'environnement ?

tivité 170 **Pour préparer la discussion avec le jury, défendez ou réfutez cette affirmation :**

Tout le monde se sent écologiste. Et personne ne l'est vraiment. Tout le monde aime la nature et tout le monde la pollue. Tout le monde préfère les acacias en fleur aux odeurs du périphérique. Tout le monde… L'écologie est le royaume des évidences. On aime tout ça… et on fait le contraire. Et plus l'environnement se décompose sous nos yeux…
Proposez des arguments pertinents pour convaincre le jury.

EXPOSÉ 9

Des techniques scientifiques de pointe au service de l'archéologie
Document 1

Jeanne d'Arc : son ultime procès est… scientifique !

Les reliques dont l'archevêché de Tours est le propriétaire depuis le XVIIe siècle, sont-elles bien les cendres de la « Pucelle d'Orléans » ?
C'est la question que se pose une équipe de 18 chercheurs qui vient de recevoir, à l'hôpital Raymond-Poincaré de Garches (92), les hypothétiques cendres de Jeanne d'Arc. Ces chercheurs comptent faire appel à l'ensemble des techniques de la médecine et de l'archéologie (analyse ADN, datation au carbone 14, microscopie, toxicologie et radiologie) pour percer ce mystère.
Souvenez-vous. Dans le contexte de la guerre de Cent Ans, Jeanne d'Arc entend à treize ans les voix de plusieurs saints lui demander de « bouter les Anglais hors de France ». Déguisée en homme, elle lève donc une armée et entre en campagne contre les Anglais pour libérer Orléans. Le 9 janvier 1431, elle est accusée d'hérésie et soumise à la question. Le 30 mai, elle est brûlée vive, puis calcinée à deux reprises sur la place du Vieux Marché de Rouen. C'est au pied du brasier, sur lequel Jeanne d'Arc aurait péri, qu'auraient été récoltées les cendres (composées d'une côte humaine de 14 cm de long, des vestiges de bûches et de corps d'animaux) que l'équipe de chercheurs entend analyser.

Dans six mois, temps nécessaire à l'étude, le voile sera enfin levé sur ce mystère. Une datation au carbone 14 devrait permettre de déterminer l'année du décès, une analyse ADN, le sexe de la victime, et l'étude des fragments de bois, leur origine géographique. Mais l'indice le plus pertinent devrait être la vérification de la triple crémation à laquelle aurait été soumis le corps de Jeanne d'Arc, et qui devrait être visible sur les ossements : en effet, il n'y a pas eu 1 000 femmes brûlées à Rouen en 1431, notamment à trois reprises !
Outre son indéniable intérêt historique, l'objectif de cette étude, réalisée à titre gracieux, est de tester des méthodes médico-légales et scientifiques en général sur des restes humains anciens, dans le contexte des méthodes qui vont être utilisées *a posteriori* sur des restes beaucoup plus récents. L'étude n'est pas d'ordre politique ou religieux, mais strictement médical, et consiste à vérifier si c'est un faisceau d'arguments tellement fins, tellement rapprochés, qu'on atteint quasiment la certitude que c'est bien Jeanne d'Arc.
Comme quoi, quand la médecine avance vers l'avenir, le passé rattrape le présent…

Février 2006

Document 2

Les poux russes : exterminateurs de la Grande Armée de Napoléon

DÉCEMBRE 1812 : ce qui reste des soldats de la Grande Armée de Napoléon quitte Moscou et bat en retraite à Vilnius, en Lituanie. Automne 2001 : des ouvriers découvrent à Vilnius une fosse commune contenant les ossements de centaines de ces soldats.

Des témoignages littéraires et historiques montrent que les soldats de l'armée napoléonienne étaient infestés de poux et que beaucoup sont morts de fièvre. On pense qu'ils devaient souffrir d'infections transmises par les poux, comme le typhus. La découverte de la fosse de Vilnius en 2001 a donné l'occasion à des chercheurs du CNRS de vérifier cette hypothèse.

Les poux transmettent différentes bactéries, responsables de la fièvre des poux, de la fièvre des tranchées et du typhus. Ces fièvres sont depuis longtemps associées aux conditions qui favorisent la multiplication des poux, comme les guerres. Certains avancent que les infections transmises par les poux ont causé plus de morts que les armes pendant les guerres…

Une unité d'anthropologie du CNRS a donc tout d'abord pratiqué la fouille du charnier, réalisé l'étude anthropologique et l'analyse des restes d'uniformes. Puis une autre unité a étudié les prélèvements de terre, de tissus et de dents des squelettes. Cinq restes de poux, identifiés morphologiquement et par biologie moléculaire, ont ainsi été trouvés dans la terre de la fosse et dans les restes des uniformes des soldats.

L'équipe de chercheurs a également analysé les dents de 35 soldats, grâce à une technique qu'elle a développée en 1999, basée sur la pulpe dentaire. Quand on ouvre les dents d'un squelette, on trouve un reste de pulpe dentaire sous forme de poudre qui permet d'analyser le sang de l'individu. On y recherche des fragments d'ADN spécifiques des bactéries qui ont contaminé l'individu et transité par son sang. La bactérie responsable de la fièvre des tranchées a été retrouvée dans la pulpe dentaire de 7 soldats et celle responsable du typhus dans celle de 3 soldats.

Les scientifiques du CNRS apportent ainsi la preuve du ravage causé par les infections transmises par les poux dans l'armée napoléonienne lors de la retraite de Russie. 30 % des soldats enterrés à Vilnius en souffraient et une grande partie d'entre eux y auraient succombé. Les infections transmises par les poux auraient donc eu un rôle déterminant dans la retraite française de Russie. ■

Avril 2005

Document 3

L'énigme du sexe des mains des grottes préhistoriques résolue

C'est une première ! Un logiciel mis au point par une équipe du CNRS détermine l'appartenance sexuelle des empreintes de mains présentes sur les parois des grottes préhistoriques. Le monde de l'archéologie préhistorique en est bouleversé !

En décembre 2004, des chercheurs affirment la possibilité de déterminer le sexe de certaines empreintes de mains grâce à l'indice de Manning, d'après lequel le rapport de longueur entre l'index et l'annulaire serait représentatif de l'identité sexuelle de tout individu. Dans les premiers mois de la vie du fœtus en effet, des hormones différenciées influenceraient directement le développement de ces deux doigts. Les œstrogènes pour la croissance de l'index et la testostérone pour celle de l'annulaire ! Un Européen aurait un indice moyen de 0,96 et une Européenne, un indice proche de 1. Cet écart moyen entre les hommes et les femmes se vérifierait toujours.

Jean-Michel Chazine, ethno-archéologue, a alors l'idée de transposer cet indice pour décrypter le sexe des empreintes de mains préhistoriques. Depuis plusieurs années, il cherche à percer le mystère des empreintes de mains dessinées selon le principe du pochoir, retrouvées sur la paroi de la grotte préhistorique de Gua Masri II, à Bornéo (Indonésie). Il contacte alors Arnaud Noury, archéologue devenu informaticien, et ils créent ensemble un logiciel, Kalimain. Dix jours plus tard, la paroi parle enfin ! Chazine, ému, voit apparaître sur son ordinateur le panneau de mains avec des marques rouges pour les femmes, bleues pour les hommes. « Nous pouvons maintenant dire avec certitude que ces mains-ci appartenaient à une femme et que celles-là étaient des mains d'homme ! » Bien plus, il apparaît clairement une organisation délibérée des mains : hommes et femmes n'ont pas mélangé leurs mains ! Alors que signifient ces mains ? Le mystère plane toujours. Mais le chercheur a sa petite idée. La grotte de Masri n'a jamais été habitée ; donc, si à certains moments, des hommes sont venus spécialement là pour y apposer leurs mains, c'est certainement dans un but très précis et selon certaines règles. Ces mains seraient des représentations symboliques et correspondraient sans doute à des rituels thérapeutiques, magiques, religieux ou divinatoires.

Reste encore pour le chercheur et l'informaticien à affiner ce logiciel, pour déterminer, peut-être, grâce aux différences de répartition sexuelle, certaines ères culturelles de la Préhistoire. En tout cas, c'est un champ immense d'interprétations nouvelles qui s'ouvre, partout où, dans le monde, on a trouvé des empreintes de mains négatives.

Janvier 2006

Activité 171 **Pour bien comprendre le sujet afin de bien délimiter l'exposé.**

1. Résumez chaque texte en une phrase.

....

....

2. Répondez aux questions.

  a. La technique par laquelle les chercheurs entendent prouver que ce sont bien les restes de Jeanne d'Arc est basée sur :

....

....

b. La technique pour prouver que ce sont bien les poux qui ont tué les soldats français consiste en :

....

....

c. La technique pour déterminer l'appartenance sexuelle des mains négatives est :

....

....

d. Qu'est-ce qu'apportent les techniques scientifiques de la médecine ou de l'informatique à l'archéologie ?

....

....

3. Faites correspondre les termes à leur définition :

a. bouter   ●   ● **1.** empreintes dessinées selon le principe du pochoir

b. crémation   ●   ● **2.** lieu où sont entassés les cadavres

c. à titre gracieux   ●   ● **3.** exprès, à dessein

d. battre en retraite   ●   ● **4.** pousser, refouler

e. charnier   ●   ● **5.** rendre plus fin, plus précis

f. infection   ●   ● **6.** action de brûler le corps des morts

g. mains négatives   ●   ● **7.** pénétration dans l'organisme de germes pathogènes

h. affiner   ●   ● **8.** bénévolement

i. délibéré   ●   ● **9.** se retirer du combat

4. Que signifie la phrase : « Comme quoi, quand la médecine avance vers l'avenir, le passé rattrape le présent. »

....

activité 172

Présentez votre point de vue sur le thème suivant, en une dizaine de minutes :
Ces découvertes, avérées, bouleversent notre connaissance du passé, à la fois de façon positive et négative.
Construisez un plan basé sur deux parties opposées, correspondant aux conséquences positives et négatives de ces découvertes. Prenez soin de bien intégrer une transition entre les parties ainsi qu'une brève conclusion à votre exposé.

activité 173

Pour préparer le débat, réfléchissez aux arguments pour et contre cette proposition :
« *Nous devons mettre les techniques scientifiques modernes au service de l'Histoire.* »
N'oubliez pas que votre argumentation devra être de qualité et riche en arguments. N'hésitez pas non plus à nuancer vos propos.

EXPOSÉ 10

Les catastrophes naturelles pourraient-elles être évitées ?

Document 1

▶ Le tsunami meurtrier de 2004

Aucun tsunami n'a été aussi mortel que celui qui a pris naissance le 26 décembre 2004 au large de l'île de Sumatra. Le nombre de victimes s'est élevé à 217 000, principalement en Indonésie, en Thaïlande et au Sri Lanka.

À l'origine de la catastrophe, la plaque continentale indienne est entrée en collision avec la plaque birmane à une profondeur de près de 40 km sous le niveau du fond marin. Cette collision, qui a duré 3 minutes au moins, a entraîné le glissement de la plaque indienne sous la plaque birmane sur plus de 15 m, libérant la puissance de 30 000 bombes atomiques. C'est le déplacement soudain de ces deux plaques qui est à l'origine du tremblement de terre de magnitude 9. Le séisme a ensuite déplacé d'importantes masses d'eau en entraînant l'apparition de lignes de crête spectaculaires atteignant jusqu'à 1500 m de hauteur, à l'origine du tsunami dévastateur. Sa vitesse sur les 500 premiers kilomètres aurait été de 4 km/s.

Les conséquences de ce brusque glissement de la plaque eurasienne sur la plaque indienne ont pu être enregistrées à 3 000 km de l'épicentre. Ce tremblement de terre aurait même par endroits bouleversé la géographie locale : des îles se seraient déplacées de 15 à 27 cm !

De plus, l'ensemble du phénomène de glissement de la faille a provoqué une diminution de la longueur du jour de quelques microsecondes ainsi qu'un déplacement du pôle de l'ordre de quelques centimètres. Toutes les régions océaniques du monde peuvent être touchées par les tsunamis, mais la probabilité de tsunami importants et destructeurs dans l'océan Pacifique et ses mers voisines est beaucoup plus forte en raison de nombreux forts séismes qui se produisent le long des côtes de l'océan Pacifique.

C'est pourquoi a été créé le Centre d'alerte au tsunami du Pacifique. Situé à Honolulu (Hawaï), il a pour objectif de détecter, localiser et déterminer les caractéristiques sismiques des séismes éventuellement tsunamigéniques dans l'océan Pacifique. Si la localisation et les paramètres sismiques d'un séisme (fournis par plus de 50 stations sismiques) concordent avec les critères connus pour la génération d'un tsunami, une alerte au tsunami est donnée afin d'avertir de l'éventualité de l'arrivée d'un tsunami. Le message d'alerte est envoyé aux organismes chargés de l'alerte tsunami qui le diffusent ensuite aux services d'urgence, aux autorités locales et à la population.

Février 2006

Document 2

❚ Le cyclone dévastateur Katrina de 2005

Le cyclone Katrina, qui s'est abattu sur le sud des États-Unis le 29 août 2005, est déjà qualifié de « plus grande catastrophe naturelle et économique de l'histoire du pays ».

Katrina est un des ouragans les plus puissants à avoir frappé les États-Unis.

Quand il a atteint les côtes à proximité de La Nouvelle-Orléans, son œil était large de 40 km et ses vents ont pu atteindre 280 km/h. L'évacuation de la ville a été tentée en raison des risques de submersion d'une partie de la ville, bâtie sous le niveau de la mer.

Des chiffres lourds

Katrina a ravagé une zone couvrant une superficie de 235 000 km², soit l'équivalent de la Roumanie. Dans le Mississippi, la côte a été dévastée sur au moins 50 km de long. La ville de la Nouvelle-Orléans a été inondée à 80 %.

Les bilans officiels font état de 1 417 morts, dont 930 directs.

Plus de 500 000 sans-abri sont répertoriés et l'on évoque plus d'un million de Louisianais déplacés.

Jusqu'à 160 000 maisons sont irrécupérables (car submergées jusqu'au toit) et des quartiers entiers devront être rasés.

Le coût des dégâts pourrait dépasser 100 milliards de dollars.

Dans le sillage de Katrina

La région touchée se trouvant dans une des parties les plus chaudes et humides des États-Unis, la chaleur, les moustiques, l'eau souillée mais surtout des milliers de personnes logées dans des conditions d'hygiène précaire, formaient un cocktail explosif qui risquait de déboucher sur un désastre sanitaire. Déjà la dysenterie s'était installée. C'est pourquoi les États-Unis ont envoyé 24 équipes médicales et ont demandé officiellement le 4 septembre une aide d'urgence à l'Union européenne, réclamant des couvertures, des kits médicaux d'urgence, de l'eau et 500 000 rations alimentaires. Mais si les corps en décomposition offrent très peu de risques de provoquer une épidémie, il semble en revanche difficile d'échapper à une épidémie tout aussi redoutable : l'explosion des maladies mentales liées au traumatisme vécu par les survivants, leur famille (même éloignée) et par les secouristes eux-mêmes.

Aujourd'hui, les experts appellent à profiter de la catastrophe pour prendre des mesures drastiques permettant d'éviter une répétition de la tragédie d'ici la fin du siècle, et de relancer la ville.

Septembre 2005

Document 3

Les catastrophes ne sont pas QUE naturelles !

Un peu partout sur la planète, la nature nous prévient.
Les catastrophes dites naturelles se multiplient. Mais sont-elles vraiment naturelles ?

Au lendemain du passage du cyclone Katrina qui a dévasté la Nouvelle-Orléans, nous nous interrogeons sur le lien de cause à effet entre la violence du cyclone et le réchauffement global lié à l'effet de serre. De fait, au cours de la phase de la formation de Katrina, la température des eaux de surface était supérieure à la normale de plus d'un degré. Cependant, les scientifiques se refusent prudemment à lier la dynamique d'un événement extrême particulier au phénomène de changement climatique.

Pourtant, ces désastres sont souvent provoqués, au moins partiellement, par la pollution atmosphérique et les activités humaines. L'émission massive de certains gaz dans l'air, en particulier le gaz carbonique (CO^2) provenant des combustibles fossiles (charbon, pétrole, gaz naturel), accentue l'effet de serre naturel de l'atmosphère terrestre, en retenant davantage les rayons du soleil qui y pénètrent. À la longue, le climat du globe se modifie. La température se réchauffe. De quelques degrés seulement, mais cela suffit à causer des changements climatiques énormes qui affectent toutes les régions du monde !

Il est tout à fait possible que les changements climatiques dus aux gaz à effet de serre modifient la fréquence, l'ampleur et la nature des catastrophes climatiques. Toutes les régions du monde ont connu à un moment ou un autre des conditions climatiques extrêmes dépassant tous les records : l'orage qui a provoqué le déluge du Saguenay, la tempête de verglas dans le sud du Québec, les terribles inondations dans les Alpes, au Mozambique ou en Inde... Ce n'est là qu'un avant-goût de ce qui risque de se produire si nous continuons à rejeter autant de polluants dans l'atmosphère !

L'association les Amis de la Terre exhorte donc les chefs d'État à agir contre la menace d'un réchauffement climatique, en adoptant rapidement de nouvelles mesures pour réduire les émissions de gaz à effet de serre. Elle estime en effet que tout retard entraînera un grand nombre de victimes dues aux catastrophes météorologiques liées au réchauffement de la planète.

Octobre 2005

ctivité 174 Pour comprendre en détail les idées importantes des textes et en dégager une synthèse.

À propos des trois documents.

1. Quelle est la différence de nature entre les trois documents présentés ?

....

....

2. Quels sont les trois types de catastrophes évoqués dans ces documents ?

....

....

3. Quels liens existe-t-il entre elles ?

....

....

À propos des deux premiers documents.

4. Comment sont-ils structurés ?

....

....

5. Que révèlent les chiffres ?

....

....

6. Quels types de mesure sont prises par l'homme ?

....

....

À propos du troisième document.

7. Quel est l'objectif de ce document ?

....

....

8. Quelle est la part de responsabilité de l'homme ?

....

....

9. Que propose l'auteur ? Où se trouve la solution selon lui ?

....

....

tivité 175 Pour votre exposé, construisez un plan basé sur les causes (naturelles et/ou humaines) et les conséquences (sur la nature et sur l'homme) des catastrophes naturelles.

Vous pouvez vous appuyer sur ces affirmations :

« L'homme vivait précaire dans une nature écrasante et immuable ; c'est la nature qui est devenue précaire et vulnérable. »

« Un peu partout sur la planète, la nature nous prévient. »

Ayez soin de présenter une conclusion appropriée dans laquelle se dégagera votre optimisme ou votre pessimisme sur le sujet.

activité 176 Pour débattre avec le jury, prenez position de manière précise et spontanée par rapport à ces citations :

> « Il faudra bien gérer la planète en bon père de famille. » Alain Finkielkraut, philosophe, dans une interview réalisée par *Télérama* n° 2918, 14 décembre 2005.

> « Il n'y a pas de fatalité. Nous pouvons, j'en ai l'intime conviction, opposer au pessimisme de l'intelligence l'optimisme de la volonté. Car il ne s'agit pas de rêver d'un monde meilleur. Il faut y œuvrer. » Cornelio Sommaruya, président du Comité international de la Croix-Rouge.

EXPOSÉ 11

Les nouvelles technologies contre le respect de la vie privée

Document 1

La lutte scientifique contre la criminalité

Einstein et le commissaire Maigret ont un point commun : leurs activités ne prennent leur sens que par la production de preuves matérielles étayant leurs thèses. Traditionnellement, le second fait appel aux connaissances et au savoir-faire du premier. Ce type de collaboration se renforce dès lors que les connaissances scientifiques – en particulier dans les domaines des sciences du vivant, de la matière et de l'information – transforment considérablement les outils utilisés par la « police scientifique ». Cette dernière possède donc désormais des outils de pointe (biotechnologie, informatique, robotique, etc.) susceptibles d'apporter la preuve de la culpabilité – et de l'innocence.

Il faut cependant reconnaître que ces progrès ne sont pas seulement mis au service de la justice mais aussi du crime. Les technologies permettent à la fois de déjouer les délits et de les réprimer, mais aussi d'inventer des modes d'effraction et d'infraction de plus en plus originaux et sophistiqués. La montée en puissance du « crime organisé », qui exploite à la fois les innovations techniques et les opportunités offertes par l'ouverture des frontières, constitue aujourd'hui un épineux problème, de dimension internationale.

Et plus le crime s'internationalise, plus il y a besoin d'échanger les informations.

Sur le plan judiciaire et policier, l'Union européenne a donc décidé de renforcer considérablement la coopération entre les États membres en créant, en 2001, l'European Crime Prevention Network (EUCPN). Ce vaste réseau fédère et soutient un large spectre de politiques (locales, nationales et européennes) pour combattre le crime et la fraude, en s'appuyant sur des coopérations scientifiques et technologiques. Ainsi, près de 35 millions d'euros ont été investis par l'Union dans des priorités de recherche, que ce soit en matière de biologie, de biotechnologie ou de robotique. L'accent est avant tout porté sur des projets relatifs à la lutte contre la criminalité juvénile et urbaine, ainsi que celle liée aux drogues. À cela s'ajoutent les différentes stratégies de lutte contre la délinquance financière, le blanchiment d'argent, la cyber-criminalité et les contrefaçons industrielles.

Avril 2005

Document 2

Comment concilier la sécurité de tous et la liberté de chacun ?

Comment utiliser les nouvelles technologies de contrôle en respectant les exigences fondamentales de la vie privée ? Des chercheurs, industriels et ONG, réunis dans le projet *Bite*, lancé en 2004, réfléchissent ensemble au développement des techniques biométriques et aux questions éthiques que celles-ci entraînent.

Considérées comme la principale réponse au 11 septembre, les techniques biométriques laissent penser que de nouveaux moyens d'identification vont permettre une surveillance plus fiable et plus flexible que les systèmes de contrôle centralisés traditionnels. Mais qu'en est-il de la protection des données individuelles ? L'utilisation de la biométrie est-elle compatible avec le respect de l'individu ? C'est ce sur quoi planchent les partenaires du projet *Bite*.

La méthode biométrique – caractérisée par des éléments de mesure externe : empreinte digitale, main, iris – est déjà utilisée, à New York, dans un programme de soins du sida. Il s'agit d'un processus d'authentification dans lequel les mesures biométriques enregistrées sur la carte de celui ou celle qui se présente et de celles, connues, de l'individu supposé sont comparées. Le porteur de cette carte est alors authentifié comme son propriétaire légitime, sans pour autant être identifié.

L'anonymat est important car le domaine médical pourrait être l'un des plus sensibles à une utilisation pervertie de ces données. On pourrait imaginer que des éléments de cette nature puissent être utilisés par des employeurs ou des compagnies d'assurances.

Les partenaires de *Bite* orientent également leur réflexion vers l'utilisation de la biométrie pour certaines catégories de la population, comme c'est déjà le cas pour certains demandeurs d'asile qui ne possèdent pas de documents. La fracture (sociale, économique, identitaire…) entre deux classes de citoyens – possesseurs d'une carte d'identité classique ou « estampillés » par des critères biométriques – en serait d'autant plus visible.

Les technologies biométriques ont le vent en poupe, d'autant plus que leur coût ne cesse de baisser. Un scanner à haute définition d'empreintes digitales, d'une valeur d'environ 3 000 € il y a cinq ans, coûte actuellement une centaine d'euros. L'utilisation de cette technique a déjà été introduite dans certains véhicules qui ne s'ouvrent et ne démarrent qu'après avoir « reconnu » leur propriétaire. En Malaisie, les voleurs d'automobile ont donc d'abord coupé le doigt de leur conducteur…

Janvier 2006

Document 3

▶ La biométrie au service de la justice

Les politiques civiles de sécurité sont confrontées à de nouveaux besoins suscités par de nouveaux types de collaboration. *Europol* et *Eurojust* ont été créés, au niveau policier et judiciaire, pour renforcer la lutte transfrontières contre les formes graves de criminalité organisée. Les agents de ces administrations collaborent, d'un pays à l'autre, sans nécessairement se connaître. Et ils doivent aller vite. Dans le cas d'avis de recherches internationales, il est utile de pouvoir accélérer les échanges, notamment dans un contexte où la durée maximum de garde à vue est souvent inférieure au temps indispensable pour rassembler et expédier des documents.

Mais comment s'assurer que la personne en quête d'une information est bien le magistrat X en charge de l'instruction Y, ou que le document transmis n'est pas un faux ?

Le projet européen *eJustice*, lancé en 2004, propose des technologies opérationnelles pour la coopération sécurisée entre différentes organisations et administrations européennes et nationales. Le projet compte parmi ses réalisations la mise au point d'une carte à puce comportant deux éléments biométriques soigneusement cryptés et impossibles à extraire : le visage et l'empreinte digitale. Via une Webcam et/ou un scanner, on peut vérifier que son utilisateur est bien son détenteur et qu'il n'y a pas usurpation d'identité. L'électronique est précieuse, mais est-elle toujours fiable ?

Ce système d'authentification a été testé sur un groupe de 2 200 personnes. Pour chacune, le taux d'erreur dit de *fausse acceptation* est de l'ordre de un pour dix mille.

« Il s'agit tout d'abord d'établir la confiance mutuelle dans le monde virtuel entre des personnes d'administrations différentes. Cela implique la possibilité d'échanges sécurisés et la garantie de non-usurpation des identités et des rôles », explique Michel Frenkiel, coordinateur du projet.

Novembre 2005

Document 4

Notre vie privée est-elle menacée ?

Pendant très longtemps, on a craint que notre vie privée puisse être menacée par un super-gouvernement, comme celui du roman *1984* de George Orwell. Aujourd'hui, la menace sur les libertés personnelles émane surtout du supermarché, de la librairie en ligne ou des services de vente de certaines grandes sociétés. Grâce aux nouvelles technologies, les entreprises et les administrations s'emparent toujours plus de notre vie privée.

Chaque jour, la vie privée semble devenir un peu moins privée. Des ordinateurs, des téléphones portables, des caméras ou des cartes à puce enregistrent chacun de nos gestes et de nos déplacements. Ainsi, Internet permet de contacter directement les individus chez eux ou sur leur lieu de travail afin de leur proposer des produits tout à fait adaptés à leurs besoins. Et c'est cette quantité énorme de données personnelles qui pourrait devenir dangereuse car la nouvelle économie est entièrement basée sur l'échange d'informations personnelles.

Peut-on se défendre contre ces attaques de notre espace personnel ? Lentement, on voit apparaître des programmes « tueurs de cookies », qui permettent de cacher ses données électroniques sur le Net, des systèmes qui permettent de surfer sur le Web en restant anonyme… Une chose est sûre : seuls quelques spécialistes et ceux qui sauront bien se débrouiller seront vraiment capables de défendre leur vie privée.

L'autre moyen de faire reculer Big Brother, c'est d'adapter les lois. Le Parlement européen envisage en effet de faire entrer le « droit de la vie privée » dans la liste des « droits de l'homme ». Si ce principe est accepté, les informations dans les fichiers des entreprises devraient rester la propriété de chaque individu et ne pourraient donc en aucun cas être vendues à un tiers. Un droit de la propriété peut être vendu mais les droits de l'homme ne pourront jamais faire l'objet d'un commerce.

Janvier 2006

Activité 177 **Pour puiser et comparer des informations et des exemples dans les documents.**
1. Observez les titres des quatre documents. Quelle première déduction faites-vous ?

....

....

2. Relevez les éléments d'information communs aux documents 1 et 3.

....

....

3. Relevez les éléments d'information communs aux documents 2 et 4.

....

....

4. Exprimez en une phrase la déduction de vos observations.

....

....

5. Retrouvez dans les textes l'équivalent des phrases suivantes.
   a. La police et la justice se sont dotées de technologies très pointues.
   b. Des projets européens, s'appuyant sur la science, ont été créés pour lutter contre la fraude.
   c. Il devient vital de faire appel à la science pour assurer la sécurité de tous.
   d. Il existe des risques de dérive très importants liés à ces nouvelles technologies.
   e. Les moyens sont faibles pour lutter contre ces dérives.

6. Relevez, dans chaque texte, les éléments (par exemple des mots de liaison) qui apportent une nuance à la thèse avancée par chaque auteur.

....

....

7. Mettez une croix dans la case qui correspond.

a. épineux	❑ embarrassant	❑ clairement identifiable
b. authentification	❑ identification	❑ certification
c. avoir le vent en poupe	❑ connaître un recul significatif	❑ être poussé vers le succès
d. X ou Y	❑ un tel ou un tel	❑ femme ou homme
e. crypté	❑ affiché	❑ rendu incompréhensible
f. vie privée	❑ vie frustrée	❑ vie intime
g. droit de propriété	❑ droit d'user et de disposer	❑ droit d'avoir une maison

Activité 178 **Présentez, en une dizaine de minutes, un exposé bâti sur un plan structuré autour des aspects positifs et négatifs du recours aux nouvelles technologies pour assurer la sécurité de tous.**
Vous pouvez vous aider des questions qui suivent pour alimenter votre réflexion personnelle.

– Que démontre, pour notre société, ce besoin d'avoir toujours plus de preuves et de se rassembler ?

– Comment notre peur a-t-elle évolué depuis le roman de George Orwell ? La peur d'une instance supérieure qui nous manipule est-elle inscrite en nous ?

– Comment le fait d'inscrire le « droit de la vie privée » dans la liste des « droits de l'homme » pourrait-il mettre fin à des pratiques douteuses ? Cette proposition est-elle saugrenue ou nécessaire ?

activité 179 **Pour préparer le débat avec le jury, défendez ou réfutez ces affirmations :**

> « Ma liberté commence là où s'arrête celle de l'autre. » Jean-Paul Sartre, philosophe français.

> « Il s'agit d'établir la confiance mutuelle dans le monde virtuel entre des personnes. »

ÉPREUVES TYPES

25 POINTS
PRÉPARATION : 60 MINUTES
PASSATION : 30 MINUTES ENVIRON

Consignes pour les candidats

Cette épreuve se déroulera en deux temps :

1. Exposé

À partir des documents proposés, vous préparerez un exposé sur le thème indiqué, et vous le présenterez au jury.

Votre exposé présentera une réflexion ordonnée sur ce sujet. Il comportera une introduction et une conclusion et mettra en évidence quelques points importants (3 ou 4 maximum).

Attention

Les documents sont une *source documentaire* pour votre exposé.

Vous devez pouvoir en exploiter le contenu en y puisant des pistes de réflexion, des informations et des exemples, mais vous devez également introduire des commentaires, des idées et des exemples qui vous soient propres afin de construire une véritable *réflexion personnelle*.

En aucun cas vous ne devez vous limiter à un simple compte rendu des documents.

2. Entretien

Le jury vous posera ensuite quelques questions et s'entretiendra avec vous à propos du contenu de votre exposé.

SUJET 1

Domaine : Lettres et sciences humaines

EXPOSÉ 12

Que faisons-nous de notre temps ?

Texte 1

La dictature du court terme

Tyrannie de l'urgence, dictature du présent, du court terme : autant de manières de dire que notre relation au temps a changé. Nous sommes pris dans un présent qui, par définition, ne cesse d'être le même et différent. En plus, il faut agir, encore agir.

Sinon, on entend ceci : pourquoi n'a-t-on encore rien fait ? Et si on ne peut rien faire, reste l'appel à la loi : face à un scandale, un crime, une catastrophe naturelle, il faut faire une loi. Tout de suite !

Ce nouveau mode de relation au temps et à l'action fait disparaître la profondeur du passé. Au fait, l'esclavage, c'était quand ? Hier ou il y a trois siècles ? Et trois siècles, ça représente quoi ? Il élimine aussi la possibilité d'un avenir imprévisible. Plus de passé, sinon sous la forme abstraite de « l'Histoire » et plus d'avenir, sinon sous la forme de la prévision : en 2050, il y aura 8,5 milliards d'êtres humains qui rejetteront tant de tonnes de CO_2. Et peu importe si, entre-temps, il se passe quelque chose qui fera tomber cette projection.

À quoi ce changement de perspective tient-il ? D'abord à notre puissance technologique qui nous donne l'impression de pouvoir agir sur tout : la grippe aviaire, les moustiques, l'enneigement, le terrorisme, le chômage, la fin de vie, la reproduction, etc. Il n'y a, pour ainsi dire, plus de problème hors de portée. Tout semble à disposition, sous la main.

Une autre raison tient à nos immenses capacités de collecte et de traitement de données : nous pensons pouvoir tout saisir, percevoir, tracer (la fameuse traçabilité), quantifier, transformer en « statistiques » ou en « nouvelles ». Et peu importe si nous ne savons pas ce que nous comptons, si nous ne posons guère de questions sur la signification de nos chiffres, si nous confondons les millions et les milliards quand nous parlons de budgets.

Une photo satellite permet, dit-on, de lire une plaque minéralogique, mais nous ne savons pas pour autant si le camion transportant les armes de destruction massive est un vrai camion ou une maquette camouflée. Peu importe c'est une donnée « en temps réel ».

Il ne faudrait pas oublier le facteur de la démocratie. Chacun a droit à l'information et à la transparence, même s'il ne sait pas quoi en faire ni ce qu'elle veut dire. Le temps complexe du passé avait des secrets, des obscurités, des grands points d'interrogation : Dieu seul savait ou les initiés. Maintenant, tout le monde est expert sur tout et a droit à connaître tout le dossier. La preuve : la transformation de la plupart des émissions de radio ou de télévision en cafés du commerce interactifs où chacun vient dire son expérience, présenter ses points de vue et ses choix. Tout est, prétend-on, sur la table – avant que l'on passe à autre chose...

Ces expériences sont aussi divertissantes que stressantes. Divertissantes, parce que les choses changent tout le temps : il y a tout le temps du nouveau. C'est excitant, ça occupe. Stressantes pour la même raison : il faut assimiler à répétition ce nouveau et l'oublier. Au fait, le tsunami, c'était quand déjà ? Et la vache folle ? Et le début de la guerre en Tchétchénie ?

Est-ce qu'on peut en sortir ? Oui et non. Oui, parce que beaucoup de gens vivent encore dans un monde fermé, isolé, soit parce qu'ils n'ont pas besoin de tout cela, soit parce qu'ils ont autre chose à faire, soit parce que cela ne les intéresse pas du tout. Non, parce que ce déluge d'informations, de données, d'images nous poursuit partout. Par SMS, sur Internet ou à la télévision.

En fait, il faudrait redécouvrir quelque chose de très simple qui s'appelle du nom compliqué de contingence. Une chose peut être comme elle est, sans qu'elle doive être ainsi ; une chose peut arriver ou ne pas arriver et ce n'est pas parce qu'elle arrive qu'elle devait arriver. Et la contingence, pour les humains, prend la forme de la liberté, mais pas la liberté de choisir entre cinq banques et trois marques de vêtements. Juste la liberté de ne pas faire ce qui était prévu.

Yves Michaud, professeur de philosophie, fondateur de l'Université de tous les savoirs, *Ouest-France*, 6-02-2006.

Texte 2

TOURISME : l'art de prendre son temps

Attention : ralentir ! À l'approche des congés d'été, c'est notre amical conseil et la philosophie de ce dossier. Flemmarder, buller, flâner ? Se fiche de perdre son temps. Le revendiquer, même. Se poser, regarder, sentir. Savourer un bon repas, un bon vin. Prendre soin de son corps. Délaisser la voiture et marcher à son rythme. Rencontrer vraiment l'autre. En un mot, réapprendre la lenteur. Voici nos conseils et nos meilleures adresses, pour un été en pente très douce.

À une époque, certains rêvaient de ne pas perdre leur vie à la gagner. Beaucoup d'entre nous, aujourd'hui, passent leur temps… à tout faire pour ne pas le perdre. La course à la productivité, l'explosion des nouvelles technologies et la société de consommation ont balayé le droit à la paresse et relégué une certaine philosophie de la lenteur à une posture d'arrière-garde. Les expériences intérieures, les sensations ont perdu leur valeur : un simple regard sur un paysage ne vaut rien s'il n'est numérisé, imprimé, « webcamisé ». Une après-midi passée à rêvasser est une après-midi perdue.

Dans une société tournée vers les biens matériels, il faut toujours des traces, du concret, du faire. Le temps des vacances n'échappe pas à ce diktat. Qu'un certain esprit de résistance nous anime donc pour enfin réussir à changer notre rapport au temps. Prenons le maquis de l'oisiveté, les sentiers des rêveries inutiles, des pensées qui ne mènent à rien. Faisons nôtre le doute de Christian Bobin qui dit toujours craindre « ceux qui partent à l'assaut de leur vie comme si rien n'était plus important que de faire des choses, vite, beaucoup ».

Mais, une fois cette sage décision prise, de quoi sera donc tissé ce temps que nous avons décidé de suspendre ? Des pistes sont ébauchées pour, l'espace d'une journée ou d'un week-end, d'une semaine ou d'un mois de congés, renouer avec l'art de prendre son temps. D'ailleurs, peut-être suffit-il simplement de rester chez soi… C'est le sens de la contemplation et celui de la flânerie qu'évoque Pierre Sansot, auteur d'un livre intitulé *Du bon usage de la lenteur*. Une pratique et un état d'esprit qui sont aussi une forme de sagesse. Certains, restant sur place, vont loin… assis et guettant les bruits du dehors, allongés et explorant leurs songes.

Pour ceux qui trouveraient le voyage trop immobile, différentes manières de vivre permettent d'appréhender avec douceur la lenteur, de se laisser prendre par la clémence d'un univers où sonneries de portables, voitures et fast-food n'ont plus leur place. Et, parce que notre corps est notre première maison, c'est par lui qu'il faut redécouvrir l'espace et l'art de la balade. Si l'on est peu porté sur les méditations solitaires dans la nature, on pourra s'imprégner d'autres rythmes en mêlant convivialité et plaisirs des sens. L'art de la bonne chère, par exemple, ouvre sur un rapport au monde privilégié. Car le temps du festin est exigeant, il refuse l'empressement, bannit la voracité. Couleurs, odeurs, saveurs, les mets raffinés sont aussi une nourriture pour les curieux d'esprit.

Quant aux gourmands qui ne sont pas gourmets, ou ceux pour qui la voie doit être plus frugale, ils pourront consacrer leur temps à s'occuper d'eux, à se réconcilier avec leur corps, qu'un stress quotidien malmène tout au long de l'année

Enfin, pour les amoureux de la route, les voyageurs, les friands de terres lointaines, des façons de partir existent qui favorisent une qualité de découverte, ou la communication avec ceux que l'on rencontre en chemin. Pour laisser de côté l'impatience, on privilégiera les moyens de transport aux rythmes lents. Pour tourner le dos à l'égoïsme, on choisira des voyages solidaires, à l'opposé d'un tourisme prédateur et consumériste, où les gens que l'on croise font partie du décor. Partager les repas, aider aux tâches quotidiennes, apprendre la langue du pays peut contribuer à jeter des passerelles entre des gens de cultures différentes. Aujourd'hui, c'est ce que proposent plusieurs associations et organismes. « On ne voyage pas pour se garnir d'exotisme et d'anecdotes comme un sapin de Noël, mais pour que la route vous plume, vous rince, vous essore », notait l'écrivain voyageur Nicolas Bouvier, qui prenait son temps et cultivait l'art de se perdre sur les territoires qu'il traversait. Et si, cette fois, pour vos vacances, la seule urgence était de laisser du temps au temps ? ■

Dante Sanjurjo, *Politis*, 31-03-2005

www.politis.fr/article1283.html

Texte 3

Du bon usage de la lenteur

Je vous propose un ennui dans lequel on s'étire voluptueusement, par lequel on bâille de plaisir, tout au bonheur de n'avoir rien à faire, de remettre à plus tard ce qui n'est pas urgent. Vous vivez alors dans le sentiment de la non-urgence.

Ce n'est pas là une chance accordée à beaucoup. Il faut s'y préparer de très bonne heure. […] Par bonheur, je devine que vous avez traîné votre ennui dans un village banal. De votre grenier, vous inspectiez la route à la recherche d'un événement, le vrombissement d'une moto, une roulotte de romanos – et nul véhicule ne soulevait la poussière du chemin. À la fin de l'après-midi, vous étiez satisfait des heures passées à la fenêtre de votre grenier. […]

Malgré un début prometteur, vous n'êtes pas en état de grâce pour la vie, la grâce consistant à s'émerveiller de ses disgrâces. Une fois abandonné le grenier où vous vous penchiez, l'univers s'est emparé de vous, il vous a promis monts et merveilles : des magnétoscopes, un voyage à Rome, la Ville Éternelle, ou à Vienne au bord du beau Danube bleu, des nuits plus belles que vos jours, des jeunes femmes parfaites comme des « tops models ».

Que la sagesse vous guide dans le choix de votre ville, de votre travail, de votre future femme, de vos amis. Si une ville trépide, fulmine, présente chaque matin un nouveau visage, programme sans cesse des activités culturelles, si tour à tour elle se barricade puis se rend, puis reprend l'étendard de la révolte, vous n'échapperez pas à la surcharge d'événements et vous y prendrez goût. […]

Perdant la retenue qui faisait votre charme, quand des jeunes gens en colère défileront, quand des foules façonneront une queue devant une salle de cinéma ou un musée, quand des foules se porteront vers un stade, vous leur crierez : « Attendez-moi, je suis des vôtres. Je veux brailler avec vous. Je veux piétiner avec vous les parquets d'un musée. » Ils vous entendront.

Sur le coup de trois heures du matin, épuisé et ravi, vous aurez la faiblesse de prononcer : « C'est dingue », car vous aurez rejoint la foule innombrable des mal-disants et vous vous sentirez ainsi bien au chaud au milieu de phrases convenues en ajoutant des « quelque part », des « revisiter ».

Pierre Sansot, *Du bon usage de la lenteur*,
Éditions Payot et Rivages, 1998, p. 55-57.

➤ **Activité 180**

1. Questionnaire pour dégager la problématique commune aux trois textes.

    a. Ces textes sont-ils profondément différents les uns des autres ?

    b. Dégagez l'idée générale de chaque texte.

    c. Quelle est votre opinion par rapport à ces textes ?

2. Propositions pour l'exposé.

    a. Vous commencerez par une brève présentation du thème commun aux trois textes. Vous analyserez ensuite les deux aspects du temps (rapidité / lenteur). Puis, à partir du texte 3, vous tenterez une synthèse entre rapidité et lenteur. Pour conclure, prenez parti et donnez vos préférences par rapport à ces deux valeurs.

       Utilisez tous les éléments, personnels ou non, qui se rapportent de façon directe à ce thème.

    b. Le débat pourrait tourner autour de ces questions : Quelle est notre perception du temps ? Quel est notre rapport personnel au temps ?

SUJET 2

Domaine : Sciences

EXPOSÉ 14
Ces nouveaux virus que rien ne semble arrêter
Document 1

Chikungunya :
la grosse grippe létale

Depuis un an, sur l'île de la Réunion, 160 000 personnes ont été affectées par la maladie du Chikungunya, soit une personne sur 8 ! Un pic a été observé, début février, avec 44 000 nouveaux cas en une semaine. On déplore actuellement 77 morts décédés directement ou indirectement des suites de la maladie ; 72 frappant des personnes fragiles, âgées ou souffrant d'autres maux comme le diabète. L'épidémie continue de se développer, en prenant un tour dramatique : aujourd'hui, c'est toute une population et une vie économique qui sont paralysées.

Le Chikungunya est un virus proche des virus de la fièvre jaune et de la dengue. Il se transmet par piqûre du moustique *Aedes albopictus* ou « Moustique tigre ». Ce moustique, très agressif, pique pendant la journée et au crépuscule, la plupart du temps à l'extérieur des maisons.

Le virus provoque une forte fièvre et des douleurs articulaires intenses, notamment aux chevilles, aux genoux et aux poignets, obligeant le malheureux à se déplacer courbé, d'où le nom *chikungunya* qui signifie en swahili « celui qui marche courbé ».

On le croyait inoffensif mais les connaissances sont maigres à son sujet. Les médecins estiment à 3 semaines la période pendant laquelle le malade est contagieux. La maladie est même susceptible de réapparaître chez une même personne en l'espace de quelques semaines.

Il n'existe ni vaccin ni traitement préventif médicamenteux. Les symptômes apparaissent en moins d'une semaine, et, à l'heure actuelle, on ignore encore comment les traiter, hormis par l'administration d'anti-inflammatoires et d'antiviraux. En l'état des connaissances actuelles, la seule protection reste de se couvrir des pieds à la tête, d'éviter les eaux stagnantes et d'utiliser des insecticides.

Un système de surveillance spécifique, une information des professionnels de santé et une intensification de la lutte antivectorielle ont donc été mis en place depuis début avril.

Une vaste campagne de démoustication est en cours mais elle sera l'affaire de plusieurs mois voire de plusieurs années. 120 bénévoles de la Croix-Rouge française ont également distribué des kits de prévention (moustiquaires imprégnées, lotions et spirales anti-moustiques) aux personnes les plus vulnérables.

Septembre 2005

Document 2

GRIPPE AVIAIRE : LA GUERRE AU POULET !

La souche H5 N1 de la grippe aviaire a tué ou engendré l'abattage de plus de 50 millions de volailles en Asie et en Europe. Depuis 2003, 71 morts, sur 131 cas humains, ont été signalés en tout par l'OMS, ce qui a suscité une grande inquiétude quant à un risque de pandémie de grippe.

Le virus de la grippe aviaire de type H5 N1 peut se transmettre de l'animal à l'homme comme le montre le phénomène observé en Asie. La contamination est aérienne et se fait essentiellement lors de contacts étroits, prolongés et répétés dans des espaces confinés, avec des sécrétions respiratoires ou des déjections d'animaux infectés. Elle peut se faire de façon directe ou indirecte (par l'intermédiaire des surfaces et/ou des mains souillées par les déjections).

D'après les spécialistes, l'abattage systématique est le moyen le plus efficace pour combattre l'épidémie et éviter sa propagation. Il est essentiel d'arriver à limiter la propagation du virus afin d'éviter que celui-ci n'infecte une personne ou un animal étant également infecté par le virus humain de la grippe. En effet, les différentes souches du virus de la grippe ont la capacité de se recombiner entre elles pour former de nouvelles particules virales. Un tel virus serait alors capable de se transmettre directement d'une personne à une autre, et pourrait être responsable d'une grande épidémie de grippe.

Un vaccin serait aussi un bon moyen pour arrêter la propagation du virus ou tout du moins la ralentir. Un virus infectant un animal vacciné se multipliera environ 1000 fois moins que lors de l'infection d'un animal non protégé, ce qui devrait réduire la quantité de particules virales en contact avec les personnes (notamment celles qui sont chargées de l'abattage des volailles). L'OMS recommande d'ailleurs leur vaccination systématique contre la grippe humaine. Mais l'inconvénient d'une vaccination à une telle échelle réside dans le fait que les animaux malades ne présenteront plus de symptômes, ce qui les rendra encore plus difficiles à identifier. Dans tous les cas, un vaccin efficace ne pourra être fabriqué que lorsque la souche du virus responsable de la pandémie sera connue et isolée. Le délai de fabrication serait de plusieurs mois à partir du début de la pandémie.

Février 2006

Document 3

Les virus : champions du monde de la mondialisation !

ENTRETIEN AVEC KARIM ELMEDI, SPÉCIALISTE DES MALADIES VIRALES.

Pourquoi semble-t-on découvrir ces virus alors qu'ils ont déjà sévi ?
Karim Elmedi : La première description de la grippe aviaire remonte en effet en Italie en 1878. Il y a eu ensuite d'autres épidémies de grippe aviaire comme la grippe espagnole de 1917 à 1922 et la grippe asiatique de 1957.

Le virus H5 N1 est apparu, lui, à Hong Kong en 1997 où il a tué 6 personnes. Il a refait surface fin 2003 en Asie faisant quelque 70 victimes à ce jour. En ce qui concerne le virus du Chikungunya, il a été identifié en 1952 en Tanzanie. Il a causé plusieurs épidémies depuis, en Asie du Sud-Est et en Inde, dans des pays d'infrastructure médicale modeste. C'est la première fois que ce virus survient dans un pays tropical à très haut niveau de développement comme la Réunion. On peut donc avouer que nous avons une connaissance rudimentaire de ces épidémies.

Entre le moment où on a découvert ces virus et celui où ils ont réémergé, les maladies ont-elles véritablement disparu ?

K.E. : Non. De nombreux indices laissent penser que ces virus ont circulé en Afrique et en Asie. L'épidémie survenue à la Réunion en 2005 a probablement démarré après l'arrivée de personnes contaminées et non par un moustique. Cependant, les entomologistes avancent l'hypothèse de la mondialisation du commerce de pneus par cargos, qui hébergent souvent des gîtes larvaires de moustiques dans leurs concavités remplies d'eau. Et les virus responsables des épidémies saisonnières de grippe aviaire peuvent circuler à travers le monde via les phénomènes migratoires. Les maladies infectieuses se sont toujours répandues à la vitesse du mode de transport prédominant : cheval, train, bateaux à vapeur, avion... Tous les épidémiologistes redoutent les conséquences de la rapidité des transports et de la multiplication des échanges commerciaux, qui permettent aux virus de passer, en quelques heures, d'un continent à l'autre. D'un autre côté, c'est l'évolution démographique qui, conduisant à une promiscuité grandissante avec des animaux d'élevage, facilite les transmissions interespèces.

Est-il vrai que ces virus peuvent muter et se transmettre d'homme à homme ?

K.E. : C'est possible. Cependant, l'histoire ancienne du Chikungunya montre qu'il est peu enclin à des mutations fréquentes. Il n'y a à ce jour que 2 souches vraiment distinctes, l'une africaine, l'autre asiatique et aucun cas de transmission de personne à personne n'a été confirmé à ce jour. Dans le cas de la grippe aviaire, son patrimoine génétique a été le jeu de mutations continuelles au cours du XXᵉ siècle, provoquant de terribles pandémies. Les épidémiologistes savent que le virus aviaire peut s'adapter à l'homme : soit en passant par le porc en prenant au passage des gènes aux virus qui infectent le porc, soit plus directement en choisissant des virus (par exemple celui du poulet) qui infectent l'homme. La plus grande catastrophe serait donc que le virus parvienne à s'humaniser.

Les chiffres prévisionnels sont d'ores et déjà inquiétants : en l'absence d'intervention sanitaire, le bilan pour la France pourrait être de 9 à 21 millions de malades et de 91 000 à 212 000 décès en fin de pandémie.

Février 2006

Document 4

Chikungunya, grippe aviaire : le gouvernement français peut-il faire quelque chose ?

QUESTIONS À XAVIER BERTRAND, MINISTRE FRANÇAIS DE LA SANTÉ.

La grippe aviaire semble prendre plus d'importance que l'épidémie du Chikungunya : la mort de quelques dindes compterait-elle plus que la mort de 77 personnes ?

Xavier Bertrand : Personne n'avait prévu et visiblement personne ne pouvait prévoir l'explosion du Chikungunya. Nous devons renforcer notre état de connaissances sur cette maladie. En revanche, pour la grippe aviaire, nous savons que le risque est celui d'une pandémie qui se transmettrait d'homme à homme et qui pourrait entraîner des millions et des millions de morts de par le monde. Quand nous avons des connaissances scientifiques sur une maladie, quand nous pouvons connaître les risques, nous devons être dans l'anticipation.

> *Des mesures réellement efficaces ont-elles été prises pour lutter contre l'épidémie de Chikungunya ?*

X. B. : Les débuts ont été chaotiques. La première chose à faire était de mettre en place un plan de démoustication. Le problème est que les produits destinés à tuer les moustiques ont été épandus entre 1 heure et 4 heures du matin alors même que l'*Aedes albopictus* est un moustique à activité essentiellement diurne. Ce plan avait pour objectif non seulement de détruire les moustiques mais également d'en capturer davantage, car en l'absence de données sur la population des moustiques, il nous est impossible de prédire l'évolution de la courbe épidémique.

> *Le premier ministre, Dominique de Villepin, a annoncé un plan contre le Chikungunya en plusieurs volets (prévention, sanitaire, recherche) d'un montant global de 92,5 millions d'euros. Un vaccin est-il à l'ordre du jour ?*

X. B. : Un vaccin contre le Chikungunya existe mais il n'a jamais été commercialisé. Il a été développé par l'armée américaine et arrêté prématurément en 2003. J'ai demandé à des chercheurs de se pencher sur ce dossier sans délai. Mais ne créons pas d'espoir : dans le meilleur des cas, ce ne sera pas avant 5 ans. En attendant, nous devons mettre en place une stratégie régionale de surveillance et de réponse aux épidémies.

> *Les gouvernements ont-ils vraiment une solution pour éviter la propagation du virus de la grippe aviaire en Europe ?*

X. B. : Les experts vétérinaires de 50 pays européens ont insisté sur la nécessité d'aider les pays pauvres à se protéger pour lutter contre une contamination généralisée. Un seul pays défaillant mettrait en danger le reste de la planète. Il est du devoir des pays riches d'apporter des fonds aux pays les plus pauvres pour qu'ils puissent mettre à niveau leur système vétérinaire. Les pays situés aux marges de l'Europe, touchés par le virus, doivent être considérés comme un bouclier et aidés pour confiner les volailles malades, les détruire et procéder à la désinfection des élevages.

> *Que fera la France si le virus de la grippe aviaire se transmet d'homme à homme ?*

X. B. : Un certain nombre de recherches ont permis la fabrication d'un vaccin pré-pandémique à partir de la souche H5 N1. Les résultats préliminaires d'essais cliniques sont concluants. Si le virus se transmet d'homme à homme, les mesures prises par la France seront d'acheter des médicaments, de réserver des vaccins et de commander des masques, pour se protéger.

Janvier 2006

➤ Activité 181

Questionnaire pour dégager la problématique commune aux quatre documents.

1. Repérez d'abord quels sont les différents types de textes proposés. Qu'impliquent ces différences ?

2. a. Définissez en une phrase ce que sont les deux virus concernés.

b. Relevez les points communs ainsi que les différences entre les deux virus décrits.

c. Repérez les chiffres donnés. Qu'explicitent-ils ?

3. a. Que démontrent les questions des journalistes quant à leur opinion sur les actions menées pour lutter contre ces maladies ?

b. Comment qualifieriez-vous les réponses faites aux questions des journalistes ? Quel sentiment engendrent-elles chez le lecteur ?

c. Que trahissent ces réponses ?

➤ Activité 182

Lors de la présentation de votre exposé, vous pourrez, par exemple, après avoir fait une brève présentation du thème commun aux quatre textes, suivre un plan basé sur une structure faits (ou causes) / conséquences de ces épidémies. N'oubliez pas de conclure de façon appropriée.

N'hésitez pas à vous aider de ces indications pour développer votre réflexion personnelle :

– Que savez-vous de plus au sujet de ces virus ?

– Réfléchissez aux conséquences non seulement humaines mais aussi économiques, politiques, éthiques, engendrées par la présence de ces virus.

– Les mesures prises par les gouvernements sont-elles à la hauteur de l'ampleur du désastre ?

– D'autres solutions existent-elles ?

Le débat pourra tourner autour de la question suivante :

– Pensez-vous vraiment que les politiques pourraient être à la hauteur si jamais une pandémie mondiale survenait ?

DALF

Deuxième partie

Niveau C2

COMPRÉHENSION ET PRODUCTION ORALES

CHAPITRE 1
ACTIVITÉS DE COMPRÉHENSION ET DE PRODUCTION DE L'ORAL

➤ *L'épreuve*

Vous aurez le choix entre deux domaines : Lettres et sciences humaines et Sciences.

Vous travaillerez sur des documents sonores issus d'extraits littéraires (roman ou théâtre), d'articles de journaux, de débats, d'interview (ou d'entretiens), de conférences, d'exposés, de forums de discussion sur Internet et de conversations entre locuteurs natifs.

Ces enregistrements portent sur des sujets de la vie courante tels que la retraite, la famille, la maladie, le stress ou abordent des domaines de spécialité comme l'environnement, la médecine, le droit, les nouvelles technologies.

➤ *Durée de l'enregistrement*

Vous travaillerez sur un seul document sonore long, d'une durée variant de 4 à 10 minutes environ. Vous entendrez le document deux fois. Vous disposerez de 3 minutes entre les deux écoutes pour prendre des notes.

➤ *En quoi consiste l'épreuve de compréhension et production orales ?*

Après une préparation de 60 minutes, l'épreuve dure environ 30 minutes et se déroule en trois temps :

1. Un compte rendu du document sonore

Vous restituerez les faits et les arguments du document entendu en mettant en relief l'idée principale et toutes les idées qui s'y rapportent. Vous reconstituerez la structure logique de la pensée du (ou des) intervenant(s) sans pour autant suivre systématiquement l'ordre du discours. Vous rendrez compte à la troisième personne – quel que soit le type de discours – des pensées du (ou des) intervenant(s). Vous pourrez donc admettre les formules du type « l'intervenant pense que…, affirme que, soutient la thèse… ». Mais attention : vous devrez obligatoirement rester objectif et neutre.

2. Un développement personnel à partir de la problématique exposée dans le document sonore

Le document sonore est une source documentaire pour votre réflexion personnelle. Après en avoir exploité le contenu en y puisant des pistes de réflexion, des informations et des exemples, vous devrez également introduire des commentaires, des idées et des exemples qui vous sont propres. Vous devrez ainsi construire une véritable réflexion personnelle à partir du compte rendu du document (vous pouvez donc et devez même compléter, élargir le thème proposé dans le document). Vous présenterez une réflexion structurée sur le sujet donné.

3. Un débat avec le jury

Le jury vous posera des questions en relation avec votre exposé et s'entretiendra avec vous sur le contenu de votre développement personnel.

➤ *Les activités proposées dans ce chapitre*

Un questionnaire pour préparer le compte rendu

Il vous est proposé un questionnaire ou un guide de lecture qui vous permettra d'abord de repérer l'organisation générale du discours pour ensuite vous concentrer sur les informations détaillées et la construction des différentes parties du discours.

Vous aurez donc à compléter des questionnaires à choix multiples, répondre à des questions vrai/faux, répondre à des questions ouvertes, justifiez les réponses en sélectionnant les informations dans l'enregistrement, retrouver l'ordre dans lequel des informations sont données, définir le type de document, relever des informations chiffrées…

Ce questionnaire vous donnera également l'occasion de vous entraîner à identifier les intentions et les sentiments des interlocuteurs, les registres de langue, les accents régionaux et étrangers, à reconnaître les implicites dans le langage…

Il vous faudra introduire le compte rendu, en dégager le thème, analyser le document de façon pertinente et enfin apporter une brève conclusion.

Pour préparer le développement personnel

On attend de vous que vous présentiez un discours élaboré. Vous trouverez dans le manuel des suggestions.

Cette réflexion en relation avec le thème intégrera des éléments personnels (votre exposé doit aussi dire quelque chose sur vous ; ne vous réfugiez pas dans l'anonymat et n'hésitez pas à dire « je »). Faites une présentation claire et organisée, basée sur une structure logique (D'abord…, ensuite…, plus particulièrement,… enfin). Vous aboutirez à une conclusion appropriée, pas trop généralisante.

Pour préparer le débat

On attend de vous une argumentation convaincante. Vous trouverez dans le manuel des suggestions.

Il faudra vous préparer à défendre avec assurance votre position (il peut s'agir d'un questionnement difficile…) mais en choisissant des arguments pertinents, et aussi en recentrant et/ou en élargissant le débat (l'examinateur peut vous entraîner sur une piste qui n'est pas la vôtre…). Cherchez à tout moment à capter l'attention de l'auditeur, par le regard, par d'éventuels silences provoqués et par la pertinence de vos arguments.

➤ *Comment allez-vous être évalués ?*

La première partie a pour objectif d'évaluer votre capacité à rendre compte d'une intervention longue, plus ou moins structurée, sur un sujet complexe ou abstrait, et à reformuler les idées.

Vous serez ensuite évalués sur la qualité de votre présentation et l'utilisation des informations fournies par le document sonore pour les intégrer dans une réflexion personnelle sur le sujet.

Vous serez enfin noté sur vos capacités à expliciter, défendre et illustrer votre point de vue, à élargir la discussion ou encore la relancer, dans le débat mené avec votre examinateur.

Néanmoins, dans ce débat, vous n'êtes pas dépendant des questions de l'examinateur mais vous êtes invité, au contraire, à réagir, à vous défendre, voire à contredire votre interlocuteur.

Vous devrez aussi faire preuve d'une bonne maîtrise du lexique (variété des mots, choix des mots justes), de la morphosyntaxe (correction grammaticale) et d'une bonne maîtrise phonologique (intonation et prononciation claires et naturelles). Ces éléments entrent dans l'évaluation de votre prestation.

1. Domaine : Lettres et sciences humaines

🎧 **DOCUMENT SONORE N° 1**

Loin d'Hagondange

activité 183

Pour préparer le monologue suivi de présentation, répondez à ces questions.

1. Combien de femmes avez-vous entendu ?

....

....

2. La plus jeune :

    a. Que vient-elle faire ?

....

    b. En fait, dans quelle situation se trouve-t-elle ?

....

    c. Cette situation lui convient-elle ?

....

3. La plus âgée :

    a. À votre avis, pourquoi parle-t-elle souvent de son mari ?

....

    b. Pourquoi parle-t-elle beaucoup à la jeune femme ?

....

    c. Croyez-vous qu'elle est heureuse ? Pourquoi ?

....

activité 184

Vous présenterez votre point de vue sur le thème suivant, en une dizaine de minutes.

La retraite est-elle forcément un « âge d'or » ?

Vous aurez soin d'organiser votre discours de manière élaborée et fluide avec une structure logique et efficace qui aidera le destinataire à remarquer les points importants.

Quelques pistes pour construire votre développement :

Quand on travaille, on aspire au repos de la retraite. / On pense qu'à la retraite, on jouira d'une liberté sans limite. / On imagine qu'on fera tout ce qu'on n'a pas eu le temps de faire. / Si on est en couple, on pourra mener plus de projets ensemble, etc.

activité 185

Pour préparer le débat avec le jury, réfléchissez aux arguments pour et contre cette proposition.

Le confort matériel ne fait pas forcément le bonheur.

N'oubliez pas que vous serez amené à défendre, nuancer, préciser votre point de vue et à réagir aux propos de votre interlocuteur.

Quelques pistes pour vous entraîner à débattre. Trouvez les arguments opposés :

En faveur du confort matériel, on pourra faire valoir qu'il améliore la qualité de la vie, qu'il développe des formes de bien-être, qu'il facilite le repos, par exemple en déchargeant des tâches ménagères pénibles, en automatisant certaines tâches, en reliant plus facilement et plus rapidement les individus grâce à de nouvelles technologies, etc.

🎧 **DOCUMENT SONORE N° 2**

Temps : la ville donne le ton

Activité 186 **Pour préparer le monologue suivi de présentation, prenez des notes correspondant aux différents points indiqués.**

a. Italie, années 1980 : ....
....
....

b. Jean-Yves Boulin ; « bureaux du temps » : ....
....
....

c. Enquêtes sur les rythmes de vie décalés : ....
....
....

d. Priorités pour les villes :
Belfort : ....
....

Saint-Denis : ....
....

Rennes : ....
....

Poitiers : ....
....

Activité 187 **Vous présenterez votre point de vue sur le thème suivant, en une dizaine de minutes :**

L'harmonisation des rythmes de la ville avec ceux de la vie quotidienne est-elle une bonne idée ? Pour quelles raisons ?

Vous aurez soin d'organiser votre discours de manière élaborée et fluide avec une structure logique et efficace qui aidera le destinataire à remarquer les points importants.

Quelques pistes pour construire votre développement :

La vie des gens est facilitée (particulièrement celle des femmes, et particulièrement celle des femmes qui travaillent). / On peut mieux profiter de la ville (particulièrement en ce qui concerne les domaines du commerce ou de la culture). / Les rythmes de vie ont changé et il faut en tenir compte, etc.

activité 188 Pour préparer le débat avec le jury, réfléchissez aux arguments pour et contre cette proposition :

« *Les structures publiques sont parfois mal organisées.* »

La faute à qui ? Les fonctionnaires sont-ils responsables ?

N'oubliez pas que vous serez amené à défendre, nuancer, préciser votre point de vue et à réagir aux propos de votre interlocuteur.

Quelques pistes pour vous entraîner à débattre. Trouvez les arguments opposés :

Toutes les structures publiques sont mal organisées. / C'est la faute au gouvernement. / Les fonctionnaires sont responsables de la mauvaise organisation ; ils ne pensent qu'à eux ; ils n'ont aucun souci de solidarité, etc.

DOCUMENT SONORE N° 3

Une vie française

activité 189 Pour préparer le monologue suivi de présentation, répondez à ces questions :

1. L'homme qui parle est-il marié ? ....

Père de famille ? ....

2. Résumez en une phrase le changement de mode de vie dont il est question.

....

....

3. Donnez une réponse courte.

a. En quoi consiste l'emploi de « père au foyer » par rapport aux enfants ?

....

....

b. En quoi consiste l'emploi de « père au foyer » par rapport à la mère ?

....

....

4. Selon le dictionnaire *Le Robert*, l'humour est une façon de « présenter la réalité de manière à en dégager les aspects plaisants et insolites ». Donnez un exemple :

a. par rapport au portrait de l'épouse : ....

....

b. par rapport aux activités du père au foyer : ....

....

5. Choisissez le terme synonyme et mettez une croix dans la case qui correspond.

a. des émoluments

❏ un salaire   ❏ une agitation

b. des réminiscences <u>séreuses</u>

❏ qui rappelaient des injections de sérum   ❏ qui rappelaient le placenta

c. des jérémiades

❏ des plaintes   ❏ des prières

d. élusif
❏ évasif   ❏ précis

e. avoir l'heur de
❏ avoir la chance de   ❏ arriver à temps

:tivité 190 Vous présenterez votre point de vue sur le thème suivant, en une dizaine de minutes.

Qui doit élever les enfants ? Le père, la mère, les deux ? Ou quelqu'un d'autre ?

Vous aurez soin d'organiser votre discours de manière élaborée et fluide avec une structure logique et efficace qui aidera le destinataire à remarquer les points importants.

Quelques pistes pour construire votre développement :

Quel peut être le point de vue d'un père ? / d'une mère ? / d'une personne sans enfant ? / d'un professionnel de la petite enfance ?, etc.

:tivité 191 Pour préparer le débat avec le jury, réfléchissez aux arguments pour et contre cette proposition.

Les pères d'aujourd'hui ne trouvent plus leur place dans la famille.

N'oubliez pas que vous serez amené à défendre, nuancer, préciser votre point de vue et à réagir aux propos de votre interlocuteur.

Quelques pistes pour vous entraîner à débattre. Trouvez les arguments opposés :

C'est parce que les pères d'aujourd'hui ne sont jamais à la maison / n'ont jamais le temps / ne s'intéressent pas à leurs enfants / n'ont pas d'autorité /parce que les mères décident de tout, etc.

🎧 DOCUMENT SONORE N° **4**

Manuela vit et danse malgré sa maladie

:tivité 192 Pour préparer le monologue suivi de présentation, notez l'essentiel de ce qui est dit dans chaque paragraphe, sous forme de mots-clés ou de groupes de mots (en style dit « télégraphique »).

Paragraphe 1 commençant par : « Je vis avec » :

....

....

Paragraphe 2 commençant par : « L'isolement, en fait, est la pire des choses » :

....

....

Paragraphe 3 commençant par : « Je me souviens encore de ce mois de juillet 1999 » :

....

....

Paragraphe 4 commençant par : « En septembre, je suis rentrée à Caen, où j'habite » :

....

....

Paragraphe 5 commençant par : « Peu à peu, le moral est revenu, la maladie s'est stabilisée » :

....

....

activité 193 Vous présenterez votre point de vue sur le thème suivant, en une dizaine de minutes :

Peut-on vivre « normalement » avec une maladie grave ? À quelles conditions ?

Vous aurez soin d'organiser votre discours de manière élaborée et fluide avec une structure logique et efficace qui aidera le destinataire à remarquer les points importants.

Quelques pistes pour construire votre développement :

Il faut savoir de quelle façon le malade assume sa maladie / si le malade témoigne d'une énergie positive / quel est le regard des autres sur sa maladie / si sa maladie est invalidante / s'il peut travailler dans des conditions acceptables, etc.

activité 194 **Pour préparer le débat avec le jury, réfléchissez aux arguments pour et contre cette proposition.**

Les médecins doivent-ils cacher la vérité à leurs malades, ou au contraire, leur dire toute la vérité ?

N'oubliez pas que vous serez amené à défendre, nuancer, préciser votre point de vue et à réagir aux propos de votre interlocuteur.

Quelques pistes pour vous entraîner à débattre :

Il faut cacher la vérité aux malades pour ne pas les angoisser / parce qu'ils ont assez de soucis comme ça / parce qu'ils ne sont pas en mesure de supporter l'épreuve, etc.

Il faut dire la vérité aux malades pour qu'ils sachent exactement ce qu'ils ont à faire / parce que ça leur permet de lutter avec l'aide du médecin / parce que c'est une forme de respect, etc.

☌ DOCUMENT SONORE N° 5

Stress

activité 195 **Pour préparer le monologue suivi de présentation, répondez à ces questions.**

1. Combien de personnes prennent la parole ?

....

....

2. Quel est le problème d'Angelina ?

....

....

3. a. Les deux personnes qui parlent à Angelina ont-elles des comportements positifs ?

....

....

b. Quelles propositions lui font-elles ?

....

....

4. Quelle analyse Marguerite fait-elle de ses problèmes ?

....

....

5. a. Alexandra a-t-elle le même genre de problèmes ?

....

....

b. Qu'est-ce qui l'aide à surmonter les plus gros problèmes ?

....

....

Activité 196

Vous présenterez votre point de vue sur le thème suivant, en une dizaine de minutes.

Les analyses faites par les participantes vous paraissent-elles justes ? Les propositions de l'animatrice vous paraissent-elles de nature à régler tous les problèmes ?

Vous aurez soin d'organiser votre discours de manière élaborée et fluide avec une structure logique et efficace qui aidera le destinataire à remarquer les points importants.

Quelques pistes pour construire votre développement :

- Il y a deux questions ; il faut donc répondre à ces deux questions, et surtout les mettre en relation.
- Pour répondre à la première question, relevez les points communs dans la description des symptômes des femmes stressées.
- Pour répondre à la deuxième question, ne dites pas seulement oui ou non, mais relevez les propositions de l'animatrice qui correspondent à des choses qui ont été dites par les participantes (par exemple, activité physique), et les propositions qui viennent de l'animatrice (par exemple, massage).

Activité 197

Pour préparer le débat avec le jury, réfléchissez aux arguments pour et contre cette proposition.

On parle souvent de bon stress et de mauvais stress. À votre avis, l'activité physique est-elle le meilleur remède au stress ?

N'oubliez pas que vous serez amené à défendre, nuancer, préciser votre point de vue et à réagir aux propos de votre interlocuteur.

Quelques pistes pour vous entraîner à débattre. Trouvez les arguments opposés :

Il faut une activité physique intense. / Il faut éviter d'aller voir le médecin. / Il faut penser qu'on est seul à ressentir ces troubles. / Je dois m'en sortir seul(e), etc.

2. Domaine : Sciences

𝔇 DOCUMENT SONORE N° 6

GALILEO, premier système européen de navigation par satellite

activité 198   Pour sélectionner les informations principales et les classer.

1. Le document traite :

❑ d'un système européen de satellite pour explorer la planète Vénus.

❑ d'un système européen de navigation par satellite.

2. Répondez aux questions sur les chiffres et les nombres.

a. Cochez les chiffres qui correspondent aux données du système GALILEO :

« Nationalité » du système	❑ 100 % américain	❑ 100 % européen
Lancement du système en	❑ 1978	❑ 2010
Nombre de satellites	❑ 30	❑ 28
Altitude des satellites	❑ 24 000 km	❑ 20 200 km
Précision du système	❑ 6 m	❑ 1 m

Dites à quel système correspondent les chiffres non cochés.

b. Répondez aux questions par des nombres.

Combien de GPS ont été vendus en 2005 ?

....

Cela représente une augmentation de combien de pour cent par rapport à l'année précédente ?

....

Combien de milliards d'euros le projet GALILEO a-t-il coûté ?

....

Selon les prévisions, combien de personnes utiliseront GALILEO en 2010 ? Et en 2020 ?

....

c. Quelle déduction faites-vous de toutes ces données chiffrées ? Faites une réponse courte.

....

3. Résumez les trois principaux usages que nous ferons du futur système GALILEO.

....
....
....
....

4. Expliquez ces termes et ces expressions :

a. Signes des temps :

....

b. OVNI :

....

c. M. et Mme Toutlemonde :

....

d. Ne pas dépendre du bon vouloir de quelqu'un :

....

ivité 199 Pour élargir son point de vue en trouvant des réponses précises aux questions suivantes qui sont autant de pistes de réflexion possibles.

1. Qui est Julien Ignace ? Quel est son point de vue sur le système GALILEO ?

objectif ❏   partial ❏   détaché ❏   scientifique ❏   de parti pris ❏

Justifiez vos réponses.

....
....
....
....

2. Pensez à d'autres avantages possibles du système GALILEO et imaginez quels peuvent en être les inconvénients.

....
....
....
....

3. Réfléchissez aux retombées économiques et industrielles liées au marché de la navigation par satellite.

....
....
....
....

À partir de vos réponses aux précédentes questions, présentez, de façon construite, votre opinion sur le développement du système GALILEO, en une dizaine de minutes. Efforcez-vous d'obtenir l'adhésion de votre destinataire en présentant des arguments convaincants.

vité 200 Pour préparer le débat avec le jury, discutez de ces deux points de vue contradictoires et pourtant complémentaires.

1. « À court terme, les équipements de positionnement par satellite deviendront pour tout un chacun aussi indispensables que l'est une montre aujourd'hui. » (www.galileoju.com)

2. « Le GPS, c'est un peu la Gameboy de la géographie. Ce n'est plus une incitation au dialogue. Quand vous vous perdez, le premier réflexe est de demander votre chemin. Avec le GPS, vous n'avez plus besoin d'échanger avec l'autre, ce dernier devient une abstraction. L'homme perd le contact avec son environnement. » Éric Canobbio, spécialiste de cartographie et enseignant-chercheur en géographie à l'université Paris VIII.

🎧 DOCUMENT SONORE N° 7

Influer sur la réalité informatique par la pensée

activité 201 Pour repérer les idées directrices ainsi que leur organisation.

1. Quelle est la nature du document entendu ? Justifiez votre réponse.

    a. un entretien

    b. une conférence

    c. un cours d'université

....

....

....

2. La femme qui parle est-elle handicapée ? .... Est-elle chercheur ? ....

3. Repérez les différentes parties du discours entendu. Résumez le contenu de chaque partie et proposez des transitions entre chaque partie.

....

....

....

....

4. Comparez les deux méthodes mises en place en reformulant les phrases suivantes :

    a. « D'autres scientifiques étaient parvenus à des résultats semblables mais par le biais d'une technique très invasive. »

....

....

    b. « Pour notre équipe, le contrôle par la pensée se passe d'implants ! »

....

....

5. Faites correspondre la définition aux noms suivants :

a. patient   ●   ● 1. boîtier servant à déplacer un curseur sur un écran d'ordinateur

b. interface   ●   ● 2. conducteur électrique appliqué sur une partie de l'organisme

c. lésion   ●   ● 3. formule secrète qui permet d'accéder à certaines données

d. souris   ●   ● 4. personne malade

e. électrode   ●   ● 5. anormalité de la structure d'un organisme suite à un accident

f. mot de passe ●   ● 6. liaison, connexion

activité 202 Pour présenter votre réflexion personnelle, appuyez-vous sur ces questions :

    – Quelles questions l'auditoire a-t-il pu poser à la suite de cette intervention ?

    – En quoi les premiers résultats de ces recherches sont-ils fascinants ?

– La recherche doit-elle dépenser autant d'argent dans ce type d'expérience ?

– Les applications futures de ces recherches ont-elles réellement un objectif louable ?

Faites un exposé structuré (avec introduction, développement, conclusion) précisant votre opinion en terme de certitude et/ou de doute concernant les conséquences du développement de telles avancées scientifiques.

vité 203 **Pour préparer le débat avec le jury, soutenez ou réfutez cette thèse :**

Le vieux rêve de l'humanité (que le cerveau humain puisse contrôler des machines) est subordonné à un autre fantasme de science-fiction : la terreur que les machines puissent un jour supplanter l'homme.

🕪 DOCUMENT SONORE N° **8**

Les voitures du futur : des voitures intelligentes

vité 204 **Pour repérer la structure d'un document sonore ainsi que les expressions idiomatiques.**

1. Combien d'interlocuteurs interviennent dans ce document sonore ? Qui sont-ils ?

....

2. Choisissez un titre pour ce document parmi ces titres :

    a. Les voitures du futur : plus confortables et moins chères.

    b. Les nouveaux jouets inventés par les ingénieurs et les constructeurs automobiles.

    c. Course automobile : la concurrence effrénée des constructeurs et des ingénieurs.

3. Reformulez ces phrases :

    a. Les voitures de demain seront incontestablement intelligentes.

....

    b. Les constructeurs et les ingénieurs rivalisent en effet de créativité pour que les voitures deviennent de véritables partenaires pour leur chauffeur.

....

    c. Tout se fait de manière électronique.

....

4. Les quatre concepts sur lesquels travaillent les interlocuteurs en présence sont :

....
....
....
....

Ces réponses amènent à un net découpage en deux parties du document, avec une transition au milieu. Précisez quelles sont ces deux parties et quelle est la phrase qui fait la transition.

....
....

5. Selon vous, quel est le point de vue du journaliste ? Justifiez votre réponse.

❏ sceptique   ❏ dubitatif   ❏ admiratif   ❏ convaincu

....

....

....

....

6. Dites si la signification de ces expressions est vraie ou fausse :

		Vrai	Faux
a. C'est un jeu d'enfant !	C'est un jouet pour les enfants.	❏	❏
b. Avoir plus d'un tour dans son sac	Être très malin.	❏	❏
c. *Avanti !*	En avant !	❏	❏
d. Repartir du bon pied	Avancer de nouveau en marche avant.	❏	❏
e. Plancher sur	Étudier, faire un travail sur.	❏	❏

activité 205 Pour enrichir votre réflexion personnelle, proposez des arguments favorables et des arguments défavorables aux affirmations suivantes et construisez votre propre argumentation.

1. Les systèmes d'assistance aux conducteurs sont nécessaires pour que les voitures deviennent plus sûres.

2. Il s'agit d'une véritable innovation qui révolutionne la technologie automobile.

3. Les objectifs affichés par les ingénieurs et les constructeurs sont tout à fait louables.

4. Ces concepts offrent de nombreux avantages par rapport à un « conducteur moyen ».

5. Notre usage de l'automobile peut « s'aseptiser ».

activité 206 Pour préparer le débat avec le jury, discutez cette affirmation du journaliste :
Les voitures de demain seront incontestablement intelligentes.
Défendez votre position de façon appropriée (réfléchissez à la définition du terme « intelligence », ainsi qu'à la place du conducteur, à son rôle).

👂 DOCUMENT SONORE N° **9**
Le prix de l'eau

activité 207 Pour repérer les marques de l'énonciation et identifier des détails fins incluant l'implicite des attitudes.

1. La personne qui parle est-elle un politique ? ....
Est-elle membre d'une association écologiste ? ....

2. Quel est le ton de cette personne ? Justifiez votre réponse.

....

....

....

3. a. Résumez en une phrase les revendications de cette personne.

....

....

b. Quelles sont les causes de cette revendication ? Donnez des exemples.

....

....

....

4. Selon le dictionnaire *Le Robert*, l'accusation est « l'action de signaler quelqu'un comme coupable ». Donnez un exemple :

    a. par rapport au secteur de l'agriculture

....

....

    b. par rapport aux politiques

....

....

5. Complétez les phrases suivantes en vous appuyant sur le document :

    a. L'eau est une valeur précieuse car ....

    b. Quand l'eau est offerte comme bien gratuit, la demande est supérieure à l'offre, ce qui prouve bien que ....

    c. Il faut conférer une valeur égale aux utilisations économiques, sociales et environnementales de l'eau pour qu'enfin ....

Activité 208 Pour construire votre réflexion personnelle, réfléchissez aux arguments pour et contre cette question :

L'eau peut-elle avoir un prix ?

Vous pourrez classer tout d'abord les arguments de l'intervenant et trouver d'autres arguments pour soutenir sa thèse. Vous pourrez ensuite proposer des arguments contraires. Enfin, vous pourrez élaborer un plan en intégrant ces deux parties puis en trouvant une troisième partie qui ferait la synthèse des deux premières.

Activité 209 Pour préparer le débat avec le jury, discutez cette affirmation :

« *Nous avons une tendance à la consommation boulimique des richesses naturelles.* »
Claude Lévi-Strauss, ethnologue et anthropologue français.

🕪 **DOCUMENT SONORE N° 10**

Le téléchargement illégal des musiques sur Internet

Activité 210 Pour identifier les positions (explicites et implicites) des interlocuteurs.

    1. a. Quelle est la situation de communication et où se déroule-t-elle ?

    ❑ une interview   ❑ une discussion   ❑ un débat télévisé

....

    b. Qui sont les trois interlocuteurs en présence ? Se connaissent-ils ?

....

2. a. Quel est le sujet de cet échange ?

....

b. Quelle est la comparaison faite avec la bibliothèque ? avec le cinéma ?

....

3. a. Quelle est la position de chacun ? Citez trois arguments de chacun des protagonistes.

....

....

....

b. D'après le dictionnaire *Le Robert*, une polémique est « un échange vif, agressif, qui suscite une attitude critique ». Quelle est l'attitude de chacun des interlocuteurs ?

❏ virulente ❏ passionnée ❏ neutre ❏ agressive ❏ autoritaire

❏ détachée ❏ susceptible ❏ bienveillante ❏ convaincante ❏ décidée ❏ sans parti pris ❏ de mauvaise foi ❏ enthousiaste ❏ intransigeante

4. a. Quel protagoniste réussit le mieux à convaincre les autres ? Expliquez pourquoi.

....

b. Quelle est la conclusion de l'échange ? Y en a-t-il une ?

....

activité 211 Pour alimenter votre réflexion personnelle, faites tout d'abord le tri entre les bons et les mauvais arguments (selon vous) présentés par les interlocuteurs.
Puis trouvez-en d'autres.

....

....

....

....

activité 212 Pour élaborer votre exposé, construisez un plan en deux parties, basé sur une opposition des arguments. Vous pouvez imaginer un développement bâti autour de cette transition :

Il est vrai que le téléchargement illégal nuit aux maisons de disques et aux artistes, mais il est un formidable atout pour les internautes.

Ayez soin de présenter une introduction en trois parties : amenez le sujet, énoncez-le et annoncez le plan de votre développement. Faites également une conclusion basée sur le résumé de votre développement puis élargissez le sujet.

activité 213 Pour préparer le débat avec le jury, répondez de façon approfondie et organisée à cette question :

Faut-il une dépénalisation du téléchargement illégal sur Internet ?

ÉPREUVES TYPES

50 POINTS

Consignes pour les candidats

Vous allez entendre <u>deux fois</u> un enregistrement sonore de 10 minutes environ.

Vous écouterez une première fois l'enregistrement. Concentrez-vous sur le document.

Vous aurez ensuite 3 minutes pour relire les consignes de l'exercice.

Vous écouterez une seconde fois l'enregistrement.

Vous aurez une heure pour préparer votre intervention.

Cette intervention se fera en trois parties :

– compte rendu du contenu du document sonore ;

– développement personnel à partir de la problématique exposée dans le document ;

– débat avec le jury.

Vous pouvez prendre des notes.

Lisez maintenant les consignes. Vous avez trois minutes.

➤ *Première écoute*

Vous avez maintenant trois minutes pour relire les consignes de l'exercice.

➤ *Seconde écoute*

Vous avez maintenant une heure pour préparer l'exposé et le débat.

Domaine : Lettres et sciences humaines

SUJET 1

🎧 **DOCUMENT SONORE N° 11**

Des repères pour choisir son psy

➤ **Activité 214**

1. Pour la prise de notes

– Quel est le sujet de cette « table ronde » ?

– Combien de personnes prennent la parole ? Est-ce que leurs témoignages vont tous dans le même sens ?

– Dégagez l'idée générale de chaque intervention.

2. Pour le monologue suivi de présentation

– Faites le bilan des accords et des désaccords, chez les patients et chez les praticiens.

– Quelle(s) orientation(s) choisiriez-vous si vous deviez avoir recours à un(e) « psy » ? Et pourquoi ?

3. Pour le débat avec le jury

Le débat pourra porter sur des questions telles que : Êtes-vous partisan (ou adversaire) des psychothérapies ?

Ou encore : Pourquoi tel type de « psy » a votre préférence plutôt que tel autre ?

Domaine : Sciences

SUJET 2

𝔇 DOCUMENT SONORE N° 12

La première greffe de visage partielle : au cœur de la polémique

➤ Activité 215

1. Pour la prise de notes

a. Quel est le sujet de la polémique ? Sur quels points est basée la controverse ?

b. Combien d'interlocuteurs interviennent ? Quel est leur métier ?

c. Sur quoi insiste chaque protagoniste ? Quelle est la thèse défendue par chacun ?

d. Quel est le ton de l'échange ?

2. Pour le monologue suivi de présentation

a. Faites le bilan des arguments pour et des arguments contre la greffe de visage.

b. Quelle thèse acceptez-vous et quelle thèse réfutez-vous ? Pourquoi ? Justifiez-vous.

c. Nuancez vos propos : peut-on vraiment avoir un avis tranché sur la question ?

3. Pour le débat avec le jury

Il portera probablement sur cette question :

Quelles sont les implications du fait de donner son visage ou bien de recevoir celui d'un autre ?

Réfléchissez aux dimensions éthiques et psychologiques.

COMPRÉHENSION ET PRODUCTION ÉCRITES

CHAPITRE 2
ACTIVITÉS DE COMPRÉHENSION ET DE PRODUCTION DES ÉCRITS

➤ *Compréhension écrite*

Dans la première partie de ce chapitre, vous trouverez des articles de presse sur des sujets d'actualités, des extraits d'articles de fond de revues spécialisées, des articles d'information parus sur des sites spécialisés ou grand public, des dossiers sur un sujet particulier, des entretiens, des analyses, des commentaires de l'actualité, un extrait de roman.

Ces textes portent sur des sujets sociologiques, socioculturels et politiques ou abordent des domaines plus spécialisés (sciences, sciences sociales, littérature, droit du travail).

Longueur des textes
Vous travaillerez sur des textes longs (d'un total de 1 500 à 3 000 mots), excepté lorsque l'information est plus dense et spécialisée.

Les activités
Elles vous permettront d'affiner votre compréhension globale et celle des détails de tout type de documents écrits, et vous serez amenés à :
– identifier et définir les types de documents, leur thématique ;
– segmenter des textes en paragraphes, résumer les idées essentielles d'un texte ;
– donner son plan, répondre à des questionnaires, repérer les champs sémantiques appartenant à une langue de spécialité ou non ;
– reformuler des énoncés implicites, identifier des thèmes et rendre compte de leur développement, repérer des articulations fines.

Elles vous permettront également de vous entraîner à identifier les intentions et les sentiments de l'auteur, les registres de langue, les subtilités de style et de sens, le lexique, les expressions, les traits particuliers de la langue produite dans le monde francophone…

Les activités proposées sur les documents longs vous prépareront à la compréhension en vous invitant d'abord à repérer l'organisation générale du discours pour, ensuite, vous concentrer sur les informations de détails, la problématique posée et traitée par l'auteur, et la construction des différentes parties menant à une conclusion.

➤ *Production écrite*

Dans la seconde partie de ce chapitre, vous trouverez pratiquement les mêmes types de documents que dans la première.

Les textes proposés compléteront les textes présentés dans la première partie. Vous devrez vous y référer pour effectuer certaines activités afin de vous exercer au travail de l'essai argumenté. Ils couvrent des sujets et des domaines semblables à ceux qui sont décrits dans la première partie.

Longueur des textes

Vous travaillerez sur des dossiers dont les textes sont de longueurs variables. Chaque dossier contient un texte long (d'environ 800 à 2 000 mots) traité dans la première partie, et deux autres textes (d'environ 300 à 1 000 mots) ayant une relation avec le premier.

Les activités

Les activités vous permettront d'analyser tout type de documents écrits et vous serez amenés à :
– identifier la fonction et le domaine de référence de trois textes (origine, fonction, nature) ;
– reconnaître la thématique commune à ces textes ;
– repérer les idées essentielles et secondaires (lecture des titres et des sous-titres, des accroches, des premières et des dernières lignes, des amorces de paragraphes) ;
– faire jaillir les mots-clés qui serviront à restituer l'information sur le sujet, puis organiser en branches ou en catégories les points complémentaires ou opposés sur un thème (« éventail » ou « tableau synoptique ») après les avoir puisés dans chaque texte ;
– canaliser l'information pour faire émerger la problématique générale (quand il y en a une), éliminer les « dérives », anecdotes, « délayages » des textes ;
– choisir le texte présentant l'information la plus complète sur le sujet ;
– faire le plan d'un essai, rédiger une introduction et une conclusion.

➤ *En quoi consiste l'épreuve de compréhension et de production écrites du DALF C2 ?*

Durée de l'épreuve : 3 h 30
Cette épreuve comporte deux parties.

Première partie

Compréhension écrite : lire un texte long et donner le plan du texte sous forme rédigée.

Deuxième partie

Production écrite : à partir d'un dossier de documents d'environ 3000 mots, ayant une relation entre eux, produire un essai argumenté structuré (article de synthèse pour une revue spécialisée, éditorial, compte rendu de synthèse pour un journal d'actualité, en ligne ou non).

Le dossier est constitué du texte proposé en première partie (compréhension écrite) et de deux autres documents.

La première partie a pour objectif d'évaluer votre capacité à comprendre pratiquement tous types de textes longs et complexes, structurés ou non, sur un sujet abstrait, complexe, recelant de l'implicite, comportant ou non des expressions idiomatiques francophones.

La seconde partie de l'épreuve vise à évaluer votre capacité à comprendre les informations qui vous sont données, à croiser ces informations contenues dans différents types de documents sur un sujet commun, à les sélectionner et à comprendre leur importance relative, à les hiérarchiser, à dégager une problématique générale appropriée au sujet et aux textes du dossier, pour rédiger un essai structuré, sans faute d'orthographe, n'omettant aucune finesse de sens, dans une situation donnée.
Les documents appartiennent aux domaines public, professionnel, académique, littéraire.

Vous serez donc confrontés à des textes littéraires ou de critique littéraire, de sociologie, de vulgarisation scientifique, ou bien à des textes liés à des préoccupations sociétales récentes.
Ces textes sont issus de journaux quotidiens, de revues hebdomadaires « grand public », de revues mensuelles et bimensuelles spécialisées, ou consacrant un numéro à un domaine spécialisé, de sites scientifiques, d'ouvrages de sciences sociales, de littérature.

➤ En quoi consiste la première partie de l'épreuve « compréhension écrite » ?

Ce qui compte, c'est de donner le plan du texte et de montrer son organisation, c'est-à-dire de mettre en relief l'ordonnancement des idées et des thèmes, la manière dont ils sont engendrés, en tenant compte des arguments « fins » de l'auteur, des effets soulignés ou non par lui-même, pour aboutir à une conclusion.

Vous ne donnez pas votre avis sur le sujet : votre texte ne doit pas être subjectif.
Vous présentez le plan sous forme rédigée dans une langue appropriée, mais avec vos propres mots, sauf lorsque les termes qui appartiennent à un domaine très spécialisé ne peuvent être remplacés par d'autres. En aucun cas, vous ne devez reprendre des extraits du texte.

➤ En quoi consiste la seconde partie de l'épreuve « production écrite » ?

Il vous est proposé un dossier de trois textes. L'un d'entre eux a déjà fait l'objet d'un premier exercice, et vous en avez donné le plan, dans la première partie de l'épreuve « compréhension écrite ». Les trois textes couvrent un même sujet, mais ne font pas forcément partie du même domaine. Il s'agit de comprendre en quoi ces trois textes ont un rapport, de les mettre en parallèle, de les analyser, d'en montrer les points d'accord et de désaccord, les points de prolongement, ou complémentaires, les points particuliers.

Il vous faudra, à partir du texte qui vous semble le plus complet sur le thème du dossier et à partir du travail de relevé des points essentiels, contradictoires ou complémentaires effectué sur les trois textes, trouver la problématique générale, hiérarchiser les idées, c'est-à-dire faire un plan en relation avec cette problématique.

Il n'y a pas de plan-type. Vous choisirez un plan selon la nature et le contenu des documents du dossier. Autrement dit, vous n'êtes pas totalement libre, vous êtes contraint(e) dans le choix de votre plan, par les documents qui vous sont proposés dans le dossier.

Ce travail constitue la préparation de l'essai, qui doit aboutir à sa forme rédigée.
En aucun cas, vous ne devez rendre un simple plan d'essai.
La rédaction de l'essai est le produit final et évalué de votre préparation.

Votre essai doit comporter :

– une introduction où vous présenterez la problématique selon le sujet proposé ;
– un développement du plan que vous avez établi ;
– une conclusion.

1. Dégager le plan d'un texte : comprendre l'enchaînement des idées

Document 1

Découverte du poisson qui, le premier, a marché sur terre

C'est à la fin du dévonien, entre 385 et 365 millions d'années, que s'est produite une révolution tranquille de la vie. Pendant cette période, des poissons osseux – les sarcoptérygiens – ont transformé leurs nageoires en membres pour pouvoir sortir de l'eau et se déplacer sur la terre ferme. Ce faisant, ils ont donné naissance aux tétrapodes, un groupe imposant qui comprend les mammifères – donc nous-mêmes –, les amphibiens, les reptiles et les oiseaux, même si certaines de ces familles ont « perdu » ou modifié leurs membres par la suite.

Une découverte effectuée sur le territoire du Nunavut au Canada par plusieurs chercheurs – Edward Daeschler (Académie des sciences naturelles, Philadelphie), Neil Shubin (université de Chicago) et Farish Jenkins (université Harvard) – apporte des éléments nouveaux sur cette capitale *« sortie des eaux »*. Les scientifiques, qui publient leurs travaux dans la revue *Nature* du 6 avril, ont en effet mis en évidence, dans la formation géologique de Fram, une nouvelle espèce de poisson vieille de 375 millions d'années, baptisée *Tiktaalik roseae*, qui fait partie des sarcoptérygiens et comporte à la fois des caractères propres aux poissons et aux tétrapodes.

Trois des exemplaires de *Tiktaalik roseae* sont dans un très bon état de conservation. Aussi les chercheurs ont-ils pu mettre en évidence des particularités qui démontrent la transformation physique à l'œuvre. L'opercule, ce gros os qui sert à ventiler les branchies et qui est encore porté par les poissons osseux actuels, a disparu. Cela signifie que l'animal utilisait plus souvent ses poumons que ses branchies pour respirer l'air. La disparition de l'opercule, alliée à celle de plusieurs os situés à l'arrière du cou permettait aussi à l'animal de mouvoir sa tête hors de l'eau, explique Philippe Janvier, paléontologue au Muséum national d'histoire naturelle et spécialiste des premiers vertébrés.

Autre point crucial, les nageoires de *Tiktaalik* comportent un cubitus et un radius (os de l'avant-bras), un humérus (os du bras), ainsi qu'une ébauche de doigts. Et ce, même si elles présentent encore à leur extrémité les rayons dermiques qui forment le voile de la nageoire. Cela montre que *« le squelette de* Tiktaalik *pouvait supporter son poids aussi bien dans des eaux peu profondes que sur terre »*, explique Farish Jenkins, un de ses découvreurs. L'animal vivait sous un climat équatorial (à l'époque ce qui est aujourd'hui le Nunavut était situé à l'équateur) et dans un milieu plutôt vaseux semblable aux bayous de la Louisiane.

Ce nouveau fossile, qui a une tête plate et un museau de crocodile, pourrait devenir à terme *« une icône de l'évolution »*, comme l'a été en son temps *Archaeopteryx* pour le passage des dinosaures aux oiseaux, expliquent Erik Ahlberg (université d'Uppsala, Norvège) et Jennifer Clack (université de Cambridge, Grande-Bretagne) dans le même numéro de *Nature*. « *C'est un très beau chaînon manquant retrouvé* », s'enthousiasme pour sa part Philippe Janvier. Car ces restes s'insèrent parfaitement dans le puzzle des espèces qui ont conduit à l'élaboration des premiers tétrapodes. L'animal s'encastre entre *Panderichthys* qui vivait sans doigt, il y a 385 millions d'années, et *Ichthyostega* et *Acanthostega* (365 millions d'années) qui en étaient dotés.

Mais il reste encore des points à éclaircir concernant la transition poissons-tétrapodes. Car la « *vraie* » adaptation à la marche terrestre a eu lieu plus tard, au carbonifère, entre 330 et 340 millions d'années. Une période cruciale pendant laquelle se sont mis en place chevilles et poignets et pour laquelle les spécialistes n'ont que très peu de fossiles. Mais l'histoire des tétrapodes (et la nôtre) aurait pu s'arrêter là. Car ils « *sont encore présents grâce à un hasard de l'évolution* », dit Philippe Janvier. À la fin du dévonien, ils ont failli disparaître à cause d'un changement climatique et de la rude concurrence menée par de gros poissons en provenance de l'hémisphère Sud.

Christiane Galus,
Le Monde du 6 avril 2006.

activité 216

Pour identifier le document 1 et définir la typologie du texte, puis son sujet, observez les indices du document, lisez le texte, puis répondez à ce questionnaire.

1. À quelle rubrique du quotidien peut se trouver cet article ?

    a. ❑ Sciences

    b. ❑ Culture

    c. ❑ Enquête

2. S'agit-il :

    a. ❑ d'une chronique du journal ?

    b. ❑ du compte rendu d'un article de revue ?

    c. ❑ d'un reportage ?

3. Quelle discipline concerne cet article ?

    a. ❑ l'archéologie ?

    b. ❑ l'anatomie ?

    c. ❑ la paléontologie ?

4. Quelle théorie évoque le titre ?

    a. ❑ La théorie de la préformation et du fixisme (Cuvier) ?

    b. ❑ La théorie de l'évolution (Darwin) ?

    c. ❑ La théorie des caractères acquis (Lamarck) ?

tivité 217 Relisez le texte, et relevez les vingt expressions se rapportant à cette théorie de l'évolution.

....
....
....
....

ivité 218 Classez les expressions relevées dans le texte en plusieurs catégories sémantiques illustrant la théorie de l'évolution. Attribuez à chacune un mot-clé.

....
....
....
....

tivité 219 Résumez l'idée principale de chaque paragraphe.

Paragraphe 1 :

....
....
....

Paragraphe 2 :

....
....
....

Paragraphe 3 :

....
....
....

Paragraphe 4 :

....
....
....

Paragraphe 5 :

....
....
....

Paragraphe 6 :

....
....
....

activité 220 Relisez chaque paragraphe et analysez comment l'auteur de l'article introduit l'information dans chaque paragraphe et dans quel but.

Paragraphe 1 :

....

....

....

Paragraphe 2 :

....

....

....

Paragraphe 3 :

....

....

....

Paragraphe 4 :

....

....

....

Paragraphe 5 :

....

....

....

Paragraphe 6 :

....

....

....

activité 221 Faites le plan de cet article, en montrant l'enchaînement des idées.

....

....

....

....

....

....

....

....

....

....

....

....

....

Activité 222 Lisez ce texte et mettez-le en forme en le segmentant en paragraphes.
Document 2-1

LE TAUX DE CHÔMAGE DES JEUNES DIPLÔMÉS EST RÉPARTI
À LA HAUSSE DEPUIS 2003

Alors que la lutte contre le contrat première embauche (CPE) a surtout mobilisé les étudiants, avant que les lycéens et les jeunes des quartiers défavorisés ne s'y joignent, les diplômés de l'enseignement supérieur sont paradoxalement ceux qui connaissent au sein d'une génération, le moins, et le moins longtemps, le passage par des contrats temporaires. Parmi les diplômés sortis de l'enseignement supérieur en 2001 (pour lesquels le recul sur leur situation face au marché du travail est suffisant), 71 % étaient en contrat à durée indéterminée (CDI) trois ans après. Parmi ceux-ci, un tiers l'avaient obtenu dès la sortie des études, et la moitié six mois après. « *Ces proportions n'ont pas beaucoup évolué au cours des dernières années* », observe Alberto Lopez, chef du département Entrées dans la vie active du Centre d'études et de recherches sur l'emploi et les qualifications (Céreq), qui ajoute : « *Lorsque nous présentons ces chiffres, nos interlocuteurs sont toujours incrédules, tant l'idée d'une précarité généralisée des jeunes diplômés s'est installée dans les esprits. Mais, pour comprendre ce sentiment, il faut se tourner vers d'autres explications.* » La première se situe dans la dégradation de la situation économique depuis quatre ans. Les diplômés de 2001 ont connu un complet renversement du marché du travail entre le moment de leur sortie de l'université et la situation actuelle. Leur taux de chômage a d'abord diminué, passant de 12 % en mars 2002 à 8 % en mars 2003, avant de remonter à 11 % en mars 2004. « *La crainte des jeunes diplômés, très conscients de cette dégradation, est de rejoindre le rang des chômeurs*, explique A. Lopez : *aucun d'entre eux ne peut penser qu'il sera préservé de ce risque, qui, même s'il est loin d'être nul, est pourtant plus faible pour les diplômés que pour les autres jeunes.* » Mais l'effet négatif de la conjoncture et l'absence de perspective de sortie du tunnel en rendent l'impact psychologique exponentiel... et poussent les jeunes diplômés à accepter des conditions d'emploi toujours plus précaires. Car les difficultés économiques des entreprises les ont également conduits à privilégier les formes d'emploi temporaire les moins coûteuses : là où l'on proposait un contrat à durée déterminée (CDD), on offre une mission d'intérim ; et l'intérim est chassé par le stage. Ce dernier est ainsi passé en quelques années du statut de complément pédagogique à la formation à celui de forme d'emploi participant à l'activité normale des entreprises. Selon le Conseil économique et social (juillet 2005), les entreprises françaises emploieraient ainsi 800 000 stagiaires par an, dont 60 000 à 120 000, selon les estimations, correspondraient à des postes de travail à temps plein. Les offres de stage sont de plus en plus souvent rédigées comme des offres d'emploi, diffusées sur les mêmes supports que ces dernières, et gérées dans les services de recrutement à l'identique. Un grand groupe a même institué une période d'essai de quinze jours pour les stagiaires qu'il recrute ! La durée de ces stages s'allonge sans cesse, pour finir par s'apparenter à celle d'un CDD (six mois, un an...). En revanche, la rémunération dépasse rarement le smic, même à bac + 5 ! Et, lorsque celle-ci est inférieure de 30 % au smic, l'employeur est exonéré des charges sociales... Au-delà de ce seuil, le stagiaire se voit ouvrir des droits à la retraite... mais pas au chômage. Le stage est décidément plus attractif pour les employeurs... que le CPE. La seconde explication à ce développement du sentiment de précarité tient au déclassement subi par les jeunes diplômés lors de leur entrée dans la vie active, mais qui se prolonge de plus en plus bien au-delà de cette première expérience. Le Céreq a ainsi calculé que le taux de diplômés employés trois ans après leur sortie d'université à un niveau inférieur à celui que leur diplôme leur ouvre normalement est passé de 22 % en 1981 à 43 % en 1997 pour les bac + 2, et de 36 % à 45 % pour le bac + 3 et plus. Même sept ans après leur sortie, environ un tiers des diplômés de 1998, que le Céreq a interrogés à nouveau fin 2005, connaissaient une situation de déclassement. *« Plus que la précarité du statut, qui finit par se résorber au fil du temps, le véritable problème est que le diplôme ne procure plus les mêmes statut social et niveau de salaire qu'il y a quinze ans »*, conclut Alberto Lopez. Jean-François Giret, chercheur au Céreq, observe également que le diplôme ne produit quasiment pas de différence de salaire significative par rapport à la moyenne jusqu'à bac + 3. *« Ce n'est qu'à bac + 5 que la différence devient manifeste. »*

Antoine Reverchon, *Le Monde, Dossier « Économie »,*
mardi 28 mars 2006

activité 223   Après avoir pris connaissance du corrigé de l'activité 222, expliquez la segmentation du texte effectué par l'auteur.

....
....
....
....

activité 224   À la fin du paragraphe 2, quelle fonction a l'énoncé suivant ?

« Mais l'effet négatif de la conjoncture et l'absence de perspective de sortie du tunnel en rendent l'impact psychologique exponentiel... et poussent les jeunes diplômés à accepter des conditions d'emploi toujours plus précaires. »

....
....
....
....

tivité 225 Rédigez le plan de cet article, en montrant l'enchaînement des idées.

....

....

....

....

Document 3-1

FRANÇAISES DU MAGHREB

LA RÉUSSITE SILENCIEUSE

Myriam, Yasmina ou Marie-Ange, toutes d'origine nord-africaine, ont fait leur chemin dans les cercles économique, intellectuel ou politique de l'Hexagone. Chefs d'entreprise ou salariées, issues des grandes écoles ou formées sur le terrain, ces femmes ont même souvent misé sur leur double appartenance culturelle pour accéder à l'indépendance professionnelle.

NADIA KHOURI – DAGHER POUR LE MONDE 2

D'un œil expert, Zakia Garn vérifie le ragréage[1] de la surface au sol que les ouvriers de son entreprise, Batitech, viennent d'achever dans les locaux d'un grand bureau parisien en cours de rénovation. Fille d'ouvriers tunisiens, 40 ans, elle a créé Batitech en 2001, munie d'un CAP[2] et d'un brevet professionnel de comptabilité. Yasmina Zerroug, ancienne professeur d'espagnol à Alger, rentre de Moscou où elle vient d'équiper un nouveau spa de luxe avec sa gamme de produits de beauté, *Charme d'Orient*, qu'elle exporte dans le monde entier. Zahia et Fettouma Ziouani, jumelles de 26 ans, grandies à Pantin[3] de parents algériens, sont aujourd'hui, respectivement, chef d'orchestre et directrice du conservatoire municipal de Stains[4] pour la première, professeur de violoncelle au conservatoire et concertiste pour la deuxième.

Des exceptions ? Des réussites exemplaires, certes, mais qui se banalisent désormais en France. Les études sociologiques confirment que les Françaises d'origine maghrébine, nées là-bas ou ici, font désormais partie des classes moyennes et, de plus en plus, grâce aux études, des classes supérieures. *« La majorité de ces femmes (...), selon les critères économiques et sociologiques, sont complètement intégrées »*, ajoute Khadija Mohsen-Finan – elle-même Française d'origine tunisienne –, politologue spécialiste de l'immigration, chargée de recherches à l'Institut français des relations internationales (IFRI) et enseignante à Sciences Po.

« Les Françaises maghrébines ont des parcours vraiment significatifs. Elles sont très nombreuses à "réussir", comme on dit communément. Mais c'est une réussite invisible, car le public ne voit de l'immigration que ce qu'il regarde à la télévision : les banlieues qui brûlent, les champions de sport... Ces femmes sont aussi le fruit de nombreux préjugés. L'opinion est préoccupée par la question du voile, celle des mariages forcés, alors que les filles sont aujourd'hui à des années-lumière de tout ça ! »,

assure Catherine Wihtol de Wenden, directrice de recherches au CNRS. C'est elle qui a contribué à mieux faire connaître la « beurgeoisie », terme qu'elle a popularisé avec Rémy Leveau dans leur premier ouvrage sur les élites françaises issues du Maghreb *(La Beurgeoisie : les trois âges de la vie associative issue de l'immigration,* CNRS, 2001).

REPÉRAGE AU PATRONYME

Pour prendre la mesure de cette réussite invisible, il suffit de se plonger dans les numéros de *Yasmina,* premier magazine dédié aux femmes du Maghreb en France – créé en 2002, aujourd'hui disparu. Pendant près de deux ans s'y sont succédé les interviews de centaines de Françaises, émigrantes ou filles d'émigrants, qui exercent les professions les plus variées. *« Les Françaises du Maghreb sont présentes partout (...), dans les facs, la fonction publique – comme enseignantes dans le primaire et le secondaire notamment –, dans l'administration, et même dans l'armée. Sans compter le secteur privé... »,* relève Catherine Wihtol de Wenden.

Un simple repérage au patronyme sur les listings des diplômés d'HEC[5] ou de l'Essec[6], sur les organigrammes d'entreprises ou les listes d'élus municipaux confirme la présence croissante de ces femmes dans la vie économique et sociale, à tous les échelons.

Ce succès s'explique d'abord par leurs résultats scolaires. Une étude de Khadija Mohsen Finan et Vincent Geisser, « L'islam à l'école », démontre que les enfants d'origine maghrébine sont des élèves assidus. Et tout particulièrement les filles – l'école étant, surtout pour elles, un vecteur de libération, d'émancipation de la tutelle familiale.

Leur réussite serait également portée par les valeurs traditionnelles de la culture arabo-musulmane, qui sacralise « le livre » et valorise le savoir – *« Les savants sont les héritiers des prophètes »,* dit un proverbe musulman –, et par le rôle des mères de la première génération, souvent « au foyer », qui encouragent leurs filles à réaliser les rêves qu'elles n'ont pu concrétiser. Voilà qui explique les parcours fulgurants de jeunes femmes très diplômées, comme l'ancienne secrétaire d'État au développement durable Tokia Sam (aujourd'hui députée européenne).

Les moins diplômées passent par des réseaux traditionnels de sociabilité et d'entraide féminines institutionnalisés, dans notre pays, sous la forme d'associations. Celles-ci jouent un rôle-clé pour l'intégration des communautés migrantes.

Nombreuses sont ces femmes à créer ou à faire partie de structures qui offrent du soutien scolaire, des animations de quartier, voire lèvent des fonds pour des projets de développement dans des villages d'Algérie ou du Maroc. Un engagement associatif qui oblige à la gestion d'un budget, à la demande de financements, bref, qui équivaut à une véritable formation professionnelle de terrain. *« Pour beaucoup de femmes non diplômées, l'associatif a été un tremplin pour l'insertion professionnelle »,* confirme Nadia Chaabane. Professeur d'origine tunisienne, elle a coordonné une étude portant sur 500 associations de femmes migrantes.

Certaines structures ont même directement pour objectif l'insertion professionnelle, à l'instar d'Al Nahda, créé à Nanterre par Nejma Belhadj – docteur en sociologie, d'origine algérienne –, qui offre une formation aux jeunes sans qualification.

Si les mères ont pu souffrir du « machisme » d'un mari ou d'un père pour occuper un emploi, leurs filles ont vu s'estomper les obstacles culturels, immersion française oblige. *« Quand j'ai commencé à donner mes cours de danse orientale, je n'osais pas le dire à mon père. Pour lui, la danse du ventre, c'était les cabarets. C'était honteux ! Maintenant, il est fier de moi ! »,* s'amuse Nadia Messaï, l'une des professeurs les plus recherchées de la capitale. Elle a aussi créé, sur Internet, son entreprise de vente d'accessoires, d'instruments de musique et de CD liés à la danse orientale (www.nadiamessai.com).

« Les solidarités traditionnelles maghrébines jouent aujourd'hui en faveur de la femme active. Son entourage va l'aider à aménager son temps de travail. On va lui proposer de garder ses enfants – ce qu'on ne trouvera pas forcément dans les autres familles françaises », souligne Khadija Mohsen-Finan.

> « L'opinion est **préoccupée** par la question du **voile**, celle des mariages **forcés**, alors que ces filles sont à des **années-lumière** de tout ça ! »
>
> Catherine Wihtol de Wenden, directrice de recherche au CNRS

Expression la plus accomplie de la réussite des Françaises maghrébines : elles sont de plus en plus nombreuses à créer leur propre entreprise. Leur nombre ? Impossible à déterminer, car les statistiques de l'Insee ne dissocient, parmi les femmes, que les chefs d'entreprise « français » et « étrangers ». Mais les organisateurs du Trophée des femmes chefs d'entreprise issues de l'immigration – qui a été décerné jusqu'en 2003 – recevaient chaque année des centaines de candidatures. La dernière édition, il y a trois ans, a couronné Sally Bennacer, créatrice d'Art and Blind (un fabricant de stores), Rachida Belliard, fondatrice de Pertinence (une société de formation et développement) et Hymane Ben Aoun, créatrice de Diaphane (un chasseur de tête « top exécutive »).

Autre signe : les structures d'aide à la création d'entreprise voient affluer un nombre croissant de femmes d'origine maghrébine, à l'instar de l'Irfed – Institut de recherche et de formation, éducation et développement – qui a épaulé, depuis 1990, des centaines de personnes: restauratrices, directrices d'agence de voyages, directrices d'agence de communication... *« Les Maghrébines qui viennent nous voir ont souvent un bon projet. La moitié d'entre elles créent leur entreprise dans les deux ans qui suivent leur formation »*, confirme Ruth Padrun, directrice de l'Institut.

« À SON COMPTE »

Il existe un esprit d'entreprise maghrébo-féminin. Une plus grande discrimination sur le marché du travail peut expliquer pourquoi ces femmes sont plus souvent créatrices d'entreprise que les autres. Raison culturelle, aussi : dans les pays du sud de la Méditerranée, le grand salariat est peu développé et la micro-entreprise domine. On se met plus facilement « à son compte ». Enfin, la faiblesse des revenus que peut engendrer une activité indépendante n'effraie pas les Françaises maghrébines. *« Ces femmes entreprennent pour accéder à un statut social plus qu'*[à un statut] *économique ou financier. Pour devenir indépendantes plutôt que pour s'enrichir »*, relève Fatiha Legzouli, de l'association Initiatives plurielles, à Lille.

Fréquemment, la création d'entreprise répond au désir de ne pas se couper de la culture d'origine – l'Orient. Elle concerne les secteurs de la restauration, la création et la vente de robes de mariées algériennes, l'import d'artisanat marocain, etc. Et les réussites sont parfois spectaculaires. Comme pour Leila Halhoul, fille d'ouvriers marocains, déscolarisée à 16 ans, qui a débuté comme cuisinière dans une école et est aujourd'hui propriétaire du salon Sultan, à Mantes-la-Ville – l'une des salles de mariage oriental les plus réputées.

Cette revendication d'une double identité est perçue non pas comme un frein mais comme un atout. Exemples : Hanan Zahouani, d'origine marocaine, a créé avec son associée Marlyse Akamba le spa de luxe Lyhan, à Paris, à deux pas du quartier des Halles, dans l'esprit de la tontine traditionnelle – et grâce à une aide de la Ville de Paris pour les jeunes entrepreneurs. Fatna Kolli, elle, fait garder son fils par sa famille pendant qu'elle suit une formation de styliste pour créer des cafetans marocains. Malika Hammoudi profite de sa liberté de jeune femme française pour voyager en Asie et importer des tenues indonésiennes.

« Une grande partie de ces femmes ont souvent su tirer profit de leur situation, en cédant leur entreprise au meilleur prix ou en fusionnant avec d'autres groupes plus puissants », note Fatiha Legzouli. Cela doit tenir du célèbre atavisme commerçant arabo-maghrébin... mâtiné d'esprit managérial occidental !

Le Monde2, 4 mars 2006

---

1. Ragréage : travaux de finition.
2. CAP : certificat d'aptitude professionnelle, diplôme d'études secondaires et d'enseignement professionnel.
3. Pantin : ville située en région parisienne.
4. Stains : ville située en région parisienne.
5. HEC : Hautes Études commerciales.
6. Essec : École supérieure des sciences économiques et commerciales.

Activité 226 L'article intitulé « La réussite silencieuse » est divisé en trois grandes parties. Lisez-le et déterminez la fonction de chacune d'elles dans l'ensemble du texte.

....

....

....

....

activité 227 | Relisez le chapeau et associez ses différents passages aux différentes parties de l'article.

Myriam, Yasmina ou Marie-Ange, toutes d'origine nord-africaine, ont fait leur chemin dans les cercles économique, intellectuel ou politique de l'Hexagone *[... partie du texte]*. Chefs d'entreprise ou salariées, issues des grandes écoles ou formées sur le terrain *[... partie du texte]*, ces femmes ont même souvent misé sur leur double appartenance culturelle pour accéder à l'indépendance professionnelle *[... partie du texte]*.

activité 228 | Relevez les principales idées de chaque paragraphe de la 1ʳᵉ partie de l'article et remplissez le tableau.

paragraphe	idées principales
1	
2	
3	

activité 229 | Relevez les principales idées de chaque paragraphe de la 2ᵉ partie de l'article et remplissez le tableau.

paragraphe	idées principales
4	
5	
6	
7	
8	
9	
10	
11	
12	
13	
14	
15	

ivité 230 Relevez les principales idées de chaque paragraphe de la 3e partie de l'article et remplissez le tableau.

paragraphe	idées principales
16	
17	
18	
19	

tivité 231 Opérez des regroupements d'idées là où cela vous paraît nécessaire et résumez-les brièvement, dans vos propres termes. Vous pouvez utiliser les mots-clés de l'article.

parties de l'article	paragraphes et idées
Première partie :	....
Deuxième partie :	....
Troisième partie :	....

ivité 232 Rédigez le plan du texte pour le document 3-1.

....

....

....

....

....

....

....

....

....

Document 4-1

LES TÉLÉSPECTATEURS SONT-ILS SCHIZOPHRÈNES ?

DIAGNOSTIC : ACCROS CERTES,
MAIS PEUT-ÊTRE PAS AUSSI DUPÉS QU'ON LE DIT...

Un certain nombre de sondages et d'études, réalisés récemment, semblent prouver que les Français, au cours des quelque 3 heures 30 minutes qu'ils consacrent par jour en moyenne à la télévision, sont victimes de schizophrénie. Cette distorsion entre ce qu'ils déclarent et leurs comportements altère-t-elle leur psychisme, ou bien se réduit-elle à une ruse de consommateur troublé par sa propre dépendance à l'égard du petit écran ?

Un premier chiffre est particulièrement instructif : selon les différentes études, 50 % des Français environ se déclarent mécontents de la télévision. Or, ils sont 95 % à la regarder tous les jours... Une moitié de nos compatriotes se situe donc d'emblée dans l'incohérence : au lieu de mettre leur poste de télévision au rebut, ils regardent quand même les chaînes qui suscitent leur réprobation, et ils les regardent beaucoup.

Autre contradiction : le décalage observé entre l'audience des différentes chaînes et la manière dont les téléspectateurs les jugent. On remarque que parmi les chaînes nationales, *TF1* est la moins appréciée alors qu'elle est la plus regardée, tandis que *ARTE*, la « dernière » chaîne en termes d'audience, figure au second rang des plus aimées, juste derrière *France 3*. Le profil type du « schizophrène » peut donc être établi : un téléspectateur pourfendu, « dédoublé » entre ses actes et ses déclarations, consommateur assidu de *TF1* mais supporter d'*ARTE*...

La télé-réalité constitue un cas d'école, pour ne pas dire un cas clinique. L'opinion médiocre exprimée par les Français à l'égard de ces émissions, qui se matérialise par de mauvaises notes d'appréciation, semble en effet inversement proportionnelle à leurs bonnes audiences. Aucun *show*, pas même « Star Academy », émission phare du genre, ne parvient à se hisser dans les programmes préférés des Français. Même les plus jeunes, qui apprécient la télé-réalité un peu plus que leurs aînés, sont à mille lieux de la porter aux nues. Ce phénomène ne concerne pas seulement les réfractaires, il touche aussi ceux qui déclarent regarder « Le Bachelor », « La Nouvelle Star » ou « L'île de la tentation », comme si un rejet de perception devait contrebalancer l'attirance manifeste exercée par ces programmes et mesurée par l'audience.

Le démarrage de la télé-réalité en France a donné lieu à d'autres manifestations de culpabilité. Qui n'a pas rencontré, dans son entourage, des personnes tout à fait respectables, affirmant avoir zappé sur « Loft Story » pour des raisons purement sociologiques, afin de mieux comprendre l'évolution des mœurs ? La poursuite de la conversation devait témoigner de l'ardeur mise à la tâche, nos ethnologues connaissant précisément tous les protagonistes de ce nouveau théâtre de boulevard à visée cathodique.

Présence de culpabilité donc, quid du masochisme ? On en décèle quelques rares traces dans les études d'opinion. On sait par exemple que les téléspectateurs suivent parfois assidûment des programmes dont ils estiment pourtant qu'ils ne les respectent pas. Cas notoire, les *talks-shows* qui font de la confession, anonyme ou célèbre, un passage obligé de la télévision. Ces émissions obtiennent de mauvaises notes. Pourtant, leurs audiences ne faiblissent pas. Par-delà les études, l'attitude des téléspectateurs se traduit par des réactions intervenant *a posteriori*. « Comment ai-je pu regarder ce film américain sans intérêt, alors que, sur l'autre chaîne, passait un remarquable documentaire sur l'Irak ? » Autocritique caractéristique : pas plus qu'ils n'assument de passer autant de temps devant la télévision, ils n'assument certains choix.

Les téléspectateurs sont cependant bien moins tiraillés par ces contradictions que ne pourrait le laisser supposer ce bref exposé. Première nuance de taille, les amateurs ou consommateurs « exclusifs » de *TF1* ou d'*ARTE* n'existent quasiment pas. S'ils s'adonnent à certaines chaînes plus qu'à d'autres, les téléspectateurs regardent sans ostracisme toutes les chaînes. Cet œcuménisme limite la portée de leurs contradictions. L'appréciation des magazines « culturels », traitant par exemple de l'actualité du livre ou des spectacles, est également intéressante car elle va à l'encontre des idées reçues. Ces émissions, dont on sait qu'elles peinent à trouver un public large, ne sont pas non plus très bien notées. Preuve que la « culture » à la télévision n'est pas nécessairement plus valorisée par les téléspectateurs que les autres genres de programmes ? Enfin – il s'agit d'un enseignement beaucoup plus positif – certaines émissions réalisant de belles audiences figurent dans le classement des programmes les plus appréciés ! Des émissions de découverte comme « Ushuaïa », « Thalassa » ou « Des racines et des ailes », des magazines d'information, tel « Envoyé spécial », « Capital » ou « Zone interdite », des magazines relatifs à la vie pratique (« Le journal de la santé »), des *shows* (« Le plus grand cabaret du monde ») ou des émissions satiriques comme « Les guignols de l'info » suscitent l'enthousiasme et l'attachement. La schizophrénie des téléspectateurs est donc une affection réversible, dont ils savent se débarrasser grâce à un traitement libératoire.

Que nous apprend cette pathologie légère ? Elle est révélatrice de la relation complexe que les Français entretiennent avec un média qui les « occupe » et dont ils parlent souvent avec une certaine rancœur. Où il n'est pas question d'amour ? La télévision semble éprouver plus de difficultés à se faire aimer que les autres médias. Contrairement à la radio, qui « accompagne » des auditeurs libres de faire autre chose tout en l'écoutant, à la différence de la presse, qui propose à ses lecteurs des rendez-vous identifiés, intimes et limités dans le temps, en contrepoint d'Internet, qui conduit à des démarches et itinéraires personnalisés à travers la Toile, la télévision « s'impose ». Grâce ou à cause de l'image, elle monopolise le sens le plus crucial pour le développement de l'intelligence, la vue ; par sa place physique dans les foyers, au centre du salon ou au bout des lits, elle semble squatter l'espace vital. Le poids des habitudes, le temps qu'elle « prend » ? Deux formes « d'imposition » supplémentaires. Il est frappant d'entendre les gens parler de la télévision : leur démarche, de l'allumage du poste au choix des chaînes et des programmes, paraît subie, comme si une main invisible guidait leur comportement, comme si leur consommation s'effectuait malgré eux. Il n'est pas étonnant que, s'estimant dépendant de la télévision, ils lui en veuillent sporadiquement. Dans le meilleur des cas, la relation avec la télévision se caractérise par un « je t'aime moi non plus ».

Mais est-elle inquiétante, cette « schizophrénie » ? Au contraire. Affirmer qu'elle est saine et salutaire, ce n'est pas manifester un optimisme irraisonné. Loin d'illustrer une désagrégation psychique de l'esprit des téléspectateurs, elle constitue plutôt le signe de leur résistance mentale et témoigne que leur lucidité est réelle.

La télé-réalité ? Les téléspectateurs la regardent comme de la fiction. Ils semblent nous dire : « À qui va-t-on faire croire que les chanteurs en herbe de « Star Académy » sont vraiment des artistes ? » Les émissions dites « culturelles » ? Leur message se dessine : « Mais la culture, à la télévision, se situe principalement ailleurs que dans ces programmes souvent narcissiques et peu télégéniques... »

Les téléspectateurs ne sont pas dupes. Leur attachement aux émissions qui savent témoigner d'une marque de fabrique – au cinéma, on dirait d'une démarche d'auteur – en épousant la vocation et l'art audiovisuel, le prouve. Des magazines d'information aux jeux et émissions de divertissement, les téléspectateurs sont prêts à apprécier tous les genres de programmes pourvu que l'esprit, le style, la forme et la sincérité soient au rendez-vous.

Les téléspectateurs sont sensibles à ce qui n'est jamais mesuré par l'audience : la qualité du moment. Les professionnels de l'audiovisuel, focalisés sur les chiffres, oublient qu'il en est de la télévision comme de la vie : la valeur que l'on attribue aux moments de l'existence dépend moins de la quantité, de la fréquence et de la répétition de nos actions que de l'impression de qualité, d'épanouissement et de liberté qu'ils procurent. La « schizophrénie » des téléspectateurs n'est qu'une prise de conscience, une marque de volonté visant à faire la part des choses entre une télévision autocentrée qui produit de la dépendance, et une télévision de découverte qui leur permet de mieux comprendre ce qui les entoure, de respirer, de s'évader. À cette télévision-là qui se voit moins comme un point d'arrivée que comme un point de départ, ils sont prêts à accorder un temps qu'ils n'ont plus le sentiment de perdre, un temps télévisuel retrouvé.

La fin du film *The Truman Show*, réalisé par Peter Weir, constitue l'une des paraboles les plus abouties, tant elle illustre à merveille ce mécanisme… dans ce qu'il a de plus ambigu. On se souvient que Truman, son protagoniste principal interprété par Jim Carrey, a grandi depuis sa naissance dans un monde conçu et façonné pour le petit écran, devant des millions de téléspectateurs fidèles. Parmi ces « accros » du programme, deux veilleurs de nuit observent les aventures de leur héros depuis des lustres. Vient le jour où Truman, découvrant la réalité d'une vie dont il est la victime plus que l'acteur, décide, par amour pour la jeune femme qui lui révèle le pot aux roses, de quitter le *show*. Suite à de multiples péripéties, il parvient à s'enfuir et à quitter ce studio gigantesque, truffé de caméras cachées et d'éclairages artificiels, qui fut son monde à lui. Après avoir salué comme les millions de téléspectateurs présents devant leur poste ce geste courageux par des embrassades et des applaudissements, que font les deux veilleurs de nuit ? Ils n'attendent pas le générique. Ils n'éteignent pas le poste pour se remettre de leurs émotions. Ils zappent. Ils changent de chaîne, comme si rien ou presque ne s'était passé, pendant toutes ces années !

Voilà bien l'effet ubuesque d'une télévision qui, au lieu de susciter l'envie de mieux comprendre et de découvrir le monde, ne cherche qu'à enfermer ceux qui la regardent. Heureusement, il existe d'autres formes de télévision et par chance le public a intuitivement repéré les rouages de la mécanique.

Schizos, les téléspectateurs ? Non, bien sûr, mais contradictoires, « clivés », ce qui pour la psychanalyse n'est pas le pire des diagnostics, bien au contraire. La clairvoyance n'est pas soluble dans les ondes.

Serge Schick, *Médias*, n° 8, trimestriel, mars 2006

---

activité 233   Pour débuter l'analyse du document 4-1, observez le titre et le chapeau de l'article.
a. Quel en est le sujet ?

....

....

b. D'après le vocabulaire utilisé par le journaliste, quelle hypothèse pourrait-on avancer concernant la construction de l'article ?

....

....

activité 234   Consultez le corrigé de l'activité 233 et vérifiez si la construction de l'article correspond à l'hypothèse faite. Comment pourrait-on le segmenter ?

....

....

....

....

activité 235   Continuez l'analyse du document en affinant le découpage du texte : pourrait-on segmenter à nouveau les parties identifiées ? Proposez le découpage définitif de l'ensemble de cet article.

....

....

....

....

ivité 236 Identifiez les idées principales de chaque partie de l'article et reformulez-les.

....

....

....

....

ivité 237 Rédigez la version définitive de votre plan du texte.

....

....

....

....

Document 5-1

Difficile d'énoncer la moindre généralité sur les écrivains francophones, tant ils sont riches de différences. Quelques problématiques communes peuvent néanmoins être dégagées.

LA CONDITION DE L'ÉCRIVAIN FRANCOPHONE

La francophonie littéraire regroupe les écrivains de territoires francophones proprement dits : africains, antillais et américains, moyen-orientaux et asiatiques. À ceux-ci s'ajoutent les écrivains qui ont adopté le français comme moyen d'expression : Kundera, Semprun, Cioran, Makine, Lubin, Tzara, etc. Définir la « condition » de l'écrivain francophone suppose donc d'envisager quelques aspects de cette diversité, car il semble difficile *a priori* de percevoir les liens existant entre les auteurs comme Maurice Maeterlinck, Marguerite Yourcenar, Philippe Jaccottet, Ramuz, Ahmadou Kourouma, Calixthe Beyala, Kateb Yacine, Mohammed Dib, Antoine Maillet, Jean Metellus, Patrick Chamoiseau, Marie-Thérèse Humbert qui ont écrit ou écrivent dans des contextes politiques, sociaux, culturels et linguistiques fort différents.

• •

La question linguistique est essentielle. Elle change en fonction du pays d'abord selon que le français a le statut de langue officielle, unique, ou concurremment avec d'autres langues : en Belgique, le français et le flamand sont les deux langues officielles, en Suisse, le français est, avec l'allemand et l'italien, une des trois langues officielles de la Confédération. Ou selon la pratique effective du français et la relation qu'il entretient avec les autres langues du même ensemble national. Lors de leur accession à l'indépendance, nombre de pays de l'Afrique subsaharienne ont adopté le français comme langue officielle mais sa pratique reste très limitée : il est la langue de l'administration, de la presse, de l'enseignement, mais l'essentiel des échanges linguistiques de la population se fait dans les langues africaines. En Haïti, le français entre en concurrence avec le créole qui est en fait la langue principale de ce pays, ce qui amène des écrivains comme Frankétienne ou Lyonnel Trouillot à écrire dans ces deux langues. Dans les départements d'Outre-mer, le créole reste très important en dépit de l'imposition du français comme seule langue admise sur le territoire de la République[1]. À l'inverse, au Québec, la pratique prend une signification politique de résistance pour maintenir une identité et une culture qui paraissent menacées par le monde anglophone. Notons enfin le cas atypique de l'Algérie où le régime en place depuis l'indépendance a fait de l'identité « arabo-musulmane » de l'Algérie un dogme d'État. Il en est résulté notamment une politique linguistique qui a tenté d'imposer l'arabe comme langue d'enseignement et qui a réduit le français au statut de « langue vivante étrangère ».

Cela dit, deux constantes peuvent être soulignées : l'écrivain francophone écrit en situation de diglossie et dans un contexte marqué par la coexistence d'une littérature de langue française et de littératures, orales et/ou écrites, produites dans d'autres langues que le français : flamand, allemand, italien, anglais, créole, wolof, peul, bambara, swahili, etc.

Il faut aussi prendre en compte l'image dont la langue française peut être porteuse en raison des circonstances historiques de son implantation : exception faite de la Belgique et de la Suisse, l'extension du français hors de l'Hexagone s'est opérée à la faveur de l'expansion coloniale. À la fin de la période coloniale, de nombreux auteurs prévoyaient la disparition prochaine de la littérature de langue française. Albert Memmi écrivait dans le *Portrait du colonisé* : « La revendication la plus urgente d'un groupe qui s'est repris est certes la libération et la restauration de sa langue /.../ La littérature colonisée de langue européenne semble condamnée à mourir jeune[2] ? » Le dynamisme qui caractérise aujourd'hui la production de langue française et qui se traduit en particulier par le nombre croissant de titres publiés, l'importance prise par les femmes, l'élargissement considérable du lectorat, en Afrique comme en Europe, a démenti cette prévision[3]. Néanmoins, si dynamique qu'elle soit, la production de langue française n'est qu'une des composantes du paysage littéraire africain, à côté de littératures orales et écrites – et éditées – dans les langues africaines. Ainsi, avant de revenir au français, le Sénégalais Boubacar Boris Diop a écrit un roman en wolof au risque de se couper du monde littéraire français.

• •

Paris reste un espace de consécration, à travers l'édition, la critique et la production d'un discours souvent contradictoire qui tantôt considère le développement de la littérature francophone comme une extension, dont on ne peut que se féliciter, de la langue et de la littérature françaises, tantôt voit dans ce développement des formes et des thèmes nouveaux dont la littérature française aurait tout intérêt à s'inspirer pour se régénérer : « Nous parions, ici, écrivait Jean-Noël Shifano dans la note de présentation de la collection « Continents noirs » chez Gallimard, /.../ sur l'écriture des continents noirs pour dégeler l'esprit romanesque du nouveau siècle de la langue française. »

Les premiers écrivains africains francophones entendaient faire connaître la situation de l'Afrique sous le régime colonial, mais l'absence d'un véritable lectorat francophone en Afrique les a conduits à s'adresser au public français, à travers des éditeurs qui, dans de nombreux cas, étaient français. Ces écrivains voulaient aussi entrer dans le champ littéraire français ou, plus exactement, être des écrivains de leur époque. La littérature de la négritude, entre 1930 et 1950, a largement développé une thématique internationaliste, marquée par l'expression d'un antifascisme négligée par la critique. Cet aspect s'est probablement accentué depuis une trentaine d'années.

Les écrivains continuent de parler de l'Afrique dont ils donnent bien souvent une vision pessimiste, évoquant la déception provoquée par l'indépendance, les dictatures, l'exil, les guerres, les génocides. Mais ils ne veulent pas pour autant être confinés dans le statut d'écrivains *africains*. Cette volonté s'affirme en particulier dans le choix d'une écriture qui dialogue volontiers avec les écrivains du monde – c'est le cas de Sony Labou Tansi avec *Cent Ans de solitude* de Gabriel Garcia Marquez – et avec le parler « populaire » de l'Afrique ou des communautés en exil : Alain Mabanckou, Calixthe Beyala, Daniel Biyaoula.

Mais, comme par le passé, la critique continue souvent à vouloir rechercher dans les textes de ces auteurs la présence d'une spécificité « africaine » : est-il logique pour les éditeurs de créer des collections réservées à ces écrivains et pour des libraires de leur consacrer des rayons particuliers ? Si l'enseignement de la littérature, la recherche et la critique littéraire leur accordent encore une place limitée, nombre de ces écrivains obtiennent des prix littéraires « généraux » (Goncourt pour Patrick Chamoiseau, Renaudot pour Yambo Ouologem et Ahmadou Kourouma, prix du livre Inter pour Marie-Thérèse Humbert et Ahmadou Kourouma) et pas seulement des prix réservés aux « francophones » (ADELF, Cinq Continents, etc.) et trouvent un lectorat assez vaste. Notons également l'élection récente à l'Académie française d'Assia Djebar et l'obtention par Calixthe Beyala du grand prix de l'Académie française.

● ●

Cela dit, l'écrivain ne peut mettre complètement entre parenthèses cette question de l'origine, toujours susceptible de marquer son écriture et sa thématique. De même, il lui est difficile d'être totalement indifférent au discours politique tenu sur la langue française. Ces obstacles qui n'existent pas – ou du moins pas au même degré – pour les écrivains français constituent des éléments essentiels du contexte d'énonciation dans lequel se trouvent placés les écrivains francophones et notamment ceux de l'Afrique subsaharienne. Mais ils constituent aussi un formidable stimulant puisqu'ils ne peuvent que renforcer une prise de conscience les incitant à constamment distinguer ce qui est de l'ordre du discours et de l'idéologique et ce qui est de l'ordre de la pratique de l'écriture.

Bernard Mouralis, *Magazine littéraire*,
« Dossier francophonies », mars 2006.

---

1. Néanmoins, un CAPES de créole a été créé il y a peu.
2. Albert Menni, *Portrait du colonisé*, précédé du *Portrait du colonisateur*, préface de J-P. Sartre, éd. Pauvert, 1966, p. 147-148.
3. Ces caractéristiques sont également observables en Algérie, en dépit de la politique linguistique menée depuis l'indépendance.

activité 238   Lisez le document 5-1.

a. Quelle est la finalité de l'article ?

....

....

b. Placez ces intertitres à l'intérieur du texte.

   1. Les obstacles propres à l'auteur francophone
   2. Écrire en français au milieu d'autres langues
   3. À la périphérie du monde littéraire français

activité 239   À quelle(s) partie(s) du texte pourrait-on associer le surtitre de l'article de Bernard Mouralis ? Justifiez votre réponse.

....

....

....

....

activité 240   Identifiez les idées principales des différents paragraphes de l'article et formulez-les en vos propres mots.

....

....

....

....

....

....

activité 241   Quelle est l'organisation générale de l'article ? Indiquez le nombre de parties et identifiez leurs fonctions.

....

....

....

....

....

activité 242   Rédigez le plan de l'article de Bernard Mouralis.

....

....

....

....

....

....

....

....

2. Rédiger un essai argumenté

Dossier A : documents 2-1 (p. 209-210), 2-2 et 2-3

Document 2-2

Un phénomène européen

La France n'est pas seule à user et à abuser des stagiaires. Chez certains de nos partenaires européens aussi, le stage suscite même de nombreuses interrogations. En Allemagne notamment. En mai dernier, Matthias Stolz publie une tribune dans le journal *Die Zeit*. Il y raconte son expérience. À 31 ans, il a effectué, après son diplôme, pas moins de soixante-six semaines de stages, soit autant que lors de toute sa scolarité. Il avance aussi des chiffres : le groupe Siemens accueille 16 000 stagiaires par an ; sur le site Jobpilot, en moins de quatre semaines, il a recensé 3 320 offres de stages contre seulement 1 560 offres d'emplois ! *« En soi, le stage est une bonne chose, écrit-il. Autrefois, il servait de prise de contact avec la vie active, pour voir si l'on était fait ou non pour telle ou telle profession. Aujourd'hui, les stagiaires savent depuis longtemps, trop longtemps, quel métier ils souhaitent exercer. »* L'Italie et la Belgique ne sont pas en reste. Cette année, les stagiaires italiens, qui ont quasiment le même statut que les Français — c'est-à-dire aucun ! —, ont eux aussi exprimé leur désarroi. Une quarantaine d'Italiens éparpillés dans le monde pour le ministère des Affaires étrangères ont envoyé une lettre-pétition aux autorités italiennes, qui a été publiée dans le *Corriere della sera*, mais qui n'a à ce jour obtenu aucune réponse. Certains professeurs d'université réfléchissent eux aussi à une lettre à l'adresse de leur gouvernement. Chez nos voisins belges, le statut est un peu plus favorable. *« Nous sommes au minimum payés 800 € par mois et les entreprises cotisent pour moitié »*, raconte Michel, qui, lucide, s'empresse cependant d'ajouter : *« Mais qui peut vivre à Bruxelles avec 800 € par mois ? »*

64 Marianne /
5 au 11 novembre 2005

Document 2-3

Au Royaume-Uni aussi

« *NOUS VOULONS UN MONDE où les bons chercheurs seront récompensés pour leur qualité et moins sujets à une loterie académique* », indiquaient les parlementaires britanniques au sujet des quarante mille chercheurs contractuels employés dans les universités du pays. En science et en technologie, ces derniers constituent la moitié des effectifs[1]. En France, si les décomptes sont moins précis, l'ordre de grandeur serait le même[2].

Dans les deux pays, les universités et les grands instituts de recherche publics emploient de la sorte des milliers de jeunes chercheurs sous-payés, sans garantie statutaire, mais de plus en plus qualifiés en raison de l'augmentation du nombre de titulaires de doctorats au chômage. Les contrats qui leur sont proposés, ou plutôt imposés, tendent à réduire au minimum les charges sociales. Ces chercheurs ne bénéficient donc pas des droits sociaux les plus élémentaires : assurance-maladie, couverture des accidents du travail, congé parental, assurance-chômage et retraite…

À ce prolétariat de la recherche, taillable et corvéable à merci, sont dévolues les tâches les moins reconnues (travail de terrain, recherche bibliographique, constitution de bases de données, codage, etc.)[3]. Occuper ce genre d'emploi permets aux jeunes docteurs ou doctorants de garder « un pied dans la recherche », en espérant construire un dossier de publication qui leur permettra un recrutement postérieur. Tâche ardue lorsque le chercheur enchaîne les petits contrats, sur des sujets différents et à un rythme si rapide qu'il empêche toute distance critique vis-à-vis de l'objet étudié… Mais il faut savoir durer afin de cultiver le réseau des relations susceptibles de fournir un emploi précaire (contrats, vacations et charges de cours dépendent de l'insertion dans ce milieu), ou de procurer les appuis permettant d'accéder à un poste stable.

Les avantages de ces sous-statuts vantés par les chantres du libéralisme sont doubles. Les chercheurs produisent davantage et coûtent moins cher aux universités. Ils sont aussi plus dociles et soucieux tant des hiérarchies (auxquelles ils doivent leurs contrats et leurs – maigres – possibilités de promotion) que des intérêts de leurs bailleurs de fonds (dont ils dépendent pour vivre).

Mais cette précarité semble avoir des effets délétères. Au Royaume-Uni, le rapport des parlementaires a dressé le bilan de ces nouvelles formes d'exploitation : l'absence de progression dans la carrière diminue la motivation des chercheurs ; le fait de devoir changer de thématique au gré des contrats ne leur permet guère de maîtriser un sujet ; ils ne totalisent pas assez de publications dans un domaine précis pour pouvoir postuler à un emploi de titulaire ; ayant encore moins de chances d'accéder à la titularisation, les femmes restent confinées aux emplois contractualisés ; le bénéfice des découvertes des précaires profite au manager (le chef titulaire) ; nombre de bons chercheurs abandonnent leur pseudo-carrière ; les disciplines n'offrant que peu de contrats tendent à disparaître… Enfin, le système des contrats, qui favorise les sujets débouchant sur une publication rapide, encourage la tendance à butiner de projet en projet.

En France, toutes ces critiques ont trouvé une résonance dans la mobilisation des chercheurs en 2003-2004. Le gouvernement a alors pris en considération ce problème. Le « pacte pour la recherche », adopté en avril 2006, prévoit donc… la multiplication des postes de contractuels et l'appel aux financements privés pour compenser la stagnation des dépenses publiques. Sans oublier le « pilotage » des projets de recherche par des hauts fonctionnaires et des entreprises[4] !

L.B.,
LE MONDE diplomatique – Mai 2006.

1. Chambre des Communes, « Short-term research contracts in science and engineering », 8e rapport de la session 2001-2002, 46 p.
2. Confédération des jeunes chercheurs, « Rapport sur les conditions de travail illégales des jeunes chercheurs », Paris, mars 2004, 81 p. (http://CJC.jeunes-chercheurs.org).
3. Lire Charles Soulié, « Précarité dans l'enseignement supérieur. Allocataires et moniteurs en sciences humaines », *Actes de la recherche en sciences sociales*, n°115, Paris, décembre 1996.
4. Sur les critiques de cette loi, voir notamment « Pacte pour la recherche : les silences et les oublis » (collectif), *L'Humanité*, Paris, 28 février 2006.

SUJET DE L'ESSAI

Les trois articles du dossier doivent paraître dans une prochaine édition d'un quotidien national français dont la ligne politique est en opposition par rapport à celle du gouvernement en place.
Vous êtes chargé(e) de rédiger l'éditorial de ce numéro du journal.
Votre éditorial comportera environ 500 mots.

Activité 243 **Lisez le sujet de l'essai proposé plus haut et choisissez les éléments qui conviennent à la situation.**

L'éditorial que vous allez rédiger devra :

a. ❏ présenter les principales informations de l'un des trois articles.

b. ❏ annoncer les principaux éléments contenus dans l'ensemble du dossier.

c. ❏ donner des éléments d'information librement choisis par son auteur.

d. ❏ refléter l'orientation politique du journal.

e. ❏ rester « politiquement neutre ».

f. ❏ être en accord avec la politique gouvernementale.

g. ❏ adopter un ton complaisant.

h. ❏ garder un ton neutre.

i. ❏ introduire des notes d'ironie et de polémique.

activité 244   Faites une sélection d'informations à prendre en compte dans l'éditorial que vous allez rédiger.

Document 2-1

....
....
....
....
....

Document 2-2

....
....
....
....
....

Document 2-3

....
....
....
....
....

activité 245   Réorganisez les éléments sélectionnés dans les trois documents afin d'obtenir un plan sommaire de votre éditorial.

....
....
....
....
....
....

activité 246   Rédigez l'éditorial et proposez un titre.

....
....
....
....
....
....
....
....
....
....
....

Dossier B : documents 3-1 (p. 211-213), 3-2 et 3-3

Document 3-2

AUTONOME

ZAKIA GAM, 40 ANS FONDATRICE DE BATITECH

Je suis arrivée de Gabès [Tunisie] à 4 ans, et j'ai grandi à Conflans-Sainte-Honorine [78]. Mon père était manutentionnaire chez Peugeot. J'ai cinq frères dont je suis l'aînée. Mon père m'a élevée comme un garçon. Très tôt, il m'a rendue autonome. À 12 ans, j'ai eu une maladie de la jambe. Je devais souvent me rendre à l'hôpital, à Paris ; ma mère restait avec mes petits frères ; mon père me laissait donc prendre le train toute seule – comme le métro. C'est notre voisine, Mme Coudoux, qui avait trouvé le grand chirurgien qui m'a opérée.

J'ai un CAP de comptabilité. J'ai travaillé quatre ans dans un cabinet comptable, ai obtenu mon brevet professionnel de comptable – en formation continue –, avant de diriger, pendant quatre ans, une agence de voyages. En 2001, après avoir travaillé comme commerciale dans une entreprise de bâtiment, j'ai créé ma propre société dans le même secteur, Batitech (Paris-18), en association avec l'un de mes frères.

Mon origine n'est pas un handicap. Je sais que certains confrères changent leur prénom ou leur nom – Saliha en Sally, Kalthoum en Katy par exemple. Mais je suis trop fière de mon origine. Le secret de ma réussite ? La rigueur, le suivi et le travail. Il m'arrive de travailler le samedi ou jusqu'à minuit pour terminer un devis !

4 mars 2006 < *LE MONDE 2*

Document 3-3

UNE MISSION MUNICIPALE

MYRIAM SALAH-EDDINE, 32 ANS, ADJOINTE AU MAIRE DE MARSEILLE (UMP)

Je suis née à Saint-Tropez, et j'ai grandi à Marseille. Mon père a été mineur puis maçon, et je suis la seule de ses six enfants à avoir prolongé ma scolarité : un BTS d'étude et économie de la construction, puis un début de diplôme d'ingénieur. J'ai travaillé dans le bâtiment et l'immobilier, puis j'ai pensé m'installer au Maroc pour y ouvrir une salle de sport…

J'ai fait quatorze ans de danse classique, du basket à haut niveau. Je suis ceinture marron de karaté, et je fais deux heures de sport par jour, même en étant mère d'un petit garçon !

Finalement, j'ai décidé de rester en France et j'ai créé mon entreprise : Richbond, un magasin de mobilier marocain, rue Paradis à Marseille. Je me suis dit : « *L'art que je tiens entre mes mains est universel, un autre public que les Maghrébins peut l'apprécier.* »

Un jour, on est venu me solliciter pour les listes municipales, mais je ne voyais pas ce que je pouvais leur apporter, alors j'ai refusé. Un an plus tard, on m'a rappelée et, la maturité aidant, j'ai accepté.

Aujourd'hui, j'ai pour délégation le service Action familiale et droits des femmes, qui rassemble 25 personnes – médiateurs, juristes, psychologues… Nous travaillons avec 170 associations. À Marseille, le tissu associatif est très riche, et les familles immigrées s'adressent d'abord à ce type de structure. Nous, les politiques, nous ne faisons rien seuls. Nous sommes des acteurs de terrain et, le terrain, ce sont les associations. Pour moi, ma mission consiste à garder le lien avec les gens, en étant à leur écoute ; une espèce de cordon ombilical avec la vie au quotidien.

Le Monde 2, 4 mars 2006

SUJET

Le webzine français « Femmes d'ici et d'ailleurs », engagé pour la cause féminine, a décidé de constituer un dossier permettant de dresser un état des lieux concernant la situation de différents groupes de femmes (ethno, socio, professionnels…) vivant en France.
Vous êtes chargé(e) de la rédaction d'un article rendant compte de l'ascension socio-professionnelle des Françaises d'origine maghrébine. Les trois documents du dossier vous serviront de source d'information.
Votre texte comportera 500 mots environ.

activité 247

a. Le sujet proposé plus haut vous amènera-t-il à rédiger un essai libre ou plutôt un texte proche de la synthèse de trois documents du dossier ?

....

....

....

....

b. Lequel des trois documents du dossier servira de base pour l'article ? Justifiez votre réponse.

....

....

....

....

vité 248 Organisez les éléments proposés afin d'obtenir le plan du texte à rédiger. Quels éléments rempliront les fonctions d'introduction et de conclusion de l'article ?

La liste d'éléments :

– Notion de parcours (grandes écoles ou réseau associatif, selon les cas).

– Question de la double identité (plutôt avantage qu'inconvénient).

– Présentation de la problématique (réussite fréquente, ascension sociale attestée, mais peu de visibilité dans les médias).

– Raisons de la réussite (école, certaines valeurs venant de la religion, encouragement des mères, contexte français, solidarité maghrébine).

– Clé de la réussite (mariage de fibre commerciale orientale avec l'esprit d'entreprise typiquement occidental).

– Ultime preuve de la réussite des Françaises d'origine maghrébine (accès à l'entreprenariat).

....

....

....

....

vité 249 Consultez le corrigé de l'activité 248. Où pourrait-on insérer les exemples de parcours de Myriam Salah-Eddine (document 3-2) et de Zakia Gam (document 3-3). Justifiez votre proposition.

....

....

....

....

....

....

vité 250 Rédigez votre article et trouvez-lui un titre.

....

....

....

....

....

....

....

Dossier C : documents 4-1 (p. 216-218), 4-2 et 4-3

Document 4-2

Jean-Claude Guillebaud

LA QUESTION MÉDIATIQUE

La question médiatique ne se ramène nullement aux problèmes déontologiques du journalisme, ni aux concentrations monopolistiques des entreprises de presse, ni même au poids des logiques de rentabilité dans la production de l'information. Le phénomène est d'une tout autre ampleur. Lorsqu'on parle des « médias » – et Dieu sait si on le fait depuis une vingtaine d'années –, on évoque une réalité massive, protéiforme, et qui assoit chaque année un peu plus son hégémonie. L'appareil médiatique, tous moyens confondus, s'apparente à un « processus sans sujet », pour reprendre une célèbre expression de Marx, sur lequel même les acteurs qui opèrent en son sein – les journalistes, en l'occurrence – ont peu de prise. Presse écrite, télévision, radio et Internet : la machinerie planétaire ainsi constituée obéit à des mécanismes et à des causalités qui sont largement hors contrôle. Le phénomène, à la limite, devient autoréférentiel. Il se boucle sur lui-même. Son mode de fonctionnement s'impose à ceux-là mêmes qui s'imaginent, jour après jour, le piloter.

Cette autonomie procédurale du médiatique rend d'autant plus ambiguë et difficile à contrer l'influence qu'il exerce sur nos sociétés avancées. Or cette influence est aujourd'hui considérable. De la course à l'audience aux compétitions publicitaires, de la « chasse au scoop » aux unanimités lyncheuses, de la tyrannie symbolique des images à l'émotivité diffuse qui gouverne la télévision, des effets d'annonce en matière politique à la transparence imposée sur le terrain judiciaire : toute la réalité sociale donne aujourd'hui l'impression d'être, pour une bonne part, *reconfigurée par le médiatique.*

Un empire sans empereur

La politique n'a pas seulement déserté les préaux d'école ou les travées du Parlement pour émigrer vers les studios de télévision. Elle a été contrainte de se soumettre aux règles langagières et rhétoriques qui prévalent dans les médias (petites phrases, séduction, raisonnements simplifiés, exposition personnelle, registre émotif, etc.). Son statut s'en est trouvé transformé, en même temps qu'était rompu l'équilibre traditionnel des pouvoirs. Le rapport de force entre le politique et le médiatique s'est largement inversé au bénéfice du second. On se réfère d'ailleurs à cette métamorphose lorsqu'on emploie la formule « démocratie d'opinion ». Qu'est-ce à dire ? Que la démocratie d'autrefois ne mettait pas en concurrence des opinions ? Bien sûr que non. Le syntagme désigne de façon imprécise une mutation de la démocratie moderne : les opinions dont elle organise maintenant l'affrontement ne sont plus celles qu'étudiait jadis la science politique à travers la géographie électorale et la recension des « familles » politiques. Les opinions que produit aujourd'hui, et recycle en permanence, l'appareil médiatique, sont à la fois individualisées et nomades.

La justice, de son côté, n'a pas été soumise à la seule curiosité investigatrice du journalisme. Elle a vu ses règles et son rythme de fonctionnement se modifier sous l'emprise du « spectacle », qu'il s'agisse du secret de l'instruction rendu obsolète ou du tempo judiciaire, dorénavant assujetti à l'urgence, voire à l'immédiateté, du moins dès lors qu'il s'agit d'une affaire d'importance, et qui sera médiatisée. De la même façon, le fonctionnement du système scolaire a été changé sous l'influence de ce *continuum* informatif et distractif qui concurrence l'École du dehors et met en échec le projet pédagogique. Le médiatique, proliférant et tentateur, se pose en rival du maître – ou des parents – et vient chambouler l'ordonnancement de ce qu'on appelait jadis la *transmission* et l'*éducation*.

La vie économique n'est pas en reste, qui se trouve soumise à une visibilité permanente et placée sous un éclairage capable de modifier jusqu'au fonctionnement des grandes entreprises : vedettariat des dirigeants, versatilité des actionnaires sous l'influence des médias, investigation du journalisme à la recherche des « secrets », pression des agences de cotation ou de rating, mouvements d'opinion soudains, etc. Le même raisonnement pourrait être tenu à propos de l'édition et, à travers elle, de la vie intellectuelle dont c'est peu dire qu'elle se trouve bousculée par les nouvelles règles du jeu médiatiques et promotionnelles, guère favorables à la réflexion fondamentale ou à la littérature exigeante.

Où que l'on tourne son regard, il n'est donc pas un seul secteur qui ne soit aujourd'hui hors d'atteinte de cet empire médiatique *dont la particularité est qu'il est sans empereur*, c'est-à-dire mû d'abord par des mécanismes et des automatismes avant de l'être par des intentions calculatrices. Voilà de quoi il est question lorsqu'on parle à son propos de « processus sans sujet ». La médiatique *obéit d'abord à ses propres pesanteurs*. Ses commandes ont été partiellement soustraites à la volonté des acteurs. On se trouve placé devant l'émergence d'une réalité massive, tyrannique, moins facile à définir qu'on ne pourrait le croire. Dès lors, on ne s'étonnera pas du nombre grandissant de publications, livres, colloques, dossiers, thèses universitaires ou programmes de recherche qui font du « médiatique » un sujet d'études, de polémique ou de réquisitoire. L'analyse de cette « chose » sans vrais contours ni équivalents est en passe de devenir une nouvelle discipline du savoir, une science sociale à part entière.

Le « médiatique » étant ainsi resitué, on aurait tort de n'y voir qu'une technique de communication d'un genre nouveau, qu'une méthode plus ou moins critiquable de description du réel, qu'un pur système d'échange de ces biens immatériels que sont les informations ou les distractions. En apparence, c'est vrai et, comme le mot l'indique, les médias ne sont qu'une « médiation » instrumentale, qui n'est pas porteuse, en elle-même, de subjectivité. À y regarder de plus près, les choses se révèlent sensiblement différentes. En réalité, le médiatique est régi par des effets de croyance. Une forme de cléricalisme y est à l'œuvre. Une religion spécifique y est repérable. En d'autres termes, on dira que la machinerie médiatique produit de la *croyance* en continu. Ces croyances ont ceci de commun avec celles qui rôdent sur les territoires de l'économie ou de la technique qu'elles sont en général inconscientes d'elles-mêmes. Elles sont pour ainsi dire *ingénues*, situées en deçà du prétendu mensonge ou de la manipulation délibérée qu'on impute, le plus souvent à tort, aux responsables des médias. […]

La télévision, pour ne citer qu'elle, dispose de ses prêtres, diacres et sous-diacres, capables d'assurer, à heure fixe, le bon déroulement des offices vespéraux. La télévision occupe dans la « cité » la place qu'y tenait la religion, au sens où l'entendait Émile Durkheim. C'est elle qui assure une bonne part du lien social. C'est par son entremise que circulent des « récits », grands ou petits, dont la fonction quotidienne est de relier les individus atomisés de la société contemporaine, de les rassembler dans une même foi.

À la télévision, la messe est dite chaque soir.

D'après Jean-Claude Guillebaud, « La question médiatique », la revue : Le débat, *Penser la société des médias*, n° 138, janvier-février 2006.

Document 4-3

■ Denis Pingaud, Bernard Poulet

DU POUVOIR DES MEDIAS À L'ÉCLATEMENT DE LA SCÈNE PUBLIQUE

Le « quatrième pouvoir » supposé exercer un contre-pouvoir aurait-il outrepassé son rôle ? Serait-il devenu, au fil du temps, le juge suprême du politique, formulant la sanction et exerçant l'application de la peine ? Signe des temps, France Culture nous offre désormais une intéressante émission intitulée, tout simplement, « Le premier pouvoir ». Depuis plus de vingt ans, en effet, la montée en puissance des médias, et singulièrement de la télévision, semble inexorable, au point de modifier l'écosystème de la démocratie. C'est ce que nous disent une certaine « médiologie » et les médias eux-mêmes, fascinés par leur prétendue influence. C'est ce que répètent beaucoup d'hommes politiques pour mieux justifier leur impuissance ou leurs lâchetés. C'est ce que dénonce une critique de gauche radicale, prompte à tirer un trait d'égalité entre force de frappe médiatique et domination idéologique.

Quand la télévision, dans un modèle non encore affaibli par la multiplication de l'offre de chaînes et la fragmentation généralisée de l'audience, fabriqua l'unité de lieu, de temps et d'intrigue du rapport des politiques à leurs électeurs, le quatrième pouvoir put commencer de rêver d'être le premier. Le petit écran ne se contenta pas d'offrir aux politiques qui exerçaient le pouvoir ou aspiraient à le conquérir un contact puissant et immédiat avec le peuple. Il les obligeait à modifier leur agenda, transformer leur langage et soigner leur apparence.

Depuis une trentaine d'années, le débat démocratique, dans les pays développés, s'organise en fonction des impératifs télévisuels. Il ne s'agit pas tant de l'usage émotionnel des journaux télévisés du soir pour accueillir en direct des otages récemment libérés ou prononcer une allocution de circonstance que de la prédominance totale du petit écran comme tribune de l'expression politique. Que vaut désormais, pour un chef de gouvernement, le discours d'investiture devant la représentation nationale par rapport à sa première « prestation » dans l'émission politique phare du moment ?

Si le petit écran scande son tempo, il oriente aussi le langage du politique. Non pas tant par l'usage démotique de telle ou telle expression populaire – les préaux de l'école y étaient également propices – que par la simplification à l'outrance d'un discours nécessairement complexe. Le discours se limite désormais à un message, l'exposition à une conclusion et la rhétorique à une formule. Les *spin doctors* ont fait commerce du talent à réduire à quelques « petites phrases » la pensée politique. Exercice, on l'imagine bien, qui contribue à réduire concomitamment la désacralisation des politiques.

Ce n'est pas tout. Le style doit être de plus en plus conforme à la fonction principale d'*entertainment* du média télévisuel. Inutile de développer ici la perversité d'un système qui cherche à présenter l'élu ou le responsable sur le même plan que l'acteur ou le témoin. À force de confusion de rôles, on en vient vite à cette question réservée, en principe, à la promotion des faiseurs de spectacles mais posée implicitement à tout politique croyant faire de l'audience dans une émission *people* : quelle est votre actualité ? Comme si celui-ci n'avait pour fonction que de mettre en scène et de vendre une « expression » publique. Le processus est évidemment achevé quand, dans certains pays, la publicité politique envahit les écrans publicitaires lors des consultations électorales.

Le pouvoir de la télévision est à ce point reconnu que l'on se prend volontiers à son jeu. Et que la principale question qui surgit à l'issue d'une émission politique est celle-ci : a-t-il été « bon » ? a-t-elle été « bonne » ? On est ainsi passé de la psychosomaticienne de la politique – est-il sincère, honnête, convaincant ? etc. – à sa « peopolisation ». Dès lors, il est tentant de considérer que les politiques ne sont plus que des marionnettes – ce qu'ils sont d'ailleurs rapidement devenus, « Guignols de l'info » ou autres, dans les grilles des programmes. Le petit écran ayant œuvré à la banalisation des politiques, les médias en général n'ont-ils pas travaillé, parallèlement, à leur délégitimation ? ■

D'après Denis Pingaud, Bernard Poulet, « Du pouvoir des médias à l'éclatement de la scène publique », la revue : Le débat, *Penser la société des médias*, n° 138, janvier-février 2006.

SUJET D'ESSAI

La télévision fait depuis sa création l'objet de polémiques virulentes. « Sacrée télévision » pour les uns, « télévision sacrée » pour les autres, le débat est loin d'être pacifié. Entre le pouvoir et l'influence présumés du petit écran et le libre arbitre supposé des téléspectateurs, qui a gain de cause ?
Rédigez un essai argumenté sur ce thème, en exprimant vos positions personnelles sur la question et en vous inspirant éventuellement des trois documents précédents.
Votre essai devra comporter 500 mots environ.

vité 251 Développez une réflexion sur le sujet proposé et rédigez votre essai. Pour vous aider dans l'accomplissement de votre tâche, vous pouvez utiliser la démarche suivante :

1. Sélectionnez dans les trois documents les idées que vous souhaiteriez évoquer et/ou développer dans votre essai.

2. Développez votre réflexion en y insérant les éléments sélectionnés. N'oubliez pas d'exprimer vos positions personnelles sur la question.

3. Rédigez l'introduction, la conclusion et choisissez le titre de votre essai.

4. Mettez en forme l'ensemble du texte et vérifiez si le nombre des mots utilisés correspond à la quantité exigée à l'examen (une marge de 10 % est autorisée).

5. Vérifiez la quantité de temps consacrée à ce travail : 2 h maximum, si on évalue à environ 1 h 30 le temps de travail nécessaire à la lecture et la rédaction du plan du premier article du dossier.

....
....
....
....

activité 252 Voici une proposition de réflexion déjà développée sur le sujet. Dans quel ordre feriez-vous apparaître les trois paragraphes ?

A. Alors, que faire ? Quoi penser ? À qui s'en remettre ? Il semble bien que les téléspectateurs n'aient plus qu'un recours : développer leur esprit critique et prendre position. En effet, pris entre deux feux, sommés d'aimer ou de détester le petit écran, c'est peut-être dans un juste milieu que les citoyens trouveront leur *modus vivendi*. Limiter le temps d'absorption des images, exercer leur libre arbitre au moyen d'outils de sélection des programmes, accorder une place importante à la sociabilité, diversifier leurs loisirs, croiser les sources d'information en écoutant également la radio ou en lisant les journaux, bref, ne pas prendre les programmes proposés par la télévision pour argent comptant.

B. De plus, les « observateurs » de nos sociétés, journalistes et sociologues, s'insurgent contre ce qu'ils considèrent être une mainmise sur la télévision. Ils dénoncent le contrôle de l'information par les propriétaires des médias, les multinationales et autres acteurs du monde de l'économie. Ils s'affligent d'une paupérisation des contenus véhiculés qui servirait les stratégies marketing de l'audimat. Ils déplorent le manque de neutralité de la télévision, qui, selon eux, manipule les téléspectateurs, privilégie l'émotionnel au détriment du pragmatique.

C. Force est de constater que la télévision est aujourd'hui omniprésente dans la vie de presque tout un chacun. Les statistiques varient selon les sources, mais il est communément admis que les Français, par exemple, passent environ trois heures par jour devant le petit écran. Néanmoins, divers sondages expriment un mécontentement récurrent quant aux contenus des différentes émissions, souvent considérés comme ennuyeux, en dessous des attentes, peu stimulants intellectuellement. Comment expliquer alors un nombre d'heures aussi important consacré à des programmes qui sont loin de faire l'unanimité ? Ceci est probablement un symptôme de l'état de la société, qui soulève à son tour de nouvelles interrogations : la télévision est-elle responsable de l'effritement des rapports sociaux, de l'isolement de l'individu, ou au contraire, assure-t-elle « une bonne part du lien social », comme le pense Jean-Claude Guillebaud, en reliant « les individus atomisés de la société contemporaine », en les rassemblant « dans une même foi ? »

1	2	3

activité 253 Rédigez une introduction et une conclusion en cohérence avec le développement du sujet et trouvez un titre qui conviendrait à l'ensemble du texte.
Vérifiez le nombre des mots utilisés.
Introduction :

....

....

....

....

Conclusion :

....

....

....

....

Titre :

....

Dossier D : documents 5-1 (p. 219-221), 5-2, 5-3 et 5-4

Document 5-2

 Alain Rey, lexicographe

« C'est une sorte de patate chaude »

Comment définir la francophonie ?

Par l'ensemble de ceux qui emploient régulièrement la langue française, que ce soit leur langue maternelle, une langue nationale ou d'enseignement, ou le fruit d'un choix imposé par l'histoire comme d'une adhésion personnelle.

Si le mot n'apparaît qu'en 1880, l'idée en préexiste depuis longtemps.

Il y avait francophonie dès le Moyen Âge dans la perception de la langue du roi. L'origine en est ces dialectes galloromains qui couvrent les États actuels de la France, une partie de la Suisse comme de la Belgique, territoires déjà unis par l'idiome gaulois avant la percée du latin. C'est un parler politique et poétique (et ce moteur double est indispensable), qui déborde de sa zone. Ainsi progresse-t-il en Angleterre dès la conquête de Guillaume de Normandie (XIe siècle), puis en Orient avec les croisades. Le phénomène colonial, dès le XVIe siècle, offre la même capacité d'expansion à l'espagnol, au portugais et à l'anglais – un ministre québécois osa dans les années 1960 parler du monde « *anglosaxophone* », une notion plus polémique qu'analytique au demeurant.

Le mot « francophonie » est formé par le géographe Onésime Reclus dans un cadre parfaitement colonialiste – c'est l'heure de Jules Ferry –, puisqu'il s'applique à l'usage triomphant de la langue française en Algérie. Ce qui suffit à expliquer qu'il ne fut guère fédérateur. L'enjeu est rien de moins que l'avènement d'une langue mondiale qui oppose les différents colonialismes, fixant les aires linguistiques qui estampillent une présence coloniale durable. L'Afrique, une fois expulsés l'allemand et l'italien, réservée au français, à l'anglais et au portugais ; l'Amérique latine, chasse gardée de l'espagnol et du portugais à l'exception remarquable du guarani, seule langue indienne à avoir résisté, au Paraguay... Bien plus tard seulement le mot fut revendiqué par des écrivains employant le français par choix et par nécessité à la fois (Senghor, Césaire), mais, jusqu'à l'invention de la « négritude », l'idée francophone n'est pas reprise par la France, qui admet mal d'être bousculée par les revendications de ceux qui ont subi la langue nationale et qui opèrent sur elle un travail de l'intérieur pour affirmer une expression propre, en Afrique comme dans l'espace caraïbe.

Face à cette ambiguïté, la francophonie est une sorte de patate chaude que pays, pouvoirs et créateurs se repassent avec des intentions contrastées.

Aujourd'hui, la notion connaît un virage intéressant.

On en est arrivé à une acceptation des francophonies (au pluriel) internationales qui seules pourront avoir un poids mondial, interdit à toute limitation dans le « national » – pour beaucoup, aujourd'hui encore, hélas, le nom des langues renvoie strictement à l'espace validé par un passeport. Ce n'est évidemment pas le cas des créoles, dernières langues apparues sur la planète. À la fin du XVIIᵉ siècle, dans les plantations de l'économie sucrière, elles naissent de l'esclavage, élaborées pour séparer les locuteurs des différentes ethnies africaines. Et elles s'imposent dès qu'elles dépassent le statut de langue maternelle pour assumer un usage et une vocation littéraires. Le phénomène est classique et on peut tenir le français pour un créole du latin comme l'anglais est un créole germanique, né du saxon et de la langue des Angles.

Peut-on préciser le processus ?

On conserve le vocabulaire (jadis pas le latin de Cicéron mais celui des représentants du pouvoir au moment des invasions, essentiellement issues du monde germanique), mais la syntaxe, empruntée aux langues africaines, est complètement nouvelle. Jusqu'au cas limite où les deux langues cohabitent et dialoguent ; ainsi à l'île Maurice, avec un créole décréolisé et un français parfois créolisé. Lié aux conditions d'exercice socio-linguistique ou fruit d'un choix esthétique, le miracle des francophonies tient à l'enrichissement déterminant de la langue : emprunts, façons d'écrire, procédés rhétoriques et narratifs renouvelés.

Les contacts entre les deux langues maternelles marquent la sensibilité littéraire, mais n'idéalisons pas : chaque créole a souffert de la comparaison avec la langue officielle, qui le renvoie au bas de la hiérarchie linguistique.

Comment garantir la santé des francophonies tout en prohibant ces échelles de valeur ?

La bonne santé de la francophonie dépend d'une idéologie plurielle respectueuse de chacun et rétive à toute hiérarchisation ; plus encore sans doute d'un projet pédagogique aussi pensé qu'ambitieux. La misère de l'école africaine est telle qu'à terme la francophonie peut disparaître – la solution serait de s'employer à créer un bilinguisme, avec de grandes langue vernaculaires à la façon du swahili dans l'espace anglais. Enfin, le succès dépend des médias et de la diffusion de la langue, sans tomber dans le piège de la récupération politique (la France a couru après la francophonie ; elle l'a rejointe avec le président Mitterrand ; elle a presque mis la main dessus à Cancun, retrouvant la posture du maître d'école ou du grand frère, dont les anciens colonisés ne veulent naturellement pas le retour).

L'idée francophone ne serait donc pas française mais périphérique ?

Bien sûr. L'avenir des francophonies dépend de leur nature plurielle et pluricentrique.

Propos recueillis par Philippe-Jean Catinchi,
Le Monde des livres, 17 mars 2006.

Document 5-3

TEMPS DE PAILLE
1823 (?)-1902

À beau dire à beau faire, la vie ne se mesure jamais à l'aune de ses douleurs. Ainsi, moi-même Marie-Sophie Laborieux, malgré l'eau de mes larmes, j'ai toujours vu le monde dessous la bonne lumière.

Mais combien de malheureux ont tué autour de moi l'existence de leur corps ?

Des koulis se pendaient aux branches des acacias dans les habitations[1] qu'ils incendiaient. Des nègres jeunes se laissaient mourir d'une vieillesse de cœur. Des Chinois fuyaient le pays avec des gestes de naufragés. Bondié ! combien ont donc quitté le monde au travers d'un grand trou de folie ?

Moi, je n'ai jamais eu de ces mauvaises pensées. Tant de hardes à blanchir aux rivières des misères ne m'ont guère laissé de temps pour une mélancolie. En plus, dans les rares instants que la vie m'accorda pour moi-même, j'appris à galoper du cœur sur des grands sentiments, à vivre la vie comme on dit, à la laisser-aller. Et sur les rires ou les sourires, la peau de ma bouche n'a jamais s'il te plaît connu la moindre fatigue.

Mais ce qui m'a sauvée, c'est de savoir très tôt que l'En-ville était là. L'En-ville, avec ses chances toutes neuves, marchandes des destinées sans cannes à sucre et sans békés. L'En-ville où les orteils n'ont pas couleur de boue.

L'En-ville qui nous fascina tous.

Pour en être, j'ai préféré agir. Et comme disent certains jeunes en politique d'ici : plutôt que de pleurer j'ai préféré lutter. C'était assez, lutter c'était en nous.

La sève du feuillage ne s'élucide qu'au secret des racines. Pour comprendre Texaco et l'élan de nos pères vers l'En-ville, il nous faudra remonter loin dans la lignée de ma propre famille car mon intelligence de la mémoire collective n'est que ma propre mémoire. Et cette dernière n'est aujourd'hui fidèle qu'exercée sur l'histoire seule de mes vieilles chairs.

Quand je suis née mon papa et ma manman s'en revenaient des chaînes. Un temps que nul ne les a entendus regretter. Ils en parlaient oui, mais pas à moi ni à personne. Ils se le chuchotaient kussu kussu, et je les surprenais quelquefois à en rire, mais au bout du compte cela ravageait leur silence d'une peau frissonnante. J'aurais donc pu ignorer cette époque. Pour éviter mes questions, manman feignait de batailler avec les nattes de mes cheveux et ramenait le peigne ainsi qu'un laboureur au travail d'une rocaille, et qui, tu comprends, n'a pas le temps de paroler. Papa, lui, fuyait mes curiosités en devenant plus fluide qu'un vent froid de septembre. Il s'emballait souvent sur l'urgence d'une igname à extraire des dégras qu'il tenait tout partout. Moi, patiente jusqu'au vice, d'un souvenir par-ci, d'un quart de mot par-là, de l'épanchement d'une tendresse où leur langue se piégeait, j'appris cette trajectoire qui les avait menés à la conquête des villes. Ce qui bien entendu n'était pas tout savoir.

D'abord, prenons le bout de ma mémoire, à travers l'arrivée de mon papa sur terre.[…]

Patrick Chamoiseau[2], Texaco, Gallimard, 1992.

---

1. Les plantations.
2. Patrick Chamoiseau, né le 3 décembre 1953 à Fort-de-France, en Martinique, a publié du théâtre, des romans (*Chroniques des sept misères, Solibo Magnifique*), des récits (*Antan d'enfance, Chemin-d'école*) et des essais littéraires (*Éloge de la créolité, Lettres créoles*). En 1992, le prix Goncourt lui a été attribué pour son roman *Texaco*.

Document 5-4

REPÈRES CHRONOLOGIQUES DE NOS ÉLANS POUR CONQUÉRIR LA VILLE[1]

Afin d'échapper à la nuit esclavagiste et coloniale, les nègres esclaves et les mulâtres de la Martinique vont, de génération en génération, abandonner les habitations, les champs et les mornes, pour s'élancer à la conquête des villes (qu'ils appellent en créole : « l'En-ville »). Ces multiples élans se concluront par la création guerrière du quartier Texaco[2] et le règne menaçant d'une ville démesurée. [...]

TEMPS DE PAILLE

En ce temps-là, les cases martiniquaises sont couvertes avec la paille des cannes à sucre tandis que les habitations esclavagistes se déstructurent et que s'amorce le règne des grandes usines centrales[3].

18...   *Temps probable de la naissance d'Esternome Laborieux, le papa de celle qui fondera le quartier Texaco ; il est esclave sur une habitation des environs de la ville de Saint-Pierre.*

18...   *Temps probable de la naissance d'Idoménée Carmélite Lapidaille, la manman de celle qui fondera le quartier Texaco ; elle est esclave sur une habitation des environs de la ville de Fort de France.*

1848   *27 avril* : Décret d'abolition de l'esclavage dans les colonies françaises.
22 mai. Révolte des esclaves dans la ville de Saint-Pierre, forçant le Gouverneur de la Martinique à décréter l'abolition avant l'arrivée de la décision officielle.

1853   Les anciens esclaves refusent de travailler dans les champs et vont s'installer sur les hauteurs. On veut les remplacer : arrivée des premiers travailleurs indiens (Koulis) à la Martinique. Ils seront suivis d'Africains et de Chinois, et, plus tard, de commerçants syro-libanais (Syriens).

1902   *8 mai* : Éruption de la montagne Pelée qui détruit la ville de Saint-Pierre. Plus de 30 000 morts. *Exode massif vers Fort-de-France où apparaissent les premiers quartiers populaires.*

TEMPS DE BOIS-CAISSE

En ce temps-là, les cases s'élèvent avec les débris de caisses tandis que sur l'effondrement du système des habitations s'érige le règne précaire des grandes usines à sucre.

19...   *Temps probable de la naissance à Fort-de-France de Marie-Sophie Laborieux ; c'est elle qui fondera le quartier de Texaco.*
[...]

1938   *Installation de la compagnie pétrolière sur le site du futur quartier Texaco.*
[...]

TEMPS DE FIBROCIMENT

En ce temps-là, la plaque de fibrociment enveloppe les cases tandis que l'économie sucrière s'effondre.

1945   Aimé Césaire est élu à la Mairie de Fort-de-France.

1946   *19 mars* : Loi érigeant la Martinique en département français.

1950   *Première installation de Marie Sophie Laborieux sur le site du futur quartier Texaco, et première expulsion policière.*

1959   *20-23 décembre* : Émeutes à Fort-de-France. *Nouvelles vagues d'exode rural vers Fort-de-France. Le site de Texaco est envahi.*
[...]

Patrick Chamoiseau, *Texaco*, Gallimard, 1992.

1. Cette chronologie est placée en début du livre et précède le texte du roman proprement dit.
2. Quartier populaire, situé aux alentours de Fort-de-France, en Martinique.
3. Les passages en italique renvoient aux personnages et/ou aux événements évoqués dans le roman.

Passionné(e) de la francophonie, vous êtes intéressé(e) par un concours organisé, à cette occasion, par l'Alliance française de Paris. Pour y participer, il vous suffit d'écrire un court essai et de l'envoyer à l'adresse suivante : journéesfrancofffonies@alliancefr.com

SUJET DE L'ESSAI

> Le roman francophone n'est plus vécu essentiellement comme un espace d'affrontement idéologique entre la France et ses sphères d'influence. Il est d'abord perçu comme le lieu où s'exprime la singularité de chacun de ses auteurs, et même comme une chance de renouvellement pour les écrivains hexagonaux eux-mêmes.
>
> Dans un essai d'environ 500 mots, en vous appuyant sur les deux textes théoriques et l'extrait du romancier martiniquais P. Chamoiseau proposés dans ce dossier, vous exposerez votre avis sur ce sujet.

ivité 254

A. Lisez les documents 5-3 et 5-4 pour saisir le contexte dans lequel s'inscrit le roman de Patrick Chamoiseau.

B. Relisez l'extrait de *Texaco*.

1. Que dit la narratrice, Marie-Sophie Laborieux, dans les passages suivants ?

a. « (…) j'ai toujours vu le monde dessous la bonne lumière »

....

....

b. « Mais combien de malheureux ont tué autour de moi l'existence de leurs corps ? […] combien ont quitté la vie au travers un grand trou de folie ? […] Moi, je n'ai jamais eu de ces mauvaises pensées. »

....

....

c. « Pour en être, j'ai préféré agir. »

....

....

d. « Quand je suis née, mon papa et ma manman s'en revenaient des chaînes. »

....

....

....

2. Retrouvez dans le texte les termes créoles qui désignent ou signifient :

a. des travailleurs d'origine indienne, « importés » en Martinique pour travailler sur les plantations de canne à sucre après l'abolition de l'esclavage :

....

b. des propriétaires blancs de plantations ou leurs descendants :

....

c. la ville :

....

d. des lopins de terre (cultivable) :

....

e. bon dieu ! (juron créole) :

....

f. (parler) doucement, en secret :

....

Reliez ces expressions à leurs associations sémantiques.

expressions utilisées dans le texte
1. « l'eau de mes larmes »
2. « se laisser mourir d'une vieillesse de cœur »
3. « galoper du cœur sur des grands sentiments »
4. « la peau de ma bouche n'a jamais connu la moindre fatigue »
5. « prenons le bout de ma mémoire »
6. « cela ravageait leur silence d'une peau frissonnante »

leur sens
a. remontons au début de mes souvenirs
b. j'ai toujours aimé parler
c. cela leur faisait peur
d. mes pleurs
e. mourir prématurément de désespoir
f. tomber amoureuse

Que symbolise « l'En-ville » aux yeux de la narratrice de *Texaco* ?

....

....

....

D. Expliquez les expressions suivantes :

1. « À beau dire, à beau faire, la vie ne se mesure jamais à l'aune de ses douleurs. »

....

....

....

....

2. « La sève du feuillage ne s'élucide qu'au secret des racines. »

....

....

....

....

activité 255 **Pour arriver à la rédaction du plan d'essai, nous vous proposons la démarche suivante :**

a. Relisez le plan du texte, établi pour le document 5-1 et le document 5-2 afin d'en extraire des éléments intéressants pour le développement d'une réflexion sur le sujet proposé.

b. Associez aux idées sélectionnées des passages ou des expressions de l'extrait du roman de Patrick Chamoiseau qui leur répondent en écho.

c. Recherchez, parmi vos connaissances personnelles des éléments que vous pourriez utiliser pour compléter la réflexion sur le sujet proposé.

d. Faites le plan de votre essai.

....

....

....

....

ivité 256 **Rédigez votre essai et trouvez-lui un titre.**

....

....

....

....

....

....

....

....

....

....

....

....

....

....

....

....

....

....

....

....

....

....

....

....

....

....

....

....

....

ÉPREUVES TYPES

SUJET 1

Lisez les documents suivants.

Texte 1

Enfants, mariages, divorces : la révolution familiale

Un rapport parlementaire analyse les mutations advenues en moins de deux générations

En un demi-siècle à peine, la famille a accompli sans tapage une véritable révolution. Déclin du mariage, croissance de l'union libre, fragilisation des couples, développement des familles recomposées : la famille des années 2005 est loin de ressembler à celle des lendemains de la Seconde Guerre mondiale. Pour analyser les mutations qui se sont produites en moins de deux générations, le président de l'Assemblée nationale, Jean-Louis Debré, a créé, il y a un peu plus d'un an, une mission d'information présidée par l'un des artisans du pacs, le député (PS) Patrick Bloche. Dans le document final, qui comporte plus de 400 pages, Valérie Pecresse, rapporteur de la mission et porte-parole de l'UMP, dresse le portrait des familles d'aujourd'hui.

Au fil des décennies, le mariage n'a cessé de décliner : alors qu'en 1970 les maires célébraient près de 400 000 mariages, ils en ont recensé à peine 280 000 en 2005, ce qui représente une baisse de 30 %. « *Le déclin de la nuptialité n'est pas lié à un véritable rejet du mariage, même si pèse indéniablement sur l'institution, surtout dans les années 1970, l'image traditionnelle du mariage bourgeois* », analysait en 1998 le rapport de la sociologue Irène Théry, « Couple, filiation et parenté aujourd'hui ». « *Plus fondamentalement, c'est la place sociale de l'institution matrimoniale qui a changé avec la transformation des représentations du couple : le choix de se marier ou non devient une question de conscience personnelle.* »

Lorsqu'ils se marient les couples se décident d'ailleurs de plus en plus tard. L'âge moyen lors de la célébration a augmenté de près de six ans depuis 1970 : il est désormais de 28,8 ans pour les femmes et de 30,9 ans pour les hommes.

Aujourd'hui, beaucoup de couples choisissent l'union libre, qui est « *plus fréquente et dure beaucoup plus longtemps qu'auparavant* », souligne le rapport de la mission parlementaire. Pour l'immense majorité d'entre eux, cette forme de conjugalité inaugure la vie à deux : neuf couples sur dix ont débuté ainsi contre seulement un sur six au début des années 1970. « *L'union libre devient une forme de vie commune parfaitement balisée, qui ne concerne plus seulement une population marginale ou très jeune, mais qui est, au contraire, particulièrement répandue chez les hommes et les femmes qui ont déjà fait l'expérience d'une rupture d'union* », souligne le rapport de la mission.

Parallèlement, le pacte civil de solidarité (pacs) s'est peu à peu imposé comme une forme de conjugalité à part entière : depuis sa création, en 1999, près de 170 000 pactes ont été signés.

Entendue par la mission parlementaire, France Prioux, directrice d'études démographiques (INED), constate que « *l'instabilité conjugale s'accroît dans toutes les catégories d'union* ». Aujourd'hui, la France recense ainsi 42 divorces pour 100 mariages en 1970. Parmi les premières unions débutées vers 1990, qu'elles aient ou non pris la forme du mariage, 15 % ont été rompues dans les cinq ans, près de 30 % dans les dix ans.

En 1998 , le rapport d'Irène Théry attribuait cette instabilité, non à l' « irresponsabilité » des couples contemporains, mais à un double phénomène : l' « effet vérité » de la moindre stigmatisation du divorce, qui conduit à l'échec beaucoup d'unions malheureuses qui auraient perduré au temps du mariage indissoluble, et l'exigence plus grande à l'égard du conjoint, qui implique le refus de situations subies autrefois comme des fatalités (alcoolisme, violences etc.).

Aujourd'hui, constate le rapport de Valérie Pecresse, « *le mariage n'est plus considéré comme*

➡

un préalable indispensable pour accueillir un enfant ». En 2005, 48,3 % des enfants sont nés au sein d'un couple qui a choisi l'union libre, contre seulement 7 % en 1970. Pour les aînés – le mariage des parents survenant souvent après le deuxième ou le troisième enfant –, les chiffres sont plus élevés encore : en 2005, près de 60 % d'entre eux sont nés hors mariage. *« Ce qui était un événement contraire aux normes sociales est devenu un événement banal »,* résumaient, en 1999, Francisco Munoz-Perez et France Prioux dans la revue *Population et sociétés* (« Naître hors mariage », janvier 1999).

Dans l'immense majorité des cas (92 %), ces bébés sont reconnus par leur père. Le fait de naître hors mariage a rarement une influence sur la filiation des enfants, constate le rapport de la mission parlementaire. La naissance hors mariage n'entraîne pas réellement de différence dans l'éducation et la vie des enfants. En 2004, le garde des sceaux, Pascal Clément, avait pris acte de ce bouleversement des mentalités en supprimant, dans le code civil, la notion même d'enfants « légitimes » (nés de parents mariés) et « naturels » (nés de parents non mariés). *« Désormais, quelle que soit la situation juridique du couple, c'est la naissance d'un enfant qui crée socialement la famille »,* résumait déjà, en 1998, le rapport Théry.

La France, où près de la moitié des enfants naissent hors mariage, est l'un des pays européens où le déclin du modèle traditionnel est le plus fort : en Allemagne, au Portugal, en Belgique, en Espagne, plus de 75 % des enfants naissent encore au sein d'un couple marié. En Italie ou en Grèce, c'est le cas de plus de 90 % des enfants.

Avec l'augmentation des séparations, la fin du XXᵉ siècle a vu croître les familles monoparentales et les familles recomposées. En 1999, selon l'INED, plus d'un enfant sur cinq (trois millions au total) ne vivait pas avec ses deux parents.

Dans la grande majorité des cas (63,2 %), ces enfants vivent avec leur mère. *« À cause du temps qui sépare une rupture de la constitution d'un nouveau couple et du fait de la moindre fréquence de la « remise » en couple des femmes séparées ayant la charge de leur enfant, les enfants vivant en famille dite « monoparentale » sont nettement plus nombreux que ceux qui vivent avec un parent et un beau-parent »,* remarque le rapport parlementaire.

En une quarantaine d'années, la part des familles monoparentales a presque doublé : elles représentaient 18,6 % des familles en 1999 contre 9,4 % trente ans auparavant. *« Les enfants élevés seulement par leur mère sont certes plus nombreux, mais le père existe puisque 95 % des enfants nés hors mariage sont reconnus par leur père, souligne le rapporteur,* Valérie Pecresse. *Après la séparation des parents, plus de 40 % d'entre eux voient leur enfant au moins une fois par mois. »*

Les familles recomposées sont plus rares : sur les 3 millions d'enfants qui ne vivent plus avec leurs parents, 28,2 % (800 000) partagent leur quotidien avec un beau-parent et, parfois, des demi-frères ou demi-sœurs.

La famille des années 2000 se forme plus tard – l'âge moyen des mères au premier enfant frôle désormais les 30 ans – elle compte de plus en plus souvent un ou deux enfants – 8,3 % des enfants sont issus d'une fratrie de trois ou plus, contre 16,4 % en 1968 –, mais le désir d'enfant demeure encore très fort ; l'indice conjoncturel de fécondité (1,94 enfant par femme) place la France au second rang de l'Europe des vingt-cinq, juste derrière l'Irlande. Les profonds bouleversements de la structure familiale enregistrés depuis les années 1970 n'ont donc pas entamé l'étonnant dynamisme démographique de l'Hexagone. Cette vitalité, qui tranche avec l'atonie de nos voisins allemands, espagnols ou italiens, prospère dans un univers très particulier : en France, plus de 80 % des femmes âgées de 25 à 49 ans travaillent. *« En Europe, la France présente la particularité d'associer une fécondité dynamique et un niveau élevé de participation des femmes au marché du travail »,* résume le rapport de la mission parlementaire.

Malgré cet investissement professionnel massif, les femmes continuent à assumer les deux tiers du travail domestique et des tâches de soins : elles y consacrent en moyenne deux fois plus de temps (cinq heures par jour) que les hommes. *« Finalement, quelles que soient les évolutions visibles, la répartition des tâches au sein de la famille continue à suivre très majoritairement un modèle traditionnel »,* conclut le rapport de Valérie Pecresse.

D'après ARIANE CHEMIN,
Le Monde, vendredi 27 janvier 2006.

Texte 2

ENTRETIEN AVEC CLAUDE MARTIN,
Sociologue, directeur de recherche au CNRS

« Le travail des femmes est un moteur pour la natalité »

Comment expliquer le déclin du mariage ?

Les hommes et les femmes ne vivent pas moins souvent en couple que dans les années 1960 ou 1970. Mais l'idée qu'ils se font de l'engagement mutuel n'est plus réductible à l'institution matrimoniale. Les couples non mariés savent parfaitement s'engager l'un envers l'autre, notamment à travers la naissance d'enfants. Le pacte civil de solidarité, lui aussi, a inauguré une forme d'engagement mutuel alternative.

Le mariage était jadis le seul mode d'entrée dans la vie conjugale. Il a donc été perçu par les générations du baby-boom comme un carcan. Mais aujourd'hui encore, le mariage reste extrêmement attractif, notamment pour les couples mixtes parce que, dans un certain nombre de cercles sociaux et de communautés, il reste un symbole fort.

L'instabilité des unions a-t-elle fragilisé les liens de filiations ?

On dit que les ruptures fragilisent les relations entre les enfants et leur père. Comme la résidence principale est souvent fixée au domicile de la mère, les enfants ont en effet moins de contacts avec leur père. Néanmoins, le lien de parenté ne se mesure pas à la fréquence des visites, et le père peut avoir une présence symbolique très forte.

Ce que l'instabilité des unions fragilise, ce sont les trajectoires individuelles des adultes. L'instabilité conjugale peut en effet s'ajouter à d'autres formes de précarité. Plus vous êtes vulnérable du point de vue économique et relationnel, plus la rupture vous fragilise, car elle provoque automatiquement un appauvrissement : il faut avoir deux logements, organiser la circulation des enfants entre les deux domiciles, faire face à la pression de la double journée. D'où la précarité de beaucoup de familles monoparentales.

Quel a été le rôle de l'émancipation des femmes dans ce bouleversement de la sphère familiale ?

La grande transformation qui a modifié les liens familiaux le plus fondamentalement est l'accession massive des femmes au marché du travail et au salariat depuis 1960. Ce facteur de transformation est aussi un formidable facteur de tension. Car si l'égalité dans l'accès au marché du travail est le modèle de la société contemporaine, l'égalité doit aussi avancer dans la sphère privée, ce qui n'est pas le cas dans la vie domestique et les soins aux enfants. Du coup, les tensions se répercutent dans la sphère conjugale. C'est tout le thème de la conciliation entre la vie professionnelle et la vie familiale, que l'on a l'hypocrisie, en France, de ne penser que pour les femmes...

Les autres pays européens connaissent-ils des évolutions semblables à celles de la France ?

La France se distingue de tous les autres pays européens par la reprise significative de sa fécondité. Mais, en matière de mariage, tous les pays ont connu un déclin, même si au Danemark et dans certains pays d'Europe du Sud, on continue à se marier plus souvent qu'ailleurs. En matière de divorce et de naissances hors mariage, tous les pays ont connu une augmentation. Néanmoins, les naissances hors mariage sont plus fréquentes en Europe du Nord qu'en Europe du Sud.

Ces évolutions démentent formellement certaines idées reçues. L'adhésion au catholicisme n'a pas protégé la Pologne, l'Espagne, l'Italie de la baisse de la fécondité. De même, le travail des femmes n'est pas un frein à la natalité : les pays où les femmes ont accès à une vie professionnelle sont aussi ceux où la fécondité est la plus forte. Le travail des femmes est un moteur pour la natalité.

D'après les propos recueillis par Ariane Chemin, *Le Monde*, vendredi 27 janvier 2006.

Texte 3

◆ Deux hommes sur trois profitent du congé paternité

Une étude révèle les inégalités entre le privé et le public. Pour des raisons financières ou professionnelles, certains pères ne peuvent quitter leur travail.

Créé en 2002 par Ségolène Royal, ministre de la Famille du gouvernement de Lionel Jospin, le congé de paternité est désormais pleinement entré dans les mœurs.

Aujourd'hui, près des deux tiers des pères s'absentent de leur travail à la naissance de leur enfant.

Ce geste en faveur de l'égalité parentale répondait à un vœu – ancien – du Conseil de l'Europe : dès 1992, l'Assemblée avait recommandé aux États membres de favoriser « *une participation accrue des hommes* » à l'éducation des enfants. Aujourd'hui, les pères bénéficient d'un congé de quinze jours ou plus en Belgique, au Danemark, en Suède, au Royaume-Uni ou en Norvège, mais certains pays européens restent à la traîne : en Autriche, en Allemagne ou en Irlande, pas un seul jour de congé n'est prévu pour les hommes qui viennent de devenir pères. Une enquête du ministère de l'Emploi brosse le portrait de ces hommes que l'on baptisait auparavant les « nouveaux pères ». Près de la moitié accueillent leur premier bébé, beaucoup ont pris leur décision en concertation avec leur compagne et la plupart sont trentenaires : 73 % des 30-35 ans usent de ce droit contre seulement 68 % des moins de 30 ans et 60 % des 35-39 ans. « Il semblerait donc qu'il y ait un effet de *génération, les pères âgés de plus de 35 ans apparaissant moins désireux que les autres de construire au plus tôt une relation de proximité avec le nouveau-né* », écrivent les auteurs de l'étude, Denise Bauer et Sophie Penet.

En matière de revenus, tous les pères ne sont pas égaux. Dans le secteur public, le congé de paternité n'a aucune incidence financière : lorsque le salaire du père dépasse le plafond de la Sécurité sociale (environ 2000 euros net mensuels), l'État complète en lui versant une compensation financière. Pour les salariés du secteur privé, les règles du jeu sont bien différentes : si le salaire du père est supérieur au plafond de la Sécurité sociale, l'entreprise n'est pas tenue de participer. Ainsi, 87 % des fonctionnaires choisissent de prendre leur congé de paternité contre seulement 68 % des salariés du privé.

Pour les cadres, qui hésitent à s'absenter en raison de leur charge de travail, l'écart entre le public et le privé est encore plus marqué : 71 % des cadres du public restent quinze jours auprès de leur bébé contre 43 % de ceux du privé.

Quant aux travailleurs indépendants, ils ont une réelle difficulté à se faire remplacer à la naissance de leurs enfants.

Les « précaires », eux aussi, peinent à s'offrir ces quinze jours avec leur nouveau-né : seuls 44 % des hommes qui travaillent dans le cadre d'un CDD, d'un contrat d'intérim ou d'un contrat particulier partent en congé paternité. « *Ils déclarent souvent ne pas faire valoir ce droit auprès de leur employeur en raison de l'instabilité de leur situation* », note l'étude.

D'après André Chemin,
Le Monde, mercredi
30 décembre 2005.

Exercice 1 : Plan du texte

➤ Activité 257

Après avoir dégagé le thème, vous présenterez le plan du texte 1, puis préciserez les idées principales exposées dans chacune de ses parties, leur articulation, ainsi que la conclusion à laquelle il parvient.

....
....
....
....
....
....
....
....

Exercice 2 : Essai argumenté

➤ Activité 258

SUJET

> **Journaliste d'un webzine d'actualité, vous préparez un article rendant compte de l'évolution de la famille en France. Vous rédigerez un texte d'environ 500 mots, basé sur les informations fournies par les trois documents, auquel vous proposerez un titre.**
> Pour cela, vous dégagerez les idées principales des textes 1, 2 et 3, vous les regrouperez et les classerez en fonction du thème proposé. Vous les présenterez avec vos propres mots, sous forme d'un nouveau texte suivi et cohérent. (Vous pouvez réutiliser des mots-clés du dossier mais non des phrases entières).

....
....
....
....
....
....
....
....
....
....
....
....
....
....
....
....
....
....

SUJET 2

Lisez les documents suivants.

Texte 1

La science au secours des neurones

Injections de neurostéroïdes, stimulations électriques, thérapies cellulaires…
Derrière ces termes savants, se dessinent les pistes les plus intéressantes pour
lutter contre les effets du vieillissement cérébral. **Par Gilles Marchand**

Les progrès médicaux et les connaissances biologiques profitent à tous les organes. Le cerveau n'échappe pas à la règle. Même si toutes les promesses tardent à être tenues, les recherches neuroscientifiques sur le vieillissement cérébral avancent de plus en plus vite. Beaucoup d'essais en sont encore au stade d'expérimentation animale, riche en résultats, et donc pleine d'espoir pour l'homme. À cause de sa complexité anatomique – 100 000 milliards de connexions cérébrales et fonctionnelles – les découvertes récentes sur ses capacités de réorganisation et de régénérescence – le cerveau humain ne se laisse pas décrypter facilement.

On a de nombreuses hypothèses à tester, d'autres à confirmer mais aussi quelques certitudes. Parmi celles-ci, les techniques d'imagerie par résonance magnétique (IRM), à l'échelle des grandes zones cérébrales, visualisent (sans danger) la façon dont le cerveau fonctionne, vieillit, est modifié par l'apprentissage et les stimulations intellectuelles. Chez les personnes âgées, les « cartes » cérébrales se modifient, tout comme les neurones continuent, en partie, à se diviser alors qu'on a longtemps pensé que la perte neuronale était le seul signe du vieillissement. La principale découverte de ces cinq dernières années ouvre de nouveaux horizons : le cerveau humain adulte contient des cellules souches capables de se transformer en neurones. Pour le Pr. Etienne-Emile Baulieu[1], président de l'Académie des Sciences et chercheur à l'Inserm[2], « on a exagéré le caractère irréversible des altérations cellulaires. Il existe des possibilités de récupération. En particulier, l'hippocampe est riche en cellules souches qui attendent l'occasion de se différencier en neurones et de s'activer. »

« C'est la découverte la plus prometteuse actuellement : la création de nouveaux neurones, qui s'ajoutent à ceux existants pour fonctionner ensemble et différemment », confirme Alain Privat[3], chercheur à l'Inserm. « Stimuler ses neurones par des activités cognitives, des apprentissages, peut augmenter le nombre de neurones dans l'hippocampe, structure très impliquée dans la mémoire », poursuit le spécialiste. Une recherche menée en 2003 l'a prouvé avec des rats, chez qui on a pu mesurer la quantité de nouveaux neurones créés dans l'hippocampe à la suite d'un nouvel apprentissage. Cette mesure a été permise par le marquage d'une molécule s'intégrant au matériel génétique des cellules lors de leur division. L'expérimentation animale prouve donc l'effet de l'activité mnésique sur la création de neurones.

Mais peut-on provoquer expérimentalement cette création en stimulant directement les cellules souches ? « On ne sait pas encore le faire », reconnaît E.-E. Baulieu. C'est une piste de recherche naissante, longue à suivre, comme celle consistant à greffer des cellules souches préparées in vitro, qui se multiplient en laboratoire et se différencient pour adopter le destin biologique que l'on souhaite pour elles. Des progrès sont en cours, notamment sur la muqueuse nasale qui comporte des cellules se différenciant très bien en neurones. « La découverte des cellules provoque un enthousiasme extraordinaire, mais la prudence reste de mise », prévient A. Privat.

Avant de pouvoir les utiliser au niveau thérapeutique, beaucoup de travaux restent à mener pour les différencier en neurones actifs dans des zones cérébrales précises. »

Découlant de la loi de bioéthique de 2004, l'utilisation des cellules souches embryonnaires est autorisée en France depuis février dernier. « C'est une ouverture importante », estime A. Privat. La législation a bien fait de prendre le temps de la réflexion et cette décision ouvre la voie à une accélération des résultats. » Il s'agit de prélever des lignes de cellules chez des embryons humains congelés, qui ne font plus l'objet d'un projet parental et peuvent être dédiés à la recherche. Ces cellules fœtales ne sont pas encore différenciées, elles peuvent servir pour composer des tissus organiques spécifiques, comme ceux du système cérébral. Une autre piste, plus éthiquement correcte pour certains chercheurs, s'intéresse aux cellules fœtales présentes dans le sang du cordon ombilical. Elles semblent très performantes dans le renouvellement et la différenciation, tout en étant nombreuses et facilement disponibles.

Les cellules souches et leurs perspectives thérapeutiques sont la preuve qu'il est possible d'agir sur la plasticité anatomique. Il existe aussi une plasticité fonctionnelle, soit la capacité de certains circuits à fonctionner différemment. Par exemple, explique A. Privat, « la « potentiation à long terme » (LTP), c'est-à-dire l'amélioration de l'efficacité de la transmission synaptique, concerne pour l'instant l'hippocampe de la souris quand on le stimule avec des stimulations électriques proches des stimulations physiologiques naturelles. La transmission entre les synapses des neurones est facilitée, les circuits deviennent plus efficaces – et durablement – pour traiter les informations nerveuses. La LTP donnerait probablement des résultats identiques avec d'autres structures cérébrales. »

Pour le Pr. Baulieu, « on peut agir au niveau fonctionnel, en suppléant au manque de fabrication en neurostéroïdes (les hormones du cerveau). Toutes les fonctions cérébrales, même vieillissantes, sont prêtes à mieux fonctionner tant qu'on leur fournit le bon stimulant. J'ai mené des recherches sur des souris vieillissantes auxquelles on injectait un neurostéroïde de l'hippocampe, le sulfate de prégnénolone. Leur mémoire spatiale a bien récupéré. Avec une injection unique, l'effet sur la mémoire dure 2 à 3 jours, deux semaines en perfusion en goutte-à-goutte. L'hormone est assez simple à utiliser, le problème est de passer à des essais sur l'homme en trouvant le mode d'administration adapté. Il faut trouver des médicaments à effet spécifique, sans effets secondaires. En fait, la recherche clinique chez l'homme est prête, un programme est au point… mais il manque les moyens financiers ».

La DHEA, dont l'action positive sur le vieillissement nourrit beaucoup d'espoirs, est une hormone surtout produite par les glandes surrénales, près des reins. Spécialiste de cette hormone, le Pr. Baulieu a découvert que le cerveau pouvait la synthétiser, ce qui en fait également un neurostéroïde. La DHEA aurait-elle une influence sur le fonctionnement cérébral ? « Cette hormone a réellement un effet neuroprotecteur, et sur le plan clinique un impact évident sur des cas de dépression sévère chez l'homme vieillissant. En revanche, il n'y a pas d'effet démontré sur la mémoire humaine alors qu'elle agit sur la mémoire des souris. » Quelle différence de mécanisme explique ce hiatus ? Un mystère de plus à creuser pour la communauté scientifique… « La pilule de la mémoire n'a pas été encore inventée. Mais la recherche va s'y consacrer en cherchant à compenser la perte en neurotransmetteurs comme l'acétylcholine. Cette pilule sera un jour à la disposition des personnes vieillissantes, c'est une question de temps. »

Le Monde de l'intelligence n° 3, mars/avril 2006.

1. Professeur Étienne-Émile Baulieu, président de l'Académie des sciences, Inserm U488 (Le Kremlin-Bicêtre), auteur de *Longévité.*
   Tous centenaires ?, avec Marie-Odile Monchicourt, Pltypus Press, 2003.
2. Inserm : Institut national de la santé et de la recherche médicale.
3. Professeur Alain Privat, directeur de recherche à l'unité Inserm U583 « Physiologie et thérapie des déficits densoriels et moteurs », Institut des neurosciences de Montpellier.

Texte 2

Ralentir le vieillissement

Comme tout organe, le cerveau a besoin de carburant pour fonctionner. Omégas 3, antioxydants, oxygène, stimulations intellectuelles et absence de stress contribuent à le préserver. Mieux vaut prendre les devants. **Par Gilles Marchand**

Avec le vieillissement, de nombreux changements interviennent au niveau de l'organisme, dus à notre horloge biologique et à notre hygiène de vie (l'hypothèse de gènes spécifiques au vieillissement n'est pas prouvée, mais une recherche française a montré, en 2003, que la mutation d'un gène chez la souris augmentait sa durée de vie). Parmi ces changements, les radicaux libres, contrôlés jusqu'ici par les antioxydants, deviennent plus agressifs envers les cellules et les détruisent. En cause, la baisse de l'activité oxydante ou l'augmentation de la population des radicaux libres, qui entraînent ce que la communauté scientifique appelle le stress oxydatif, actif en particulier au niveau du cerveau. Mais la cause de cette mort cellulaire peut être limitée par apport d'antioxydants en remplacement de ceux qui manquent. Confirmant d'autres recherches, une étude publiée en décembre 2005 indique les très bons effets du jus de pomme. Ce fruit contient un très fort taux d'antioxydants, et le croquer permet d'apporter au cerveau les moyens qui lui font défaut pour lutter contre les radicaux libres.

Une pomme contre le stress oxydatif

On sait aussi que le stress oxydatif peut générer des troubles de mémoire chez les personnes âgées. Les fonctions cognitives, touchées par le vieillissement, peuvent-ils être « boostées » par un produit aussi commun que la pomme ? Effectivement : si les progrès neuroscientifiques laissent espérer des palliatifs à l'altération cognitive, des « remèdes de grand-mère » existent aussi. Aujourd'hui confirmée par les progrès médicaux, leur efficacité est soupçonnée depuis longtemps. Les médecins de l'Antiquité insistaient déjà sur le rôle de l'exercice physique d'entretien pour lutter contre le vieillissement. On sait maintenant que cette pratique permet de mieux oxygéner les cellules du cerveau. Un hygiéniste du XVIIIe siècle, Luigi Cornaro, conseillait de limiter une alimentation trop riche et copieuse, et de privilégier les protéines végétales : il est mort presque centenaire ! Effectivement, une alimentation pauvre en lipides mais riche en glucose, en antioxydants, en vitamines (B1, B6, B9, B12), en acides gras de type Oméga 3, est bénéfique à l'organisme tout entier, et au cerveau en particulier. Ces apports nutritionnels, comme l'exercice physique, préservent également notre réseau sanguin et maintiennent donc une bonne vascularisation cérébrale. Une étude franco-australienne récente indique d'ailleurs que la diminution de l'hypertension artérielle présente chez 80 % des plus de 65 ans et favorisée par différents facteurs (régime trop salé, obésité, excès d'alcool et de tabac, manque d'exercice physique), réduit le risque de lésions cérébrales et ralentit leur progression.

Il y a un autre facteur négatif sur le cerveau, mais qui peut être combattu : le stress. Il pénalise la mémoire. En fait, la réaction physiologique au stress entraîne une surproduction de corticoïdes. Des premières recherches laissent penser que cette trop forte concentration de corticoïdes provoque la mort de cellules nerveuses, notamment celles des neurones d'une petite structure très impliquée dans la mémoire.

Favoriser la plasticité cérébrale

C'est depuis une demi-douzaine d'années seulement qu'on découvre la corrélation entre la plasticité cérébrale et le fait de conserver une vie active en vieillissant, diversifiée et stimulante. Malgré le manque de recul, tout indique que les deux sont liés : faire des projets et les concrétiser nécessite de programmer et de planifier, ce qui stimule le fonctionnement intellectuel. Avoir une vie sociale bien remplie permet de parler, donc de limiter l'oubli des mots. Plus on utilise ses capacités cognitives, plus on favorise la plasticité cérébrale grâce à de nouvelles connexions entre les neurones. Nos activités et nos intérêts créent donc de nouveaux circuits nerveux, qui revitalisent le cerveau et son bon fonctionnement. Une recherche publiée en 2001 a comparé des religieuses, partageant les mêmes conditions de vie mais se différenciant par leurs activités quotidiennes, intellectuelles (enseignement aux jeunes recrues) ou non (activités de maintenance de locaux). Un lien direct a été démontré entre la stimulation cérébrale grâce aux activités intellectuelles et le maintien des performances mentales avec l'âge. Une autre recherche s'est intéressée aux points communs entre des personnes âgées qui conservent une excellente agilité intellectuelle : elles sont flexibles et ouvertes aux idées nouvelles, ont des activités variées, sont satisfaites de leur accomplissement personnel et possèdent un niveau d'éducation élevé.

D'un individu à l'autre, les effets du vieillissement ne se font pas sentir de la même manière. Certains arrivent à 90 ans avec un cerveau au fonctionnement optimal (pour leur âge), d'autres présentent dès 60 ans les difficultés ressenties par leurs propres parents. Mais, comme le souligne le Dr. Olivier de Ladoucette, « nous sommes maîtres d'une grande partie de notre destin, et nous pouvons, grâce à nos ressources mentales et nos comportements, passer la seconde partie de notre vie de façon positive, sereine et intéressante ».

Le Monde de l'intelligence n° 3, mars/avril 2006.

Texte 3

« En vieillissant, il faut stimuler ses neurones »

Quelles sont les fonctions cognitives touchées par le vieillissement ?

On possède deux types d'intelligence : l'intelligence cristallisée et l'intelligence fluide. La première correspond aux savoirs acquis au cours de l'existence, inscrits dans les structures cérébrales stables. C'est le langage et la culture générale, qui restent longtemps peu touchés par le vieillissement. L'intelligence fluide qui permet d'intégrer et d'utiliser de nouvelles informations, couvre une large palette : l'attention, la concentration, la mémoire, les capacités d'abstraction, la rapidité et la flexibilité mentales… Celle-ci est davantage perturbée, et concentre d'ailleurs la plupart des plaintes des personnes qui rentrent dans le troisième âge. Ce sont des difficultés progressives, mais qui restent généralement modérées. Rien à voir avec les autres organes, qui résistent moins bien au temps, ou avec les problèmes dus à la maladie d'Alzheimer. Malgré tout, la qualité de vieillissement de nos neurones varie beaucoup d'une personne à l'autre.

Pour quelles raisons ?

L'usure est bien sûr liée aux gènes, mais des aspects environnementaux existent. Le mode de vie est bien plus fondamental à la santé du cerveau qu'on ne le pense généralement. La mort des neurones est accélérée par l'oxydation des cellules neuronales, qui implique les radicaux libres. Mais tout le monde ne développe pas la même quantité de radicaux libres, cela dépend surtout de nos comportements quotidiens. On sait que le diabète et le tabagisme sont très mauvais pour le fonctionnement cérébral. Par contre, on le protège en entretenant la structure. Le cerveau est un grand consommateur d'oxygène, apporté par l'exercice physique.

Le fait de bouger, de faire du sport permet aussi un bon fonctionnement cardiovasculaire, qui protège le cerveau. L'exercice physique est également un facteur de croissance neuronale et de création de tissus cérébraux. Les études démontrent d'ailleurs qu'il limite de 30 à 40 % le risque de développer la maladie d'Alzheimer. Pour résumer, c'est un bon protecteur des problèmes cognitifs et intellectuels liés au vieillissement. Le cerveau a aussi besoin de glucose, et à mesure qu'il vieillit il manque d'antioxydants qu'une alimentation riche en fruits et légumes peut compenser.

Il faut stimuler les neurones : le cerveau ne s'use que si l'on s'en sert peu. En restant curieux des choses et des gens, en ayant toutes sortes d'occupations intellectuelles ou culturelles, on fait plus que se protéger de la mort des neurones. Même vieillissant, le cerveau produit des nouvelles connexions. Ce phénomène de plasticité cérébrale se renforce par un bon fonctionnement intellectuel et un mode de vie sain.

À quel âge vaut-il mieux s'en préoccuper ?

Le corps pardonne plutôt bien jusqu'à 35-40 ans. Après, on paie la note, surtout si le mode de vie devient de plus en plus sédentaire. On peut toujours attendre cette période, mais c'est rarement à 50 ans qu'on commence à être attentif à son comportement quotidien, qu'on se déclare curieux intellectuellement, qu'on devient un animal social... Il vaut mieux intégrer certains de ces comportements « vertueux » entre 30 et 50 ans, avant d'adopter – autant que possible – une hygiène de vie assez stricte. Il s'agit d'un idéal que chacun peut tenter d'approcher.

Le Dr Olivier de Ladoucette, *Le Monde de l'intelligence* n° 3, mars/avril 2006.

➤ Activité 259

Exercice 1 : Plan du texte

Après en avoir dégagé le thème, vous présenterez le plan du texte 1, puis préciserez les idées principales exposées dans chacune de ses parties, leur articulation, ainsi que la conclusion à laquelle il parvient.

....
....
....
....
....
....
....
....
....
....
....
....
....
....
....
....
....
....
....
....
....
....
....
....

Exercice 2 : Essai argumenté

➤ **Activité 260**

SUJET

> Étudiant en neurosciences, vous préparez une synthèse rendant compte de l'évolution des recherches les plus récentes sur la lutte contre le vieillissement du cerveau. Vous rédigerez un texte d'environ 500 mots, basé sur les informations fournies par les trois documents. Vous proposerez un titre.
>
> Pour cela, vous dégagerez les idées principales des textes 1, 2 et 3, vous les regrouperez et les classerez en fonction du thème proposé. Vous les présenterez avec vos propres mots, sous forme d'un nouveau texte suivi et cohérent. (Vous pouvez réutiliser des mots-clés du dossier mais non des phrases entières).

....
....
....
....
....
....
....
....
....
....
....
....
....
....
....
....
....
....
....
....
....
....
....
....
....
....
....
....
....
....
....
....
....
....
....
....
....
....
....
....
....
....
....
....

DALF

Transcriptions

Niveaux C1
et C2

1. Activités de compréhension orale sur des documents courts

Document sonore n° 1 page 11

Activité 1

Fréquence Ouest : les titres qui seront développés dans le journal de 8 heures.

1. Aujourd'hui alternance d'averses et d'éclaircies sur l'Ouest, beau temps sur le reste de la France.

2. Sortie cette semaine des *Brigades du Tigre*, nouvelle version cinéma adaptée de la série télé des années 1970.

3. Deux anciens ministres écologistes candidats possibles à l'élection présidentielle de 2007.

4. Coupe de France de football : le Paris-Saint-Germain bat Nantes 2-1.

5. Le pétrole de plus en plus cher : 73 dollars le baril hier soir à New York. On prévoit un ralentissement de la croissance.

6. Le président de la République en visite au Caire : il faut continuer à aider le peuple palestinien.

Document sonore n° 2 page 11

Activité 2

À la télévision, ce soir :

À 20 h 50 sur France 3, un téléfilm : *Les Amants de Flore*, l'aventure intellectuelle et sentimentale de deux grands penseurs du XXᵉ siècle : Jean-Paul Sartre et Simone de Beauvoir.

À 23 h sur cinéma-classique : *Les Amants de Tolède*, film d'Henri Decoin de 1953 avec la belle Françoise Arnoul.

Sur Arte, la chaîne franco-allemande à 19 h, un documentaire *Il faut sauver Venise*.

Sur TF1, 20 h 30 : sport, football : finale de la coupe d'Europe Lyon/Milan A.C.

À 20 h 55, France 2 propose son habituelle émission de variétés du samedi le plus grand cabaret du monde.

Document sonore n° 3 page 11

Activités 3 et 4

1. Toutes les lignes de votre correspondant sont actuellement occupées. Veuillez renouveler votre appel ultérieurement.

2. Dis donc chérie, ce soir, si on sortait… ?

3. Mesdames et messieurs, avant de commencer mon exposé, je souhaite remercier chaleureusement le président de la Société lyonnaise de philosophie pour son invitation.

4. Excusez-moi, pouvez-vous me dire si la place est libre à côté de vous ?

5. Cette semaine, exceptionnellement au rayon de surgelés : nous vous offrons deux plats cuisinés Julie pour le prix d'un seul.

6. Ce soir, dans votre ville, le cirque Pattard vous présente un spectacle extraordinaire avec clowns, jongleurs, trapézistes, dompteurs… Spectacle à 21 heures place François-Mitterrand.

7. Excusez-moi, pourriez-vous me donner l'heure s'il vous plaît ?

8. Alors qu'est-ce que tu fais ? Je t'attends depuis 20 minutes…

9. En raison d'un incident électrique la circulation est interrompue sur la ligne 13.

10. Voilà monsieur. Siège 9 B, embarquement porte 64 à 10 h 45.

11. Mesdames et messieurs les voyageurs, nous vous rappelons qu'il est interdit de fumer dans l'enceinte de la gare.

12. Voilà, t'es tombé… Je t'avais bien dit… t'aurais dû faire attention… ton pantalon est tout déchiré.

Document sonore n° 4 page 13

Activités 5 et 6

Lui : Anne, t'entends la météo : encore de la pluie ce week-end. Quel printemps pourri !

Elle : Dommage, je serais bien allée faire un tour à la mer comme l'an dernier…

Lui : Ouais moi aussi mais ça paraît mal parti. Tant pis, mais… je te propose de faire la grasse matinée, puis on se fait un restau, puis ciné…

Elle : D'accord c'est un bon plan c'est vrai qu'y a plein de nouveautés.

Lui : Si ça s'arrange au niveau du temps… on file à La Baule la semaine prochaine.

Document sonore n° 5 page 14

Activités 7 et 8

1. Tiens, regarde ce que j'ai trouvé dans la boîte aux lettres ce matin, « Voyance et médium, il y a des solutions à chaque problème avec un médium spécialiste », adressez-vous à M. Bacar, il vous éclairera. Résultats garantis ! Dis donc, tu devrais l'appeler, il pourra peut-être t'aider à faire sauter tes contraventions ?

2. Nous savons qu'un francilien sur 10 souffre de la pauvreté et de conditions de vie plus difficiles que dans les autres régions de France.

3. Pour les taches persistantes de vin rouge, mettez le tissu taché à tremper dans un peu de lait chaud et laissez environ un quart d'heure. Puis procédez au lavage à la manière habituelle.

4. Le salon de la salle de bains se tiendra cette année du 17 au 21 janvier à la porte de Versailles. Le public y sera invité à découvrir les tendances et les nouveautés comme les baignoires balnéo ou encore ces systèmes de douches permettant de rendre la douceur des pluies tropicales…

5. En matière de cadre de vie, la capitale ne fait plus rêver puisque seules 9% des personnes interrogées vivront en région parisienne ou à Paris. Et 43% pensent que les Français vont fuir les grandes villes pour aller s'installer à la campagne ou dans les villages.

6. Dès demain, 152 médicaments remboursés aujourd'hui par la Sécurité sociale ne le seront plus car leur efficacité est jugée insuffisante.

7. L'objectif, c'est d'avoir une médaille, la couleur n'est pas si importante pour moi. L'important, c'est les jeux Olympiques, et je serai déjà super contente d'avoir une deuxième ou troisième place sur le podium en slalom géant.

8. Étudiez chez vous à votre rythme, en toute liberté ? Apprendre un nouveau métier ? C'est possible avec Éducadom, la formation à domicile. Demandez notre brochure d'information dès maintenant au 01 42 06 06 06.

Document sonore n° 6 page 15
Activité 9

Document 1
La fédération des familles rurales recueille des témoignages d'anciens en vue d'un livre sur la vie quotidienne du monde rural tout au long du siècle dernier. Vous pouvez contacter Robert Lagrappe au 02 41 18 22 69.

Document 2
Du 10 au 23 mai : conférences, tables rondes, expositions, promenades littéraires seront au programme des troisièmes rencontres de la langue française de Liré. Le programme détaillé des prochaines rencontres peut être demandé au musée Joachim du Bellay par téléphone au 02 41 96 22 22 ou sur Internet : www.francophonieslire.fr

Document 3
Étudiants, vous cherchez un stage, il existe depuis peu de temps un site Internet gratuit : www.stages.ouest.fr. Ce service met en relation étudiants et entreprises pour des stages conventionnés. Vous pouvez déjà trouver les offres de près de 2 000 entreprises de l'Ouest de la France sur le site.

Document sonore n° 7 page 16
Activité 10

Document 1
Le cinéma français se porte bien. Pour le premier trimestre de 2006, on a relevé 52 millions de spectateurs. Ce nombre représente une augmentation de fréquentation des salles obscures de 15%, pour la même période en 2005.

Document 2
Cinéma toujours : les meilleures entrées de la semaine en France.
L'Âge de glace 2 : près de 2 200 000 entrées en une seule semaine.
La Doublure – qui est exploitée pour la deuxième semaine – 650 000 entrées (1 850 000 spectateurs au total).
Jean-Philippe : 500 000 entrées.
L'Âge de glace 2 a aussi le record des entrées aux États-Unis.

Document sonore n° 8 page 16
Activités 11 et 12

Document 1
Un sondage réalisé par l'AFOP montre que les Français voient pour les 10 ans qui viennent un éclatement des modèles familiaux traditionnels. 94% pensent crédible l'idée d'élever seul les enfants. 90% considèrent que les mariages entre personnes de couleurs et cultures différentes seront plus fréquents. 86% pensent que les gens changeront de conjoint plusieurs fois.

Document 2
Une enquête de l'IED, il y a six mois avait montré des tendances semblables sur les familles monoparentales. Était aussi évoqué le prolongement de la vie des enfants chez leurs parents (pour 91%, c'est une tendance qui s'accentuera). 48% pensent que le modèle ancien – plusieurs générations vivant ensemble – se maintiendra.

Document sonore n° 9 page 17
Activité 13

L'animatrice : Robert Larouge, pour vous, Internet a-t-il un intérêt à l'école ?

Robert Larouge : On ne peut pas répondre sérieusement à cette question. Internet n'a aucun intérêt si on s'en tient à la conception humaniste et républicaine de l'école. En fait, sur Internet, on ne communique pas, on échange des informations et des banalités… on ne peut pas dire qu'on se cultive ou même qu'on analyse. L'école doit former un citoyen, un homme curieux et cultivé dans le domaine des lettres, des sciences et des arts… et pas un animal agile en informatique… Internet doit rester un outil comme un autre, sans plus.

Document sonore n° 10 page 18
Activité 14

L'animateur : Nadine Jouis, vous avez été nommée il y a moins de 3 semaines déléguée aux droits des femmes. Quel est votre objectif ?

Nadine Jouis : Me battre pour l'égalité professionnelle : les salaires des femmes dans les familles ne doivent pas représenter un salaire d'appoint. Les femmes représentent 75% des effectifs du travail à temps partiel, sans qu'elles l'aient souhaité. Parmi tous les chômeurs, 60% sont des femmes. Je ne voudrais pas qu'au début du XXIᵉ siècle l'écart entre les hommes et les femmes se creuse. C'est ma crainte.

Document sonore n° 11 page 18
Activité 15

L'animatrice : Professeur Claire Lévrier, vous qui êtes une célèbre pneumologue que pensez-vous de l'interdiction de fumer dans les lieux publics ?

Claire Lévrier : En tant que spécialiste je suis convaincue que c'est une mesure de santé publique. Il fallait peut-être un peu de temps pour que l'opinion publique soit favorable. C'est fait ! Elle est prête maintenant… Il faut qu'enfin les pouvoirs publics prennent cette décision. Que de temps perdu ! On savait déjà dans les années 1950 que

94 % des cancers du poumon venaient du tabac. Un acteur américain aurait même touché 500 000 $ pour fumer dans certains films d'action. C'est scandaleux ! l'industrie du tabac dépense de l'argent pour faire encore plus de profits et finalement… tuer des gens !

Document sonore n° 12 page 19
Activité 16

Info consommation
Une étude menée par le ministère des Petites et Moyennes Entreprises, réalisée entre mai 2005 et mai 2006, montre qu'en un an les prix en grandes surfaces ont baissé de 0,25 % en moyenne. L'analyse a porté sur 8 000 produits, présentés dans environ 2 500 magasins. Les baisses les plus fortes ont concerné les produits alimentaires et les produits frais (de 2 % à 2,5 %).

Document sonore n° 13 page 19
Activité 17

Voix 1 : Depuis la loi sur les 35 heures, les gens travaillent moins mais du coup, ils dépensent moins aussi.// Les Français continuent à venir en vacances aux sports d'hiver mais leur temps de séjour raccourcit et on est passé d'une semaine en moyenne à la fois// à des séjours de 3 ou 4 jours seulement.

Voix 2 : La forêt joue un rôle très important pour la protection de l'environnement, elle possède bien des vertus //… par exemple… elle participe à la protection des nappes phréatiques…, en effet, l'humus sert de filtres et retient la plupart des particules polluantes. On néglige trop souvent la capacité que possède la nature à se protéger elle-même contre la pollution.

Voix 3 : Marrakech… Certains l'appellent le 21ᵉ arrondissement de Paris, à cause de sa proximité… Chaque année des milliers de Français s'y rendent pour des vacances mais d'autres ont désormais choisi de s'y installer pour de bon, c'est l'endroit où il faut posséder un riad et se montrer dans les endroits branchés…

Document sonore n° 14 page 20
Activité 18

À partir du 1ᵉʳ juillet 2006, l'allocation proposée à partir du 3ᵉ enfant passera à 750 euros par mois, contre 513 euros actuellement. L'un des deux parents pourra donc choisir de recevoir cette allocation en échange d'un arrêt de travail d'un an au maximum alors qu'il pouvait aller jusqu'à 3 ans auparavant.

Ouf ! Le ministère de l'Éducation nationale a tranché : les élèves pourront rester chez eux le lundi de Pentecôte. La journée de solidarité, instaurée pour venir en aide aux personnes âgées, ne concernera donc plus que les enseignants et le personnel non enseignant des écoles et la date en sera décidée par les chefs d'établissement eux-mêmes, sans nécessairement être le lundi de Pentecôte.

À La Rochelle, deux enseignantes et un membre du personnel d'une école primaire étaient en grève mardi dernier pour dénoncer le harcèlement moral qu'elles disent subir de la part de la principale de l'établis-

sement. L'affaire sera portée devant les prud'hommes le 12 novembre.

Document sonore n° 15 page 20
Activité 19

Document 1
Français, attention ceci vous concerne : la Commission européenne a finalement tranché et va enfin permettre à l'Union de se doter d'une langue unique : le français. Trois langues étaient pourtant en compétition, le français, le corse et l'occitan…
Pour comprendre la multitude d'informations qui vous assaillent tous les jours et remettre enfin les choses à leur place… lisez *L'Européen*… pour une information plus claire et plus proche de vous ! *L'Européen*, en vente chez votre marchand de journaux, 1 euro 35 seulement.

Document 2
À la SNCF, nous avons décidé de vous rendre l'air plus frais// et les voyages encore plus agréables// À partir du 11 décembre, sur tout le réseau// les trains corail offrent un air plus pur//pour plus de confort et de bien-être// À bord du train une signalétique vous rappelle que le train est complètement non fumeur… SNCF ? Nous pensons aussi à votre santé !

Document sonore n° 16 page 21
Activité 20

Document 1
Voix 1 : Tiens Guy t'a offert des fleurs ?
Voix 2 : Des fleurs ? Tu plaisantes ? Penses-tu, jamais il m'en offre, même pas pour la Saint-Valentin ou pour mon anniversaire, alors… Depuis 17 ans qu'on est marié quand même, ça lui ferait mal… // Non, non, c'est ma mère qui est passée dimanche…

Document 2
Oui, *Le Chien jaune de Mongolie* ! C'est son deuxième film. Elle y montre la vie des nomades, leur manière de vivre // et cet immense décalage avec la vie sédentaire et les habitudes urbaines… C'est assez tendre et drôle en même temps… à des années-lumière des films occidentaux actuels. Les paysages sont magnifiques. Tu devrais aller le voir, tu ne seras pas déçu.

Document 3
Un bon plan pour ce week-end ? Écoute… heu… On pourrait voir un film à l'Utopia. Je ne sais pas trop ce qu'ils passent en ce moment, mais on peut toujours aller voir et en plus, les places ne sont pas chères, 5 euros, t'imagines ? C'est presque la moitié du tarif normal. Sinon, on peut aussi faire un tour place de la Victoire et boire un pot quelque part, y'a toujours du monde et c'est super sympa.

Document sonore n° 17 page 22
Activité 21

Franchement, je trouve que ce serait dommage d'en arriver à une discrimination positive.// On s'éloignerait du modèle républicain. En tout cas, j'espère qu'après ce coup pied aux fesses, avec les émeutes en banlieue, le gouvernement et les patrons vont prendre un peu conscience qu'il y a des tas de jeunes qui veulent bien bosser et qu'il faut commencer à traiter tout le monde de la même manière…// C't'histoire de discrimination positive, c'est encore une façon de dire qu'on n'a pas tous les mêmes chances et c'est encore l'occasion de privilégier certains.

Document sonore n° 18 page 22
Activité 22

Homme : Bonjour, qu'est-ce que c'est ?

Femme : Bonjour monsieur, excusez-moi de vous déranger… je suis la représentante du syndic de votre immeuble et certains des occupants se sont plaints à plusieurs reprises de fêtes nocturnes qui se sont produites depuis l'été. Je voulais savoir si vous-même avez été dérangé…

Homme : Bah non, hein j'ai rien remarqué de spécial moi, y arrive de temps en temps qu'on entende un peu d'musique, mais bon, c'est jamais tard le soir et puis c'est pas tellement fort non plus hein, c'est qui qui s'est plaint encore ?

Femme : Eh bien ! J'ai eu plusieurs appels récemment des gens du 1er.

Homme : Moi, j'ai jamais eu d'problème avec personne ici, chacun fait c'qui veut et puis on s'gêne pas, c'est tout// et puis si tout le monde fait comme ç… et ben y a pas de problème.

Document sonore n° 19 page 23
Activité 23

Document 1

Voix 1 : Aujourd'hui, gérer son budget, c'est difficile, la tentation est partout…

Voix 2 : Pour mes achats quotidiens, j'ai choisi depuis longtemps ! Je vais chez Better Price.

Voix 1 : Pour des produits de qualité, sans achats superflus, une nouvelle façon de faire ses courses. Choisissez Better Price.

Est-il encore utile de vous rappeler qu'en achetant chez Better Price, non seulement vous gagnez du temps mais vous économisez aussi jusqu'à 40 % sur les produits les plus courants ? Better Price : les économies vous changent la vie.

Document 2

Vous connaissez la laverie-boutique sur le quai de Valmy ? C'est un endroit assez original où on peut bouquiner à toute heure, en faisant sa lessive. En général, aller à la laverie, c'est plutôt galère mais là ça devient vachement plus sympa, y a des tas de livres, des BD, des polars, y a même des romans d'amour et des trucs en anglais ou en espagnol… On peut les lire pendant que la machine tourne ou les acheter pour les emporter, c'est pas cher, c'est des bouquins d'occase en général…

Document sonore n° 20 page 24
Activité 24

Et l'une des armes pour freiner les dépenses de l'assurance-maladie / c'est de remplacer un médicament de marque par un médicament sans marque / la même molécule, avec la même efficacité/ mais jusqu'à deux fois moins chère/on appelle cela les médicaments génériques – mon médecin vient de remplacer mon traitement habituel par des médicaments génériques – Eh bien moi c'est mon pharmacien qui me les a délivrés/ je sais pas si c'est bien normal/ – Même si vous suivez un traitement de longue date/ votre médecin ou votre pharmacien peut remplacer un médicament de marque par un médicament générique/ de la même qualité le médicament générique a la même efficacité/ seule différence/ son prix – les médicaments génériques/ aussi sûrs/ aussi efficace/ acceptez-les en toute confiance/ un message de l'assurance-maladie.

Document sonore n° 21 page 25
Activité 25

1. Les spécialistes de la petite enfance s'accordent pour dire que les comportements agressifs ne sont pas anormaux, tout au moins jusqu'à l'âge de 2 ou 3 ans. En grandissant, le phénomène s'atténue progressivement chez la plupart des enfants.

2. Le nombre d'arbres abattus chaque jour pour la fabrication de papier toilette, essuie-tout et serviettes en papier s'élève à 270 000.

3. À la surface du Soleil, la température est de 6 000° C, et de 20 millions de degrés au centre… et l'énergie lumineuse rayonnée par seconde correspond à celle de 300 milliards de milliards de centrales nucléaires de 1 300 mégawatts.

4. La part de marché détenue par les magasins de hard discount est passée de 13 à 13,9 % en France, d'après une enquête de l'union de consommateurs *Que choisir ?*

Un nouveau magasin ouvre chaque jour dans toutes les régions. Les enseignes de la grande distribution ne sont pas vraiment en danger mais reconnaissent déjà que le développement de ces chaînes bon marché peut, à moyenne échéance, leur porter préjudice.

Document sonore n° 22 page 25
Activités 26 et 27

Annonce 1

Dans quelques jours le coup d'envoi des jeux Olympiques d'hiver sera donné à Turin. La cérémonie d'ouverture sera retransmise en direct sur France 2 et sur toutes les télévisions du monde. Plus de 2 milliards de téléspectateurs assisteront à l'événement. La flamme olympique illuminera le stade Communale après avoir parcouru le trajet depuis la ville d'Olympie, soit 13 300 km, passant par les mains de milliers d'athlètes et d'anonymes, et traversant de nombreux pays…

Annonce 2

Nous vous informons que pour des raisons de sécurité il est strictement interdit d'introduire dans l'enceinte du stade des bouteilles ou canettes ainsi que tout objet métallique ou tranchant. Vous pouvez être fouillé à tout moment, même après votre entrée dans le stade. Les personnes qui refuseront de coopérer seront immédiatement expulsées. Merci pour votre attention.

Annonce 3

Vous souhaitez manger sur le pouce en buvant un thé ou un café ?

Découvrir une sélection de livre que vous pouvez lire sur place ou acheter ?

Vous cherchez des partenaires de jeux pour un trivial poursuit ou un scrabble ?

« Rien à lire » est l'endroit pour vous, vous y trouverez une ambiance chaleureuse et reposante dans laquelle vous pourrez vous détendre et rencontrer d'autres amoureux des livres et des mots…

Document sonore n° 23 page 27

Activité 28

Document 1

La baisse est de -2,47 % pour les marques de la grande distribution, comme la marque « Reflet de nos régions » en vente chez Carrefour ou Champion, pour les premiers prix, elle est de -1,80 % et d'environ 1 % pour les produits hard discount.

Document 2

Les stars célibataires préférés des Européens sont d'après l'enquête menée en fin d'année dans toute l'Union européenne : Sharon Stone, choisie par 38 % des personnes interrogées, suivie de George Clooney cité par 32 % des personnes interrogées. L'humoriste Franck Dubosc remporte quant à lui 32 % des suffrages… Mais auprès des Français seulement.

Document 3

D'après un sondage de la Sofres réalisé au mois de janvier de cette année, 58 % des Français ont répondu qu'ils souhaitaient voir Ségolène Royal se présenter à la prochaine élection présidentielle. Ce qui représente un gain de 8 points par rapport aux résultats du mois de décembre et qui la place devant Nicolas Sarkozy, qui, lui, ne reçoit que 56 % d'opinions favorables.

Document sonore n° 24 page 28

Activité 29

Document 1

Une baisse de 0,9 % du nombre de chômeurs a été enregistrée ce mois-ci/ ce qui représente quelque 21 700 demandeurs d'emploi en moins. Ainsi le taux de chômage est passé à 9,5 % et l'on compte à présent 2 358 000 chômeurs.

C'est le 7e mois consécutif de baisse depuis le mois d'avril. Cette tendance est particulièrement remarquable chez les jeunes. En effet, on note un recul de 1,3 % chez les moins de 25 ans. En revanche, pour les chômeurs de très longue durée, les chiffres sont restés stables sur cette période.

Document 2

TVA à 16 ou 18 % ? Âge de la retraite repoussé. Semaine de travail encore plus longue… Voilà le programme de réforme que prévoit le nouveau gouvernement de coalition gauche droite allemand.

Ces mesures sévères/ qui obligeront les employés de la fonction publique à travailler une heure de plus par semaine et qui mèneront l'ensemble des salariés à prendre leur retraite à l'âge de 67 ans// contre 65 aujourd'hui// devraient permettre une économie de 35 milliards d'euros sur 2 ans. En effet, l'Allemagne souhaite en finir avec les déficits.

Document 3

Voici les résultats de l'enquête sur le mariage réalisée par le magazine *Le Pèlerin* en décembre 2005, auprès de 1 000 personnes, constituant un échantillon représentatif de la population âgée de plus de 18 ans.

-56 % des personnes interrogées ont répondu que le mariage était un engagement solennel vis-à-vis de son conjoint// et 27 % qu'il représente une démarche importante quand on veut avoir des enfants.

Mais seulement 14 % des Français estiment qu'il est indispensable à l'épanouissement du couple… contre 31 % qui jugent qu'il ne l'est certainement pas.

Document sonore n° 25 page 29

Activités 30 et 31

Document 1

Alain Lefebure (critique de cinéma) interviewé par Noël Lemaître de Radio Océan.

N. L. : Alain Lefebure, vous êtes sans doute le critique qui connaissez le mieux Claude Chabrol. Il a réalisé une soixantaine de films, tous très différents. Les personnages sont en général très durs…

A. L. : Contrairement à ce que les spectateurs croient, il ne voit pas le monde et la vie en noir et blanc. Ce qui l'intéresse, ce n'est pas la réussite ou l'échec ou encore le bien et le mal mais la frontière entre les deux. Par exemple, le héros qui a peur et est angoissé ou encore l'héroïne qui est tantôt tendre, tantôt une vraie garce.

Cette semaine sort dans les salles *L'Ivresse du pouvoir* avec Isabelle Huppert (5e film tourné avec Claude Chabrol), François Berléand (excellent dans ce film !) et Patrick Bruel.

Document 2

Madame, monsieur, bonsoir : ce sera le titre de notre nouvelle émission de télévision sur France 5. Cette émission sera diffusée à partir du mois de mars tous les samedis à 18 heures (et rediffusée le dimanche soir à 20 h 45). Il s'agit pour le producteur de faire une analyse critique de l'information télévisée de ces cinquante dernières années.

Document 3

Une nouvelle actrice pour le dernier James Bond. Méfiez-vous chers téléspectateurs du sourire de Eva Green. Fille de l'actrice française Marlène Jobert, Eva Green a été choisie pour être aux côtés de Daniel Graig qui jouera le rôle de l'espion britannique pour la première fois dans le nouveau James Bond *Casino royale*. Le film sortira dans les salles obscures en décembre prochain. Eva Green a tourné en 2003 avec Bertolucci et en 2004 avec Ridley Scott.

Document 4

Notre rubrique santé sur Radio Atlantique : une information relevée dans *Le Journal du médecin* : la mélatonine, médicament que l'on prenait pour lutter contre l'insomnie et le décalage horaire est certainement inefficace. Cette substance est une hormone, produite la nuit par le cerveau et qui existe dans l'organisme. Elle n'agit pas sur commande.

Document 5

À la mode cette année, les tee-shirts personnels.
Apparemment finis les tee-shirts avec des logos de grandes marques. On craque aujourd'hui pour les slogans personnalisés. Des boutiques spécialisées s'ouvrent partout en France. On peut commander aussi sur des sites Internet (www.ton-teeshirt.fr). On entre son slogan, son nom, celui de sa petite amie… et le vêtement nous arrive par courrier (une à deux semaines d'attente). C'est personnalisé et en plus… moins cher qu'une grande marque.

Document 6

Actuellement au musée Picasso (rue de Thorigny Paris 3e), une exposition retrace la passion de Dora Maar et Pablo Pisasso. Dora Maar, éminente photographe, et Picasso, immense peintre, se sont rencontrés en 1935 – quand elle a 28 ans – et ont eu une intense relation jusqu'en 1945. Elle a collaboré à son travail, en particulier *Guernica*, ce gigantesque tableau qui retrace le bombardement d'une petite ville basque par l'aviation allemande en 1937. L'exposition présente, jusqu'à la fin du mois de mai, plus de 250 peintures, collages et photos.

Document sonore n° 26 page 31
Activités 32 et 34

La journaliste : Indifférence ou liens très étroits, rapports chaleureux ou plus ou moins complexes, l'amour fraternel est fait de hauts et de bas. Cette relation quotidienne peut avoir des répercussions lourdes sur la vie d'adulte. La psychanalyse s'intéresse de plus en plus aux fratries et relativise un peu plus les relations appelées verticales entre enfants et parents.

Paul : Ben moi, mon frère eh ben il est plus petit que moi. Quelquefois il m'énerve et quelquefois il me fait pitié. Je me dispute avec lui mais je l'adore quand même. Je serais triste s'il lui arrivait quelque chose. Il a été malade et est allé à l'hôpital. Eh ben j'étais hyper triste. Je veux toujours aller en vacances avec lui et j'ai pas envie de le quitter.

Julie : J'ai 2 grandes sœurs et je trouve que d'avoir des frères et des sœurs c'est bien parce qu'ils nous conseillent. Quand je suis rentrée au collège, elles me disaient tu vas voir c'est bien, on a bien aimé. Elles nous conseillent aussi sur le look, ce qu'on doit mettre, la musique… tout. Ça nous sert et ça occupe. Quand on est seul on va les voir. On se parle. C'est bien d'avoir des frères ou des sœurs.

Benoît : Ça c'est sûr, moi j'ai pas de frère et sœur et j'aimerais bien en avoir pour discuter, faire du sport… C'est vrai que je m'ennuie quand mes parents sont pas là. Je peux pas bien jouer tout seul en fait.

Document sonore n° 27 page 32
Activités 34 et 35

Interview de Julie Cagnard, géologue, spécialiste de la planète Mars et du système solaire.

L'animateur : Vous travaillez au Centre national d'études spatiales. Que pensez-vous des images transmises par la dernière sonde ?

Julie Cagnard : Extraordinaires, nous attendions des images de ce type depuis plus de 25 ans. Nous voulions tenter d'en savoir le plus possible sur l'histoire géologique et vérifier en particulier l'hypothèse de la présence passée d'eau sur la planète. Nous ne sommes pas déçus.

L'animateur : Vous semblez penser que l'hypothèse de la présence d'eau est confirmée.

Julie Cagnard : C'est assez évident mais il faudra encore d'autres études pour le confirmer. Nous pensons que de fortes éruptions volcaniques ont pu réchauffer brusquement d'immenses poches de glace souterraines et il y aurait eu des écoulements catastrophiques. Nos collègues américains semblent avoir repéré des blocs de pierre très usés, ce qui montre qu'ils ont pu être charriés par l'eau sur de grandes distances.

L'animateur : Pour découvrir éventuellement de la vie, il faudra creuser…

Julie Cagnard : Peut-être. La nature peut aussi nous aider. Il peut y avoir des cavités, des grottes. Il sera difficile de repérer des bactéries mais si la vie a évolué vers des formes plus complexes, on pourra peut-être voir des fossiles avec des caméras de robots.

L'animateur : Est-il utile d'envoyer des hommes sur Mars si les robots sont capables de faire un tel travail ?

Julie Cagnard : Oui, certainement. L'homme, à l'inverse des robots, a la faculté d'évaluer et de décider. Un homme entraîné peut repérer des fossiles. Il peut déterminer où chercher les choses importantes. On gagnerait énormément de temps avec des hommes et de toute façon, je suis convaincue que la colonisation du système solaire interviendra tôt ou tard.

Document sonore n° 28 page 33
Activités 36 et 37

Pierre Merlin, sociologue, nous parle des migrations.

Les phénomènes migratoires sont aussi anciens que l'humanité. La mondialisation dont on parle tant aujourd'hui n'a rien apporté de nouveau dans ce domaine. Les pays en développement, contrairement à une idée reçue, sont à la fois des lieux d'origine des migrants internationaux mais aussi des lieux d'accueil ce que l'on sait moins. L'Organisation des Nations Unies estime que ces migrants représentent 130 millions de personnes. À elle seule, l'Afrique, qui ne représente que 12 % de la population mondiale, compterait plus de migrants que le monde industrialisé : 35 à 40 millions.

Depuis le milieu du XXe siècle, la planète s'est européanisée de manière très forte, ce qui a modifié les migrations. Il n'en reste pas moins que les mouvements de population Sud-Sud n'ont pas été stoppés, loin de là. Ces dernières décennies, de grands courants out vu le jour dans toute l'Asie en particulier.

Les origines des migrations sont diverses. Elles peuvent être le résultat de variations climatiques, de catastrophes naturelles, de conditions précaires sur le marché local de l'emploi. Dans bien des cas aussi, les migrants occupent des postes qualifiées ou même très qualifiés. C'est le cas de la moitié des populations asiatiques présentes dans les pays du Golfe persique et dans d'autres pays d'Afrique ou d'Asie, où l'on va trouver nombre de médecins, ingénieurs, banquiers… sans parler des commerçants chinois qui contrôlent de nombreuses sociétés et entreprises indonésiennes ou le secteur bancaire d'Asie du Sud-Est.

Document sonore n° 29 page 33
Activités 38 et 39

L'animateur : Thérèse Griou, il y a dans le monde plus en plus de mégalopoles (Mexico, Le Caire, Shanghai…). De votre point de vue d'économiste et de démographe pensez-vous que les capitales et les villes vont continuer à s'étendre de manière régulière ?

Thérèse Griou : Il faut nuancer pour les métropoles des pays industrialisés européens en particulier. Au cours de ces dernières décennies, on a pu constater une déconcentration, un desserrement des villes. Les habitants sont partis vers la périphérie. Les institutions, cependant demeurent en ville et même souvent en centre ville. C'est une particularité française : il y a un attachement à la ville centre, qui vient de la tradition latine et de l'histoire depuis le Moyen Âge et la Renaissance. Dans les villes américaines, New York en particulier, on crée des bureaux, des administrations, des entreprises à la limite des ensembles urbains. Il est possible que l'on assiste, encore à une poussée de la ville vers l'extérieur comme ce que l'on a vu dans années 1970 ou 1980, à une époque où Marseille, par exemple, avait perdu plus de 100 000 habitants, ce qui avait profité aux communes voisines. Cela a conduit à imaginer de grandes agglomérations, incluant les villes « satellites » et à faire en sorte de les inclure dans un réseau en termes de transport, d'écoles, d'universités…

2. Activités de compréhension orale sur des documents longs

Document sonore n° 30 page 34
Activité 40

Les Chinois et le vin…

Voix 1 : À l'étranger maintenant… faisons un petit tour en Extrême Orient…

Voix 2 : Les Chinois sont, on le sait depuis longtemps, plutôt amateurs de bière, pourtant ils commencent à s'intéresser au vin, non seulement comme consommateurs mais aussi comme producteurs…

Quelques chiffres en vrac

La part occupée par le vin dans la production de spiritueux chinois n'est que de 1%. Pourtant la Chine est à la 6ᵉ place dans le monde pour ce qui est de la surface d'encépagement et de production vinicole. On compte en effet 359 000 hectares de vignes et 3, 34 millions d'hectolitres de vin produit chaque année…

Des producteurs français ont décidé d'investir 1,7 million d'euros dans la plantation de vignes et l'installation d'équipements, de caves et pour apporter l'expertise technique dont la Chine a besoin pour développer la production de vin…

La consommation moyenne de vin dans le monde est de 60 milligrammes par an et par personne alors qu'en Chine elle n'est pour le moment que de… 4 milligrammes. La boisson nationale restant avant tout… Le thé.

On compte sur le continent chinois à peu près 500 producteurs de vin. Mais les trois plus grands, détiennent 52% du marché et produisent chacun plus de 120 000 hectolitres par an…

400 millions ! C'est le nombre de consommateurs potentiels de vin en Chine… parmi lesquels se cachent quelque deux millions d'étrangers expatriés.

Document sonore n° 31 page 36
Activités 41 et 42

L'animateur : Dans le cadre de notre émission sur l'évolution de la société française dans les années 2000, nous vous présentons Antoine Dupeyron, directeur du Centre d'études des évolutions sociales.

Antoine Dupeyron : Bonjour et merci de m'avoir invité dans votre émission.

L'animateur : Antoine Dupeyron, après quelques années d'observations et d'enquêtes auprès de nos compatriotes vous êtes en mesure aujourd'hui de nous dresser un tableau assez individualiste de nos comportements…

Antoine Dupeyron : Oui, c'est cela… et notamment en ce qui concerne le temps libre… En effet, nous avons constaté que les Français ont développé, ces dernières années, une attitude plus autocentrée qu'elle ne l'était autrefois. Il est vrai que le contexte professionnel est devenu plus tendu, plus pénible et les relations y sont plus difficiles entre collègues… ainsi le temps libre est dorénavant perçu comme primordial pour se consacrer à sa famille, le cercle le plus proche. Les résultats de notre enquête révèlent que 76% des Français voudraient prendre plus de temps pour être avec leurs enfants ou leur conjoint ou encore leurs amis alors que le nombre de ceux qui souhaitent s'engager dans des activités bénévoles, dans des associations est en baisse… mais nous connaissons bien ce penchant national pour l'entraide, la participation régulière aux actions des Restaurants du cœur le montre bien d'ailleurs… donc malgré le recul, vous savez que plus de 45% des Français souhaitent consacrer plus de temps à ces activités bénévoles…

L'animateur : Et avez-vous constaté des changements d'attitude ou d'opinion sur les voyages ou les vacances ? Est-ce que les Français voyagent plus aujourd'hui que nous avons plus de temps libre et la possibilité de nous déplacer plus facilement ?

Antoine Dupeyron : Les habitudes ont changé aussi du point de vue des vacances et des voyages, par exemple, les gens choisissent aujourd'hui de partir plus souvent qu'auparavant, et cela, bien que l'on ne dispose souvent pas de revenus très élevés… par contre, on part moins longtemps, quelques jours, 2, 3, 4 jours à la fois seulement, alors qu'avant, nous partions volontiers une semaine ou deux, bien plus parfois, notamment pour les vacances d'été…

L'animateur : Pour ce qui est de voyages à l'étranger, un grand nombre de personnes estime qu'à l'avenir les moyens traditionnels de voyager tels que le bateau, la péniche, le vélo ou encore la marche redeviendront à la mode…

Antoine Dupeyron : Ce sont, en effet, 73 % des personnes que nous avons interrogées qui ont répondu dans ce sens. Mais finalement, il s'avère que personne n'est réellement tenté ni convaincu par les voyages longue durée… je parle de voyages de plus de six mois ou un an… Seulement 20 % des gens y pensent et souhaiteraient pouvoir se libérer des contraintes professionnelles pour vivre ce genre d'expériences…

Document sonore n° 32 page 37

Activité 43

Vous avez décidé de vous remettre au sport ? Il n'est jamais trop tard pour prendre soin de vous, même si vous n'avez pas la possibilité de vous libérer à heure fixe chaque semaine pour participer à une activité de groupe…

Nous savons tous que l'activité est la meilleure amie de notre santé et qu'elle nous permet de garder des muscles solides, d'avoir un bon équilibre et surtout d'entretenir le système cardio-vasculaire…

La solution si l'on ne peut sacrifier aux cours collectifs est d'organiser chez soi une petite salle de sport, ou tout au moins un espace sport où vous pourrez tout à la fois vous détendre et faire votre gym…

Pour commencer voici quelques conseils pour éviter que la séance ne tourne au supplice…

D'abord choisissez la pièce la plus vaste possible, ou bien celle où vous pourrez plus facilement faire un peu de place pour vous sentir à l'aise et surtout éviter de vous cogner lorsque vous ferez vos exercices…

Naturellement, vos vêtements doivent être confortables, je vous conseille donc d'éviter les collants trop serrés – même si vous vous trouvez très sexy avec mesdames et les tee-shirts trop larges qui risquent de vous gêner dans certains mouvements… ou même de dégringoler lorsque vous ferez des exercices le dos baissé…

Rien ne vous oblige non plus à porter des baskets, vous serez aussi bien en chaussettes ou même pied nus… ce qui vous permettra d'ailleurs de mieux sentir le sol et de trouver un équilibre plus facilement.

Alors, maintenant que vous avez installé votre espace et que vous êtes en tenue… passons aux choses sérieuses.

Si vous ne voulez pas vous épuiser dès la première séance, un conseil, commencez pas vous fixer des objectifs réalistes… soyez raisonnable…

Vous pouvez très bien par exemple attaquer par de petites séances de 15 à 20 minutes et augmenter la durée après quelques jours… lorsque vous aurez pris le rythme… et que vous serez remis des premières courbatures – pensez bien à boire beaucoup avant et après les exercices pour les éviter.

L'essentiel est que vous pratiquiez régulièrement, c'est la clef de la réussite !

Je ferai tout de même une petite mise en garde pour ceux qui n'auraient plus fait de sport depuis longtemps… faites attention, car vous n'êtes sans doute plus aussi en forme qu'il y a 10 ou 15 ans… et il serait sans doute prudent d'en parler à votre médecin avant de vous lancer, ou mieux encore, si vous pouvez vous le permettre bien sûr, offrez-vous quelques séances avec un coach personnel, il vous indiquera les exercices les mieux adaptés… On peut par exemple recruter un entraîneur à plusieurs, et partager les frais… c'est plus économique et tellement plus sympathique.

L'avantage présenté par le coach est qu'il pourra d'une part établir un programme à votre mesure et d'autre part vous incitera à prendre de bonnes habitudes. Il est toujours bon d'être accompagné au moins dans un premier temps pour éviter les erreurs et le découragement…

Document sonore n° 33 page 39

Activité 44

Le présentateur : L'application d'un couvre-feu pour les jeunes de moins de 16 ans est-elle possible ? Surtout lorsque les habitants disent vivre la nuit ? Les jeunes concernés souhaitent répondre directement à Nicolas Sarkozy, ministre de l'Intérieur. Jean Christophe Ballard est allé les rencontrer à Évry, près de Paris, dans les quartiers difficiles.

Le journaliste : Pas une seconde, ces jeunes ne semblent croire au couvre-feu dans leur quartier. Pour un peu, cela les ferait même rire. Qui oserait les empêcher de sortir le soir, de se promener où ils veulent, de se retrouver au bas de leur immeuble pour refaire le monde… ?

Kevin : Monsieur Sarkozy, c'est tout simplement impossible à respecter, vous rêvez ! Y 'aura pas de couvre-feu dans notre coin, impossible !

Le journaliste : C'est une sorte de provocation quand vous parlez comme ça.

Kévin : Mais non, c'est pas de la provocation, c'est du bon sens, c'est tout. Cette histoire de couvre-feu, franchement, c'est n'importe quoi ! Y'a des gens qui vivent la nuit ici, des gens qui travaillent la nuit aussi, qui se lèvent le soir et s'couche le matin. C'est au moins 1/3 de la population qu'est comme ça. Moi, j'crois qui veut tout simplement nous empêcher de vivre, de sortir, de voir nos potes.

Alexandre : Et si on veut sortir avec nos copines le soir, on fait comment, hein ? Et le ministre, il a le droit de sortir quand il veut lui, et nous, pourquoi on n'aurait pas le droit ? C'pas possible, non…

Le journaliste : À l'écart du groupe, un autre jeune manifeste son inquiétude. Il semble dire qu'instaurer un couvre-feu dans ces quartiers serait donner bien trop d'importance aux incendiaires des semaines passées. L'état d'urgence, dit-il, ce n'est pas pour nous, c'est quelque chose qu'on voit ailleurs, dans des pays en guerre, comme en Irak. En France, ce n'est pas sérieux.

Document sonore n° 34 page 40
Activités 45 et 46

La Lettonie… un pays dirigé par la très populaire présidente Vaira Vike-Freiberga/ la première femme élue chef d'État en Europe de l'Est/ un fait encore rarissime dans le monde entier/ en attendant voilà qui nous amène tout logiquement à évoquer la place des femmes dans notre société/ rappelons que la France vient de fêter le soixantième anniversaire du droit de vote accordé aux femmes/ soixante ans seulement/ les femmes touchées par un taux de chômage deux fois plus élevé que les hommes/ les femmes frappées deux fois plus que les hommes par la précarité de l'emploi/les femmes qui occupent dans les entreprises un tiers seulement des emplois d'encadrement alors qu'elles sont plus diplômées que les hommes/ et à fonction égale le salaire des femmes est inférieur de 25 % à celui des hommes/ et la France comme bon nombre de grands pays peut donc tout logiquement continuer à s'interroger sur le sens du mot « parité » pourtant inscrit dans la loi – je pense que c'est le respect homme-femme enfin des quotas homme-femme dans les entreprises ou au gouvernement par exemple/ malheureusement c'est pas souvent respecté/ notamment au gouvernement/ cependant il faut pas tomber dans l'extrême non plus et dire qu'il faut absolument autant d'hommes que de femmes dans les entreprises parce qu'il y a des choses qu'on sait mieux faire que d'autres qu'on soit homme femme – la parité/ ce serait d'accorder exactement les mêmes droits aux hommes qu'aux femmes et de reconnaître leur capacité à effectuer toutes les tâches qu'on peut rencontrer au quotidien partout et dans tous les domaines/ – eh ben c'est moitié moitié/ par exemple sur une liste électorale. C'est moitié hommes moitié femmes/ les tâches ménagères moitié moitié – est-ce que monsieur est d'accord – ouais ouais ouais – et c'est le cas dans votre couple – ah oui oui oui – si c'est pas pour le ménage ça sera pour la cuisine alors/ mais on se partagera bien les tâches et ça a toujours été – le jardin/ la pelouse c'est moi – on ne demande pas à ce que la femme soit supérieure mais qu'elle ait à diplôme égal ben les mêmes possibilités d'évolution et les mêmes avantages de salaire – c'est que l'homme et la femme soient au même niveau je pense/ qu'ils aient chacun leur part de plaisir/ chacun leur part de/ du bénéfice du ménage et de la maison/ c'est possible que ce soit ça – la parité – / l'égalité/ entre hommes et femmes/ au gouvernement ou/ dans une réunion/ dans une société ou/ faut pas que ce soit une imposition cinq femmes cinq hommes/ mais c'est vrai que le regard féminin peut peut-être apporter autre chose/ un peu plus de douceur.

Document sonore n° 35 page 41
Activités 47 et 48

Les étudiants étrangers en France, université de Clermont-Ferrand, Europe 1.

Le présentateur : Parmi les dernières mesures prises pour contrôler l'immigration, annoncées mardi dernier, nous retiendrons celle qui consiste à renforcer et durcir plus encore la sélection des étudiants étrangers souhaitant venir étudier en France… // Comme c'est le cas dans les pays anglo-saxons, on souhaite aujourd'hui en France, favoriser la venue d'étudiants de haut niveau et limiter leur nombre dans les universités et les écoles françaises. Dans notre pays aujourd'hui, environ 250 000 étudiants étrangers sont inscrits dans l'enseignement supérieur… universités, école de commerce, de tourisme…

Ils représentent déjà 15 % du total des étudiants et la proportion d'étudiants chinois est en nette augmentation ces dernières années. // L'université de Clermont-Ferrand accueille d'ailleurs un nombre important de ces étudiants. Aujourd'hui près de 800 Chinois ont choisi de venir étudier dans cette petite ville du centre de la France, alors qu'ils n'étaient que 150 à 200 il y a encore 5 ans. L'atout de Clermont-Ferrand réside tout d'abord dans sa petite taille, comme nous l'explique le responsable des relations internationales de l'université, monsieur Philippe Blanc.

Philippe Blanc : Les étudiants chinois qui viennent à Clermont, se sentent bien. Ils semblent beaucoup apprécier le cadre naturel, les dimensions humaines de notre ville où tout est accessible aisément et surtout, je crois que l'accueil personnalisé qui accompagne l'arrivée dans notre université pour chaque étudiant étranger les rassure et rassure également leur famille, en Chine.

Le présentateur : Une petite ville confortable où l'on se sent bien accueilli en effet // mais ce n'est pas le seul atout de Clermont-Ferrand. Petite ville signifie aussi un coût de la vie bien moindre qu'en région parisienne ou dans d'autres grandes villes comme Lyon ou Marseille. // Les logements y sont bien moins chers et c'est un argument de poids pour les étudiants. De plus, les formations proposées correspondent à ce que ces étudiants viennent chercher chez nous : finances, économie, management, technologies de pointe sont les domaines qui intéressent tout particulièrement les étudiants chinois… //

Une jeune chinoise Liu Liu Li explique qu'elle souhaite étudier ici pendant 5 ou 6 ans, et retourner en Chine avec un master 2 de management des entreprises, pour y chercher un poste dans une entreprise française. // Mais Liu Liu sait aussi qu'elle a beaucoup de chance d'être ici, car tous les candidats à l'entrée à l'université n'ont pas été sélectionnés. En effet, les critères sont très stricts, et seulement les meilleurs sont retenus… Marc Josserand, vice-président de l'université, nous explique comment la sélection s'opère.

Marc Josserant : Voilà comment nous procédons. Nos professeurs vont directement en Chine pour rencontrer et évaluer les étudiants. // Ils participent donc au processus de sélection qui s'appuie non seulement sur des critères linguistiques, car nous pensons qu'un très bon niveau de français est nécessaire pour que ces étudiants réussissent leur parcours en France, mais aussi, nous les évaluons sur les connaissances dans la spécialité qui les intéresse. //

Ensuite seulement, nous donnons un avis plus ou moins favorable sur l'étudiant, grâce auquel il pourra obtenir un visa plus facilement. C'est en fait une sorte de recommandation.

Cela représente pour notre université un système très efficace qui nous permet d'accueillir des étudiants qui réussiront certainement leurs études et qui seront la valeur ajoutée de notre université.

Le présentateur : Voilà l'objectif de l'université de Clermont 1 : Accueillir les meilleurs, leur donner les moyens de suivre une formation de qualité et surtout faire partie des premières universités françaises à avoir en quelque sorte su répondre aux besoins actuels.

Document sonore n° 36 page 43

Activité 49

Le journaliste : Bonjour, notre invité aujourd'hui dans notre émission L'administration et nous est Philippe-Jean de La Tour… qui tentera de répondre aux questions de nos auditeurs sur les impôts… Eh oui, c'est bientôt l'heure de remplir les déclarations… et comme chaque année, les Français ont du mal à s'y retrouver… Philippe-Jean, merci d'être avec nous aujourd'hui…

Philippe-Jean : Merci de m'avoir invité…

Le journaliste : Pourriez-vous d'abord nous dire quelles sont les nouveautés en ce qui concerne la déclaration cette année… avant que nous prenions les questions des auditeurs…

Philippe-Jean : Eh bien, la première chose est que… cette année, la déclaration sera simplifiée. Jusqu'à présent, l'imprimé que nous recevions dans nos boîtes aux lettres ne contenait que les indications d'état civil et d'adresse des contribuables // dorénavant la rubrique revenus sera également pré-remplie // d'après les informations fournies par les employeurs ou les autres organismes sociaux…

Le journaliste : Vous voulez dire qu'on n'aura plus à remplir la déclaration et qu'il suffira de la signer ? Enfin une bonne nouvelle, parce que très franchement, c'est un vrai supplice…

Philippe-Jean : Eh bien, malheureusement non, ce ne sera pas si simple… car d'abord nous avons intérêt à vérifier que les éléments déjà pré-remplis sont justes… et s'il y a un problème, le rectifier… d'ailleurs une case a été prévue pour corriger la déclaration…

Ensuite, tous ceux qui ont des revenus provenant d'actions, d'obligations…, des revenus de location… ou même de pensions alimentaires… ou encore qui ont fait des dons à des associations, par exemple… devront naturellement continuer à fournir toutes ces informations… et remplir les rubriques concernées.

Le journaliste : Alors, la tâche n'est pas vraiment simplifiée… si j'en crois ce que vous nous dites… Non seulement nous devrons vérifier que la déclaration ne contient pas d'erreur mais en plus, il faudra compléter avec les informations qu'on nous demande habituellement… je ne crois pas que les Français se sentiront vraiment soulagés…

Philippe-Jean : En effet, vous avez raison, cette nouveauté n'a qu'un intérêt très limité pour le contribuable, mais quand même… au lieu de remplir sa déclaration en mars, il pourra le faire plus tard… C'est un avantage de notre nouveau système, les déclarations ne seront envoyées qu'en mai… alors que jusqu'à présent elles étaient envoyées dès le mois de février… C'est en fait le temps dont l'administration a besoin pour remplir les rubriques des salaires d'après les informations communiquées par les employeurs.

Le journaliste : Dans ce cas, c'est le ministère des Finances qui a plus de temps… mais en quoi cela est-il un avantage pour les contribuables ? On se le demande…

Philippe-Jean : À vrai dire… sur le plan du calendrier, cela ne change rien, car bien que recevant les déclarations plus tard, les échéances pour le paiement seront les mêmes qu'auparavant et nous recevrons comme toujours l'avis d'imposition en septembre avec l'obligation de solder l'impôt vers le 15 du mois… Mais pour ce qui est de remplir la déclaration… pour de nombreuses personnes, il suffira maintenant simplement de vérifier que les informations sont exactes… et de l'envoyer… donc, ça demandera bien moins de temps que pour l'ancienne déclaration…

Le journaliste : Merci pour ces éclaircissements Philippe-Jean… Nous allons maintenant prendre la question d'un de nos auditeurs, Allô ! Bonjour, vous êtes à l'antenne…

Document sonore n° 37 page 44

Activités 50 à 52

Les outils high tech sont ils nocifs ?

Le présentateur : Nous entendons souvent dire que les baladeurs MP3, les téléphones portables et autres ordinateurs peuvent être nocifs… Faut-il faire confiance ou se méfier des rumeurs ? Le professeur André Charrot fait le point avec nous…

André Charrot : Les ordinateurs nous contraignent à adopter des postures statiques et nous amènent à fournir des efforts musculaires peu naturels ; cela peut entraîner des troubles musculosquelettiques assez sérieux dans les bras et les épaules, la nuque ou le dos. Les employés des métiers du tertiaire comme les secrétaires par exemple… ou tout simplement les accros aux jeux vidéos… sont les premières victimes de ces maux… dès qu'ils utilisent leur ordinateur 3 ou 4 heures par jour… Le syndrome du canal carpien est l'un des plus fréquents chez ces personnes… Ce syndrome est une inflammation du nerf carpien, qui se situe au niveau du poignet. Les symptômes se reconnaissent à l'apparition de fourmillements dans la main, et d'engourdissement des doigts puis une douleur généralisée se fait sentir dans tout le bras. Cela peut devenir extrêmement douloureux au point de ne plus pouvoir dormir ni utiliser son bras. Pour prévenir ce genre de risque, quelques règles de bonne conduite peuvent être appliquées. Il faut pour commencer se tenir bien droit sur son siège et garder les pieds posés bien au sol. L'écran ne doit pas se situer trop bas ou trop haut par rapport à la hauteur des yeux, mais être bien en face… Et pour éviter le syndrome du canal carpien, dont je viens de parler à l'instant, lorsqu'on travaille sur un ordinateur il faut absolument poser les avant-bras sur le bureau ou la tablette quand on utilise le clavier et placer la souris le plus près possible du clavier pour éviter les contractions et les mauvaises postures. Quoi qu'il en soit il convient également de faire des pauses à intervalles réguliers, toutes les 30 à 35 minutes à peu près… car au-delà, on ressent très vite les premières douleurs dans les poignets ou dans la nuque. //

Depuis plusieurs années également, les téléphones portables sont suspectés d'émettre des ondes électromagnétiques dangereuses et qui seraient peut-être même à l'origine de tumeurs cancéreuses… Et des études contradictoires sont menées pour vérifier si elles sont vraiment en cause ou si au contraire il n'y aucune inquiétude à avoir…

En l'état actuel des recherches, aucun consensus n'a été atteint mais la prudence reste de rigueur, et l'on déconseille fortement, ne serait-ce que pour préserver les qualités de l'audition d'utiliser de manière prolongée un téléphone portable.

Les usagers sont également invités à utiliser l'oreillette fournie à l'achat… qui présente en plus l'avantage de ne pas avoir à se tordre le bras et le cou lorsqu'on passe un coup de téléphone… ce qui est, de toute façon, bien plus confortable.

Depuis de nombreuses années avec l'apparition des premiers baladeurs à cassettes nous avons tenté de mettre en garde le public mais l'usage du baladeur est devenu très courant et bien peu se soucient de ses effets nocifs, d'autant plus que la perte d'audition s'accompagne rarement de douleurs… donc si cela ne fait pas mal, on a tendance à considérer que c'est anodin et aujourd'hui, 23 % des jeunes de 15 à 19 ans et 27 % des 20-25 ans disent être concernés par des phénomènes de malentendance.

En 1998, le code de la santé publique a imposé aux fabricants de limiter la puissance sonore des appareils à 100 décibels mais ça ne suffit pas… pour que les consommateurs soient vraiment protégés. En appliquant quelques règles simples d'utilisation et en faisant preuve d'un peu de bon sens on pourrait éviter des dégâts souvent irréparables… comme de ne pas utiliser son baladeur plus de 3 heures par jour par exemple et d'éviter l'oreillette, contrairement à ce que l'on préconise pour le téléphone portable, parce que dans le cas du baladeur, elle diffuse le son beaucoup trop près du tympan.

Document sonore n° 38 page 47
Activités 53 à 55

Le présentateur : Chasseur de têtes ? Un métier en plein essor dans une société trop occupée et qui délègue ses fonctions de recrutement à des cabinets spécialisés. On constate en effet une forte augmentation du chiffre d'affaires pour les cabinets de recrutement. Les secteurs des finances et de la banque, de l'informatique, de l'ingénierie connaissent une période de regain et les chasseurs de têtes chargés de trouver les perles rares ne sont pas prêts de fermer boutique. Édouard Samier, président de l'asso-ciation Executive Search Consultant, est avec nous.

Le journaliste : Monsieur Samier, quel est le bilan de cette année ?

Édouard Samier : En France, comme dans de nombreux autres pays d'ailleurs, l'année 2005 a été très positive et le bilan est plus que satisfaisant. Nous nous attendons à une hausse de l'activité comprise entre 5 et 10 %. De nouveaux cabinets ouvrent régulièrement et aujourd'hui plus de 1 000, sont enregistrés pour la France seulement. // Même l'Afnor, qui est chargée d'attribuer les certifications « NF Service conseil en recrutement », a constaté que les demandes étaient de plus en plus nombreuses pour l'année qui vient de s'écouler. // Il est incontestable que les cabinets de recrutement sont devenus un outil essentiel au marché de l'emploi, nous gérons aujourd'hui environ 20 % des embauches. Et cette proportion est en développement constant.

Le journaliste : Quels sont les profils professionnels auxquels les chasseurs de têtes s'intéressent aujourd'hui ?

Édouard Samier : Aujourd'hui, nous recrutons de plus en plus de profils dits « pointus », c'est vrai. Bien qu'il s'agisse pour une grande part de professionnels très qualifiés avec un niveau d'études élevés… diplômés de très bonnes universités ou des grandes écoles et travaillant déjà dans des entreprises ou des cabinets de renom… // Mais nous nous intéressons également aujourd'hui à des professionnels issus de formation de niveaux moins élevés. Par exemple, les entreprises nous chargent souvent de trouver des ouvriers spécialisés et extrêmement qualifiés, comme des tôliers ou des chaudronniers…

Le journaliste : Et comment expliquez-vous cette tendance quelque peu insolite qui se développe aujourd'hui à avoir recours à des chasseurs de tête pour embaucher des ouvriers ?

Édouard Samier : Eh bien… certains métiers tendent à disparaître et la main-d'œuvre vraiment qualifiée se fait de plus en plus rare, alors les entreprises qui se trouvent en difficultés lorsqu'elles ont besoin de recruter s'adressent à nous… Selon les années, certains profils sont plus recherchés que d'autres. Par exemple, en 2004, l'informatique qui est un secteur plus traditionnel se portait très bien et puis l'ingénierie aussi a redémarré. Ensuite, en 2005, c'est dans les secteurs de la banque et des assurances que la demande s'est intensifiée et on a constaté une progression très nette des activités d'embauche dans ces secteurs-là.

Le journaliste : Peut-on dire que ce phénomène est lié à un recul du nombre de personnes qualifiées ?

Édouard Samier : Non, le nombre n'est pas en cause mais les banques ont dû faire face à des besoins de jeunes collaborateurs et d'analystes ayant un ou deux ans d'expérience tout au plus… car elles n'embauchaient plus de jeunes du tout depuis 2001 et le passage à l'euro…

Le journaliste : Il semble donc à ce que vous dites, que l'avenir soit assuré pour un bon moment encore pour tous les cabinets de conseil en recrutement ?

Édouard Samier : Oui ! D'après nos prévisions, l'année qui vient devrait être marquée par l'arrivée à l'âge de la retraite des papy boomers ce qui créera un vide dans les rangs des employés… vide qui devra rapidement être compensé par le recrutement massif d'un grand nombre de jeunes gens compétents, qui sont d'ailleurs déjà sur le marché de l'emploi…

Le journaliste : Une dernière question monsieur Samier. Tout à l'heure vous mentionniez que l'Afnor recevait de plus en plus de demandes de certification, quelles sont les caractéristiques certifiées ?

Édouard Samier : Pour obtenir le label NF Service conseil, les critères auxquels doivent répondre les cabinets de conseil concernent tout d'abord l'éthique de la profession, les relations contractuelles et naturellement, les techniques de recherche et d'évaluation des candidats. Ensuite, la qualité de l'information donnée au candidat est également prise en compte ainsi que l'évaluation et l'amélioration de la qualité du service aux entreprises… En effet, il est important que les entreprises puissent faire appel à un cabinet conseil en toute confiance et qu'elles aient la garantie d'obtenir des propositions de candidats en parfaite cohérence avec les besoins de recrutement. Sinon, les cabinets les plus cotés perdraient toute crédibilité.

Document sonore n° 39 page 51
Activités 56 et 57

Ben tu vois vraiment pas parce que t'es pas à ma place tout simplement/ ben écoute, tu sais quoi, tu montes ton entreprise, bon OK c'est une micro entreprise d'accord / et après t'es tout seul dans ton entreprise / pour l'instant je suis tout seul mais justement grâce au CPE ça me donnera l'occasion de prendre un apprenti, occasion que j'aurais jamais eu sinon ou alors / pourquoi/ ben parce que il me faudrait encore plusieurs années pour engranger du bénéfice pour pouvoir embaucher/ et toi tu pourrais pas te mettre à notre place un peu peut être/ te mettre à la place du pauvre petit précarisé/ le pauv'. Arrête, hé faut pas victimiser non plus/ le pauv' petit précarisé bien faut bien qui trouve du boulot/ moi du boulot je lui en propose avec le CPE/ oui ben/ c'est la politique du/ … / virer sans aucun argument écoute arrête arrête/ virer sans aucun argument/ y a des primes de licenciement tu peux pas virer non plus comme ça n'importe comment y a pas de cause/ c'est pas vrai/ y a pas de cause/ c'est pas possible/ c'est contraire à la dignité de l'homme/ mais j'veux dire tu payes, si toi en tant qu'employeur tu tu tu résilies le/ tu vires le mec/ y a des/ y a une prime de licenciement, c'est pas / tu peux pas lui dire allez hop tu rentres chez toi puis demain tu reviens plus ciao bye bye/ t'as pas besoin du CPE tu as le CNE/ t'as une petite entreprise tu lui fais un CNE, pourquoi, à quoi ça sert le CPE / pourquoi on stigmatise la jeunesse comme ça / Arrête, tu rentres dans un discours politique là / moi je te parle pragmatique, je te parle concret,// moi en tant qu'employeur/ oui ben moi aussi j'vais te parler concret / écoute/ dans ma petite entreprise/ attends attends attends laisse moi finir, imagine moi je prends un apprenti sous un CNE sous ce que tu veux sous un CDD / bon bref/ ouais/ le mec c'est une

branque/ au bout de deux mois il s'avère qu'il est incompétent/ eh bien dans ce cas y des causes de licenciement/ tu n'imagines pas / oui non mais oui/ une procédure de licenciement ça prend des mois, le type il peut m'attaquer aux prud'hommes après ça peut prendre un temps fou/ ben là aussi là aussi/ ça peut me ruiner/ ça peut couler mon entreprise/ tu imagines la situation du pauvre employé/ je veux dire mettons que moi je sois employée en CNE en CPE ça veut dire que si je veux louer un appartement on va me dire/ mais comment mademoiselle vous êtes en CPE/ on a aucune sûreté, aucune stabilité en tant qu'employé./ mais pareil qu'en CDD pareil qu'en CDD/ on peut pas aller à la banque/ essaye d'aller essaye d'aller prendre un emprunt avec ton petit CDD ce sera pareil/ mais non parce que y'a une durée déterminée/ on sait quand ça s'arrête/ y'a une durée déterminée/ le CPE ça peut être/ y'a une durée déterminée aussi/ oui, / c'est une durée de 2 ans/ c'est un essai de deux ans…

En plus t'as certains avantages avec le CPE/ ah ouais ah lesquels/ ben t'as la formation quand même / on sait même pas ce que c'est cette formation/ t'as droit à une formation/ tout le monde parle de cette formation qui va la donner/ mais c'est un droit à la formation / ben qui la paie/ ben c'est ben y'a un droit à la formation et le droit au travail/ tu cotises l'employeur cotise pour ta formation/ on l'oublie/ quoi/ le droit au travail/ mais q mais c'est le droit/ le droit au travail il est là/ je t'emploie / je t'emploie/ t'as droit au travail quand même/ un emploi c'est du travail/ mais t'as droit à un travail durable/ t'as droit à un travail qui t'lance dans la vie/ t'as le droit à un travail qui te pose/ et qui est basé sur une relation de confiance entre employeur et employé./ pas pas pas un droit à être jeté pour n'importe quoi/

T'auras toujours la menace t'oseras jamais te défendre dans des conditions injustes parce que t'auras toujours la menace d'être viré pour rien./ y a danger effectivement au bout des 2 ans/ pendant cette période/ le mec/ le patron va pas te virer parce que t'as un partiel ou parce que/ si justement / faut arrêter le délire/ ça fait 2 ans d'instabilité/ surtout qui sont même obligés de payer les indemnités et heureusement et heureusement après on peut dire oui effectivement il faut des aménagements pour le CPE/ je suis d'accord/ je suis d'accord/ on peut toujours le/ tout est perfectible.

Le truc n'est pas parfait/ en plus ça vient de sortir /là il faudra à mon avis plusieurs /plusieurs années pour le roder/ mais c'est la politique du moins pire// mais pourquoi pas : mais pourquoi pas/mais parce que pas/ ça veut dire qu'on accepte tout et n'importe quoi/ mais non/ ça remplace/ en plus les jeunes font des stages qui sont pas payés/ on les exploite en tant que stagiaires/ ah / dans un CPE on les exploite absolument pas/ on peut les virer du jour au lendemain et c'est normal/ ça peut être/dans un stage aussi/ on peut te virer du jour au lendemain/ en plus t'es pas payé/

Moi je trouve que ça donne à des jeunes déjà l'occasion de travailler, l'occasion de travailler tout simplement, c'est une expérience/ certes mais dans la peur/ dans la peur/ mais bien sûr dans la peur.

Document sonore n° 40 page 54
Activités 58 à 60

L'Europe continentale est un espace gigantesque dans lequel on répertorie une centaine de langues qui peuvent rassembler de 40 000 à 100 ou 150 millions de locuteurs. Il s'agit de langues reconnues par les sociétés en question et la communauté internationale. Ne sont pas comprises les langues locales ou les variétés dialectales. Quarante langues environ atteignent un million ou plus de locuteurs.

La situation linguistique de l'Europe se caractérise par six éléments :
– tout d'abord des langues d'origines diverses co-existent ;
– ensuite les langues indo-européennes sont les plus répandues, mais on trouve sur le continent européen des langues finno-ougriennes (estonien, finnois, hongrois…), pour les langues nationales, ou avec d'autres origines, par exemple, pour les langues d'immigration ;
– en Europe, comme sur d'autres continents, les frontières linguistiques ne coïncident pas avec les frontières politiques des États ou les séparations des régions ;
– autre chose, en général, il y a de nombreux dialectes, malgré la présence forte d'une langue véhiculaire dominante au sein d'un pays (rappelons qu'il y a 75 langues parlées en France, selon un rapport de la délégation générale à la langue française et aux langues de France) ;
– également, l'Europe connaît – et a connu – des conflits linguistiques ;
– et enfin, les langues européennes ont connu une forte expansion dans le monde, qui s'est réalisée par l'intermédiaire de conquêtes ou par diffusion culturelle.

La diversité des langues, malgré un monolinguisme de surface dans certains pays, s'applique aussi à l'Europe, pour l'ensemble du continent comme dans sa réduction à l'Union européenne.

Rappelons la phrase de Louis-Jean Calvet : « Il n'existe pas de pays monolingue et la destinée de l'homme est d'être confronté aux langues et non à la langue. »

Au cours des siècles, de multiples échanges ont eu lieu, des fécondations culturelles se sont produites, avec, selon les périodes, des accélérations ou des ralentissements : aux XVIIIe et XIXe siècles, le français dominait dans les domaines scientifique, diplomatique et culturel, l'anglais aujourd'hui se trouve en position forte…

Depuis quelques décennies, certaines instances, dont le Conseil de l'Europe, coordonnent des actions qui permettent de conforter un sentiment d'unité, malgré les conflits.

Rejoignant l'initiative de l'Unesco des années 1950, c'est aujourd'hui au sein du Conseil de l'Europe, la division des politiques linguistiques qui œuvre pour le développement de l'enseignement des langues, l'amélioration des pratiques pédagogiques, la mise en place de références communes en matière de niveaux d'enseignement et d'évaluation…

Ces travaux ont crédibilisé la didactique des langues, et accru l'efficacité des pratiques. Les instruments, conçus ces dernières années, servent de référence en Europe et même largement au-delà.

En ce qui concerne l'Union européenne, depuis sa création en 1957, elle s'est dotée d'institutions économiques, juridiques, d'instances politiques.

En effet, toute société structurée doit reposer sur un triangle : économique, politique et culturel. Pour compléter ce dispositif, il convient de s'intéresser aujourd'hui à la dimension la plus négligée, la dimension culturelle (l'éducation, les langues, les arts, le patrimoine). Et il y a, de toute évidence, de multiples imbrications entre les dimensions linguistique, culturelle et éducative.

L'une des difficultés, générée par la diversité des langues dans l'Union européenne est celle des interprétations et traductions dans les langues de travail, en un mot de la communication entre les acteurs et agents de l'Union européenne (les parlementaires, les fonctionnaires…), pour le fonctionnement harmonieux des instances.

À l'époque du Traité de Rome, avec 6 pays, la situation était relativement simple. Avec l'Europe des 12, déjà, la situation se compliquait notablement (9 langues officielles, ce qui conduisait déjà à 72 combinaisons d'interprétation possibles). Dans l'Europe des 15, fonctionnaient 11 langues de travail, ce qui représentait 110 combinaisons. Aujourd'hui, dans l'Europe à 25, on peut imaginer le nombre de combinaisons !…

La question qui se pose est comment l'Europe peut-elle fonctionner sur de telles bases, et comment le plurilinguisme officiel peut-il être géré ? Disons que deux pièges sont à éviter :
– le complexe de Babel et de la dispersion ;
– le mythe d'une eurolangue.

À cet égard, on nous offre « en kit » deux solutions, soit l'anglo-américain, soit l'espéranto, qui trouve régulièrement des partisans.

Or, l'adoption d'une eurolangue se justifierait si les langues n'étaient que des instruments neutres de transmissions techniques d'informations ou de connaissances. Mais les langues sont cela et bien plus que cela. Elles sont le produit, la condition, le dépositaire de la culture, le lieu affectif également.

En Europe, l'orientation actuelle est dans la maîtrise par les Européens de plusieurs langues : deux au moins, en dehors de la langue maternelle. L'objectif de l'Union européenne vise trois langues communautaires, et à tant faire, de familles ou sous-familles différentes. Il s'agit de mettre en place, en Europe, et de manière concertée, une politique éducative courageuse de la part des ministères et des instances régionales, en charge de l'éducation.

Le laisser-faire ou le libéralisme en matière linguistique (comme en économie d'ailleurs) ne peut qu'accentuer les dominations – l'enseignement dit « précoce » des langues en France et en Europe a renforcé, dans la plupart des cas, la position de l'anglais.

En matière de politique linguistique aussi, l'absence de choix est encore le plus mauvais choix. Le dirigisme absolu, pratiqué dans certains pays, ne paraît guère non plus approprié. Il convient de convaincre, à la suite d'informations destinées aux familles, aux élèves, aux étudiants.

Il est impératif et urgent de mettre en place un programme efficace, articulant différentes actions, améliorant les dispositifs et utilisant de nouveaux moyens (comme par exemple améliorer la formation des enseignants, décloisonner les disciplines scolaires, favoriser l'enseignement des langues régionales et de migrations, développer les bilinguismes dans les régions frontalières). L'avenir disait l'historien Fernand Braudel ne se prévoit pas mais il se prépare. Nous nous devons aujourd'hui de préparer nos enfants à être les citoyens européens de demain.

ÉPREUVES TYPES

Document sonore n° 41 page 57

Activité 61

Les sorties et les loisirs représentent une source de dépense de plus en plus importante au sein des foyers parisiens. Les habitudes ont globalement changé ces dernières années, on reçoit moins mais on se montre plus. Les visites culturelles, les spectacles et les sorties dans les restaurants branchés de la capitale semblent refléter cette tendance à vouloir bien vivre malgré une très forte augmentation du coût de la vie…
Notre enquête dans les rues de la capitale avec Stéphane Allard… pour connaître les préférences et les dépenses des Parisiens en matières de sorties et de loisirs…

Oui, ben moi j'habite en banlieue proche Paris/ je suis à Montreuil/, heu j'fais pas partie des gens qui gagnent énormément d'argent/ je pense/ j'ai un salaire moyen/ mais ouais ouais j'aime bien me faire plaisir/ je sors assez régulièrement/ le plus que je peux en fait/ je crois, comme tout le monde/ essentiellement le week-end et je crois que sans gagner des 1 000 et des 100 on peut arriver/ on peut arriver à avoir des loisirs convenables aujourd'hui/ quoi bon j'sais pas combien je consacre de part de budget dans mes loisirs mais je pense/ j'sais pas, ça doit représenter peut-être ouais/ peut-être 1/3 de ce que je gagne par mois/ et on peut arriver à sortir je pense/ à sortir convenablement avec peu/ heu il suffit de se tenir au courant / ben j'sais pas par exemple tiens les sorties au restaurant/ il suffit vous savez parfois de se promener dans la capitale pour trouver des ben/ de petites échoppes qui paient pas forcément de mine comme ça au premier abord mais qui sont tout à fait convenables et très économiques/ très économiques/ bon il suffit de se promener aussi dans les bars/ il y a toujours des flyers, y a toujours des concerts gratuits, des événements à entrée libre enfin ce genre de chose/ il suffit jute de se tenir un peu au courant/ de sortir un peu/ de traîner d'avoir les oreilles qui traînent un peu hein comme on dit/ et vous trouvez de quoi sortir à très bas prix.

Ben moi c'est ce que je fais en tout cas hein, c'est comme ça que je fonctionne avec ma copine et on arrive à sortir ouais ouais à deux pour vraiment quasiment rien/ quoi.

Moi c'est vrai que j'ai une passion pour les sorties au théâtre/ le prix d'une place de théâtre aujourd'hui c'est pas offert à tout le monde quoi/ Y'a vraiment/ y'a vraiment une difficulté aujourd'hui si on aime le théâtre à y sortir toutes les semaines/ il faut être clair là dessus/ la vie est devenue extrêmement chère et je ne comprends pas/ j'avoue que/ quand j'entends aujourd'hui certains salaires/ je me dis mais comment font-ils pour continuer à vivre à Paris déjà et à pouvoir sortir ne serait-ce que le / ne serait-ce qu'au minimum/ comment font-ils pour aller au restaurant/ heu je ne parle pas de la qualité aussi des restaurants aujourd'hui à Paris/ il faut vraiment mettre un prix important pour bien manger ou boire un bon vin/ donc je suis impressionné en fait par la difficulté d'être jeune aujourd'hui et d'avoir un petit salaire à Paris/ je ne sais pas si j'ai répondu à votre question.

Nous sommes à Paris, ici parce qu'on aime beaucoup cette ville depuis 6 mois depuis 6 mois/ et puis faut dire qu'on est très favorisé parce que moi personnellement j'ai trouvé un travail comme directeur de marketing parce que j'ai fait une école de gestion en Espagne/ une école internationale de gestion n'est-ce pas / et puis bon on habite le quartier de Montmartre/ on est très content d'être dans ce quartier, n'est-ce pas/ c'est un quartier vraiment sympathique et puis comme on a un petit peu les moyens on ne se prive pas/ et puis on sort souvent/ on essaie de se faire plaisir/ voilà/ s'amuser un peu et profiter un peu de ce qu'on trouve à Paris/ voilà voilà voilà / et puis bon comme ma femme aime beaucoup, comme elle aime bien sortir et elle est bavarde un petit peu et puis elle adore donc aller dans les concerts, dans les restaurants/ le théâtre/ bon et alors le théâtre/ on va combien/ on va une fois par semaine plus ou moins, non / oui si/ par semaine/ le théâtre c'est cher à Paris/ c'est assez cher/ c'est plus cher qu'en Espagne/ un peu plus cher/ mais c'est intéressant parce que y'a vraiment beaucoup beaucoup de choix et/ disons qu'on dépense autour de 30, 39 euros quand on va au théâtre, quelque chose comme ça, par personne non, c'est ça ? :/ non si, si/ voilà et puis les concerts parce que alors là ma femme elle adore danser/ ah moi j'adore danser/ c'es les concerts de salsa/ alors là on est bien placé/ parce que là La Cigale, au Divan du monde/ si puis après aussi on peut aller plus loin, à la Java, à la Coupole/ c'est super sympa/ oui très sympa/ on a aussi l'occasion de voir des grands artistes d'Amérique du Sud, d'Espagne, qui vient à Paris/ qui vient ici/ voilà mais parfois on les voit pas là bas mais on le voit ici/ c'est ça/ Paris c'est le centre culturel en Europe/l'autre jour on a vu par exemple Oscar de Leon, qu'on n'a pas trop l'occasion de / oui elle dit Oscar de Leon, elle commence à bouger les hanches, comme ça tout de suite/ bon sinon on va au ciné/ bien sûr au cinéma/ ce qui est bien dans notre quartier, c'est qu'on a vraiment des bons cinéma/ de bons cinémas/ le Cinéma des cinéastes/ combien ça coûte ça ?/ c'est 7 euros, c'est l'entrée non/ c'est 8 euros/ 7-8 euros par là/ j'm'en souviens pas écoute de toute façon j'vois pas trop quand je passe les billets / les euros je regarde pas trop/ mais y des très bons films// ouais des bons films/ et puis à Clichy y a le cinéma là, j'sais pas où y a beaucoup de film/ le Pathé/ c'est ça/ le fait est qu'on dépense, y a des mois où on dépense moins, des mois où on dépense plus/ ça dépend du nombre de spectacle qu'on voit etc. mais bon on peut aller jusqu'à 500 euros par personne, un truc comme ça non/ un peu/ on se fait plaisir quoi on s'amuse/ on est à Paris faut profiter faut profiter/ on sait pas trop combien de temps on va rester à Paris/ n'va rester ici/ peut-être qu'après plus tard on va rentrer en Espagne et / en tout cas, c'est la vie qui dira/ on travaille pour vivre et non trav.../ on vit pas pour travailler, voilà c'est ça/

De temps en temps il m'arrive d'aller à des vernissages de galeries bien sûr puisqu'une de mes sorties préférées en fait c'est de me promener dans Paris de flâner / et je vais notamment très souvent dans le quartier du Marais ou alors dans le quartier des galeries quoi plutôt/ dans le 13ᵉ arrondissement y'a quelques quelques rues nouvelles avec des galeries d'art contemporain et donc en fait, je suis un peu les programmes et je viens souvent quand il y a des vernissages / ça me permet d'rencontrer les gens sur place c'est plutôt bien heu donc voilà/ ce que je fais sinon aussi, c'est/ je vais souvent à des conférences à Beaubourg/ oui heu oui/ c'est d'une part c'est gratuit et c'est assez bien on y rencontre aussi de grands artistes des… des écrivains/ j'suis allée récemment écouter / comment elle s'appelle déjà oui c'et ça / Camille Laurens sur heu/ et puis j'ai vu des films expérimentaux/ c'était tout à fait passionnant donc j'essaie de diversifier un peu mes activités dans ce / dans c't'ordre là / mais bon c'est vrai que je sors pas beaucoup/ le soir une fois de temps en temps/ il m'arrive d'aller au théâtre avec une amie/ bon mais je dois dire que en effet mon budget spectacle est relativement modeste heu parce que j'ai/ que j'n'y éprouve pas d'intérêt/ mais parce qu'en fait je… trouve que… plus enrichissant de rencontrer les gens et donc de flâner dans Paris dans la journée / quoi euh/ c'que je préfère quoi.

Document sonore nº 42 page 59

Activité 62

Document 1

On apprend ce matin d'après un sondage de l'institut CSA, que le bio fait de plus en plus recette auprès des Français… En effet 47 % sont utilisateurs réguliers ou occasionnels de produits issus de l'agriculture biologique. Café, cacao, sucre, fruits et légumes, biscuits et autres articles de papeterie sont parmi les produits les plus prisés… Parmi ceux qui ne les utilisent pas encore, 10 % disent en avoir une image positive et trouvent les produits attractifs… alors qu'attendent-ils pour franchir le pas ?

Document 2

Un nouveau moyen pour découvrir le monde tout en travaillant se développe depuis quelques années… Les jeunes diplômés de 18 à 28 ans peuvent s'expatrier dans les entreprises étrangères pour des missions allant de 6 à 24 mois. En 2005, plus de 3 000 volontaires Internationaux en Entreprise, qu'on appelle aussi « VIE » étaient en poste dans 832 entreprises… Notamment en Chine qui est le deuxième pays à accueillir ces jeunes professionnels, juste après les États-Unis.

Document 3

Il y a encore une dizaine d'années, la contrefaçon ne touchait que les grandes marques et les articles de luxe. Mais le phénomène s'est étendu et aujourd'hui on trouve autant des jouets, des cigarettes que des Compact disques ou des DVD voire même des médicaments… qui sont contrefaits… Et c'est pour tenter de lutter contre ce fléau que le ministère de l'Économie a enfin décidé de lancer une campagne de publicité intitulée « Contrefaçon non merci » afin de mettre en garde les consommateurs contre les risques légaux et sanitaires encourus lors de l'achat de ces produits…

Document 4

Le gouvernement élabore actuellement un plan de prévention de la délinquance qui implique la détection très précoce des troubles comportementaux chez l'enfant… qui permettraient de préjuger de ses prédispositions à la délinquance ou à la criminalité… Les Français s'inquiètent et les réactions sont très vives…

Voix 1 : Bien sûr que je signerai cette pétition ! Ça me fait froid dans le dos de penser que l'on puisse cataloguer un enfant de 3-4 ans de futur criminel, simplement parce qu'il désobéit ou qu'il raconte des histoires… Vraiment, vous avez déjà vu un petit de 3 ans qui fait tout ce qu'on lui dit… sans rechigner et qui ne fait jamais de caprice ?

Voix 2 : Au lieu de s'occuper des problèmes des enfants, il ferait mieux de s'occuper du taux de chômage ou encore des problèmes de sécurité sociale, notre pays est en crise… et ces lois sont complètement inutiles et surtout inacceptables !

TRANSCRIPTIONS
Deuxième partie : Dalf niveau C2
I – Compréhension et production orales

1. Domaine : Lettres et sciences humaines
Document sonore n° 1 page 186
Activités 183 à 185

Scène 9

À la porte de la cuisine-salle à manger. Marie et Françoise, une représentante.

FRANÇOISE. Je fais une enquête sur les appareils ménagers et sur leur utilisation à la campagne. Je vois qu'ici vous avez tout le confort : puis-je vous poser quelques questions, ce ne sera pas long.

MARIE. Je veux bien… Asseyez-vous.

FRANÇOISE. Vous habitez seule ?

MARIE. Non, mon mari travaille à son atelier derrière la maison ; il a beaucoup à faire.

FRANÇOISE. Il ne vous manque rien, je veux dire en appareils ménagers.

MARIE. Non, je n'ai jamais manqué de rien ; nous avons toujours eu ce qu'il nous faut, à la maison.

FRANÇOISE. Je vais vous montrer notre catalogue. Votre maison est très jolie, elle est arrangée avec goût.

MARIE. C'est le strict nécessaire, vous savez.

FRANÇOISE. Vous ne devez pas être d'ici.

MARIE. Non, nous venons d'Hagondange dans l'Est, nous sommes à la retraite, enfin mon mari… Cette région nous a plu. Vous voulez prendre quelque chose, un café, un thé ?

FRANÇOISE. Oui, si vous voulez, un thé, je vous remercie.

MARIE. Installez-vous bien je vais le préparer.

FRANÇOISE. Je ne veux pas vous déranger trop longtemps.

MARIE. Non, non ça me fait plaisir de voir quelqu'un, ce n'est pas si souvent. Depuis que nous sommes ici nous ne voyons pratiquement personne… Mettez-vous à l'aise… je vais regarder votre catalogue… Vous aimez la musique… Mon mari a enregistré beaucoup de grande musique, vous aimez la grande musique… Moi ça me fait pleurer… depuis que je suis toute petite… Je voulais être artiste… J'avais une très belle voix… J'aurais pu réussir si j'avais été poussée, sûrement. C'est une question de chance… Je chante encore parfois… rarement depuis que je suis ici, mais j'avais du succès dans les réunions de famille… Enlevez votre manteau… ça va vous réchauffer un bon thé… de Ceylan… mon mari ne boit plus que ça. Je vais en boire aussi pour vous tenir compagnie… Voyons le catalogue. *(Marie feuillette le catalogue.)* Les choses ont changé… tout change n'est-ce pas. Quel âge avez-vous… vingt ans.

FRANÇOISE. Vingt-sept ans.

MARIE. Vous faites beaucoup moins que ça… Moi aussi j'ai toujours fait plus jeune que mon âge. Quel âge me donnez-vous ?

FRANÇOISE. Je ne sais pas… c'est difficile… dans les soixante ans.

MARIE. J'en ai soixante-treize… la vie m'a beaucoup gâtée, j'avais un certain succès encore à Hagondange ; les hommes se retournaient, quand j'allais faire mes courses… c'est surtout ma silhouette qui est restée jeune.

FRANÇOISE. Vous avez l'air en pleine forme.

MARIE. Beaucoup moins depuis que nous sommes ici. Encore un peu de thé… l'inaction et la campagne… il n'y pas grand-chose à faire… le jardin… je ne m'en occupe plus guère… trop de fatigue et avec ce temps… ça vous plaît la musique… Vous permettez que je vous montre des photos, cela me fait plaisir… je vais brancher le feu de cheminée aussi, c'est très joli n'est-ce pas… C'est mon mari qui a tout fait ici. Il se tue à la tâche. Il ne peut pas rester inactif, vous savez ce que c'est… La gondole… un cadeau de ma fille… c'est elle sur la photo là. Quand elle était petite. Elle est restée là-bas… ça c'est un tableau de mon petit-fils, il a beaucoup de talent. J'ai des petits gâteaux secs, vous en voulez ?

FRANÇOISE. Merci. Il va falloir que je m'en aille, j'ai d'autres maisons à voir. Je vois que vous ne manquez de rien.

MARIE. Oui. Bien sûr. Vous n'avez pas que cela à faire. Je comprends… j'ai tellement pris plaisir à bavarder avec vous… Repassez nous voir… je vais consulter mon mari… je peux garder le catalogue.

FRANÇOISE. Mais bien sûr. Au revoir, madame, au revoir.

MARIE. J'ai été très heureuse de passer ce moment avec vous ; au revoir mademoiselle… merci… merci beaucoup.

Françoise sort. Marie referme la porte, éteint toutes les lumières : gondole, cheminée, bougeoirs, arrête la musique, s'assied sur une chaise et pleure.

Noir.

Jean-Paul Wenzel, *Loin d'Hagondange,* Actes Sud, 1995.

Document sonore n° 2 page 187
Activités 186 à 188

Avec le morcellement du temps de travail, le traditionnel « 9 h-18 h » est dépassé.

De nombreuses mairies imaginent de nouvelles politiques temporelles. Peu à peu, on harmonise les rythmes de la ville avec ceux de la vie quotidienne.

« Les RTT, oui, mais encore faut-il en profiter ! Les structures publiques sont parfois mal organisées. En semaine, la piscine de mon quartier est réservée aux scolaires jusqu'à 16 h 30, heure à laquelle je dois aller chercher les enfants à l'école. » Faute d'équipements accessibles, les classes moyennes doivent-elles se rabattre sur la télé pour tuer le temps… libéré ? C'est en Italie, dans les années 1980, que la réflexion sur l'inadéquation entre le temps de travail et celui dont disposent les femmes qui ont deux vies en une (la gestion du bureau, puis celle de la maison) voit le jour. Jean-Yves Boulin, chercheur français au CNRS, s'intéresse, lui aussi, aux discordances entre les différents systèmes d'horaires : ceux du travail, des transports, des services publics et des loisirs… Il participe alors à la constitution du premier réseau européen des bureaux du temps, qui planchent sur ces questions en Italie, en France et en Allemagne. Dans l'Hexagone, dès la fin des années 1990, les villes de Poitiers, Saint-Denis, Belfort et le conseil général de Gironde se mobilisent. La mise en place des 35 heures rend cruciale la nécessité de repenser le temps des villes, en faveur, notamment, des gardes d'enfants et des transports. La Datar* apporte alors son soutien aux programmes mis en place. Rennes, Lille, Nancy, Paris… s'intéressent avec plus ou moins de résultats à ces problématiques. Des enquêtes sont menées pour identifier ces usagers dont le rythme de vie est décalé. Les femmes actives sont en ligne de mire. Jean-Yves Boulin… « Les cols blancs, grosses consommatrices de loisirs, et les jeunes, friands d'animations la nuit, sont concernés. Mais les femmes issues des classes sociales moins favorisées sont les premières victimes de cette inadéquation entre les temps de la ville et de la vie. Ces femmes sont, par exemple, agents d'entretien. Elles travaillent tôt le matin ou tard le soir. Et rencontrent de vrais problèmes pour gérer la garde des enfants, en particulier… » À chaque ville son profil socioculturel et ses priorités. Belfort réfléchit d'abord à la mobilité et met des navettes à la disposition des étudiants dont l'université est située en dehors de la ville. Saint-Denis, qui attire de plus en plus d'activités tardives, améliore l'éclairage, la sécurité et l'animation à la tombée du jour. À Rennes, on repense les horaires des agents d'administration féminins qui font la journée continue pour libérer leur soirée. Mais la palme revient à Poitiers dont l'Agence du temps multiplie les initiatives pour faciliter la vie des Poitevins. Avec des guichets uniques où les familles effectuent, en une fois, toutes les démarches pour leurs enfants : inscription à la cantine, carte de bus, activités sportives ou culturelles… Des horaires d'université décalés pour que les étudiants ne grossissent pas le flot des embouteillages, des horaires élargis dans des crèches et le soutien à l'association Tandem, qui dépanne au pied levé les parents en faisant garder ou accompagner à l'école les enfants de 0 ou 13 ans… Exemple à suivre.

Caroline de Le Porte des Vaux.

* Délégation à l'aménagement du territoire et à l'action régionale.

Document sonore n° 3 page 188
Activités 189 à 191

Cette immersion brutale changea totalement notre mode de vie. En quelques jours, la femme que j'aimais et avec qui je partageais la douceur d'être en vie s'effaça au profit d'une gestionnaire pestant contre les charges des PME, l'influence des syndicats, la désorganisation du patronat, l'impôt sur les bénéfices et le manque d'implication du personnel. Ces bouleversements m'incitèrent à prendre une décision à laquelle je pensais déjà depuis longtemps: abandonner mon stupide travail pour me consacrer à

mes enfants. Les élever tranquillement. Comme une mère d'autrefois.

J'eus le sentiment que ma décision arrangeait tout le monde. Anna se sentit immédiatement déculpabilisée de laisser ses nourrissons. Jean Villandreux, lui, parut soulagé de ne plus me voir traîner dans les couloirs de *Sports illustrés*, son nouveau domaine. Comme les émoluments de la directrice d'Atoll étaient plus que conséquents, je pouvais sans aucune gêne m'adonner à mon nouvel emploi de père au foyer.

J'ai aimé ces années passées, auprès de Marie et de Vincent, ces saisons vécues hors du monde du travail et des préoccupations des adultes. Nous vivions de promenades, de siestes et de goûters où le pain d'épices avait la saveur de l'innocence et du bonheur. Pour les avoir talqués, poudrés, pommadés, je connaissais chaque centimètre carré de la peau de mes enfants. Je percevais les dominantes de leur odeur, animale chez le garçon, végétale chez la fille. Dans l'eau chaude du bain, je leur soutenais la nuque et ils flottaient ainsi, apaisés, dans l'interstice du monde, à la surface d'un liquide aux réminiscences séreuses. J'aimais ensuite les habiller de linge propre et parfumé, et, en hiver, les coucher dans des pyjamas tièdes. Marie s'endormait très vite en serrant mon index dans sa petite main. Son frère, lui, se blottissait contre mon avant-bras et laissait flotter ses grands yeux noirs dans le vague. Avant que de dormir, déjà, il semblait rêver.

Mes journées se résumaient à l'exécution de tâches répétitives, simples, le plus souvent ménagères, auxquelles je ne pouvais cependant pas m'empêcher de trouver une certaine noblesse. Le soir, lorsque Anna rentrait, le repas était prêt et les enfants couchés. Mon existence ressemblait à celle de ces épouses modèles que l'on voyait dans les feuilletons américains des années soixante, toujours impeccables et prévenantes, semblant n'être nées que pour faire oublier au mâle dominant et travailleur la fatigue de sa journée de labeur. Il ne me manquait que la jupe à volants et les talons aiguilles. Pour le reste, à l'image de mes sœurs d'outre-Atlantique, je servais un scotch à l'entrepreneuse en faisant semblant de m'intéresser à ses jérémiades patronales. Il lui arrivait de me demander parfois comment avait été ma journée, je lui répondais « Normale » et cet adjectif élusif et minimal semblait amplement combler sa bien maigre curiosité. Après avoir fini son verre, elle rangeait quelques dossiers et, comme tous les bons pères de famille, allait embrasser les enfants en remontant la couverture sur leurs épaules. Pendant que je mettais la table, elle rôdait autour de la télévision en picorant quelques nouvelles avant de me demander ce qu'il y avait à dîner. Quand le menu convenait, j'étais gratifié d'un « formidable » plein de gourmandise impatiente. À l'inverse quand la préparation n'avait pas l'air de plaire, je devais me contenter d'un « ne-te-complique-pas-les-choses-ce-soir-je-n'ai-pas-très-faim ». Ainsi était ma vie, domestique, dans tous les sens du terme.

Jean-Paul Dubois, *Une vie française*, © Éditions de l'Olivier, Le Seuil, 2004, coll. « Points », 2005.

Document sonore n° 4 page 189
Activités 192 à 194

Je vis avec. Je vis avec ma sclérose. Ce n'est pas dramatique. Cela ne veut pas dire que je suis copine avec elle. J'aimerais tant qu'elle s'en aille, cette invitée indésirable ! Mais, elle est là. Je m'adapte quand je la sens se réveiller. Professeur de danse, j'ai la chance de pouvoir organiser mon temps de travail. Ce n'est pas le cas de tout le monde. Je me sens mieux depuis que j'en parle librement. L'acceptation de la maladie est un long chemin à construire. Comme un travail de deuil. Avant, j'avais peur de l'évoquer, peur de la réaction des gens. Maintenant, je réalise que c'est plutôt positif d'en parler. Au début, on se révolte, on essaie de marchander avec elle, on essaie par tous les moyens de la cerner, de s'informer, de voir d'autres malades.

L'isolement, en fait, est la pire des choses. J'ai connu cela. J'exprimais ma souffrance par le dessin, la nuit. On sort des choses quand le corps a mal. Aujourd'hui, je peins moins, je parle plus. Cela déclenche des conversations plus riches, plus directes, plus humaines. Les maladies restent encore trop taboues dans les familles, du fait des inquiétudes, de l'ignorance. J'aimerais bien changer, un peu, le regard des autres. Et, pour cela, organiser une rencontre autour de la danse avec des malades, des danseurs amateurs et professionnels. Peut-être en mai 2007, à Touques ? Les premiers échos sont vraiment encourageants.

Je me souviens encore de ce mois de juillet 1999. On rentrait de vacances dans les Alpes avant de passer voir mes parents en Vendée. Les premiers symptômes sont apparus avec une sensation d'hypersensibilité aux pieds. Je ne supportais plus aucun vêtement sur la peau. Le médecin de famille qui suit mon père, malade lui aussi de la sclérose en plaques, m'a proposé un rendez-vous chez un neurologue dans les huit jours, inquiète, j'ai exigé d'être immédiatement hospitalisée à l'hôpital de Nantes. C'était un mardi. Dès les premiers examens, j'ai su que la moelle épinière était atteinte. Mais aucun médecin ne m'a parlé de sclérose en plaques. Deux dans la même famille, trop rare, me disait-on. J'avais 28 ans, en pleine forme, sportive, je rentrais d'un séjour de parapente à la montagne. Je me demandais ce qui me tombait sur la tête.

En septembre, je suis rentrée à Caen où j'habite. Au bout de six mois, le cours des choses est redevenu normal. J'avais une maladie… sans nom à l'époque. Je n'y pensais pas plus que cela jusqu'à la naissance de mon petit garçon, en mars 2002. Ma vie de maman se passe bien aujourd'hui. Euan sait que je suis malade. Il me voit faire mes piqûres un soir sur deux. Je lui donne des explications quand il me pose des questions. Les laboratoires proposent de petits albums pour enfants très bien faits. Les dessins expliquent pourquoi maman n'est pas toujours en forme. Après la maternité, les poussées sont réapparues : douleurs musculaires, vertiges, grande fatigue. Je suis retournée voir le neurologue nantais pour lui poser la question : sclérose ou pas sclérose ? Il a hoché un « oui » de la tête et m'a proposé de signer un protocole pour un traitement assez lourd. J'ai refusé. Mal dans ma tête, je n'acceptais pas ma maladie. J'avais la sensation qu'on m'imposait des choses sans m'en parler. J'ai perdu confiance.

Peu à peu, le moral est revenu, la maladie s'est stabilisée. Je suis allée à l'hôpital de Caen. J'ai choisi un traitement sur les quatre proposés par le professeur Defer. Je supporte assez bien l'interféron, sans trop d'effets secondaires. La sclérose en plaques, on n'en meurt pas. Mais on ne sait jamais comment elle va évoluer. Cette maladie du système nerveux touche 70 000 personnes en France, dont 2 000 nouveaux cas par an. Elle frappe deux ou trois fois plus de femmes que d'hommes, se situe souvent entre 20 et 40 ans. C'est la première affection handicapante chez les jeunes adultes. J'ai passé des heures à consulter Internet et les forums de discussions de malades. Quand j'ai réclamé mon dossier médical, ce fut une grande colère de constater que, dès 1999, la présomption de sclérose en plaques était déjà inscrite du fait… du contexte familial. Je préfère ne pas y penser. Chaque semaine, j'assure mes dix-huit heures de cours de modern jazz à Touques, avec des enfants et des adultes. En ce moment, on travaille une chorégraphie sur la musique du film *Les Poupées russes*. Je m'estime heureuse, malgré cette épée de Damoclès, l'angoisse du handicap, en permanence au-dessus de ma tête.
J.-J. Lerosier, *Ouest-France*.

Document sonore n° 5 page 190
Activités 195 à 197

L'animatrice : Angelina, tu as la parole.

Angelina : J'ai un gros problème de stress, je pense, mais je ne vois pas beaucoup de solutions. Le fait de parler de mes problèmes ne m'aide pas et je n'arrive pas vraiment à m'en sortir. De bouger ou de partir en vacances ou de bosser ou de me détendre, j'ai l'impression que rien ne marche.

Arlette : Essaie la relaxation positive en te disant que ta vie est bien meilleure que tous ces gens qui souffrent en ce moment dans le monde. Aider les autres permet aussi de se valoriser, de se voir autrement. Tu as aussi la musique de détente, la nature, les amis… ou le médecin.

Valérie : Le stress, je connais bien… Entre le travail, la vie sentimentale, le temps qui passe… Et surtout ma nature qui ne me permet pas toujours d'être détendue ! Il n'y a pas de solution miracle. Le mieux, c'est d'aller faire du sport, ça libère un peu. Tu en feras tous les jours, au moins une heure trente, intensivement ! C'est ce que je fais ! Et surtout, tu dois trouver les ressources en toi ! Facile à dire ? Facile à faire aussi. Mais des fois, il faut savoir prendre le temps et patienter un peu.

L'animatrice : Oui, Marguerite ?

Marguerite : Je suis présentement en congé de maladie pour épuisement professionnel. Je suis hyper stressée, angoissée, ma pression artérielle est souvent haute, j'ai une boule dans l'estomac, je tremble… Je me sens un peu parano à l'idée de retourner au travail, j'ai peur que ça ne revienne jamais. Je suis une personne très perfectionniste, je n'aime pas ceux qui travaillent mal, les incompétents, je suis très exigeante envers moi et les autres. De plus, j'ai toujours peur de ce que les autres vont penser, comment vont-ils me percevoir ? J'ai du chemin à faire…

Je ne prends aucune médication pour le moment. Je ne veux pas devenir dépendante de ces substances, je dois seulement prendre soin de moi, me reposer… Comment se repose-t-on ? Bonne question. Moi qui suis habituée à mener ma vie de front avec le conjoint et les enfants, je veux toujours que ma maison soit impeccable, que tout soit parfait, que l'épicerie soit faite le jeudi à 18 heures. Je suis trop rigide. J'ai conscience de mes difficultés, mais comment se sortir de tout ça maintenant ? Comment changer ? Je me sens seule avec mes problèmes, pourquoi ça arrive à moi ? Je vis ça comme un échec, moi femme forte que je suis !

L'animatrice : Je crois qu'Alexandra a quelque chose à te dire…

Alexandra : Je connais le problème, nous sommes trop exigeantes avec nous-mêmes, donc trop avec les autres.

Je vis les mêmes choses dans le milieu professionnel, mais également dans ma vie privée, ce qui me pose beaucoup de problèmes, à savoir « pourquoi je suis déprimée alors que j'ai tout pour être heureuse, ce n'est pas moi je ne me reconnais pas… », culpabilité de ne pas être à la hauteur et j'en passe, je voudrais un travail parfait, une maison parfaite, être une mère parfaite, une épouse parfaite mais je n'y arrive pas alors je craque… La perfection n'existe pas mais je ne l'ai pas encore compris. Toujours peur du jugement des autres, c'est terrible.

Je dirais qu'il y a des passages où je vais mieux et d'autres terribles. Mon moteur est mon garçon car je m'aperçois qu'il a tendance à trop penser aux autres au détriment de sa personne et malheureusement je ne suis pas étrangère à cette façon de faire, dans mes discours, dans ma façon de l'élever, je ne veux pas qu'il vive la même chose que moi, c'est un combat de tous les jours et qui est loin d'être gagné. En ce qui concerne le travail, il faudrait savoir être imperméable aux autres.

Certains jours j'arrive à relativiser lorsque je vois des reportages ou des personnes atteintes de pathologies graves… En me disant que j'ai la chance d'avoir un garçon en bonne santé, un travail (même si ce n'est pas la panacée !) Mais ce n'est pas toujours aussi simple. Mon stress revient au galop et ensuite la culpabilité d'être mal, de faire supporter mes humeurs à ma famille, alors qu'il serait si facile d'être heureuse.

Mon problème est que je me venge sur la nourriture.

L'animatrice : On peut faire un point, si vous voulez bien. À cause de tensions trop importantes, trop de personnes finissent par souffrir de maladies du stress. Pour réconcilier votre corps et votre psyché, des solutions existent.

Changer d'univers pendant quelques jours peut créer un choc salutaire. En rompant avec ses habitudes, on se donne l'opportunité et la chance de dénouer les tensions qui créent le stress.

La relaxation, des exercices de relâchement musculaire, la pratique du yoga, autant de mises en place de modes respiratoires et de « lâcher-prise ». On renoue avec la conscience de son corps et on retrouve son tonus et son plein d'énergie.

La natation est une réponse au stress. Ne dit-on pas que l'eau libère ? Sport très complet, elle améliore la capacité respiratoire, la circulation sanguine, et dynamise la force et l'endurance musculaire ainsi que la souplesse des articulations. Les contractions musculaires de la nuque, des épaules et du dos trouvent un soulagement et les tensions accumulées lâchent. Le bénéfice est certain si l'on pratique ce sport avec calme, pour son aspect détente.

Le massage lent, doux, puis profond (avec pétrissage) réduit les tensions, ou mieux, les fait disparaître. La douche chaude dirigée sur les zones raidies ou bien des enveloppements de serviettes chaudes communiquent bien-être et détente. Massage et chaleur produisent un effet apaisant sur les terminaisons nerveuses de la peau.

La sophrologie est une méthode qui apporte une profonde relaxation. Elle fait appel à des images apaisantes. Le cerveau et le corps mémorisent ces états de bien-être et on peut tout à loisir les faire resurgir le moment voulu pour dissiper tensions et anxiété.

2. Domaine : Sciences
Document sonore n° 6 page 192
Activités 198 à 200

Le journaliste : En quelques années, le système de navigation par satellite, le GPS (ou Global Positioning System) est entré dans notre quotidien, en particulier dans nos voitures. Signes des temps : les systèmes GPS autonomes ont été les cadeaux vedettes de ce dernier Noël. 450 000 GPS portables ont été vendus en France en 2005, soit une hausse de 400 % par rapport à 2004 !

C'est certainement la raison pour laquelle, les ministres des Transports des quinze États membres de l'Union européenne ont donné leur feu vert, en 2002, au lancement du système européen de navigation par satellite « GALILEO », un système concurrent du système GPS.

Mais quel est donc cet OVNI ? Explications avec Julien IGNACE, responsable de l'agence spatiale européenne. Julien IGNACE, racontez-nous l'histoire du GPS.

Julien Ignace : Eh bien, les ingénieurs américains ont lancé en 1978 les premiers satellites de la constellation GPS. À l'origine, c'était à des fins essentiellement militaires. Mais, progressivement, le GPS a été ouvert à des applications civiles de géolocalisation, notamment pour la sécurité en mer ou en haute montagne. Et puis, depuis quelques années, la navigation GPS s'est imposée dans la voiture de M. et Mme Toutlemonde avec des indications fléchées à l'écran et des instructions vocales. Aujourd'hui, ces satellites GPS sont au nombre de 28 et ils tournent autour de la Terre à une altitude de 20 200 km.

Le journaliste : Et qu'est ce que c'est exactement que GALILEO ?

Julien Ignace : GALILEO est une initiative commune de l'Union européenne et de l'Agence spatiale européenne et il est prévu pour être opérationnel en 2010. Il consistera en une trentaine de satellites qui seront placés en orbite à environ 24 000 km au-dessus de nos têtes.

Le journaliste : Mais ce programme est en fait basé sur le même système que le GPS américain…

Julien Ignace : Oui. Tout comme le GPS, le système GALILEO permettra à la personne qui dispose d'un récepteur de capter des signaux émis par une constellation de satellites pour déterminer très précisément à tout instant sa position dans le temps et dans l'espace. En fait, pour connaître sa position exacte, on a besoin de trois satellites afin de déterminer la latitude, la longitude et l'altitude ; c'est ce qu'on appelle le principe de triangulation. Un quatrième satellite nous permet d'avoir le timing pour nous dire quand exactement un objet a été localisé. On utilise pour cela une horloge atomique, extrêmement précise.

Le journaliste : Et n'oublions pas que GALILEO est un système 100 % européen. Donc finie la dépendance aux États-Unis…

Julien Ignace : Oui, tout à fait. C'est justement pour ne pas dépendre du bon vouloir de la Maison Blanche et du Pentagone que l'Europe a investi 3,8 milliards d'euros dans GALILEO. Le système GALILEO assurera l'indépendance stratégique de l'Europe et permettra aux entreprises européennes de participer à un secteur industriel en plein développement. En plus, GALILEO entend bien toucher, dès son lancement, 1,8 milliard d'utilisateurs et le double en 2020. Ainsi, il s'attaquera au marché de la géolocalisation, qui devrait alors atteindre les 250 milliards d'euros.

Le journaliste : Et quels sont les avantages du système « GPS européen » ?

Julien Ignace : Eh bien, tout d'abord, contrairement au système GPS, GALILEO est un système civil. Il n'y a donc aucune raison de craindre que les signaux soient brouillés ou même bloqués en cas de conflits militaires (je vous rappelle que cela s'est déjà produit durant la guerre du Golfe en 1991 et la guerre du Kosovo en 1999). Ensuite, GALILEO sera plus rapide que le GPS et il offrira une précision supérieure au GPS. Cette précision sera d'environ 1 m pour GALILEO contre 6 m seulement pour le GPS.

Le journaliste : Et quelles seront les utilisations possibles de GALILEO ?

Julien Ignace : Premièrement, ce système aidera à résoudre les problèmes de mobilité et de transport auxquels de nombreuses zones de la planète sont aujourd'hui confrontées. Par exemple, dans les transports parisiens, le système permettra d'augmenter le nombre de rames de métro ou le nombre de taxis en fonction de la demande. Également, pour les chemins de fer, une meilleure connaissance de la position des trains permettra de réduire la distance entre les rames, ou d'augmenter le trafic et de mieux informer les passagers des retards. Ce sys-

tème permettra aussi de guider des bateaux, des avions dans leur phase de décollage ou d'atterrissage.

Et puis, deuxièmement, la technologie GALILEO améliorera considérablement les systèmes de guidage, la prévention des accidents, l'efficacité de la protection civile (comme les appels d'urgence ou de détresse) et la protection de l'environnement. Elle permettra par exemple à une ambulance de savoir si l'accident vers lequel elle se rend s'est produit sur le côté gauche ou droit de l'autoroute. C'est une innovation très importante lorsque des vies humaines sont concernées. Et même la lutte contre le vol de voitures deviendra plus efficace car le système permettra de vite trouver l'endroit exact où se trouve la voiture.

Et enfin, grâce à la compatibilité et à l'interopérabilité des systèmes GALILEO et GPS, les utilisateurs du monde entier auront plus facilement accès aux signaux émis par les satellites de navigation et bénéficieront d'une performance beaucoup plus grande. D'ici 5 ans, chaque téléphone portable sera ainsi en mesure de recevoir les signaux émis par les satellites et offrira la possibilité de connaître à tout instant et en n'importe quel point du globe la position de personnes ou de véhicules.

Le journaliste : Julien Ignace, je vous remercie de tous ces éclaircissements.

Document sonore n° 7 page 194
Activités 201 à 203

Bonsoir mesdames et messieurs. Merci d'être venus si nombreux pour écouter cette conférence qui a pour titre : « Influer sur la réalité informatique par la pensée, c'est aujourd'hui possible ! »

Comme vous le savez, pouvoir influer sur la réalité physique par la pensée est l'un des vieux rêves de l'humanité ! Eh bien, ce fantasme de science-fiction est devenu réalité grâce notre équipe de chercheurs qui travaille sur des interfaces reliant le cerveau humain à la machine. C'est ainsi que quatre de nos patients, dont deux étaient atteints de paralysie suite à une lésion de la moelle épinière, ont réussi à déplacer un curseur de souris sur un écran d'ordinateur par la seule force de leur pensée !

Alors, il est vrai que depuis quelques mois, d'autres scientifiques étaient parvenus à des résultats semblables, mais c'était par le biais d'une technique très invasive. Cette technique consistait à placer une centaine d'électrodes minuscules, directement dans le cerveau, afin de détecter l'activité des neurones dans le cortex moteur qui contrôle le mouvement corporel. Les ondes cérébrales étaient ensuite traduites sous forme de mouvements grâce à un logiciel informatique.

C'est ainsi qu'en octobre dernier, une puce a été greffée dans le cortex d'un patient tétraplégique de 24 ans. Cette puce, qui était connectée à une centaine de ses neurones, lui a permis de surfer sur Internet et de jouer à des jeux vidéos par le simple contrôle de la pensée.

Mais le problème de cette technique, c'est que ces chercheurs ne savent pas quels effets pourraient entraîner la présence d'électrodes dans le cerveau à plus long terme. Pour notre équipe de chercheurs, le contrôle par la pensée se passe d'implants ! Nous, nous n'avons pas eu besoin d'ouvrir le crâne de nos patients pour obtenir les mêmes résultats et cela principalement grâce à un logiciel novateur de traitement de l'activité du cerveau. Laissez-moi vous expliquer notre méthode.

Dans la première phase, nous utilisons un casque qui est doté de capteurs capables d'enregistrer les signaux électriques naturellement émis par le cerveau. Ces signaux sont interprétés par des logiciels qui les retranscrivent sur écran. Les électrodes qui sont utilisées pour l'enregistrement de l'activité du cerveau sont simplement collées sur le cuir chevelu, comme lors d'un électroencéphalogramme classique, ce qui a l'avantage d'éviter une intervention chirurgicale lourde et risquée.

Dans la deuxième phase, les informations sont recueillies par Imagerie par Résonance Magnétique (ou IRM fonctionnelle) qui détecte les variations d'oxygénation du sang liées à l'activité neuronale afin de localiser les régions cérébrales impliquées dans des fonctions comme le mouvement, le langage ou la mémoire. Au final, ces informations sont traduites en ordres capables de déplacer le curseur d'un ordinateur.

Alors, en pratique, que fait le patient ? Eh bien, il est tout simplement invité à se concentrer sur des actions distinctes (comme calculer, imaginer un mouvement, se remémorer quelqu'un ou quelque chose, etc.), et chacune de ces actions est associée à un déplacement précis du curseur.

Ce procédé a été testé sur quatre volontaires. Bien sûr, il nécessite encore quelques perfectionnements. Il a notamment fallu plusieurs semaines d'entraînement aux patients pour faire bouger le curseur de la souris.

Et même si cela nécessite des moyens financiers énormes, je tiens à souligner l'extraordinaire potentiel de ces expériences qui, à terme, pourraient aider des personnes paralysées. Cette technique leur permettrait par exemple de retrouver une autonomie certaine grâce à l'utilisation d'appareils à distance. Elle leur permettrait aussi d'améliorer leur communication grâce aux claviers virtuels, ou encore d'améliorer leur déplacement grâce à des moyens de locomotions mus par la pensée.

Maintenant, osez imaginer les nombreux développements de ces techniques pour les années à venir ! Imaginez que les interfaces Cerveau-Ordinateur permettent à des machines de savoir qui nous sommes. Eh oui ! Certains scientifiques avancent que les signaux émis par le cerveau de tout un chacun sont uniques, comme les empreintes digitales. Ils estiment donc qu'il serait possible de s'authentifier, en se contentant de penser à son mot de passe. Ces « pensées de passe », entre guillemets, permettraient ainsi d'éviter les risques de vol et d'usurpation de mots de passe.

Et même ! Imaginez qu'il serait également possible de choisir comme mot de passe, non pas une suite de chiffres et de lettres, mais un son ou un souvenir, ce qui rendrait d'autant plus difficile la prédiction et le cassage des mots de passe !

Pour finir, je vous signale que ce domaine de recherche est en pleine expansion. Alors qu'en 1999, on ne comptait que 21 laboratoires dans le monde travaillant sur le sujet, il y en a aujourd'hui plus d'une centaine ! Preuve, s'il en est, que la science peut réaliser les rêves d'enfants les plus fous !

Mesdames et messieurs, je vous remercie de m'avoir écouté et j'attends vos questions.

Document sonore n° 8 page 195
Activités 204 à 206

Le journaliste : Les voitures de demain seront incontestablement intelligentes ! Et dans cette course à l'intelligence, l'interface homme/machine jouera un rôle déterminant. Les constructeurs et les ingénieurs rivalisent en effet de créativité pour que les voitures deviennent de véritables partenaires pour leur chauffeur. Leurs objectifs ? Prévenir les accidents et améliorer le trafic. Rencontre avec deux fous géniaux, Marc Chanfrain, ingénieur et Yves Béliot, constructeur automobile. Tout d'abord, Marc Chanfrain. Alors, vous avez inventé une voiture qui se gare toute seule…

Marc Chanfrain : Eh bien, en effet, nous développons actuellement une voiture qui est équipée d'un système d'aide au stationnement. Avec ce système, le « Park Mate », se garer va devenir un jeu d'enfant !

Le journaliste : Alors, expliquez-nous comment fonctionne ce système.

Marc Chanfrain : Eh bien, ce système s'occupe tout seul de trouver une place de stationnement libre, et de tourner le volant pour orienter la voiture vers cette place libre. Bon, plus techniquement, des capteurs ultrason sont placés sur les côtés de la voiture et ils balayent latéralement les accotements afin de trouver une place de stationnement disponible. Alors, le conducteur est prié de s'arrêter. Et en plus, la voiture est équipée d'un système de navigation qui garantit qu'il s'agit bien d'une place de stationnement vide et pas d'un croisement ou d'un embranchement.

Le journaliste : Et le conducteur n'a rien à faire ?

Marc Chanfrain : Si, mais pendant la manœuvre, c'est vrai qu'il n'a qu'à lire sur un afficheur les actions à effectuer : avancer ou reculer, vite ou lentement. Et tout se fait de manière électronique : grâce aux capteurs qui sont présents sur les pare-chocs avant et arrière de la voiture et qui déterminent les distances par rapport aux autres véhicules et aux obstacles. Ainsi, le conducteur ne doit actionner que l'accélérateur et le frein. Et en plus, il y a un signal sonore qui avertit des obstacles.

Le journaliste : On voit bien quels sont les avantages d'un tel système.

Marc Chanfrain : Ben oui, car en comparaison d'un conducteur moyen, le « Park-Mate » est plus rapide et il utilise aussi de façon optimale les places de stationnement. L'assistant électronique permet donc de se garer sans stress et sans accident. Sachez en plus qu'il suscite déjà un grand intérêt pour les constructeurs automobiles qui vont probablement le produire en série à partir de 2008.

Le journaliste : Très bien. Alors, je crois savoir que vous aussi, Yves Béliot, vous avez travaillé sur le problème du parking.

Yves Béliot : En effet, nous avons tenté de trouver une réponse au dilemme quotidien du conducteur qui est : devant une place de parking ou dans mon garage, si j'entre en marche avant, je devrai forcément repartir en marche arrière ! Avec notre nouveau concept, retournement de situation ! Nous avons créé une voiture qui a plus d'un tour dans son sac ! Je m'explique : on se gare en marche avant et, au moment de redémarrer, l'habitacle pivote de 180°, l'arrière devient l'avant et avanti !… Et bien sûr l'habitacle est aussi adapté pour que l'arrière devienne l'avant, afin de repartir du bon pied !

Le journaliste : Mais dites-moi, vous ne planchez pas que sur des projets de voiture délirante ! Par exemple, je sais que vous, Marc, vous cherchez à développer un système de prévention de la fatigue au volant.

Marc Chanfrain : Oui, en effet, on veut développer une méthode de détection qui réagit dans plus de 90 % des cas d'endormissement. L'objectif de notre système, c'est de reconnaître aussi tôt que possible la fatigue du conducteur. Je vous explique comment il fonctionne. Grâce à notre système, l'attention du conducteur et son comportement sont surveillés en permanence à l'aide de plusieurs capteurs. D'un côté, une caméra infrarouge suit les mouvements des paupières et la direction du regard. De l'autre, un capteur mesure avec quelle force les mains serrent le volant. En plus, le système enregistre les écarts sur la route et la distance au véhicule précédent. Toutes ces données sont ensuite envoyées à un ordinateur. Alors, si les yeux du conducteur se ferment de fatigue ou si l'écart avec la voiture précédente devient trop faible, l'alarme s'enclenche, un vif triangle lumineux dans le rétroviseur s'allume et une voix invite le conducteur à faire une pause. On espère commercialiser ce dispositif dans 3 à 4 ans.

Le journaliste : Et vous, Yves Béliot, vous allez plus loin, en inventant une voiture à mémoire visuelle qui retrouve toute seule son chemin.

Yves Béliot : Et oui, une voiture capable de retrouver toute seule un chemin qu'elle a déjà parcouru, ce n'est déjà plus de la science-fiction ! Nous voulons permettre à des véhicules autonomes de se repérer dans les ruelles étroites des agglomérations ! Nous avons donc développé un dispositif de navigation dans lequel le cerveau de la voiture est un ordinateur de bord et les yeux sont une caméra fixée à l'avant du véhicule.

Le journaliste : Vous voulez dire qu'après un simple trajet de repérage, votre « cybercar » peut retrouver toute seule son chemin ?

Yves Béliot : Oui, tout à fait ! Dans une première phase, un chauffeur conduit la « cybercar » pendant que la caméra embarquée enregistre un film du parcours que l'engin devra effectuer, plus tard, en mode autonome. Et dans la seconde phase, le véhicule étant à l'arrêt, l'ordinateur de bord procède à un travail sur les images qui sont contenues dans sa mémoire. Le « cerveau » du véhicule construit ainsi petit à petit une « carte » des points remarquables du parcours qu'il va ensuite comparer en continu avec les points observés par la caméra au cours de la troisième étape qui est le déplacement !

Le journaliste : Merci à vous deux de nous avoir exposé l'essentiel de vos recherches. Mais la question qui se pose est quand même la suivante : notre usage de l'automobile peut-il « s'aseptiser » comme les chercheurs et les constructeurs semblent le penser ?

Document sonore n° 9 page 196
Activités 207 à 209

Pensez au fait que 60 % du corps humain est constitué d'eau. Bon, vous admettez forcément que c'est une ressource précieuse !

Mais si je vous pose la question : quelle est la valeur des 3 000 litres d'eau qui servent à cultiver la nourriture qu'une personne consomme en moyenne chaque jour ? Qu'est-ce que vous répondez, hein ? Vous ne pouvez pas répondre ? C'est normal, parce qu'il n'y a pas encore de réponse à cette question. En plus, il y a tout juste 15 ans, c'était une question purement théorique, quand l'eau était encore considérée essentiellement comme un bien public gratuit ou, tout du moins, bon marché.

Mais, cette année encore, la France a été touchée par la sécheresse : 52 départements ont ainsi été frappés par des restrictions d'eau. Et nous savons aujourd'hui que les principales causes de cette sécheresse sont, d'un côté, les conditions climatiques et de l'autre, l'utilisation excessive de l'eau !

L'eau est aujourd'hui, en France, un bien commun inégalement réparti, un bien inégalement respecté et inégalement exploité ! Le secteur agricole représente 70 % des prélèvements nationaux de sources naturelles ! Or, de tous les secteurs qui utilisent l'eau douce, c'est l'agriculture qui a la plus faible rentabilité économique ! En plus, le secteur agricole bénéficie d'un traitement de faveur : on met à disposition gratuitement de plus grandes quantités d'eau pour l'irrigation agricole, à l'aide d'aménagements coûteux. Alors que, dans le même temps, on interdit aux particuliers d'arroser leur jardin !

Nous estimons que la lutte contre le gaspillage est l'affaire de tous et chacun de nous doit apprendre à être économe dans sa consommation d'eau !

Aussi, c'est dans ce contexte de pénuries d'eau croissantes, d'intensification de la concurrence des usagers industriels et domestiques, et de l'alarme lancée sur la dégradation des écosystèmes, qu'il devient fondamental pour nous d'attribuer une valeur marchande à l'utilisation de l'eau. Nous, les Amis de la Terre, nous demandons donc une nouvelle loi sur l'eau responsable. Nous demandons que soit créé un marché de l'eau réglementé qui traiterait l'eau comme une denrée économique. Nous partons du principe que, quand l'eau est offerte comme bien gratuit, la demande est supérieure à l'offre. Alors, nous ne doutons pas qu'un marché réglementé de l'eau équilibrera l'offre et la demande. Et peut-être même que, dans certains cas, cela atténuera les effets néfastes pour l'environnement de la surexploitation.

Bien sûr, nous sommes conscients qu'il ne faut pas accorder trop d'importance aux « expressions monétaires de la valeur » mais devant la politique actuelle du « deux poids deux mesures », nous exigeons que des cadres d'estimation de la valeur de l'eau soient mis en place afin de conférer une valeur égale aux utilisations économiques, sociales et environnementales de l'eau.

Et pour une bonne estimation de la valeur de l'eau, il faut forcément faire intervenir toutes les parties prenantes. Ces parties prenantes sont les gouvernements, les agriculteurs et les citoyens, qui deviendront ainsi les moteurs principaux dans la gestion des ressources hydriques. Nous voyons l'estimation de valeur de l'eau essentiellement comme un moyen pratique d'aider les groupes à exprimer les valeurs attribuées aux biens et services liés à l'eau et à les aider à harmoniser leurs demandes d'eau. Ainsi, l'estimation économique de l'eau doit se faire dans une optique participative. Et au bout du compte, ce sont les parties prenantes qui devront parvenir à un accord sur le partage des bénéfices et des coûts liés aux différents mécanismes de gestion de l'eau.

Nous estimons que seule cette solution nous permettra de changer notre regard sur le bien le plus précieux : l'eau.

Document sonore n° 10 page 197
Activités 210 à 213

A. : Ouais, non j't'avais pas dit ? Là tout à l'heure, j'ai signé j'ai on a signé on y est allé avec le groupe, on a signé un un contrat avec une maison de disques. Donc on leur avait on leur avait filé la la maquette là. Puis bon ben voilà, ça leur a plu. Donc on va pouvoir commencer à à vendre les CD tout ça…

S. : Ah c'est génial ! J'vais pouvoir télécharger tous tes titres sur Internet !

A. : Bah euh… pff. Bah non vaut mieux pas télécharger. Puis en plus si tu veux nous comme on est un petit groupe euh c'est c'est un tout petit truc, donc on va pas vendre beaucoup de CD et si si tous les gens commencent à télécharger, on va pas pouvois bosser quoi…

S. : Ben non mais pour vous c'est un moyen d'vous faire connaître justement, 'fin c'est un tremplin ! Internet, tout le monde peut y aller !

A. : Ouais, c'est c'est à la limite euh tu vois j'veux qu'les gens puissent écouter un bout sur Internet mais l'télécharger… Si tu veux, si nous on fait quelques CD on on édite quelques CD et que personne les achète parce que tout le monde les télécharge, comment on fait après tu vois ?

S. : Ouais mais en même temps, les CD en France euh 'fin…

A. : On n'a plus aucune source de revenus, on peut plus continuer à produire…

S. : Y faut avouer que c'est trop cher ! 'Fin 20 euros un CD, c'est énorme ! Quand quand t'es jeune, que t'as pas beaucoup d'argent, euh, c'est très très difficile !

A. : Bah oui mais en même temps, euh voilà, t'es pas obligée d'avoir toute la musique qui s'fait euh sur Terre ! 'Fin tu vois, tu peux avoir tes groupes préférés, acheter un CD…

S. : Non mais justement, mais ça j'suis entièrement d'accord avec toi, la musique pour moi c'est…

A. : Tu peux écouter à la radio les trucs euh…

S. : C'est une passion, c'est vraiment une passion ! Mais justement, 'fin, un un jeune de 15 ans, il est nécessairement tenté ! Et puis 'fin on sait très bien que y a pas tellement de gros pirates ! C'est surtout des petits pirates, ça ça s'passe comme ça…

M. : Excusez-moi non mais je j'vous entends parler là. Euh…

S. : Oui ?

M. : Ce c'qui m'impressionne c'est qu'vous vous rendez pas compte que à chaque fois que vous piratez euh vous êtes en train de de faire qu'il n'y aura plus de création ! Hein ? C'est c'est ça qu'il faut comprendre !

A. : Oui c'est ça ! C'est qu'les artistes sont en danger…

M. : Comment voulez-vous payer les artistes à partir du moment où vous n'les payez pas ? Donc on créera rien de nouveau et bah tout le monde téléchargera des choses qu'ont été faites il y a très très longtemps…

S. : D'accord, d'accord, mais j'comprends j'comprends bien votre argument mais c'qui s'passe c'est que ces personnes qui téléchargent illégalement euh elles veulent bien payer mais à condition que dans ce cas que ce soit que ce soit vraiment beaucoup moins cher ! Parce que c'qui est proposé actuellement c'est entre 13 et 20 euros pour 13 titres alors qu'on n'a ni le CD ni la pochette ! 'Fin, c'est évidemment trop cher c'est…

M. : Oui mais…

S. : C'est beaucoup trop difficile à gérer !

M. : Oui mais tout ne coûte pas la même chose ! Moi je je je vais vous donner un exemple. Euh, un exemple à un moment donné, vous êtes dans une bibliothèque, vous avez un droit d'entrée hein. C'est le problème de de le peer to peer hein c'est quoi finalement ? Bon, on vous dit : vous payez tant d'euros, vous entrez dans cette bibliothèque, vous prenez le livre que vous voulez. Mais tous les livres n'ont pas la même valeur ! Vous allez pouvoir prendre euh à la fois un livre de poche mais peut-être un livre d'art qui vaut extrêmement cher ! Vous vous trouvez ça normal ?

A. : Non et puis en plus si si on prend l'exemple de la bibliothèque, on consulte c'est-à-dire que là maintenant, les gens après ils ont tout sur un ordinateur ils ont même plus euh besoin une fois qu'ils l'ont, sans avoir même payé euh…

M. : Ils ont tout gratuit !

A. : … c'est-à-dire que même là là Internet devient une espèce de zone euh de de une zone infinie une zone de non droit euh…

S. : Oui mais non ! Là tout c'qu'on peut dire, c'est que plus qu'un zone infinie, c'est encore plus…

A. : Tout s'échange euh y'a plus d'contrôle quoi !

S. : Plus qu'une zone infinie euh, Internet, il me semble que c'est surtout une zone libre. A savoir que tous tous les gens qui aiment la musique se se rencontrent euh peuvent échanger. On peut découvrir des des nouveaux artistes. 'Fin c'est une chance énorme !

A. : Ces gens qui discutent, qui s'envoient des choses euh…

S. : Y'a y'a des ptits artistes qu'ont pas qu'ont pas l'droit qu'ont pas les moyens pour avoir des CD et Internet c'est le seul moyen pour eux de s'faire connaître !

M. : C'est un moyen d'se faire connaître ! Très bien ! Euh mais d'un autre côté, à ce moment là, ça veut dire que euh effectivement on n'pourra plus payer les musiciens pour faire des studios. Euh de quoi vont-ils vivre ?

A. : Puis avant…

M. : C'est très gentil ça, mais de quoi vont-ils vivre euh ceux qui euh ceux qu'vous piratez ?

S. : Est-ce que par exemple le magnétoscope a empêché les gens d'aller au cinéma ou quoi ? C'est c'est faux c'est pas vrai ça ! J'veux dire, aujourd'hui y'a encore autant d'gens qui vont au cinéma malgré l'magnétoscope…

M. : Oui mais le problème maintenant…

S. : Et ça veut bien dire que la musique par rapport à ça c'est c'est le même genre de situation !

M. : Oui maintenant les gens ont les films avant qu'ils sortent ! Le vrai problème, il est là ! C'est-à-dire que vous allez voir une nouveauté au cinéma euh si tout l'monde l'a piratée auparavant, si tout l'monde connaît l'histoire et s'il vous raconte la fin de l'intrigue avant euh à la limite euh vous n'allez pas aller au cinéma ! Et et le problème il est là ! Parce que c'est la musique mais c'est aussi le cinéma !

A. : Hum

M. : Le cinéma euh coûte particulièrement cher ! Faire un film, ça vaut particulièrement cher ! À un moment donné, si ça ne rapporte plus aux producteurs, aux auteurs, etc, d'faire des films, ben ils en feront plus ! Donc qu'est-ce qu'on fera ? Ben on se téléchargera euh des films qui ont été faits y'a 20 ans y'a 30 ans, du temps où y'avait du cinéma ! Parce qu'y en aura plus ! À un moment donné, on va tuer toute création tout simplement parce qu'on n'peut plus payer ceux qui font cette création ! Donc c'est une liberté, ça a l'air d'une liberté d'un côté, mais oui on peut dire que le vol est une liberté ! C'est-à-dire que j'entre quelque part, je décide que dans cette boutique, je prends c'que j'veux euh effectivement c'est une grande liberté pour moi mais c'est un vol pour les gens qui ont acheté les objets qu'ils vendent dans la boutique !

S. : Mais c'est vrai qu'y a une banalisation euh énorme de la gratuité ! À savoir qu'aujourd'hui, on sait qu'y a entre 8 et 12 millions d'internautes qui téléchargent en France. 'Fin, c'est bien qu'il n'y a pas assez d'information suffisante pour se rendre compte que c'est une effraction ! 'Fin j'veux dire tout le monde fait ça !

M. : Oui mais c'est bien le problème ! C'est-à-dire qu'il faut que les gens prennent conscience que s'ils veulent demain des créations, il faut qu'ils acceptent euh de payer quelque chose aujourd'hui !

A. : C'est c'est pas tellement un manque d'information. C'est plutôt euh un laxisme qui fait que les gens euh téléchargent en s'disant oui mais c'est euh d'toute façon moi j'vais jamais m'faire attraper euh voilà ça sera toujours un autre. Euh mais bon voilà c'est c'est d'toute façon euh les gens téléchargent c'est c'est assez simple hein ! Au début, ils vont recevoir juste un mail, un mail qui va leur dire bon bah écoutez on a vu euh parce que d'toute façon c'est vrai qu'ils peuvent vérifier un peu c'qu'on fait, en disant bon ben là vous avez téléchargé un peu trop, tout ça, faut faut s'arrêter c'est interdit…

S. : Oui voilà…

A. : Si il récidive, il va recevoir une lettre recommandée tout ça. Et puis en plus la la sanction est proportionnelle à la de à…

S. : Non ça c'est faux ! La sanction, elle est énorme !

M. : Non, elle est pas énorme…

S. : … pour le téléchargement illégal, elle est elle est beaucoup trop grande ! 'Fin j'veux dire les internautes risquent 30 000 euros d'amende et 3 ans d'emprisonnement…

M. : Ben oui.

S. : Si c'est pas disproportionné ça !

M. : C'est pas disproportionné parce que le nombre de gens que ça va mettre en faillite si on laisse tout télécharger, pour la musique, pour le cinéma, etc. ça va mettre tellement de gens en faillite, c'est une situation tellement grave, que au contraire je trouve que ce sont des amendes euh tout à fait insuffisantes ! Il faut des sanctions plus fortes !

A. : Non et puis en plus c'est proportionnel au au au volume. C'est-à-dire que si si quelqu'un télécharge euh je sais pas moi des des des heures des heures des jours même parce que ça peut s'calculer en jours maintenant on nous dit…

S. : Ca j'suis pas sûre parce on peut voir que les juges sont du côté des internautes parce qu'ils estiment qu'ils peuvent pas euh sanctionner tout le monde et du coup ils nous soutiennent euh de de sur ce plan-là !

M. : Oui mais j'crois qu'ça va beaucoup changer euh, j'l'espère…

A. : Bah, si y'a une loi qui fait qu'on peut sanctionner tout le monde !

M. : Il faut sanctionner davantage !

A. : Je je sais pas quel quel métier euh vous faites mademoiselle euh…

M. : Y'a aucun respect pour le créateur…

S. : Je suis ingénieur.

M. : Vous êtes ingénieur ! Ah ben bah voilà !

S. : Oui.

M. : Vous venez. Moi j'ai une boîte, j'emploie des ingénieurs comme vous, mais à la fin du mois, j'vous dis au nom d'la liberté je m'sers gratuitement de votre travail de ce mois-ci. Euh conclusion, je n'vous paie pas euh. Bah écoutez, rentrez chez vous, on est en bon terme hein ? C'est normal, c'est ça la liberté ! Euh vous pensez que c'est un monde qui peut exister ça ? Moi pas !

ÉPREUVES TYPES

1. Domaine : Lettres et sciences humaines

Sujet 1

Document sonore n° 11 page 199

Activité 204

Dépression, phobies, problème de couple… Aujourd'hui, aller chez le « psy » est devenu moins tabou. En voici quelques témoignages…
Élise, 35 ans, a suivi pendant un an une psychothérapie qui l'a beaucoup aidée.
Cela faisait six moix que je vivais une grosse déprime sans parvenir à m'en sortir. J'ai pensé plusieurs fois à voir un spécialiste. Mais je n'arrivais pas à en parler avec mon entourage car j'avais peur que l'on me prenne pour une folle. Je n'avais pas encore compris que c'est une démarche que l'on décide seule. Puis, un jour, une amie a raconté son expérience de psychothérapie devant moi et cela m'a aidé à franchir le pas.
J'ai suivi une psychothérapie cognitive et comportementale associée à un traitement médicamenteux : un antidépresseur et des anxiolytiques. J'ai compris peu à peu ce qui me faisait souffrir et à quel point j'étais faible face à mes peurs. J'avais en plus des exercices quotidiens à effectuer entre chaque rendez-vous.
Deux ans après, je ressens encore les bienfaits de cette thérapie. Cela m'a définitivement aidé à faire plus attention à moi, à me protéger face au surmenage et aux agressions extérieures. J'ai repris confiance en moi et j'ai accepté mon passé, mes échecs personnels et professionnels. Le plus important est de trouver le thérapeute à qui on a envie de parler. Je pense qu'il ne faut pas hésiter à changer si on ne se sent pas en confiance.

Annie, 55 ans, a suivi une longue psychanalyse. Une cure qu'elle décrit comme une « rencontre avec soi-même ».
C'est un énième chagrin d'amour qui m'a vraiment décidée à faire la démarche. Cette rupture a été l'occasion de me rendre compte de ce qu'est la véritable solitude. Je suis retrouvée seule face à mes angoisses enfouies, ma peur de vieillir et de mourir. Cela devenait obsessionnel et m'empêchait même d'élever mon fils. J'en voulais à la vie. Je pensais encore que le bonheur dépend des autres alors qu'il ne dépend que de soi.
Suivre une psychanalyse est très difficile car, souvent, on a l'impression que l'on n'a rien à dire, que l'on n'avance pas. Et pourtant, c'est tout un travail qui se fait en nous. Des portes s'entrouvrent et on se découvre petit à petit. Il faut accepter tout ça, quitte à briser l'image que l'on a de soi. Je crois que la séance la plus dure que j'ai connue était la première. Je ne savais pas par quoi commencer et en même temps, j'avais l'impression de n'avoir rien à dire. C'est un bouleversement énorme mais ça vaut la peine.

Cela fait douze ans que j'ai suivi cette psychanalyse qui a duré dix ans en tout. Si, aujourd'hui, je ne regrette rien, je me garde bien de conseiller cette thérapie à quelqu'un. C'est une décision très personnelle.

David, 29 ans, a consulté pendant huit mois.
Il y a cinq ans, j'ai éprouvé le besoin de voir un « psy ». J'avais des angoisses importantes, des peurs récurrentes. Je n'arrivais plus à faire face aux problèmes. J'ai senti que je ne m'en sortirais pas tout seul. Quand je l'ai annoncé à mes proches, ils ont tous été surpris car j'avais gardé tout ce mal-être à l'intérieur de moi. Depuis trop longtemps justement.
J'ai choisi d'aller consulter un spécialiste à la fois psychiatre et psychothérapeute. Le côté « médecin » me rassurait, même si je savais que c'était une psychothérapie que j'allais suivre avec lui. « Bonjour, je m'appelle David, j'ai 29 ans. » Voilà comment a commencé ma première séance, assis dans un fauteuil. J'ai mis du temps avant de m'allonger sur le divan…
Puis, un jour, mon « psy » m'a dit : « C'est bon. On peut s'arrêter là. » J'avais le sentiment d'être arrivé au bout. Ma psychothérapie a été très brève, elle n'a duré que huit mois. Il faut du courage pour admettre que l'on va mal mais il en faut aussi pour se dire que l'on va bien. Que l'on va pouvoir vivre sans la « béquille » que peut représenter le « psy ».
Dossier : Anne-Lise Carlo.

Jeannine qui vient de Plomelin dans le Finistère nous dit :
De toute façon, il faut se faire diriger par son généraliste avant, c'est là que le bât blesse ! Comment voulez-vous parler d'autre chose que de votre tension, arthrose, digestion, à un généraliste débordé ? Vous devez déjà être assez valide pour faire les 10 km qui vous séparent en conduisant votre voiture. Tout ça pour un renouvellement de somnifère que vous prenez depuis 30 ans… Si les Français sont les champions des tranquillisants et des antidépresseurs, c'est bien parce que c'est plus simple pour les médecins de leur en prescrire que de les écouter ! Sans compter que ces médicaments ont tellement d'effets secondaires, qu'après avoir été remboursés par la Sécu, ils finissent à la poubelle…

Jean-Pierre, de Saint-Berthevin (Mayenne) est la dernière personne que nous avons interrogé.
À l'affût du moindre tourment de l'âme, avec un malin plaisir à se faire souffrir, on devient vite client pour le psy ! L'analyse, l'auto-analyse, s'étudier, s'observer, etc. Mais laissons donc nos « moi » tranquilles et regardons ailleurs. Une bonne cure aux Restos du cœur comme bénévole, ça vous guérit la délectation morose sans auto-analyse !

Vous aurez remarqué que tout le monde n'est pas d'accord. Mais le désaccord est encore plus grand chez les thérapeutes…
Depuis deux ans, de nombreuses polémiques agitent le milieu des « psys » français ! Fin 2003, le fameux « amendement Accoyer » déterre la hache de guerre et les querel-

les de chapelles s'étalent au grand jour. Second épisode : en février 2004, l'Inserm (Institut national de la santé et de la recherche médicale) publie un rapport qui tente d'évaluer trois types de psychothérapies : la psychanalyse, les thérapies cognitives et comportementales, dites TCC et les thérapies de couple et familiales. Résultat de l'expertise : l'efficacité de la TCC est mise en valeur par rapport à la psychanalyse.

Les deux démarches sont en effet très différentes : la thérapie comportementale et cognitive, importée des États-Unis au début des années 1980, est une forme de rééducation d'un comportement inadapté (une phobie par exemple). Le thérapeute définit, avec le patient, les buts à atteindre par étapes pour résoudre son problème. La psychanalyse, héritée des travaux de Sigmund Freud, se base sur l'inconscient. C'est une méthode de traitement des désordres psychiques qui utilise la parole.

Le mécontentement des psychanalystes fut tel qu'un an après la sortie du rapport Inserm, Philippe Douste-Blazy, alors ministre de la Santé, le désavoue publiquement. Mais la polémique continue d'enfler chez les « psys » avec, en septembre dernier, la sortie du Livre noir de la psychanalyse qui prône clairement l'abandon de l'analyse, soulignant les dégâts qu'elle peut faire, au bénéfice de la TCC… La réponse ne s'est pas fait attendre : L'Anti-Livre noir de la psychanalyse vient de sortir en librairie ! Pierre Angel, psychiatre et professeur de psychopathologie estime que : « Ce sont des querelles d'écoles qui révèlent une lutte vis-à-vis de l'usager, chaque école prétendant évidemment laver plus blanc que le blanc ! » Une chapelle contre une autre qui se dispute un territoire qui a le vent en poupe, celui des thérapies de l'âme. En effet, si le débat actuel se focalise sur l'analyse et la TCC, il existe en réalité plus de 200 thérapies différentes. Difficile donc d'affirmer avec certitude que telle approche est meilleure qu'une autre. Le succès d'une thérapie dépend avant tout du trouble, de son intensité et de la personne concernée…

Alors voici quelques pistes pour vous y retrouver…

« Consulter un psy est devenu une démarche courante qui se justifie lorsque le niveau de souffrance ressentie par la personne est trop élevé et que les troubles perdurent. » Les motifs de consultations les plus fréquents sont les troubles de l'humeur (épisode dépressif), les troubles anxieux (agoraphobie, trouble panique, phobies sociales, anxiété) et les syndromes psychotiques (délires chroniques, schizophrénie…). Selon une étude de la Direction de la recherche, des études, de l'évaluation et des statistiques (Drees) publiée en 2004, 11 % des 36 000 personnes interrogées ont connu un épisode dépressif au cours des deux semaines précédant l'enquête.

Le psychiatre est le seul qui ait droit au titre de médecin car il est diplômé de la faculté de médecine après une spécialisation (bac + 10). De fait, il exerce sous le contrôle du Conseil national de l'Ordre des médecins et soigne les troubles mentaux ou psychologiques. Il est le seul à pouvoir prescrire des médicaments alors que les autres thérapeutes n'utilisent que la parole. Sa consultation est remboursée par la Sécurité sociale.

Le psychologue a suivi une formation universitaire en psychologie. Il est diplômé d'un DESS ou d'un DEA de psychologie (bac + 5). Son champ d'intervention couvre différents secteurs (santé, éducation…). Il peut pratiquer des thérapies analytiques, comportementales… Les consultations des psychologues peuvent être prises en charge par la Sécurité sociale sous certaines conditions.

Le psychanalyste peut être psychiatre ou psychologue. Il n'existe pas de diplôme d'État reconnu. Trois conditions sont néanmoins essentielles pour user du titre : il doit avoir suivi lui-même une analyse, avoir été formé à la théorie analytique de Freud et de Lacan et être affilié à une société ou une école psychanalytique qui supervise sa pratique.

Le psychothérapeute est un psychiatre, un psychologue ou une personne formée dans des écoles dites « privées ». Il pratique les thérapies cognitives et comportementales (TCC), mais aussi des techniques de relaxation, d'expression corporelle, de jeux de rôle, etc. Selon Pierre Angel, « Mieux vaut s'assurer que le psychothérapeute que vous avez choisi possède bien des diplômes ». En effet, jusqu'en 2003, le titre de psychothérapeute n'était pas réglementé : n'importe qui pouvait s'installer en tant que tel. Bernard Accoyer, actuel président du groupe UMP à l'Assemblée nationale, dépose alors un amendement visant à réglementer l'usage du titre de psychothérapeute afin de limiter le charlatanisme. Objectif : créer un registre national des psychothérapeutes, dans lequel sont inscrits « de droit » psychiatres, psychologues et psychanalystes. Le texte exigeait aussi une formation minimale en psychopathologie clinique. Dans le milieu « psy », ce projet de réglementation a suscité une telle polémique que deux ans après, le débat n'est toujours pas tranché.

A.-L. Carlo, *Ouest-France*.

2. Domaine : Sciences
Sujet 2
Document sonore n° 12 page 200
Activité 215

Le journaliste : C'est une première mondiale ! Dimanche 27 novembre 2005, une femme s'est réveillée avec le visage d'une autre ! Enfin, presque. Elle a en fait subi une greffe partielle de la face, qui ne concerne que le nez, les lèvres et le menton. Mais tout de même ! Pour ceux qui se souviennent du film *Volte-face* avec Nicolas Cage et John Travolta qui échangent leur visage au cours du film, la transplantation d'un visage prélevé sur un cadavre vers une personne vivante ne fait plus partie du domaine de la science-fiction, mais bien de celui de la réalité ! Et ce sont des chirurgiens français qui ont pratiqué cette opération. Avec nous, donc, les professeurs qui ont réussi cet exploit. Tout d'abord, le professeur Henri Defrémont, spécialiste de chirurgie maxillo-faciale au CHU d'Amiens. Professeur, bonsoir.

Henri Defrémont : Bonsoir.

Le journaliste : Et le professeur Pascal Lefébure, chef de service de chirurgie à l'hôpital de Lyon. Professeur, bonsoir.

Pascal Lefébure : Bonsoir.

Le journaliste : Nous accueillons également le professeur Saïd Boutaya, membre du Comité consultatif national d'éthique. Car comme vous le savez, cette intervention à haut risque a suscité une véritable polémique au sein du domaine médical. Professeur Boutaya, bonsoir.

Saïd Boutaya : Bonsoir.

Le journaliste : Notre émission de ce soir sera donc consacrée aux dimensions médicales, psychologiques et éthiques de cette première mondiale. Mais en premier lieu, retour sur l'événement qui a fait couler tant d'encre dans la presse. Professeur Defrémont, beaucoup de personnes s'interrogent : cette greffe partielle de visage était-elle la seule option thérapeutique ?

Henri Defrémont : Oui, absolument ! Nous avions en face de nous une patiente qui était défigurée après avoir été mordue par son chien et qui ne pouvait pas être réparée par une technique conventionnelle.

Saïd Boutaya : Ça m'étonnerait bien ! Pourquoi cette patiente n'aurait pas pu être traitée par des procédés plus conventionnels ? Sa vie n'était pas menacée que je sache et aucune tentative de reconstruction classique n'avait été tentée… Vous étiez dans la pure expérimentation !

Henri Defrémont : Le recours à cette technique s'est imposé d'emblée à l'équipe chirurgicale comme étant le moyen le plus approprié. Et nous avons sollicité l'avis de plusieurs experts qui nous ont conforté dans notre opinion. Compte tenu du type de lésion faciale, aucune chirurgie réparatrice classique par autotransplantation de tissu n'était à même de transformer son état. Et donc seule une allogreffe partielle de face pouvait permettre de réduire son handicap.

Pascal Lefébure : Oui et quand elle a enlevé son masque, je n'ai plus eu d'hésitation. Si ça avait été une de mes deux filles, ça aurait été la même chose. Nous, médecins, face à cette situation, notre devoir c'est de tout faire pour notre patiente ! En plus, chaque jour, Isabelle voyait son ouverture buccale diminuer. L'évidence s'est imposée : seule une transplantation faciale pouvait résoudre son problème.

Saïd Boutaya : Et vous étiez vraiment sûrs que la patiente possédait bien le profil psychologique pour supporter une telle intervention ?

Henri Defrémont : Cette question était en effet centrale. Était-ce la bonne candidate, pouvait-elle le supporter ? Nous nous sommes interrogés tous les jours durant six mois. Mais sa force de caractère et sa solidité psychologique nous ont rassurés.

Saïd Boutaya : Mais cette femme prenait des antidépresseurs et des anxiolytiques ! En plus, elle fumait encore deux paquets de cigarettes par jour ! Et vous avez jugé que c'était elle, la bonne candidate ?

Henri Defrémont : Mais avant d'être opérée, elle se passait de tout médicament. Et elle a été suivie par plusieurs équipes d'experts psychiatres. Elle a également décidé d'arrêter de fumer. Je le dis nettement : elle est devenue le chef d'orchestre de sa propre reconstruction physique et psychologique.

Saïd Boutaya : Mais si elle peut supporter les conséquences psychologiques de son opération et de son nouveau visage, en dites-vous autant de sa capacité à supporter les assauts médiatiques dont vous l'avez entourée ?

Le journaliste : Attendez…

Henri Defrémont : Pour ce qui a trait aux problèmes médiatiques, je peux assurer que nous nous sommes entourés du maximum de protection. Mais je vous concède que je ne sais pas si elle sera capable de répondre à toutes les sollicitations dont elle sera l'objet. Ces interrogations dépassent le strict champ médical et on ne peut y répondre *a priori*.

Le journaliste : Attendez, professeur Boutaya. Nous en parlerons tout à l'heure, de cette médiatisation. Mais, revenons à l'opération si vous le voulez bien. Professeur Lefébure, expliquez-nous, assez simplement, en quoi a consisté cette intervention.

Pascal Lefébure : Eh bien, cette opération est la plus complexe du genre jamais entreprise. Nous avons tout d'abord effectué, de manière chirurgicale, une dissection sur la donneuse, en état de mort cérébrale depuis six heures. Nous avons délimité les zones faciales à prélever, c'est-à-dire le triangle menton, lèvres et pointe du nez, et nous avons retiré d'un seul tenant la peau et la graisse attenante, les muscles, les veines et les os du visage sur cette personne. Nous avons ensuite greffé l'ensemble de ces composants sur notre patiente, la receveuse.
Cette deuxième partie de l'intervention a duré 15 heures. Elle est très complexe car il faut veiller à bien reconnecter les terminaisons nerveuses entre elles et les vaisseaux sanguins entre eux. L'enjeu principal est de bien vasculariser le greffon. Il s'agit là de technique de microchirurgie très avancée. Et puis, tout à la fin, nous avons reconstitué les tissus de la peau depuis le menton jusqu'à la racine du nez. En fait, on peut dire que l'opération s'est déroulée dans des conditions quasi parfaites et la patiente s'est remise très rapidement de l'opération.

Le journaliste : Alors, justement, parlons de la patiente. Tout n'est pas terminé pour elle, bien au contraire. Que va-t-il se passer maintenant ?

Pascal Lefébure : Eh bien, après la greffe, nous avons mis en place un traitement anti-rejet. Vous devez savoir que les risques que l'on redoute le plus sont la survenue de rejet du greffon et les effets secondaires liés au recours d'un traitement immunosuppresseur sur le long terme. Pour le moment, tout va bien.

Saïd Boutaya : Vous oubliez de dire qu'il y a quand même eu un épisode de rejet à la troisième semaine…

Pascal Lefébure : Oui, monsieur Boutaya, mais il a pu être contrôlé et la situation est revenue à la normale. Bien sûr, on ne peut absolument faire aucun pronostic pour l'avenir mais aujourd'hui la situation est favorable. Et si elle continue dans cette voie, le traitement immunosuppresseur sera allégé progressivement.

Saïd Boutaya : J'espère en tout cas que la patiente a bien compris que le traitement immunosuppresseur est à vie et qu'il existe des risques de rejet qui sont de l'ordre de 10 à 30 % durant les dix années suivant la greffe.

Pascal Lefébure : Toutes les dispositions ont été prises pour que la patiente soit informée très clairement et très complètement de l'intervention chirurgicale, et des risques psychologiques et des contraintes qu'elle engendre.

Saïd Boutaya : Je persiste à penser que cette greffe de visage était déraisonnable car cette alternative ne permet pas de revenir en arrière ! En cas de rejet ou d'infection, cela supposerait l'ablation des autotransplantations subies auparavant ! Alors, le remède serait pire que le mal !

Henri Defrémont : Je tiens à ajouter que plus de deux mois après l'opération, la patiente montre des signes de récupération de la sensibilité. On a pu constater qu'elle va très bien au plan médical et psychologique et c'est le plus important.

Le journaliste : Alors, je crois savoir que la patiente se trouve à l'hôpital Édouard-Herriot de Lyon pour six semaines. Qu'y fait-elle ?

Henri Defrémont : Elle y suit une rééducation. Des kinésithérapeutes habitués à la chirurgie faciale ainsi que des orthophonistes l'aident à retrouver au plus vite l'élocution et toutes les fonctions labiales. Elle bénéficie en plus d'un soutien psychologique.

Le journaliste : Et maintenant, tout risque de rejet est-il écarté ?

Pascal Lefébure : Non et il ne le sera jamais. On sait que le 3e mois est un cap difficile. On est donc particulièrement vigilants…

Henri Defrémont : Ce n'est que dans les 12 à 18 mois qui suivent la greffe que le résultat de cette première sera évalué.

Le journaliste : Bien, parlons à présent de la polémique qui a enflé suite à cette greffe de visage. Professeur Boutaya, cette première mondiale est très controversée par de nombreux spécialistes. Pourquoi ?

Saïd Boutaya : Mis à part les énormes risques encourus, il faut également penser aux conséquences psychologiques d'un tel geste. En effet, comment est susceptible de réagir un individu qui du jour au lendemain se retrouve avec un nouveau visage ? Et il ne faut pas oublier non plus l'entourage du patient qui est habitué à le voir avec son ancien visage. Et il faut enfin imaginer le choc de l'entourage de la personne qui a généreusement donné son visage et qui retrouve en quelque sorte une personne ressuscitée !

Pascal Lefébure : Allons, allons, vous savez aussi bien que moi que le visage greffé ne ressemblera pas à celui de la personne décédée ! Tout simplement parce que l'ossature du receveur est conservée ! Le résultat final ne ressemble ni au visage du donneur, ni au visage du patient avant le traumatisme. En deux mots, même si l'on vous greffait le visage de Brad Pitt ou de Jennifer Lopez, vous n'auriez aucune chance de ressembler à votre star préférée ! Quant à la crise d'identité quasi inévitable, les patients concernés la vivent déjà…

Saïd Boutaya : En tout cas, j'estime que le changement de visage d'un individu, sur le plan éthique, n'est pas acceptable !

Henri Defrémont : Vous ne croyez pas que les grands brûlés et les patients qui présentent un visage difforme peuvent mettre un terme à leur cauchemar, grâce à ce genre d'opération ? Enfin, monsieur Boutaya !

Saïd Boutaya : Mais dans ce genre de cas, on estime qu'il est impossible, pour le patient, de donner un consentement authentique, compte tenu des risques et de l'impossibilité de garantir le résultat final. On estime plutôt que la demande pour une allotransplantation de la face correspond en fait à une demande des chirurgiens soucieux de mettre au point cette technique.

Le journaliste : Ne s'agit-il pas plutôt de rivalité entre médecins ? De réels problèmes déontologiques existent-ils ?…

Saïd Boutaya : Bien sûr que oui ! Vous n'avez qu'à voir l'emballement médiatique de cette première transplantation partielle de visage par les équipes hospitalières, loin du principe de précaution ! Trois mois avant l'intervention, le professeur Defrémont avait négocié les contrats d'exclusivité avec *Paris-Match* pour des photos de la patiente et un documentaire tournés pendant l'opération !

Henri Defrémont : Ce genre d'intervention est spectaculaire et elle attire forcément l'attention des médias. Donc nous avons voulu protéger la patiente de dérives médiatiques.

Saïd Boutaya : C'est surtout le début inquiétant d'une médecine-spectacle ! Et quels seront les effets de cette surmédiatisation sur la santé de la receveuse, dont l'état psychologique est déjà mis à rude épreuve ? Je crois savoir qu'elle demande maintenant qu'on la laisse en paix, qu'elle se sent bousculée et qu'elle veut qu'on laisse sa famille en paix !

Pascal Lefébure : Tiens, vous lisez les journaux ?

Saïd Boutaya : Je vous en prie ! Bon, en plus, le principe de l'anonymat a été bafoué ! Moins de deux semaines après la greffe, des journaux britanniques ont révélé l'identité de la femme qui a donné le bas de son visage !

Pascal Lefébure : Cela a provoqué notre indignation, croyez-le bien !

Le journaliste : Alors, malgré la polémique qu'a suscitée cette opération, professeur Defrémont, envisagez-vous de greffer d'autres visages ?

Henri Defrémont : Nous allons en effet demander au ministère de la Santé l'autorisation de pratiquer cinq nouvelles greffes du visage. On va faire en sorte que d'autres patients bénéficient de ce progrès.

Le journaliste : Selon vous, de telles greffes ou des greffes totales de visage vont-elles se développer ?

Henri Defrémont : Il n'y a pas de différence technique entre une greffe partielle ou totale. Nous sommes donc aptes à la mener. Mais la greffe totale de visage est pour l'heure un fantasme. En plus, s'il y avait rejet, ce serait alors dramatique, car il faudrait enlever toute la face reconstruite.

Pascal Lefébure : En tout cas, si cette transplantation partielle de visage se révèle être un succès, alors elle pourrait être encouragée pour certains cas graves.

Saïd Boutaya : Mais la médiatisation de cette première ne doit pas faire oublier les risques liés aux traitements immunosuppresseurs ou aux dangers de rejet et les progrès des techniques de reconstruction traditionnelle !

Pascal Lefébure : Mais on voit mal comment refuser à certains cas graves une greffe totale de visage. Là encore, la dimension humaine de la médecine prévaut sur le progrès technique.

N° d'éditeur : 10129214 - Dépôt légal : Janvier 2007
Imprimé en France par Hérissey - Évreux (Eure) - N° 103797